V&R unipress

Konfliktlandschaften

Band 2

Herausgegeben von
Christiane Kunst, Christoph Rass, Thomas Vogtherr
und Lale Yildirim unter Mitarbeit von Mirjam Adam
für die Interdisziplinäre Arbeitsgruppe Konfliktlandschaften

Frank Möller

Einer gewaltigen Übermacht ehrenvoll unterlegen …?

Militaria-Literatur über den Zweiten Weltkrieg am Beispiel des Kriegsschauplatzes Nordeifel / ›Hürtgenwald‹

Mit einem Vorwort von Christiane Kunst, Christoph Rass, Thomas Vogtherr und Lale Yildirim

Mit 21 Abbildungen

V&R unipress

Universitätsverlag Osnabrück

Bibliografische Information der Deutschen Nationalbibliothek
Die Deutsche Nationalbibliothek verzeichnet diese Publikation in der Deutschen Nationalbibliografie; detaillierte bibliografische Daten sind im Internet über https://dnb.de abrufbar.

Veröffentlichungen des Universitätsverlags Osnabrück erscheinen bei V&R unipress.

Gedruckt mit freundlicher Unterstützung des Landschaftsverbands Rheinland.

Umschlagabbildung: © Frank Möller, Kreuz auf der ›Kriegsgräberstätte Vossenack‹.
Druck und Bindung: CPI books GmbH, Birkstraße 10, D-25917 Leck
Printed in the EU.

Vandenhoeck & Ruprecht Verlage | www.vandenhoeck-ruprecht-verlage.com

ISSN 2751-174X
ISBN 978-3-8471-1462-8

Inhalt

Vorwort zur Schriftenreihe

Gewalt in all ihren Formen verändert unsere Welt. Kollektive Gewalt schreibt sich materiell und narrativ, sichtbar und unsichtbar in Orte ein, und die Übersetzung von Gewaltereignissen in tradierter Geschichte schafft Erzählungen, die realen oder imaginierten Schauplätzen historische Bedeutung geben. Narrativ und Schauplatz existieren aufeinander bezogen, sie bedingen und beeinflussen sich gegenseitig und verändern sich in einem komplexen Wechselspiel. Was aus diesem Verhältnis von Geschichte und materieller Welt, dem Ineinandergreifen von Ort und Erzählung, von Imagination und Überrest entsteht, lässt sich an solchen Gewaltorten als *Konfliktlandschaft* lesen.

Die Untersuchung von realen oder imaginierten Schauplätzen kollektiver, kriegerischer Gewalt und ihrer Folgeprozesse, der Transformation solcher Orte mit der ihnen häufig inhärenten historischen Aufladung und Deutung, kurz: der Produktion von *Konfliktlandschaften,* will die komplexen Verhältnisse wechselseitiger Bezugnahme, Sinngebung und Veränderung verstehen. Betrachtungen können dabei wirkliche, gedachte, vermeintliche oder künstlich hergestellte Schauplätze umfassen. Die Materialität von Erinnerungskultur kann, wie die Überreste und Spuren der Gewalt und ihrer Historisierung oder Bezugnahmen in Erzählungen, Kunst oder materieller Kultur in Vergangenheit und Gegenwart, analysiert werden.

Die Verwobenheit dieser Ebenen bildet den Kern einer interdisziplinären Konfliktlandschaftsforschung, die ihre Methoden, Fragen und Befunde ebenso aus den Naturwissenschaften beziehen kann wie aus den Sozial- und Kulturwissenschaften.

Diese Perspektive reicht bis zur Reflexion der Bearbeitung und der gesellschaftlichen Übersetzung von Konfliktlandschaften durch Wissenschaft. Denn Gewaltorte werden nicht nur Gegenstand von Erinnerung und Erzählung, von Mythen, politischer oder medialer Aufladung, von Gedenken und Trauer. Sie rücken auch ins Blickfeld von Wissenschaft.

Geschichtswissenschaft und Archäologie begeben sich auf die Suche nach materiellen und diskursiven Spuren, rekonstruieren Ereignisse, analysieren deren

Bedingtheit und Folgen, ihre Übersetzung in Geschichte und Geschichtsbilder, Erinnerungskultur, Geschichtspolitik oder Historisches Denken.

Eine kritisch reflektierte Historisierung operiert dabei inzwischen mit Konzepten wie *Gewaltort* oder *Gewaltraum, Bloodlands, Terrorscapes, Traumascapes* oder *Landscapes of Battle* und dekonstruiert auf diese Weise überkommene Kategorien wie etwa das ›Schlachtfeld‹. Es entstehen Erinnerungsorte oder Lernorte mit Museen und Gedenkstätten, die kritisch reflektierte Annäherungen an die Vielschichtigkeit gewaltüberformter Orte eröffnen wollen.

Auch solche Prozesse lassen sich mit dem Konzept der *Konfliktlandschaft* fassen, das die Produktion einer Landschaft als transformierenden Prozess von Deutung und Sinngebung adressiert und auf Gewalt und Konflikt als wesentliche Bezugspunkte und Aspekte der Aushandlung solcher Orte verweist.

Wir wählen den Begriff ›Konfliktlandschaftsforschung‹ um vier Zugänge zu ermöglichen: (1) die wissenschaftliche Auseinandersetzung mit gewaltüberformten Orten auf (2) einer narrativen und einer diskursiven Ebene, die wir (3) nur aufeinander bezogen für begreifbar halten, um (4) die Komplexität der Genese gewaltüberformter Orte als in der Geschichte präsente und wirksame Momente zu verstehen.

An der Universität Osnabrück hat die wissenschaftliche und gesellschaftliche Auseinandersetzung mit solchen Fragen in Forschung und Lehre bereits eine lange Tradition, die sich wesentlich mit den Ausgrabungen im Kontext des germanisch-römischen Kampfplatzes bei Kalkriese verknüpft, deren Leitung die Universität Osnabrück 1997 übernommen hat und seit 2007 mit einer eigenen Professur für die Archäologie der römischen Provinzen versieht.

Osnabrück ist damit ein wesentlicher Standort moderner Schlachtfeldarchäologie bzw. der *conflict archaeology* in Deutschland. Früh haben Osnabrücker Wissenschaftler*innen, vor allem die Archäolog*innen Dr. Susanne Wilbers-Rost und Dr. Achim Rost, das Konzept der *conflict landscape* im Sinne eines erweiterten Zugangs zum antiken Kampfplatz Kalkriese aufgenommen und fruchtbar gemacht, der nicht nur den Schauplatz und sein Umfeld, sondern auch dessen Beschreibung und Konstruktion in schriftlichen Quellen analytisch integriert.

Seit 2014 öffnet die *Interdisziplinäre Arbeitsgruppe Konfliktlandschaften* der Universität Osnabrück diesen Ansatz methodisch und epochal. Dies betrifft die systematische Erweiterung der Methodenkette von der Archäologie und der Geschichtswissenschaft bis zur Geoinformatik, der Fernerkundung sowie der Geophysik oder den Umwelt- und Bodenwissenschaften, die Einbeziehung von forschender Kunst sowie auch von Didaktik und Pädagogik einerseits; andererseits die Anwendung dieser Methoden in allen Epochen bis zur Zeitgeschichte und die Ausweitung des Spektrums der Untersuchungsobjekte über Kampfplätze und Militärlager hinaus zu militarisierten Grenzen, (Konzentrations-, Kriegsgefangenen- und Straf-)Lagern, Vernichtungsorten der Shoah, Grablagen und Massengräbern. Zentral ist dabei die Zusammenarbeit mit Museen und Gedenkstätten an solchen Gewaltorten als Schnittstelle zwischen Forschung und Vermittlung.

Die Schriftenreihe *Konfliktlandschaften*, herausgegeben für die *Interdisziplinäre Arbeitsgruppe Konfliktlandschaften* von Christiane Kunst, Christoph Rass, Thomas Vogtherr und Lale Yildirim, versteht sich als ein interdisziplinäres Forum. Ihre Bände untersuchen das Entstehen und die Geschichte von Gewaltorten empirisch in einem fachübergreifenden Dialog und widmen sich dabei dem Nachdenken über methodische und epistemologische Fragen. Ausgehend von den Projekten der Arbeitsgruppe öffnet sich die Reihe als Ort der Publikation für Sammelbände, Monografien und Qualifikationsarbeiten in diesem dynamisch wachsenden Forschungsfeld.

Vorwort der bearbeitenden Herausgeber*innen

Die Idee für eine Folge von Veröffentlichungen unter dem Reihentitel *Konfliktlandschaften* hat sich aus Forschungsvorhaben der *Interdisziplinären Arbeitsgruppe Konfliktlandschaften* der Universität Osnabrück entwickelt, die sich seit 2014 mit Fragen der Produktion von Landschaften im Dialog mit der Herstellung von Geschichte an gewaltüberformten Orten befasst. Das Ziel ist es, Publikationen zum dynamisch wachsenden und sich auch in deutschen Forschungskontexten etablierenden Thema auf diese Art und Weise Rahmen und Kontext zu geben und sie unter einem gemeinsamen Dach sichtbar werden zu lassen. Die Publikation von Ergebnissen aus Projekten der Arbeitsgruppe und das Zusammenführen von darüber hinausreichenden Beiträgen und Überlegungen, etwa durch Bände, die sich aus Tagungen und Workshops entwickeln, sind dabei ebenso tragende Säulen wie die Aufnahme von eigenständigen Manuskripten. An ebenjenem Punkt ist es von besonderer Bedeutung für dieses Vorhaben, dass bereits mit dem zweiten Band der Reihe *Konfliktlandschaften* die erste Monografie erscheint.

Unter dem Titel *»Einer gewaltigen Übermacht ehrenvoll unterlegen …«? Militaria-Literatur über den Zweiten Weltkrieg am Beispiel des Kriegsschauplatzes Nordeifel / ›Hürtgenwald‹* leistet Frank Möller in seinem Buch einen wichtigen und längst überfälligen Beitrag zur Dekonstruktion eines revisionistischen und militaristischen historischen Narrativs über die ›Schlacht im Hürtgenwald‹. Er zeigt Pfadabhängigkeiten, Verwurzelungen und Vernetzungen auf und macht deutlich, wie diese über Autoren aus der Militariaszene – durchaus bis in die Gegenwart – prägend für die Entwicklung eines lokal fest verwurzelten Geschichtsbildes werden konnten und identifiziert deren von dort bezogene Topoi und Versatzstücke.

Die Produktion und Ko-Produktion von Geschichte an der Schnittstelle zwischen Erinnerungskultur und Gegenwartsdeutung ist ein Kernthema des Engagements von Frank Möller in Wissenschaft, Publizistik und praktischen Interventionen, dies nicht nur in der Nordeifel und zu Fragen der NS-Geschichte, sondern etwa auch im Kontext der Geschichte der innerdeutschen

Grenze, biografischer Kontinuitäten über 1945 hinaus und vieler anderer geschichtspolitischer Themen- und Konfliktfelder. In der kritischen Aushandlung von Geschichte und Erinnerung rund um die ›Schlacht im Hürtgenwald‹ in ihren weiteren historischen Bezügen und Deutungen zählt Frank Möller zu den wichtigsten Akteuren eines kritisch-reflektierten Zugangs, der nicht nur wissenschaftlich erarbeitete Ergebnisse vorlegen will, sondern konkret und konstruktiv die Geschichtskultur vor Ort verändern helfen möchte.

Die Wahl der *Konfliktlandschaften* als Ort der Publikation seiner Befunde aus der *longue durée* der Hervorbringung einseitig militaristischer und exkulpierender Lesarten militärischer Ereignisse in der Nordeifel am Ende des Zweiten Weltkrieges und der NS-Herrschaft ist vor diesem Hintergrund ein für die Herausgeber*innen sehr erfreulicher Teil des Auftakts dieser Reihe.

Mit dieser ersten Monografie etablieren wir zudem eine Praxis, in der aus dem Kreis der Reihenherausgeber*innen für monografische Veröffentlichungen ein oder zwei bearbeitende Herausgeber*innen die Begleitung solcher Manuskripte bis zur Veröffentlichung übernehmen.

Unser besonderer Dank gilt dem *Landschaftsverband Rheinland* (LVR), dessen Förderung die Drucklegung dieses Bandes ermöglicht hat.

Für die *Interdisziplinäre Arbeitsgruppe Konfliktlandschaften* und die Herausgeber*innen der Reihe

Mirjam Adam & Christoph Rass

Abkürzungsverzeichnis

AfD	Alternative für Deutschland
AfW	Arbeitskreis für Wehrforschung
BDM	Bund Deutscher Mädel
CDU	Christlich Demokratische Union Deutschlands
DAF	Deutsche Arbeitsfront
DRZW	Das Deutsche Reich und der Zweite Weltkrieg
DMZ	Deutsche Militärzeitschrift
DNB	Deutsche Nationalbibliothek
FAZ	Frankfurter Allgemeine Zeitung
FDP	Freie Demokratische Partei
HeuGeVe	Heimat- und Geschichtsverein Roetgen e.V.
HIAG	Hilfsgemeinschaft auf Gegenseitigkeit der Soldaten der ehemaligen Waffen-SS
HJ	Hitler-Jugend
KdF	Kraft durch Freude
KuLaDig	Kultur.Landschaft.Digital.
LVR	Landschaftsverband Rheinland
MGFA	Militärgeschichtliches Forschungsamt der Bundeswehr
NARA	National Archives and Records Administration
NATO	North Atlantic Treaty Organization
NRW	Nordrhein-Westfalen
NSDAP	Nationalsozialistische Deutsche Arbeiterpartei
NSDStB	Nationalsozialistischer Deutscher Studentenbund
NSF	NS-Frauenschaft
NSLB	Nationalsozialistischer Lehrerbund
NSV	NS-Volkswohlfahrt
OKW	Oberkommando der Wehrmacht
OT	Organisation Todt
RAD	Reichsarbeitsdienst
SPD	Sozialdemokratische Partei Deutschlands
SA	Sturmabteilung
SS	Schutzstaffel

WASt	Deutsche Dienststelle
ZIF	Zeitgeschichte: Interdisziplinäre Forschungsgruppe
ZVAB	Zentrales Verzeichnis antiquarischer Bücher

1. Vorbemerkung: Militaria-Literatur als Dauerseller

»Soldatenbücher, die eine anständige Gesinnung erkennen lassen und ausstrahlen, sind immer eine willkommene Lektüre.«[1]

Im Januar 1976 fand sich im Nachrichtenmagazin *Der Spiegel*[2] unter der Überschrift »Verlage: Militaria im Vormarsch« eine kurze Meldung. Die »Militaria-Welle«, so das Hamburger Magazin unter Berufung auf Angaben des Branchenblatts *Buchreport*, rolle weiter »auf vollen Touren«. Vor allem der Stuttgarter *Motorbuch-Verlag* sei dabei erfolgreich. Dessen Bestseller *Holt Hartmann vom Himmel!*,[3] die Geschichte des deutschen Jagdfliegers Erich Hartmann (*1922–†1993), habe schon 240.000 Käufer gefunden. Damals lag das 1971 erschienene Buch bereits in der 17. Auflage vor, bis 2018 erreichte es 62 Auflagen. *Der Spiegel* berichtete außerdem, dass in Kürze mit weiteren potenziellen Bestsellern aus dem Militaria-Spektrum zu rechnen sein werde und nannte: *Das waren die deutschen Stuka-Asse*, *So fiel Königsberg*, *Das Bildbuch der US-Air-Force* sowie *Seeschlachten des 20. Jahrhunderts*.

Angesichts der unbestreitbaren Verkaufserfolge derartiger Literatur über einen langen Zeitraum hinweg, ist es erstaunlich, dass diese Gattung, in deren Mittelpunkt Ereignisse des Zweiten Weltkriegs, einzelne Waffengattungen und zu Helden stilisierte Wehrmacht- oder SS-Angehörige stehen, bislang keiner umfassenden Untersuchung unterzogen worden ist.[4] Möglicherweise ist der forschende Blick bis heute an dieser Literatur weitgehend vorbeigegangen,[5] weil sie

1 *Alte Kameraden.* Zeitschrift der Kameradenwerke und Traditionsverbände, Heft 5/1962, S. 28.

2 Verlage: Militaria im Vormarsch. *Der Spiegel* 3/1976, S. 106. https://www.spiegel.de/kultur/verlage-militaria-im-vormarsch-a-85f8d84f-0002-0001-0000-000041330688. Zugriff: 12.3.2022.

3 Toliver, Raymond F, und Trevor J. Constable. 1971. *Holt Hartmann vom Himmel! Die Geschichte des erfolgreichsten Jagdfliegers der Welt.* Stuttgart: Motorbuch-Verlag.

4 Erst 2019 erschien ein erster, auf eine Tagung zurückgehender Sammelband: Westemeier, Jens, Hrsg. 2019b. *»So war der deutsche Landser…«. Das populäre Bild der Wehrmacht.* Paderborn: Ferdinand Schöningh Verlag.

5 Die wenigen Ansätze, diese Literaturgattung, ihre Autoren und Verlage zu beschreiben, stammen noch aus den 1960er-Jahren: Ritsert, Jürgen. 1962. *Zur Soziologie der Popularliteratur über den Zweiten Weltkrieg.* Diplomarbeit Johann Wolfgang Goethe-Universität. Frankfurt a. M.; Brüdigam, Heinz. 1965. *Der Schoß ist fruchtbar noch… Neonazistische, militaristische, nationalistische Literatur und Publizistik in der Bundesrepublik*, 2. neubearb.

Wissenschaftlerinnen und Wissenschaftlern als zu anrüchig erscheint. Dagegen würde jedoch sprechen, dass die von 1957 bis 2013 ebenfalls auf die Faszination des Kriegsgeschehens und seiner ›Helden‹ setzende Reihe der zunächst vierzehntägig, dann wöchentlich erschienenen ›Landser-Hefte‹[6] recht zahlreiche Untersuchungen und Analysen nach sich gezogen hat.[7]

Die Aussparung weiter Teile der Gattung Militaria-Literatur bleibt dennoch auffällig, denn andere Formen der Bearbeitung des Kriegsgeschehens haben sich seitens der Wissenschaft bislang durchaus größerer Aufmerksamkeit erfreut.

Auflage. Frankfurt a. M. Aktuellere Beschäftigungen finden sich darüber hinaus allenfalls zu einzelnen Autoren der Gattung, so z. B. zu Franz Kurowski (*1923-†2011), der zahlreiche Bücher zu Ereignissen des Zweiten Weltkriegs, zum U-Boot-Krieg, zu Waffengattungen und zu Führungspersonen der Wehrmacht z. T. in rechtsextremen Verlagen veröffentlicht hat. Siehe dazu Töppel, Roman. 2018. Der ganze Krieg als Abenteuer. Der Schriftsteller und ›Historiker‹ Franz Kurowski. Arbeitskreis Militärgeschichte e.V., *Portal Militärgeschichte*, 12.2.2018. http://portal-militaergeschichte.de/toeppel_kurowski. Zugriff: 7.2.2022.

6 Der Landser. Erlebnisberichte zur Geschichte des Zweiten Weltkrieges. Die Erstausgabe erschien 1957 im Erich Pabel Verlag. 1970 übernahm die *Bauer Verlagsgruppe* den *Pabel Verlag*, in der ›Der Landser‹ nun weiter erschien. 2013 gab die *Bauer Verlagsgruppe* nach Kritik des *Simon Wiesenthal Centers* bekannt, die Heftreihe vom Markt zu nehmen und einzustellen.

7 Geiger, Klaus F. 1974. *Kriegsromanhefte in der BRD. Inhalte und Funktionen.* Tübingen: Tübinger Vereinigung für Volkskunde e.V. Schloss; ders. 1975. Jugendliche lesen »Landser«-Hefte. Hinweise auf Lektürefunktionen und -wirkungen. In *Literatur und Leser*, Hrsg. Gunter Grimm, S. 324–341, Stuttgart; Antoni, Ernst. 1979. *»Landser«-Hefte. Wegbereiter für den Rechtsradikalismus. Eine Dokumentation.* München: Pressedienst Demokratische Initiative; Nutz, Walter. 1977. Der Krieg als Abenteuer und Idylle. Landser-Hefte und triviale Kriegsromane. In *Gegenwartsliteratur und Drittes Reich. Deutsche Autoren in der Auseinandersetzung mit der Vergangenheit*, Hrsg. Hans Wagener, S. 265–283. Stuttgart: Reclam Verlag; Schneider, Gerhard. 1979. Geschichte durch die Hintertür. Triviale und populärwissenschaftliche Literatur über den Nationalsozialismus und den Zweiten Weltkrieg. In *Antisemitismus, Nationalsozialismus und Neonazismus*, Hrsg. Michael Bosch, S. 55–96. Düsseldorf: Schwann Verlag; textidentisch in *Aus Politik und Zeitgeschichte*, Bd. 6, 1979, 3–25; Knoch, Habbo. 2003. Der späte Sieg des Landsers. Populäre Kriegserinnerungen der fünfziger Jahre als visuelle Geschichtspolitik. In *Der Krieg im Bild – Bilder vom Krieg*, Hrsg. Arbeitskreis Historische Bildforschung, S. 163–186. Frankfurt a. M.: Peter Lang Verlag; Wilking, Dirk. 2004. »Der Landser« – Wie ein Mann ein Mann wird. In *Mobiles Beratungsteam – Einblicke. Ein Werkstattbuch*, Hrsg. Wolfram Hülsemann, Michael Kohlstruck, S. 61–93. Potsdam. https://depositonce.tu-berlin.de/bitstream/11303/2102/1/Dokument_23.pdf. Zugriff: 7.2.2022; Lemke, Bernd. 1998. Die verkappte Verherrlichung. Der Zweite Weltkrieg in den »Landser«-Kriegsromanen. In *Newsletter Nr. 8 (1998)*, Hrsg. Arbeitskreis Militärgeschichte e.V., S. 20–23. http://portal-militaergeschichte.de/sites/akm/nlarchiv/NL8.pdf. Zugriff: 7.2.2022; App, Rainer, und Bernd Lemke, Der Weltkrieg im Groschenheft-Format. Über den Lektüre-Reiz der »Landser«-Romane und ihre Verherrlichung des Zweiten Weltkriegs. *Geschichte in Wissenschaft und Unterricht* 56 (2005), H. 11, S. 636–641; Martínez, Matías. 2019. Der trivialisierte Krieg. Die »Landser«-Hefte zwischen Erlebnisbericht und Schemaliteratur. In *»So war der deutsche Landser …«. Das populäre Bild der Wehrmacht*, Hrsg. Jens Westemeier, S. 101–122. Paderborn: Ferdinand Schöningh Verlag. Sämtliche Ausgaben der ›Landser-Hefte‹ mit Titelbildern finden sich auf der Website http://www.romanhefte-info.de/d_weitere_landser.htm. Zugriff 7.2.2022.

Das gilt beispielsweise für die militärische Kriegserinnerungsliteratur allgemein[8] sowie für die Memoiren deutscher Offiziere speziell,[9] für die Illustriertenromane der 1950er-Jahre mit NS- und Kriegsbezug[10] und auch für die Kriegsromane westdeutscher Autoren der 1950er und 1960er-Jahre.[11]

Bei der analytischen Annäherung an die Militaria-Literatur beginnen die Probleme bereits bei der Gattungsbezeichnung. In literatur- oder zeitgeschichtlichen Studien werden Publikationen, die darunter zu fassen sind, oft als ›populärwissenschaftliche Sachbücher‹ einsortiert, die weniger für Wissenschaftlerinnen und Wissenschaftler als vielmehr für interessierte Laien geschrieben seien. Diese Zuordnung kann jedoch aus zwei Gründen nicht überzeugen. Zum einen verwehren sich einige Autoren selbst dagegen, *wissenschaftliche* Sachbücher verfasst zu haben, um nicht an wissenschaftlichen Standards gemessen zu werden; zum anderen ist auch die Zuschreibung als *populäre* Literatur zumindest unscharf. Denn selbst die zum Teil hohen Verkaufszahlen können kaum darüber hinwegtäuschen, dass sich diese Literatur letztlich an einen begrenzten Kreis zumeist männlicher Leser wendet, der sich in weiten Teilen als wehrmachtaffine Subkultur fassen lässt.[12]

---

8 Düsterberg, Rolf. 1992. Deutsche militärische Kriegserinnerungsliteratur zum Zweiten Weltkrieg. Vorwortanalyse und Hypothesenbildung. In *SPIEL. Siegener Periodikum zur Internationalen Empirischen Literaturwissenschaft* 11 (1992), S. 119–147; ders. 2000. *Soldat und Kriegserlebnis. Deutsche militärische Erinnerungsliteratur (1945–1961) zum Zweiten Weltkrieg. Motive, Begriffe, Wertungen.* Tübingen: Max Niemeyer Verlag.

9 Gerstenberger, Friedrich. 1995. Strategische Erinnerungen. Die Memoiren deutscher Offiziere. In *Vernichtungskrieg. Verbrechen der Wehrmacht 1941–1944*, Hrsg. Hannes Heer, und Klaus Naumann, S. 620–629. Hamburg: Hamburger Edition.

10 Schornstheimer, Michael. 1995a. *Die leuchtenden Augen der Frontsoldaten. Nationalsozialismus und Krieg in den Illustriertenromanen der fünfziger Jahre.* Berlin: Metropol Verlag; ders. 1995b. »Harmlose Idealisten und draufgängerische Soldaten«. Militär und Krieg in den Illustriertenromanen der fünfziger Jahre. In *Vernichtungskrieg. Verbrechen der Wehrmacht 1941–1944.* Hrsg. Hannes Heer, und Klaus Naumann, S. 634–650. Hamburg: Hamburger Edition.

11 Ächtler, Norman. 2013. *Generation in Kesseln. Das Soldatische Opfernarrativ im westdeutschen Kriegsroman 1945–1960.* Göttingen: Wallstein Verlag; Heer, Hannes. 2004. *Vom Verschwinden der Täter. Der Vernichtungskrieg fand statt aber keiner war dabei,* S. 170–197. Berlin: Aufbau-Verlag.

12 Habbo Knoch spricht im Kontext des »Roman[s] des einfachen Landsers« nach 1945 von einer »Subkultur der soldatischen Kriegserinnerung« sowie von »populärkulturellen Kriegsdarstellung[en]«. Knoch, Habbo. 2001. *Die Tat als Bild. Fotografien des Holocaust in der deutschen Erinnerungskultur.* Hamburg: Hamburger Edition, S. 372. Meines Erachtens kann man diese Zuschreibung auf die gesamte Militaria-Literatur nach 1945 ausweiten. Der Kritik, »keinen klaren Überbegriff« zu haben, »unter den er seine zahlreichen Beispiele einordnet«, sah sich 1964 bereits der Journalist Heinz Brüdigam angesichts der Erstausgabe seines Buches ausgesetzt, als er eine Studie über neonazistische, militaristische und nationalistische Literatur vorgelegt hatte: Brüdigam, Heinz 1965, S. 7–26, hier S. 11. Zur Rezeption der Erstauflage: Brüdigam, Heinz 1965, S. 11.

Schlägt man im Internet bei den zahlreichen Anbietern entsprechender Literatur nach, fällt zudem auf, dass dort keine begriffliche Unterscheidung zwischen Militaria-Literatur *aus* der NS-Zeit und Militaria-Literatur *über* die NS-Zeit getroffen wird. Der Begriff bleibt damit auch hinsichtlich der zeitlichen Einordnung unscharf. Wenn er im Folgenden verwendet wird, sollte er daher als ein Hilfsbegriff verstanden werden. Im Verlauf dieses Beitrags wird jedoch deutlich werden, welche Spezifika den Teil der Gattung ausmachen, der *über* die NS-Zeit verfasst wurde.

Ein zweites Problem besteht darin, dass der Markt der Militaria-Literatur sehr groß und damit schwer überschaubar ist. Jost Hermand konstatierte bereits 1979: »Die Fülle der Verlage, die […] alle nur denkbaren Formen an apologetischer Kriegsliteratur publizierten, ist geradezu überwältigend.« (Hermand 1979, S. 34). Und Roman Töppel hat – um ein konkretes Beispiel zu nennen – darauf hingewiesen, dass allein dem vorgeblichen Historiker Franz Kurowski (*1923–†2011), dessen tendenziöse Bücher über den Zweiten Weltkrieg sich heute noch in Buchhandlungen finden, an die 200 Titel zuzurechnen sind (Töppel 2018). Ein Überblick über die Gesamtzahl der Autoren und ihrer Werke fehlt indes bis dato.

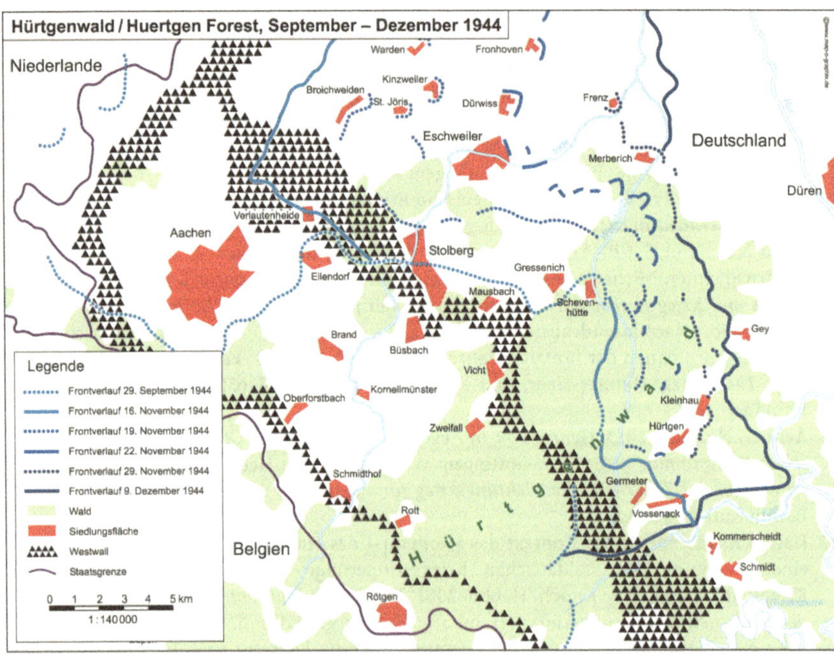

Abb. 1: Lage des ›Hürtgenwaldes‹ im Westen Deutschlands im Dreieck Aachen – Düren – Rurtalsperre (Quelle: Konejung Stiftung: Kultur).

Vor dem Hintergrund dieser Problemlagen ist der vorliegende Beitrag als eine Anregung zu verstehen, sich tiefgreifender mit der Militaria-Literatur, ihrer Wirkung sowie ihren Autoren, Unterstützern und Verlagen zu beschäftigen. Exemplarisch werden dazu zehn Publikationen untersucht, denen eines gemein ist: Sie alle behandeln die Endphase des Zweiten Weltkriegs im Westen des ›Deutschen Reiches‹, und in den meisten Werken spielt die ›Schlacht im Hürtgenwald‹ eine zentrale Rolle, sei es bei der Darstellung der unmittelbaren Kriegshandlungen, sei es bei der Darstellung der Auswirkungen dieser Kriegshandlungen auf die davon betroffenen Dörfer und ihre Bevölkerung. Neun der zehn Publikationen sind zwischen 1978 und 2010 erschienen, lassen sich also den jüngeren Werken der Gattung Militaria-Literatur zuordnen; lediglich eines stammt aus den frühen 1950er-Jahren. Einige ihrer Autoren leben noch und nehmen als sogenannte ›Heimatforscher‹ oder auch als ›History Guides‹ weiterhin Einfluss auf das Geschichtsverständnis der Nordeifel, auch wenn dieser Einfluss inzwischen schwindet.

Im ersten Teil des Buches (Kapitel 2) werden die ausgewählten Werke vorgestellt, analysiert und Informationen zu ihren ausschließlich männlichen Autoren sowie zu ihren Verlagen zusammengetragen. Außerdem geht es in einigen Fällen um die Verbindungen von Autoren und Verlegern in die rechtsextreme Szene. Im zweiten Teil (Kapitel 3–4) geht es um gemeinsame Darstellungsweisen, Motive und Auslassungen der vorgestellten Werke. Den Abschluss dieses Bandes (Kapitel 5) bilden zehn Thesen, in denen die Ergebnisse beziehungsweise die Schlussfolgerungen aus der Analyse zusammengefasst werden.[13]

Zu Beginn noch einige Sätze zum historiografischen Forschungsstand über den Zweiten Weltkrieg im Allgemeinen und über den Kriegsschauplatz im Westen – den ›Hürtgenwald‹ – im Besonderen. Im Grunde gilt der Zweite Weltkrieg in weiten Teilen als gut erforscht. Interessierte können auf zahlreiche Monografien, auf Sammelbände oder auch auf die vom *Militärgeschichtlichen Forschungsamt der Bundeswehr* (MGFA) herausgegebene Buchreihe *Das Deutsche Reich und der Zweite Weltkrieg* (DRZW) zum Thema zurückgreifen. In deren aus insgesamt dreizehn Büchern bestehenden Bänden und Halbbänden finden sie auf über 12.000 Seiten eine fundierte Übersicht über die Voraussetzungen der deutschen Kriegspolitik, über die unterschiedlichen Kriegsschauplätze und die jeweilige Kriegsführung, über die Rolle der deutschen Gesellschaft im Krieg sowie den Zusammenbruch des ›Deutschen Reiches‹ und die Folgen des Krieges.[14] Es liegen außerdem zahlreiche Einzelarbeiten vor, die sich dem Überfall auf Polen (Böhler

13 Längere Zitate, die in dem Kontext Verwendung gefunden haben, werden im Textverlauf vom Fließtext abgesetzt und kursiv wiedergegeben.

14 Vgl. Militärgeschichtliches Forschungsamt, Hrsg. 1979–2008. *Das Deutsche Reich und der Zweite Weltkrieg*, 10 Bde., versch. Verlagsorte und Verlage.

2009), dem Westfeldzug (Frieser 2012), dem Krieg gegen die Sowjetunion (Hartmann 2011), Hitlers Heerführern (Hürter 2007), den Verbrechen der Wehrmacht (Heer und Naumann 1995) und vielem mehr[15] widmen.

Beim Blick auf die Endphase des Krieges im Westen des ›Deutschen Reichs‹ lässt sich auf einige Standardwerke zurückgreifen, wie zum Beispiel auf Klaus-Dietmar Henkes Werk über *Die amerikanische Besetzung Deutschlands* (Henke 1995), die ›Klassiker‹ von Edward G. Miller (Miller 1995), Charles B. MacDonald (MacDonald 1963a, 1963b, 1993), Robert S. Rush (Rush 2001) und Saul K. Padover (Padover 1999) oder auch auf die Bände jüngeren Datums von John Zimmermann (Zimmermann 2008, 2009) und Jonathan Zimmerli (Zimmerli 2016). Dabei verdient auch Zimmermanns Einschätzung Beachtung:

> »Während einschlägige Veröffentlichungen für den Krieg im Osten inzwischen zahlreich vorliegen, wurde für den Westen hauptsächlich der Anfang vom Ende mit der alliierten Landung in der Normandie untersucht. Der weitere Fortgang des Geschehens schien im Großen und Ganzen ein Epilog dieser größten triphibischen Operation der Geschichte zu sein« (Zimmermann 2009, S. 8).

Daher ist es auch kaum verwunderlich, dass bis heute keine zuverlässige deutschsprachige Darstellung der Kämpfe in der Nordeifel und im ›Hürtgenwald‹ vorliegt, die den Ansprüchen moderner militärgeschichtlicher Forschung und Methodik entsprechen würde. Dieser bisherige Mangel mag mit dazu beigetragen haben, dass Autoren und Verleger der in diesem Band zu behandelnden Militaria-Literatur diese Lücke bis vor wenigen Jahren noch gewinnbringend nutzen konnten.

Im weiteren Verlauf soll die Aufmerksamkeit auf folgende Publikationen gelenkt werden:

1) Palm, Baptist. 1953. Hürtgenwald. Das Verdun des Zweiten Weltkrieges. Oldenburg: Verlag Heinrich Seyler. Unveränderter Nachdruck mit Vorwort 1984.
2) Haupt, Werner. 1978. Rückzug im Westen 1944. Von der Invasion zur Ardennen-Offensive. Stuttgart: Motorbuch Verlag.
3) Hohenstein, Adolf, und Wolfgang Trees. 2008. Hölle im Hürtgenwald. Die Kämpfe vom Hohen Venn bis zur Rur September 1944 bis Februar 1945, 15. Auflage. Erstauflage 1981. Aachen: Shaker Media.
4) Kaeres, Kurt. 2006. Das verstummte Hurra: Hürtgenwald 1944/45, 4. Auflage. Aachen: Helios Verlags- und Buchvertriebsgesellschaft. Erstauflage 1985. Bergisch Gladbach: Lübbe Verlag.

15 Es gibt keine vollständige Bibliografie zur Geschichte des Zweiten Weltkriegs. Eine Auswahl von Werken und bibliografische Literatur findet sich aber unter: https://de.wikipedia.org/wiki/Literaturliste_zum_Thema_Zweiter_Weltkrieg. Zugriff: 7.2.2022.

5) Haslob, Gevert. 2000. Ein Blick zurück in die Eifel. Schicksalsweg der 89. Infanteriedivision, Hrsg. Geschichtsverein Hürtgenwald e.V., Vorwort: Heimatbund 500 Jahre Schmidt e.V. Emmelshausen: Condo-Verlag.
6) Scherer, Wingolf. 2002. Gefallen und vergessen? Ardennenoffensive, Endkämpfe im Westen 1944/45 und Soldatenfriedhöfe im Altkreis Schleiden. Aachen: Helios Verlags- und Buchvertriebsgesellschaft.
7) Heckmann, Dieter. 2003. »Halten bis zum letzten Mann…«. Der Kampf um Aachen im Herbst 1944. Aachen: Helios Verlags- und Buchvertriebsgesellschaft.
8) Falkenberg, Max von. 2004. Hürtgenwald '44/45. Die Schlacht im Hürtgenwald, Hrsg. Förderkreis für Deutsche Geschichte e.V. Emmelshausen.
9) Siebertz, H. Jürgen. 2010. Höhe 554. Die Kämpfe an der ersten Westwall-Linie im Abschnitt Roetgen-Lammersdorf und um den Paustenbacher Berg. Aachen: Helios Verlags- und Buchvertriebsgesellschaft.
10) Fischer, Ludwig. 2006. Erinnerungen, Hrsg. Heimatbund 500 Jahre Schmidt e.V. Schmidt: Selbstverlag.

Natürlich sind das nicht die einzigen Publikationen, die sich mit dem Geschehen zum Ende des Krieges an der Westfront und im ›Hürtgenwald‹ beschäftigen. Die Auswahl bildet aber das Spektrum der zu diesem Segment vorhandenen Militaria-Literatur beispielhaft ab. Sie umfasst Publikationen, in denen – je nach Interessenlage des Autors oder der Gewinnerwartung des Verlages – rein operationsgeschichtliche Darstellungen ebenso dominieren können, wie es auch zu einem Mix aus militär- und heimatgeschichtlichen Aspekten kommen kann.

2. Militaria-Literatur in Einzeldarstellungen

Die Überblicksdarstellung der zehn Bücher erfolgt nach einem festen Schema. Dabei wird versucht, Antwort auf die folgenden Fragen zu finden:

Was ist die Intention des Buches und welche Zielgruppe soll damit angesprochen werden? Welche Quellen hat der Autor für seine Arbeit benutzt und wie steht es um den Quellennachweis? Was ist der Inhalt des Buches und gibt es Anlagen, die etwas über die Motive des Autors aussagen können? In welcher Form wurde das Buch verfasst? Lassen sich Rückschlüsse auf das Geschichtsbild des Autors ziehen? Welche Rolle spielen Bilder und Skizzen für das Werk? Welche Informationen über Autor, Gesamtwerk und Verlag lassen sich ermitteln?

Das Ziel dieser Darstellungsweise liegt nicht nur darin, den Umgang der Autoren mit ihren Themen kritisch zu hinterfragen, sondern auch – soweit das möglich ist – ihre politischen Hintergründe und ihre Verbindungen zu problematischen regionalen Initiativen und Einrichtungen mit in den Blick zu nehmen. Dabei geht es auch um deren Instrumentalisierung der Wehrmachtgeschichte.[16] Hinsichtlich der Verlage ist noch Folgendes anzumerken: Es gibt natürlich eine viel breitere Palette an Militaria-Verlagen oder an Verlagen, die entsprechender Literatur in ihrem Programm »Unterschlupf gewähren«[17] (Brüdigam 1965, S. 17) oder gewährt haben, als sie sich in dieser Auswahl von lediglich zehn Büchern spiegelt. Hinzu kommt, dass von den zehn erfassten Büchern vier allein aus dem Aachener *Helios-Verlag* stammen, was sich durch die regionale Spezifik erklärt, die bei der Auswahl der Bücher interesseleitend war.

16 Zu dem Spannungsfeld zwischen wissenschaftlicher Erforschung der Wehrmachtgeschichte und deren politischer Instrumentalisierung von rechts vgl. Müller, Rolf-Dieter. 1999. Die Wehrmacht – Historische Last und Verantwortung. Die Historiographie im Spannungsfeld von Wissenschaft und Vergangenheitsbewältigung. In Müller, Rolf-Dieter, und Hans-Erich Volkmann, Hrsg. 1999. *Die Wehrmacht. Mythos und Realität*, S. 3–35. München: Oldenbourg Verlag.

17 So hieß es in dem Beitrag: Ernste Symptome in der Bundesrepublik. In *Israelitisches Wochenblatt für die Schweiz*, Zürich, Nr. 36, 4. Sept. 1964, zit. n. Brüdigam, Heinz 1965.

2.1 Baptist Palm: Hürtgenwald. Das Verdun des Zweiten Weltkrieges

Bei Baptist Palms Publikation handelt es sich um die erste umfangreiche Darstellung des Kriegsgeschehens im ›Hürtgenwald‹, der Nordeifel und in Düren aus der Sicht eines deutschen Veteranen, der unmittelbar an den Kämpfen beteiligt war. Sein 112 Seiten umfassendes Buch unterscheidet sich von den übrigen Publikationen durch eine bibliophile Titelgestaltung mit der Prägung eines christlichen Kreuzes.[18] Palm gehörte der 116. Panzerdivision der Wehrmacht an, der sogenannten Windhund-Division. Diese war im Westen an den Kämpfen um Aachen, im ›Hürtgenwald‹ und an der *Ardennenoffensive* (vgl. Quadflieg 2010) beteiligt. Ihre nach dem Krieg gegründete Veteranen-Organisation dominierte die Erinnerungskultur im ›Hürtgenwald‹ über Jahrzehnte und schuf damit erinnerungspolitische Konflikte, die bis heute anhalten. Das Buch Baptist Palms erschien erstmals im Jahr 1953, also ein knappes Jahrzehnt nach dem Ende der Kämpfe, die es behandelt. Es unterscheidet sich aufgrund dieses frühen Erscheinungsdatums in manchen Punkten von den nachfolgend besprochenen Publikationen.

Intention und Zielgruppe: Ein Vorwort, in dem Baptist Palm die mit seinem Buch verbundenen Absichten hätte darlegen können, existiert ebenso wenig wie ein Nachwort. Stattdessen gibt es eine Art Rahmung, die Angehörige des Verlegers mit einbeziehen. Direkt zu Beginn findet sich der Hinweis:

> »DEM GEDENKEN meines am 3.10.1944 bei den Kämpfen im Hürtgenwald gefallenen und auf dem Ehrenfriedhof in Vossenack im Grab 5 ruhenden Sohnes, des Uffz. KARL-HEINZ SEYLER« (Palm 1953, S. 5, versal im Original).

Dem folgt ein Gedicht »*An eine Mutter*« von Heinrich Seyler aus dem Jahr 1944. Darin spricht ein bereits toter Soldat – »Im Kampf traf mich die Kugel, mein letzter Gedanke bist Du« (ebd., S. 7) – zu eben jener Mutter. Und auf der letzten Seite des Buches findet sich der Hinweis, dass der Band »als Privatdruck in 1000 numerierten Exemplaren von dem Verlag Heinrich Seyler in Oldenburg (Oldb) mit der Genehmigung des Verfassers« (ebd., S. 112) hergestellt wurde.

Nach Auskunft von Reinhard Palm, des jüngsten Sohnes von Baptist Palm, bestand der Kontakt zu Heinrich Seyler nur kurze Zeit. Das eingefügte Gedenken an den ›Gefallenen‹ sowie das Gedicht sei als eine freundliche Geste seines Vaters zu werten, »der damals vermutlich froh war, dass er überhaupt jemanden gefunden hatte, der dieses Büchlein druckte.«[19]

---

18 Eine Abbildung des Covers findet sich unter http://www.derbuhlert.com/Eifelyeti/freenet-homepage.de/johu3000/Eifelyeti/literaturtipps.htm. Zugriff: 7.2.2022.

19 Mail von Reinhard Palm an den Verfasser vom 4.2.2020.

Welche Absichten Palm selbst mit seinem Buch verfolgt hat, lässt sich nicht eindeutig erschließen. Wahrscheinlich ist aber, dass es ihm darum gegangen ist, die eigenen Erinnerungen an die Kriegszeit festzuhalten, deren Besonderheit darin lag, dass er als Soldat in seinem Heimatdorf Vossenack zum Einsatz kam. Nimmt man den Schluss als Maßstab, dann mündet die Arbeit in einen sehr allgemein gehaltenen Friedensappell:

> »Wenn sich dann der Abend über die verbrannte Erde des Hürtgenwaldes senkt, wenn der Mond sein fahles Silberlicht auf die Erde herniedergießt und am tiefblauen Himmel die leuchtenden Sterne ihre unendlichen Bahnen ziehen, wenn die vielen Kreuze im ersterbenden Tageslicht wie graue Schatten im Dunkel der anbrechenden Nacht verlöschen, dann rufen die Toten mit gewaltiger Stimme, dann formt die Natur das herrliche erhabene Segenswort: ›FRIEDE AUF ERDEN‹!« (Palm 1953, S. 111, versal im Original).

Naturverbundenheit, christlich-katholischer Glaube und ein für die 1950er-Jahre nicht untypisches Maß an Pathos bilden die abschließende Friedensbotschaft, die sich an die Leserschaft seines Buches richtet. Sie dürfte sich in dieser Zeit vor allem an Veteranen gerichtet haben, die an den Kämpfen im ›Hürtgenwald‹ beteiligt gewesen waren, sowie an die lokale Bevölkerung aus dem Umfeld Palms. In einem 1984 erfolgten Fotonachdruck des Buches vermerkt Baptist Palm in einem, dieser zweiten Auflage neu beigefügten, kurzen Vorwort noch zu seiner Intention:

> »Die Winterabende waren lang und so schrieb ich größtenteils die Zeilen aus dem kaum vergangenen Erleben nieder, die heute nach 40 Jahren Wort für Wort unverändert die Sterbensgeschichte des Hürtgenwaldes mit den Eindrücken eines damals jungen Menschen nochmals wiedergeben sollen.« Er tue »das in der Hoffnung, einen bescheidenen Beitrag zu leisten, daß ein gedankliches Nacherleben dieser Zeit der Not uns zur Rückbesinnung aufruft, damit wir erkennen, daß Frieden nur mit Taten zum inneren Frieden eine Voraussetzung für den äußeren Frieden ist«. (Palm 1984, Vorwort)

40 Jahre nach Erscheinen seines Buches war Baptist Palm damit offensichtlich immer noch der Auffassung, dass das von ihm geschaffene Narrativ unverändert beibehalten werden müsse, um Voraussetzungen für einen künftigen Frieden zu schaffen. Ein Nachdenken über die politischen Ursachen des Zweiten Weltkriegs und die damit verbundene Rolle Deutschlands blieb weiterhin ausgeblendet.

Quellen und Quellennachweise: Zu den Quellen, auf die sich Baptist Palm stützt, finden sich keine Hinweise. Es gibt keine Fußnoten in dem Buch, keine Literaturhinweise und auch keine Anhaltspunkte dafür, woher die abgebildeten Fotografien stammen. Es hat den Anschein, als sei alles mehr oder weniger aus persönlichen Erinnerungen verfasst worden. Dass Palm dabei aber auch auf Informationen zurückgegriffen hat, deren Quelle er nicht nennt, lässt sich aus einer eingefügten Tabelle rückschließen, in der die Minenunglücke in Vossenack zwischen 1945 und 1950/51 verzeichnet sind (Palm 1953, S. 106). Zumindest diese Angaben dürften einer amtlichen Statistik entnommen sein.

Inhalt: Baptist Palms Buch besteht aus zwei eigenständigen Hauptteilen. Von Seite zwölf bis Seite 52 ist es als eine Art Dokufiktion angelegt, anschließend folgt ein eigener Erlebnisbericht des Autors über seine Teilnahme am Kriegsgeschehen. Am Ende wird an die fiktive Geschichte noch einmal angeknüpft, um sie wenige Jahre über das Kriegsende hinaus zu verlängern. Die ersten zwölf Seiten des Buches geben dabei eine Lesart vor, die als Grundmuster für den gesamten ersten Teil gelten kann: der Einbruch des Bedrohlichen in die scheinbar intakte, friedliche und romantisch verklärte Eifellandschaft und -gesellschaft.

Der erste Einbruch kommt durch den Bau des ›Westwalls‹ im Jahr 1938 über die Eifel (vgl. Hanf 2007; Fings und Möller 2008). Baumaschinen, Lastzüge, Lager des Reichsarbeitsdienstes und Angehörige der Organisation Todt lassen die Wälder zu »einer großen Fabrik« (Palm 1953, S. 9) werden. Die Idylle ist dahin, und »die Grenzbewohner, die von der Politik draußen in der Welt keine Ahnung hatten, die nichts anderes kannten, als ihre täglich gewohnte Arbeit« (ebd., S. 10), verstehen nicht warum und sind in Sorge. Mit dem Überfall auf Polen beginnt dann 1939 der Zweite Weltkrieg und endet der Vorspann.

Baptist Palm führt nun im ersten Hauptteil eine Waldbauernfamilie in seine Kriegsgeschichte ein: den alten verwitweten Waldbauern Wilhelm – »ein echter alter Eifler, rauh und herb wie das Klima der Eifel«, seinen Sohn Franz, der gerade seinen Gestellungsbefehl erhalten hat, dessen Frau Lucie, ein »treues und braves Weib« (ebd., S. 13), sowie deren kleine Kinder Willi und Josef. Mit dem Abschied von Franz endet die Passage. In der weiteren Folge skizziert Palm die Kriegsentwicklung – den Feldzug im Westen, die Ausweitung des Krieges auf das Territorium der Sowjetunion und das sich anbahnende Kriegsende mit der Entwicklung der Eifel zum Frontgebiet. Er nimmt dabei immer wieder die Perspektive ›von unten‹ aus der Sicht der Dorfbewohnerinnen und -bewohner ein, schildert wie sie sich den Räumungsbefehlen widersetzen, eigene Bunker aus Baumstämmen in den Wäldern bauen, zuletzt aber doch Wald, Dorf, Haus und Hof verlassen müssen, um nicht selbst ihre Leben während der Kämpfe und Bombardements aufs Spiel zu setzen.

Anschließend nimmt er wieder die Perspektive der Waldbauernfamilie ein. Lucie und der alte Wilhelm hatten den Hof inzwischen weiter bewirtschaftet, Franz war einige Male ›aus Rußland‹ auf Heimaturlaub erschienen und der älteste Sohn Willi geht bereits zur Schule. Die Verhältnisse auf dem Hof haben sich inzwischen aber drastisch verändert. Ein deutscher Gefechtsstand ist dort eingezogen, während feindliche Flieger über der Umgebung kreisen und auf alles schießen, was sich bewegt. Palm nimmt dieses Szenario als Ausgangspunkt, um die Geschichte der Waldbauernfamilie mit derjenigen der einquartierten Soldaten zu verknüpfen, an deren Spitze ein Hauptmann der Reserve steht, ein

»Soldat alter deutscher Schule [...], voll von edler Gesinnung und verständnisvollem Handeln« (ebd., S. 47). Dieses literarische Mittel ermöglicht es ihm, den weiteren Kriegsverlauf bis hin zur Flucht der Bauernfamilie aus zwei Perspektiven zu schildern und gleichzeitig die Zivilbevölkerung und Wehrmachtangehörige als eine Schicksalsgemeinschaft darzustellen, deren Zugehörige sich unter dem Druck der Verhältnisse gegenseitig helfen und unterstützen.

Der zweite Hauptteil des Buches besteht aus einem ›Erlebnisbericht‹ Baptist Palms, den 1965 sogar die *New York Times* als Aufhänger für einen Rückblick auf die Kriegsereignisse nahm.[20] Palm schildert darin den Einsatz ›seiner‹ Division, die nach einem geordneten Rückzug aus Frankreich und Belgien gerade noch Aachen verlassen kann, um nach einem kurzen Intermezzo bei Arnheim einen Einsatzbefehl zu bekommen, der sie über Düren, Gey und Hürtgen nach Vossenack führt. Es ist eine Version, die später auch durch den Veteranenverband der ›Windhunde‹ als Narrativ weitere Verbreitung fand (vgl. Quadflieg 2016b), von dem tatsächlichen soziohistorischen Prozess allerdings abweicht (vgl. Rass et al. 2007, 2009). Für Palm stellte die Ankunft in Vossenack eine besondere Situation dar:

> »Es war wohl der erste Fall in unserer Division überhaupt, daß ein Infanterist sein Heimatdorf angreifen muß, ohne Wissen, ob Eltern, Bekannte und Verwandte noch da waren. Vielleicht wurde ich, meine Einheit zum ungewollten Mörder an ihnen.« (Palm 1953, S. 60)

Der von Palm beschriebene deutsche Angriff zielte auf die Kirche von Vossenack, die längst zu einer Ruine zerschossen worden war. Palm erinnert sich in seinem Text daran, dass er dort getauft wurde, die Kommunion empfangen und als Messdiener am Altar gestanden hatte. Der angrenzende Friedhof erweist sich als verwüstet, das Grab seines Großvaters ist zerstört. Den dramaturgischen Höhepunkt dieses Abschnitts bildet ein von Palm beschriebener nächtlicher Abstecher durch die feindlichen Linien zu seinem Elternhaus, das sich allerdings bloß noch als »schwelender, hin und wieder aufflackernder Trümmerhaufen« (ebd., S. 76) erweist und den jungen Soldaten mit der Ungewissheit den Rückweg antreten lässt, ob seine Familie Vossenack rechtzeitig hatte verlassen können oder nun tot unter den zerschossenen Mauern liegen würde.

Der letzte Abschnitt gilt der fast vollständigen Zerstörung der Stadt Düren am 16. November 1944 durch einen Angriff britischer Bomber, der dem Zweck diente, die alliierten Bodentruppen bei ihrem Vormarsch über die Rur Richtung Rhein zu unterstützen. Palm befindet sich zum Zeitpunkt des Angriffs im *Annaheim*, einer Krankensammelstelle, übersteht den Angriff dort mit viel Glück

20 Scars of Battle Fade at Hurtgen. Germans made Major Stand in Forest 20 Years Ago. 1965. *New York Times*, 7.2.1965, P. 17. Ich bedanke mich bei Reinhard Palm für diesen Hinweis.

und erlebt das menschliche Elend in der brennenden und verwüsteten Stadt. Daran anschließend beschreibt er die letzten Kämpfe im ›Hürtgenwald‹, an denen er selbst aber nicht mehr beteiligt war. Einem kurzen Einschub ist zu entnehmen, dass er das Ende des Krieges im Ruhrgebiet miterlebt hat. Am 1. Juni 1945 wurde er, nach seinen eigenen Worten, »aus amerikanischer Gefangenschaft in dem Lager Andernach entlassen« (ebd., S. 100). Der Rückweg nach Vossenack weckt bei ihm noch einmal die Erinnerung an die Kriegstoten, mit denen er unmittelbar in Verbindung gestanden hatte. Seine Eltern und Geschwister hatten dagegen überlebt.

Damit hätte das Buch enden können. Doch Baptist Palm greift zuletzt noch einmal den Faden der fiktiven Geschichte der Waldbauernfamilie auf. Der Krieg ist vorbei, aber längst noch nicht alles Leid, denn der alte Bauer stirbt am Ende auf dem Feld bei einem Minenunglück. So endet die Geschichte im literarischen Kitsch:

> »Nach einem gemeinsamen Gebet gingen sie ins Haus zurück. In der Sorge um das tägliche Brot zerstreuten sich die Gedanken um den toten Waldhofbauern. Das Leben ging weiter und wurde trotz größter Not und Armut ein glückliches für die stillen Bewohner des Waldhofes.« (ebd., S. 104)

Zuletzt fügt Palm noch kurze Informationen über die Totenbergung und zur Rolle des in der Region zur Legende gewordenen ›Totengräbers‹ Julius Erasmus[21] an und schreibt über die zahlreichen Minenopfer und über die Waldbrände zwischen Hürtgen und Vossenack im Jahr 1947, die vermutlich durch detonierende Munition und Phosphorgranaten ausgelöst wurden.

Form der Bearbeitung und Botschaften: Im Gegensatz zu den neun Publikationen, die im weiteren Verlauf exemplarisch vorgestellt werden, ist Baptist Palms Buch über seine Kriegserlebnisse nicht erst Jahrzehnte nach dem Krieg entstanden. Mit der Niederschrift hatte er nach Auskunft seines Sohnes bereits

21 Julius Erasmus (1895–1971) wird seit Jahrzehnten in Teilen der Nordeifel als ›Totengräber von Vossenack‹ verehrt. Auf der *Kriegsgräberstätte Vossenack* findet sich eine 2005 gesetzte Gedenktafel zu seiner Person. Und noch zur Jahreswende von 2020 auf 2021 ließ der Verein *Liberation Route NRW e.V.* eine Hörstelle vor der Kirche *St. Josef* in Vossenack aufstellen, deren verkitschte und schlecht recherchierte Tonaufnahme den ›Mythos Erasmus‹ weiter fortschreibt. Verlässliche Forschungsergebnisse über ihn liegen bisher kaum vor. Er soll eigenbrötlerisch gewesen sein, vermutlich war er durch den Krieg traumatisiert und außerdem physisch nicht gesund. Er soll knapp 1.600 getötete Soldaten nach dem Krieg geborgen haben, wobei bei diesen Angaben meist unberücksichtigt bleibt, dass er bei seiner Arbeit von wechselnden Helfern unterstützt wurde, die sich später auch über seine Selbststilisierung beschwerten. Weitere Angaben finden sich unter Möller, Frank. 2021. »›Touristik fatal‹ – Zur Kontinuität des Versagens politischer und touristischer Akteure am Beispiel der Hörstellen in Vossenack und Schmidt«. *Hürtgenwald Newsletter 14.* https://frank-moeller.eu/wp-content/uploads/2021/02/1.1_Touristik-fatal.pdf. Zugriff: 7.2.2022.

in den Jahren 1946/47 begonnen.[22] Es handelt sich also um eine sehr frühe Form der Literarisierung von Kriegserlebnissen, und die Niederschrift dürfte nicht zuletzt dem Zweck gedient haben, die schwer zu bewältigenden Eindrücke aus der Kriegszeit zu verarbeiten und einem eventuellen Kriegstrauma mit Versuchen der Selbstheilung durch die Verschriftlichung der eigenen Erlebnisse zu begegnen. Natürlich ist damit ebenfalls nicht auszuschließen, dass es sich bei der Abfassung auch um einen ersten bewussten geschichtspolitischen Akt eines Wehrmacht-Angehörigen in der Region gehandelt hat. Auffallend an Baptist Palms Mischung aus eigenem Erlebnisbericht und fiktiven Erzählpassagen sind die folgenden Elemente:

Das Landleben wird insbesondere in den fiktiven Erzählpassagen zu einer Idylle verklärt, in der tiefgläubige und hart arbeitende Menschen in schönster Eintracht zusammenleben. Möglicherweise geschah das in der Hoffnung, dass diese Rückbesinnung auf eine vergangene Idylle in der zerbombten Landschaft mit ihren zerstörten Dörfern, Äckern und Wäldern zur Orientierung der oft traumatisierten und orientierungslos aus dem Krieg oder der Gefangenschaft Zurückgekehrten würde beitragen können. Die Aneinanderreihung solcher Klischees ließe sich aber gleichermaßen als literarischer Auftakt des deutschen Opfermythos interpretieren (vgl. Brochhagen 1994, S. 240–258; Moeller 2001).

Die eigenen Kriegserinnerungen haben im Gegensatz zu den fiktiven Passagen eher einen protokollarisch-sachlichen Charakter. Palm kommt dabei meist auch ohne Rückgriffe auf den ›Landser-Jargon‹ aus. An einer Stelle wird das besonders deutlich. Als aus einer Vorpostenstellung der Wehrmacht das Auftauchen US-amerikanischer Panzer dem Kompaniegefechtsstand gemeldet werden soll, ist die Kabelleitung nicht mehr intakt. Palm zitiert daraufhin einen Unteroffizier »Verflucht nochmal, Leitung im Eimer!« und vermerkt hinter dem kurzen Satz in Klammern ausdrücklich »Landsersprache« (Palm 1953, S. 81). Von einer Verklärung des Soldatischen durch eine eigene Sprachdramaturgie, wie sie in einigen der weiter unten besprochenen Publikationen durchaus üblich ist, kann in Palms Text keine Rede sein.

Was indes beide Erzählformen des Buches auszeichnet, ist der häufige Rückgriff auf christliche Motive und Rituale. Die Texte sind vom Anfang bis zum Ende durchzogen von Bitten oder Danksagungen an Gott, die oft Stoßgebeten gleichkommen. Das mag Ausdruck des tief verwurzelten Katholizismus in der Eifel gewesen sein (vgl. Wallraff 2000, S. 289–340). In Palms Narrativ tauchen sie als Hilfe auf, die durch den Kriegsalltag erzeugten extremen psychischen Belastungen auszuhalten. In den später erschienenen Militaria-Publikationen ist es

22 Telefonische Auskunft von Reinhard Palm am 4.2.2020 gegenüber dem Verfasser.

dagegen eher das Narrativ von der Kameradschaft unter den Soldaten, die alles zu ertragen hilft.[23] Bei Palm ist dieser Aspekt dagegen weniger präsent.

Es gibt noch einen weiteren Unterschied zu den übrigen Publikationen. Er betrifft die Art und Weise, in welcher der Nationalsozialismus thematisiert wird. In Palms Buch sind die Äußerungen dazu zwar ebenso spärlich und wenig analytisch, wie in den nachfolgend betrachteten Publikationen auch, erscheinen aber – auch das wiederum bedingt durch die zeitliche Nähe zu den letzten Kriegsjahren – deutlich emotionaler. »Verflucht sollen die sein, die diesen Krieg aus Habsucht und Rachgier heraufbeschworen haben« (Palm 1953, S. 29), lässt er den alten Waldhofbauern direkt zu Beginn sagen. Später prangert er das »Barbarentum« der NS-Führer an, nennt sie »Brandstifter des Krieges« (ebd., S. 97) und beklagt, dass sein Vaterland »durch jene nazistische Brut schmählich verraten wurde« (ebd., S. 46). Offen bleibt dabei, ob solche Äußerungen aus enttäuschten Hoffnungen oder aus einer von Beginn an ablehnenden Haltung gegenüber dem Nationalsozialismus resultieren.

In Palms Buch über die Kriegsereignisse im ›Hürtgenwald‹ finden sich nicht nur Unterschiede zu den folgenden Militaria-Publikationen. Es gibt auch Elemente, die im Rückblick auf das Kriegsgeschehen überaus stabil gewesen sind und über Jahrzehnte unhinterfragt fortgeschrieben wurden. So werden die Bewohnerinnen und Bewohner der Eifel selbst in keinem konkreten Fall jenem Geflecht aus männlichen und weiblichen Tätern, Profiteuren, Mitläufern, Denunzianten und Zuschauern zugerechnet, ohne die das nationalsozialistische Deutschland nicht zu einem verbrecherischen Staat hätte werden können. »Die Bewohner des Hürtgenwaldes«, schreibt Palm, »[...] hatten dem Naziregime – mit wenigen Ausnahmen – immer fern gestanden. Sie waren Katholiken und eben weil sie echte Katholiken waren, hatten sie einem Regime, das seit seinem Bestehen die Religion verfolgte [...], die Feindschaft geschworen.« (ebd., S. 17–18). Auf die »wenigen Ausnahmen«, die Palm zumindest einräumt, geht er in seinem Buch an keiner Stelle ein, was nicht nur signifikant für die unmittelbare Nachkriegszeit ist, sondern für viele weitere Jahrzehnte. Er folgt damit dem verbreiteten Nachkriegsnarrativ, die Nazi-Elite für die Verbrechen des Nationalsozialismus verantwortlich zu machen, um den Rest der Gesellschaft und damit das eigene dörfliche Umfeld zu exkulpieren.

Wer den Nationalsozialismus nicht aktiv unterstützt oder mitgetragen hat, so der nächste Schritt, kann damit automatisch einen Opferstatus beanspruchen.

23 Die in der Militaria-Literatur fast durchgängig stattfindende Verklärung der Kameradschaft lässt einen wesentlichen Aspekt außer Acht: »Unbeachtet bleiben in solchen Erzählungen vielfach die hohen Verlustraten in den einzelnen Infanterie-Einheiten und damit eine sich konstant verändernde Personenkonstellation innerhalb der Gefechtsgruppen.«, Zimmerli, Jonathan. 2016. *Offizier oder Manager? Amerikanische Kommandeure im Zweiten Weltkrieg*, S. 38. Paderborn: Ferdinand Schöningh Verlag.

Das Opfernarrativ zieht sich durch nahezu alle Erzählungen, die das Kriegsgeschehen in der Nordeifel betreffen. »Fünf Jahre, die besten Jahre unseres Lebens sind uns geraubt worden« (ebd., S. 32), schreibt Palm. »In Treue zur Heimat hatten sie ihr Leben geopfert« (ebd., S. 20), heißt es an anderer Stelle über diejenigen Bewohner und Bewohnerinnen Vossenacks, die sich einer Zwangsevakuierung entzogen hatten und während der Bombenangriffe umgekommen waren. Und »tausende unschuldige Opfer« (ebd., S. 91) sieht Palm als Folge des Fliegerangriffs auf Düren. Die tatsächlichen Opfer des Nationalsozialismus, von denen man bereits kurz nach Ende des Krieges wissen konnte – männliche wie weibliche Juden, Sinti und Roma, Kommunisten, Sozialdemokraten, Zwangsarbeiter, um nur einige Gruppen zu nennen –, tauchen in derlei Gedankenführung gar nicht erst auf.

Ein ebenfalls verbreitetes Narrativ betrifft die Verbindung von Wehrmacht und Zivilbevölkerung. In der Endphase des Krieges werden beide Gruppierungen zu einer Opfergemeinschaft stilisiert. Bei Palm geschieht das dadurch, dass er einen seiner Protagonisten, den Hauptmann der Reserve, zu dem alten Waldbauern sagen lässt:

> »Jeder trägt in dem verdammten Krieg sein Kreuz; wir, die Soldaten an der Front, Sie als Flüchtling, der Haus und Hof verlassen mußte. Wir alle, selbst unsere Frauen und Kinder, die in den Städten den Bombenangriffen ausgesetzt sind, tragen die furchtbare Last dieses Krieges.« (ebd., S. 48)

Die Wehrmacht selbst wird wiederum zu einer missbrauchten und verratenen Armee verklärt und damit von aller Schuld reingewaschen:

> »Immer wieder wurden neue Reserven in den Kampf geworfen. Bestes deutsches Mannesblut floß hier, opferte sich, mußte sich opfern für ein aus tausend Wunden blutendes Vaterland« (ebd., S. 46)

Ihre Protagonisten sind ehrenhafte Kämpfer: »Jedenfalls als ritterlich und fair war unsere Division von jeher bekannt«, schreibt Palm über die 116. Panzerdivision, »und diese Ritterlichkeit hatte sich hineingepflanzt in jeden einzelnen Landser.« (ebd., S. 57).[24]

Sterben Wehrmachtsoldaten, werden sie bei Palm automatisch zu Helden stilisiert. Ihr Tod wird zum Heldentod verklärt: »Unersättlich trank der Boden das Blut der vielen Helden.« (ebd., S. 92). Der ›Hürtgenwald‹ wird zum »Friedhof

24 Als wissenschaftlich erforschten Kontrast zu Baptist Palms Narrativ siehe Rass, Christoph, René Rohrkamp, und Peter M. Quadflieg. 2007. *Gerhard Graf von Schwerin und das Kriegsende in Aachen. Ereignis, Mythos, Analyse.* Aachen: Shaker Media; Rass Christoph, Jens Lohmeier, und René Rohrkamp. 2009. Wenn ein Ort zum Schlachtfeld wird – Zur Geschichte des Hürtgenwaldes als Schauplatz massenhaften Tötens und Sterbens seit 1944. In *Geschichte in Köln* 56/2009, S. 299–332. Köln: SH-Verlag.

von vielen unbekannten Helden« (ebd., S. 97) oder – wiederum mit einem gehörigen Schuss Pathos versehen:

> »[D]ie blutdurchtränkte Erde des Hürtgenwaldes nahm sie auf, für immer, als stumme Helden, begraben in dem Totenwald.« (ebd., S. 95)[25]

Ist von demjenigen Abschnitt auf dem Gemeindefriedhof von Vossenack die Rede, auf dem vorübergehend tote Wehrmachtsoldaten bestattet wurden, handelt es sich bei Palm ebenso selbstverständlich um einen ›Heldenfriedhof‹ wie auch im Fall einer später in der Nähe des Dorfes angelegten Kriegsgräberstätte (vgl. Palm 1953, S. 109–110).

Aufs Ganze gesehen müssen für Baptist Palm die genannten Elemente, die für sein Buch charakteristisch sind, mehr gewesen sein als bloße Teile einer Momentaufnahme, die sich allein aus der Nähe zu den beschriebenen Ereignissen und dem Wunsch nach deren Bewältigung erklären lassen. Andernfalls hätte er seinen frühen Text im Jahr 1984 kaum »Wort für Wort unverändert nachdrucken lassen« (Palm 1984, Vorwort), wie es in dem der Neuausgabe beigefügten Vorwort heißt. Palms Narrativ hatte für ihn selbst offensichtlich über Jahrzehnte unhinterfragt Bestand.

Zur Illustration: Baptist Palms Buch weist 20 Fotografien auf, 17 davon in einem annähernd quadratischen Format. Wahrscheinlich hat Palm sie selbst mit seiner eigenen Kamera nach dem Krieg aufgenommen. Die Fotografien wurden eigens von Hand eingeklebt. Drei der Fotos auf den letzten Seiten des Buches – auf zweien ist Julius Erasmus zu sehen, ein drittes bildet den ›Heldenfriedhof Vossenack‹ ab – stammen vermutlich von einem anderen Fotografen, da sie sich durch eine andere Ästhetik und auch durch ein anderes Format von den übrigen Fotos abheben. Alle Fotografien sind an den Stellen des Textes eingefügt, wo sie dem Zweck dienen können, diesen sachgerecht zu illustrieren. Damit unterscheidet sich die Verwendung der Aufnahmen von den meisten großformatigen Bild-Text-Bänden der Gattung Militaria-Literatur, die anschließend analysiert werden.

---

25 Aus wissenschaftlicher Sicht ist diese Verklärung des Todes zum Heldentod bei gleichzeitiger Ausgrenzung des kriegsverbrecherischen Kontextes nicht haltbar, vgl. Koch, Jörg. 2013. *Von Helden und Opfern. Kulturgeschichte des deutschen Kriegsgedenkens.* Darmstadt: Wissenschaftliche Buchgesellschaft; Echternkamp, Jörg. 1999. Wut auf die Wehrmacht? Vom Bild der deutschen Soldaten in der unmittelbaren Nachkriegszeit. In *Die Wehrmacht. Mythos und Realität*, Hrsg. Rolf-Dieter Müller, und Hans-Erich Volkmann, S. 1058–1080. München: Oldenbourg Verlag; ders. 2014. *Soldaten im Nachkrieg. Historische Deutungskonflikte und westdeutsche Demokratisierung 1945–1955.* München: De Gruyter Oldenbourg; Kühne, Thomas. 2000. Die Viktimisierungsfalle. Wehrmachtsverbrechen, Geschichtswissenschaft und symbolische Ordnung des Militärs. In *Der Krieg in der Nachkriegszeit. Der Zweite Weltkrieg in Politik und Gesellschaft der Bundesrepublik*, Hrsg. Michael Th. Greven, und Oliver von Wrochem, S. 183–196. Opladen: Leske + Budrich.

Autor und Verlag: Folgt man den Angaben in einem Nachruf[26], dann war Baptist Palm (*1924–†1994) von 1956 bis zu seinem Tod kommunalpolitisch tätig. 1965 übernahm er das Amt des Bürgermeisters in Vossenack, das er bis zur kommunalen Neugliederung 1972 bekleidete; bis 1979 amtierte er als erster stellvertretender Bürgermeister, und von 1973 bis 1989 führte er die Kreistagsfraktion der CDU im *Kreis Düren.*[27] Beruflich arbeitete er in der Forstverwaltung.[28] Als junger Soldat war er in seinem Heimatort Vossenack am Kriegsgeschehen beteiligt gewesen, als Gefreiter beim Grenadierregiment 60 der 116. Panzerdivision der Wehrmacht, der sogenannten Windhund-Division.[29] Sein Grab befindet sich auf dem Gemeindefriedhof von Vossenack.

Nach dem Krieg trug Palm maßgeblich dazu bei, dass die Angehörigen der ›Windhund‹-Division die Ortschaft Vossenack zum Zentrum ihrer Treffen und Gedenkfeiern machen konnten, obwohl die meisten ihrer Angehörigen eher aus dem Ruhrgebiet stammten. Seit Ende der 1950er-Jahre sorgte er mit dafür, dass die während des Krieges umkämpfte katholische Kirche *St. Josef* in Vossenack zu einem zentralen Gedenkort jener ›Windhunde‹ ausgebaut wurde. In einem Nachruf in der Verbandszeitschrift *Der Windhund* dankt Johannes Puppe (*1916–†2000), ehemaliger Unteroffizier der Wehrmacht und seit Mitte der 1950er-Jahre Vorsitzender des *Familienverbands ehemaliger Angehöriger der Windhund-Division e.V.*, Palm ausdrücklich »für seine persönlichen Hilfen« (*Das Monschauer Land* 1995, S. 17) bei der Anschaffung der *St. Michael Glocke* im Jahr 1958,[30] an der sich die ›Windhunde‹ mit Spenden beteiligten; außerdem für die Einrichtung eines ›Windhund‹-Gedächtnisfensters in der Kirche *St. Josef* im Jahr 1961. Unter dem Fenster wurde eine Vorrichtung zum Aufhängen von Kränzen angebracht sowie ein Text auf drei Bronzetafeln zum Gedenken an die getöteten Soldaten der Division mit der Überschrift »Der Tod ist die Pforte zum Leben«. Das entsprach der Absicht, dem nutzlosen Tod der Wehrmachtsoldaten nachträglich einen Sinn einzuschreiben, indem ihr Tod – gemäß der christlichen Auslegung – zum Eintritt in das eigentliche ›Leben‹ verklärt wurde. Die ›Überformung‹ der Pfarrkirche durch Elemente der Wehrmachtveteranen und die mangelnde Bereitschaft der heute Verantwortlichen, diese Eingriffe angemessen

26 Die Nordeifel trauert um Baptist Palm, 18.8.1994. *Das Monschauer Land.* Jahrbuch 1995, S. 17.

27 »Baumeister des Kreises Düren« – Zuvor Politiker in Monschau. *Dürener Nachrichten,* 18.8.1994; *Der Windhund,* H. 3, 1994, S. 42.

28 Telefonische Auskunft von Reinhard Palm gegenüber dem Verfasser am 4.2.2020.

29 Vgl. Quadflieg, Peter M. 2016a. *Gerhard Graf von Schwerin. Wehrmachtgeneral, Kanzlerberater, Lobbyist.* S. 287. Paderborn: Ferdinand Schöningh Verlag.

30 Trauer um Baptist Palm. *Der Windhund,* H. 3, 1994, S. 42.

kommentieren zu lassen, haben für ein erhebliches Konfliktpotenzial im Erinnerungsdiskurs in Vossenack und darüber hinaus gesorgt.[31]

Der Dank in dem Nachruf für Baptist Palms Engagement erstreckt sich aber noch auf ein weiteres Objekt. Johannes Puppe dankt Palm ausdrücklich »für unser Mahnmal am Ehrenfriedhof in Vossenack mit der Erledigung aller Behördenschritte«.[32] Gemeint ist damit eine 1966 eingeweihte Gedenkanlage der 116. Panzerdivision der Wehrmacht, die vom *Familienverband ehemaliger Angehöriger der Windhund-Division e.V.* bis zu dessen Auflösung im Jahr 2005 zu jährlichen Gedenkfeiern genutzt wurde.[33] Ohne die politischen Weichenstellungen durch Baptist Palm hätten sich die ›Windhunde‹ niemals in dieser Weise in die ›Geschichtslandschaft‹ der Nordeifel einschreiben und die Lesart der ›Kämpfe im Hürtgenwald‹ prägen können. Für seinen Einsatz wurde ihm die ›Goldene Windhund-Ehrennadel‹ verliehen. Nahe der Kirche *St. Josef* erinnert heute noch der Name eines Platzes an Baptist Palm.

Über den in Oldenburg ansässigen *Verlag Heinrich Seyler* ist wenig bekannt. Palms Publikation ist ausdrücklich als »Privatdruck« ausgewiesen, jedes einzelne der eintausend Exemplare wurde gesondert nummeriert. Im *Zentralen Verzeichnis antiquarischer Bücher* (ZVAB) finden sich lediglich zwei weitere Publikationen des Verlags, die ebenfalls als Privatdrucke ausgewiesen sind: eine illustrierte Ausgabe von Heinrich Heines *Harzreise* (1958)[34] sowie ein ebenfalls illustrierter Band des bengalischen Dichters und ersten asiatischen Literaturnobelpreisträgers Rabindranath Tagore *Flüstern der Seele* (1966)[35]. Beide sind als

31 Vgl. Weiner, Joachim. 2016. Krieg und Erinnerung. Strategien, Motive und Praxis apologetischer Erinnerungskulturen. In *Hürtgenwald – Perspektiven der Erinnerung*, Hrsg. Karola Fings, und Frank Möller, S. 43–55. Berlin: Metropol Verlag. Zum Umgang der verschiedenen Pfarrer der Kirche *St. Josef* mit der Thematik ›Windhunde‹ liegt auch ein 2019 entstandenes Gutachten des Aachener Althistorikers Jörg Fündling vor, das im Auftrag des *Bischöflichen Generalvikariats Aachen* verfasst wurde: Fündling, Jörg. 2019. Kriegsgedenken und die Pfarre St. Josef (Vossenack). *Hürtgenwald Newsletter 09*. https://frank-moeller.eu/wp-content/uploads/2019/11/Stellungnahme-F%c3%bcndling-Kirche-Vossenack.pdf. Zugriff: 7.2.2022.

32 Ebd. Der in dem Nachruf genannte »Ehrenfriedhof« meint die Kriegsgräberstätte Vossenack, auf der mehr als 2.300 Tote bestattet sind, darunter angeblich auch Generalfeldmarschall Walter Model, dessen Grab 1955 dorthin verlegt worden sein soll, woran es allerdings berechtigte Zweifel gibt. Vgl. Möller, Frank. 2021a. Models Knochen – Models Grab? Eine Recherche, die vermeintliche Gewissheiten in Frage stellt. In *Jahrbuch des Kreises Düren 2021*, S. 171–189. Düren: Hahne & Schloemer Verlag.

33 Nähere Angaben dazu finden sich im Informationssystem des Landschaftsverbands Rheinland *Kultur. Landschaft. Digital.* (KuLaDig): Möller, Frank. 2022. Gedenkanlage von Angehörigen der 116. Panzerdivision der Wehrmacht. *Kultur.Landschaft.Digital.* (KuLaDig). https://www.kuladig.de/Objektansicht/KLD-327319. Zugriff: 7.2.2022.

34 https://www.zvab.com/servlet/SearchResults?sts=t&kn=%20Heinrich%20Seyler&cm_sp=SearchF-_-NullResults-_-Results&tn=Harzreise&an=Heine. Zugriff: 8.3.2022.

35 https://www.zvab.com/servlet/SearchResults?sts=t&kn=%20Heinrich%20Seyler&cm_sp=SearchF-_-NullResults-_-Results&tn=Fl%FCstern%20der%20Seele&an=Tagore. Zugriff: 8.3.2022.

»Jahresgabe für unsere Geschäftsfreunde« ausgewiesen. Das lässt darauf schließen, dass der Druckereibetrieb *Seyler* den Kern des Unternehmens ausmachte und dass der Verlag lediglich einem ›Steckenpferd‹ des Unternehmers gleichkam.

Der Windhund

L 7341 F

Familienverband ehemaliger Angehöriger der Windhund-Division (116. Panz.-Div.) e. V.
463 Bochum-Werne Postfach 90022 Postscheck Dortmund 55061

15. Jahrgang Dezember 1966 Nummer 4

Unser Ehrenmal am Tage der Einweihung am Volkstrauertag 1966
in Vossenack/Hürtgenwald

Abb. 2: Am 13. November 1966, dem Volkstrauertag, weihte der Familienverband der ›Windhunde‹ sein ›Ehrenmal‹ neben der Kriegsgräberstätte von Vossenack ein. Auf der Mauer am Kopf der Anlage ist die Skulptur eines Soldaten zu sehen, der einen verwundeten Kameraden stützt, geschaffen von der Bonner Bildhauerin Annemarie Sukow von Heydendorff (Quelle: *Der Windhund* 1966, Heft 4, Titelseite).

Abb. 3: Auf der Titelseite der Zeitschrift *Der Windhund* vom Dezember 1996 wird die enge Verbindung zwischen der ›Sühnekirche‹ *St. Josef* und der Erinnerungsstätte der ›Windhunde‹ deutlich. Die beiden düsteren Soldatenköpfe im Hintergrund entsprechen der auf der Erinnerungsstätte platzierten Skulptur (Quelle: *Der Windhund* 1996, Heft 4, Titelseite).

2.2 Werner Haupt: Rückzug im Westen 1944. Von der Invasion zur Ardennen-Offensive

Abb. 4: Werner Haupt hat zahlreiche Bücher zur Kriegs- und Militärgeschichte verfasst. Der 1978 erschienene Band *Rückzug im Westen 1944* umfasst 352 Seiten. Bei der Gestaltung des Schutzumschlags bediente sich der Stuttgarter *Motorbuch Verlag* der Fotografie einer NS-Propagandakompanie als Vorlage (Quelle: Motorbuch Verlag).

Intention und Zielgruppe: In einer knappen Einführung zu seinem Buch schreibt Werner Haupt, er wolle damit »die Erinnerung an eine Zeit wachhalten, in der der deutsche Soldat einer Niederlage entgegengehen mußte. Deshalb soll ihm – dem unbekannten Frontkämpfer des 2. Weltkrieges – dieses Buch gewidmet sein und all denen von Freund und Feind, die in diesem Krieg ihr Leben lassen mußten!« (Haupt 1978, S. 7). Damit lassen sich auch Rückschlüsse auf die Zielgruppe ziehen. Das Buch richtet sich einerseits an diejenigen, die ›dabei waren‹ und an jene, für die die Kriegsereignisse – abseits wissenschaftlichen Interesses – von Belang sind. Anders als die ›Landser-Hefte‹, die explizit auch auf die Zielgruppe ›Jugendliche‹ ausgerichtet waren, ist dieses Buch primär auf ein erwachsenes Publikum zugeschrieben worden, was sich auch leicht aus dem trockenen Stil des Autors rückschließen lässt.

Quellen und Quellennachweise: Für ein wissenschaftliches Publikum ist das Werk allenfalls auf der Metaebene als eine der Militaria-Literatur zugehörige Publikation von Interesse, denn Quellennachweise zu der eigenen Darstellung finden sich an keiner Stelle, weder bezüglich der dargestellten Abläufe der Kampfhandlungen noch hinsichtlich des verwendeten Bildmaterials. Auch Angaben zu der Literatur, auf die sich Haupts Darstellung stützt, wurden nicht verzeichnet.

Inhalt und Anlagen: Werner Haupts Buch ist chronologisch aufgebaut. Es beginnt mit dem 6. Juni 1944, dem *D-Day* und der damit verbundenen Großoffensive der Alliierten im Rahmen der *Operation Overlord* in der Normandie, und behandelt anschließend deren Offensive in Mittelfrankreich, die Landung zweier alliierter Armeen an der französischen Côte d'Azur und die Vertreibung der deutschen Truppen aus Südfrankreich (*Operation Dragoon*); schließlich den Seekrieg um die Kanalinseln und die Atlantikfestungen, die Kämpfe an der Reichsgrenze und die *Ardennenoffensive*, die unter dem deutschen Decknamen *Unternehmen ›Wacht am Rhein‹* vom 16. Dezember 1944 bis zum 21. Januar 1945 stattfand.

Die Darstellung endet zum einen mit der letzten Offensive deutscher Streitkräfte an der Westfront, dem *Unternehmen Nordwind*, in dessen Rahmen vom 31. Dezember 1944 bis zum 25. Januar 1945 Kampfhandlungen im Elsass und in Lothringen stattfanden; zum anderen mit dem *Unternehmen Bodenplatte*, dem letzten Versuch der Wehrmacht, durch Angriffe der Luftwaffe gegen alliierte Flugplätze in den Niederlanden, Belgien und Frankreich die eigene Offensive in den Ardennen zu unterstützen.
Die Kämpfe im ›Hürtgenwald‹ werden in dem Buch nur auf wenigen Seiten gestreift. Unter anderem heißt es dabei:

> »Die Gefechte wogten hin und her und erinnerten an die Schlachten des I. Weltkrieges. Das total zerstörte Dorf Hürtgen wechselte in diesen Tagen allein 14 mal, der Ort Vossenack sogar 28 mal den Besitzer.« (Haupt 1978, S. 223)

Das Spiel mit den großen Zahlen, das Haupt hier betreibt, gehört in der Militaria-Literatur über den ›Hürtgenwald‹ zu den Standards. Mit der Wirklichkeit hat es indes meist wenig zu tun. Haupt könnte diese Zahlen aus den 1950 erschienenen Aufzeichnungen Siegfried Westphals,[36] des Stabschefs von Rommel, Kesselring

36 Bei Westphal heißt es: »In diesem Ringen wechselten das Dorf Hürtgen 14mal, der Hürtgen-

und Rundstedt, übernommen haben, ohne dies zu benennen. Sie können auch aus dem umfangreichen Werk des französischen Journalisten Raymond Cartier stammen.[37] Klaus Hammel, Angehöriger des Führungsstabs der Streitkräfte der Bundeswehr, hat dazu angemerkt:

> »Zur offensichtlich nicht korrigierbaren Legende, die Ortschaft sei insgesamt 28 mal von beiden Seiten eingenommen worden: Vossenack wurde am 2. November zum ersten Mal durch US-Kräfte genommen. Der deutsche Gegenangriff am 6. November bringt den östlichen Ortsteil bis zur Kirche wieder in deutschen Besitz. Der Ostteil wird jedoch am 7. November endgültig wieder an die Amerikaner verloren.« (Hammel 1984–85, S. 93)

Haupts Buch wurden fünf Anlagen beigefügt: eine Aufstellung militärischer Gliederungen der deutschen und alliierten Verbände, eine Auflistung von deutschen Befehlsstellen, Kommandobehörden, Oberbefehlshabern etc., eine Auflistung der »Träger der höchsten Tapferkeitsauszeichnungen« (Haupt 1978, S. 344) auf deutscher Seite, eine Auflistung deutscher und alliierter Verluste von Juni bis Dezember 1944 (ebd., S. 345) sowie ein Truppenverzeichnis von deutscher und alliierter Seite (ebd., S. 346–351).

Form der Bearbeitung und Botschaften: Der farbig gezeichnete Schutzumschlag des Buches rückt fünf von hinten sichtbare deutsche Soldaten in den Mittelpunkt, die an den Ruinen eines Dorfes vorbei mit Sturmgepäck und Karabiner eine leichte Steigung hinaufhasten. Ihre Bedrohung durch feindliche Truppen ist nicht sichtbar, durch das geduckte Laufen und die zerstörte Umgebung aber erahnbar. Diese Perspektive dürfte vielen potenziellen Käufern und Käuferinnen bereits durch die Kriegsfotografie des Nationalsozialismus vertraut gewesen sein, denn um »den beim Publikum gefragten Aspekt des Erlebens zu bedienen, verwendeten etliche Fotografen als bildnerisches Motiv die in der Malerei gebräuchliche Rückenfigur. [...]. Als Authentizitätsbeleg erschienen [die kämpfenden Soldaten] angeschnitten im Bild.« (Paul 2016, S. 287).

Der Verlag hat sich bei der Gestaltung des Titels eines Schwarz-Weiß-Fotos als Vorlage bedient, das von Otto Lanzinger stammt und den Titel »Pionierstoßtrupp« trägt. Lanzinger war Angehöriger einer Propagandakompanie. Abgebildet war die Fotografie im *Deutschen Kamera-Almanach* des Jahres 1941 (Weiss 1941, S. 35). Es ist bemerkenswert, dass sich der Verlag 1978 dieser Vorlage, deren ursprünglicher Zweck darin bestanden hatte, den Krieg zu verherrlichen sowie

---

Wald 18mal und das Dorf Vossenack sogar 28mal den Besitzer.« Westphal, Siegfried. 1950. *Heer in Fesseln. Aus den Papieren des Stabschefs von Rommel, Kesselring und Rundstedt*, S. 277. Bonn: Athenäum-Verlag.

37 Bei Cartier sind Name und Lage des Dorfes Vossenack allerdings falsch angegeben: »Das Dorf Hürtgen im Waldgebiet gleichen Namens wechselte vierzehnmal den Besitzer, das Dörfchen Vessenach [sic] bei Monschau achtundzwanzigmal.« Cartier, Raymond. O.J. [1967]. *Der Zweite Weltkrieg, Bd. II.*, S. 911. München: Piper Verlag.

Abb. 5: Die Aufnahme von Otto Lanzinger diente als Vorlage für die Titelgestaltung von Werner Haupts Buch. (Quelle: *Deutscher Kamera-Almanach*, 1941).

die Wehrmacht positiv herauszustellen, ohne jede Brechung bedient hat. Bezeichnend ist auch, dass die Herkunft der Vorlage im Buch nicht erwähnt wird.

Der dramaturgische Einstieg in das Buch entspricht der Form der Titelgestaltung. Er erzeugt Nähe zum Geschehen und katapultiert die Lesenden direkt hinein ins Kriegserlebnis:

> »Die Uhren zeigten kurz nach Mitternacht am 6. Juni 1944, als die alliierte Luftarmada den stürmischen Kanal überflogen hatte und sich von vielen Seiten her der normannischen Küste näherte. 1668 Kampf- und Transportflugzeuge mit 512 Lastenseglern im Schlepp steuerten ihre befohlenen Ziele an. Dicht über den steilen Felsen am Meeresufer klinkten die Lastensegler aus und rauschten fast lautlos der dunklen Erde entgegen. Es war 0.45 Uhr, als der erste britische Fallschirmjägeroffizier durch die offene Tür der Transportmaschine sprang.« (Haupt 1978, S. 8)

Leser und Leserinnen, die nach diesen Zeilen allerdings eine ›spannend‹ erzählte Kriegsgeschichte aus Sicht der einfachen Soldaten erwartet hätten, dürften enttäuscht worden sein. Denn schon bald geht der Autor zu einer äußerst kleinteiligen, additiven Darstellung des Kriegsgeschehens über, bei der die zum Einsatz gebrachten Waffen, die Anzahl von abgefeuerten Geschossen sowie deren Geschwindigkeiten, die jeweils wechselnden Befehlshaber, Abberufungen und Befehlsübergaben für eine überbordende Daten- und Faktenfülle sorgen. Da die Strategien im Verlauf des Kampfgeschehens zudem ständig durch die Wirklichkeit korrigiert wurden, verirrt sich der Leser zwangsläufig in dem kleinteiligen Informationsmix. Das mag auch der Grund dafür sein, dass Werner Haupts Publikation über die Erstauflage nicht hinausgelangte. Der folgende Ausschnitt ist typisch für die Darstellungsweise des gesamten Buches. Er spielt in Royan, einer Stadt am nördlichen Ufer der Trichtermündung der Gironde in West-Frankreich, die im Januar 1944, neben anderen Städten, auf Anordnung Hitlers zur Festung erklärt worden war:

> »Die Festungsbesatzung konnte jetzt straffer geführt werden. Major Heering, Kommandeur des Grenadierbataillons 472, übernahm die Führung der infanteristisch eingesetzten Kräfte. Major Zens führte die Nachrichtentruppen. Major Hochhauser hatte den Befehl über die Artilleriekräfte, nachdem Major Reisinger am 10. September in vorderster Front gefallen war. Folgende Batterien standen in Gironde-Nord: Die Heeres-Küstenartillerieabteilung 1282 mit drei 7,5 cm-, sechs 11,7 cm- und vier 10,5 cm-Geschützen; die Marine-Artillerieabteilung 284 mit zwei 24 cm-, drei 15 cm-, drei 13 cm-, neun 10,5 cm-, vier 7,62 cm- und 14 7,5 cm-Geschützen. Die leichte Flakabteilung 999 unter Major Nölle versah mit drei 3,7 cm- und zwei 2 cm-Batterien den Schutz gegen feindliche Luftangriffe.« (ebd., S. 186–187)

Und so geht es als atemlose Aufzählung ohne Reflexion und Einordnung weiter. Der Krieg erscheint dabei nicht als Ergebnis politischer Entscheidungen, sondern als etwas Naturgesetzliches, dem alle Beteiligten gleichermaßen unterliegen – egal für welche Ziele sie kämpfen. »Der Krieg war nun mit seiner ganzen Brutalität an den Niederrhein gekommen.« (ebd., S. 220), heißt es dann beispielsweise. Wird aber der Krieg als Naturgesetz und Schicksal dargestellt, dann wird er, darauf hat Gerhard Schneider hingewiesen, mystifiziert, und politische Ursachen müssen nicht weiter thematisiert werden (vgl. Schneider 1979, S. 63). Dabei übernimmt Haupt häufig auch unkritisch die Terminologie der Nationalsozialisten. So, wenn er pauschal »Zivilarbeiter« (Haupt 1978, S. 207) anspricht, bei denen es sich tatsächlich um Zwangsarbeiterinnen und Zwangsarbeiter handelt.[38] Ist dagegen von Soldaten der Wehrmacht oder der Waffen-SS die Rede, herrschen heroisierende Zuschreibungen vor; dann wird deren »Schicksalskampf« (ebd., S. 67), ihre »Opferbereitschaft« (ebd., S. 133) und ihre Widerstandskraft gepriesen, »obwohl fast alle am Verbluten waren« (ebd., S. 224).

Zur Illustration: In den Band sind acht handgezeichnete Karten eingestreut, auf denen Stellungen, Brückenköpfe sowie Angriffs- und Marschrichtungen der kriegsbeteiligten Parteien verzeichnet sind.[39] Außerdem wurden vier Bildblöcke auf Kunstdruckpapier mit jeweils acht Seiten eingefügt, womit der vermeintlich

38 Ulrich Herbert unterteilt Zwangsarbeiter im ›Dritten Reich‹ und im Zweiten Weltkrieg in sechs Kategorien: ausländische Zivilarbeiter, ausländische Kriegsgefangene, KZ-Häftlinge der SS, europäische Juden, ausländische Zwangsarbeiter in den jeweiligen Heimatländern und ausländische Zwangsarbeiter in dritten Staaten. Vgl. Herbert, Ulrich. 2013. Zwangsarbeit im 20. Jahrhundert. Begriffe, Entwicklung, Definitionen. In *Zwangsarbeit in Hitlers Europa. Besatzung – Arbeit – Folgen*, Hrsg. Dieter Pohl, und Tanja Sebta, S. 23–36, hier S. 24–26, 31–33. Berlin: Metropol Verlag.

39 Die Karten finden sich auf den Seiten 53, 89, 105, 137, 199, 227, 243, 279.

dokumentarische Charakter des Buches unterstrichen wird. Sie veranschaulichen im ersten Block die Vorbereitung und Durchführung der militärischen Aktion am *D-Day* (ebd., S. 16–24) und im zweiten Block die Kämpfe in der Normandie und in den übrigen Teilen Frankreichs (ebd., S. 113–120). Der dritte Block stellt ein Konglomerat verschiedener Abbildungen dar. Er zeigt die deutschen Oberbefehlshaber von Kluge, Speidel, Rommel und Ruge jeweils auf dem Kriegsschauplatz, bringt Bildbeispiele für den Einsatz der deutschen Kriegsmarine, Luftwaffe und von V-Waffen und vermittelt Eindrücke von Einsatzgebieten in Belgien, Holland sowie insbesondere von der Schlacht um Arnheim (ebd., S. 177–184). Die Überschriften des letzten Blocks lauten »Schlacht um Aachen«, »Kampf um Elsaß-Lothringen«, »Kampf um den Westwall« und »Die Ardennen-Offensive« (ebd., S. 289–296).

Da die Bildquellen nicht benannt sind, ist in vielen Fällen auch schwer zu unterscheiden, ob es sich um Aufnahmen von Propagandakompanien oder um private Fotografien handelt. Die meisten der Schwarz-Weiß-Aufnahmen zeigen Soldaten und ihre Waffen im Einsatz. Zerstörte Ortschaften und Zivilisten während der Evakuierung sind Teil der fotografischen Beigabe.

Das letzte Bild des vierten Blocks ist nach dem Krieg aufgenommen worden. Es ermöglicht einen Blick durch die Eingangshalle der *Kriegsgräberstätte Lohrer Wald* bei Bad Kreuznach. Untertitelt ist die ganzseitige Fotografie mit dem Text: »... am Ende des Krieges steht die bittere Erkenntnis, daß er den Frieden nicht brachte.« (ebd., S. 296). Das klingt ganz so, als habe die Intention des nationalsozialistischen Deutschlands darin bestanden, der Welt den Frieden zu bringen, statt durch seine Eroberungspolitik die Hegemonie über andere Völker zu erlangen und sie nach rassistischen Prinzipien neu zu ordnen. Zu einer ähnlichen Auffassung, in der die Wehrmacht geradezu als ›Friedensbringer‹ gepriesen wird, gelangt, wie wir später noch sehen werden, Ludwig Fischer in seinen *Erinnerungen.*

Autor und Verlag: Werner Haupt (*1923–†2005) war selbst Kriegsteilnehmer und als Angehöriger der 18. Armee unter anderem an der Belagerung Leningrads beteiligt. In Sachsen gebürtig, ließ er sich 1961 in Waiblingen nieder und veröffentlichte dort einige Bücher zur Heimat- und Ortsgeschichte. Acht Jahre lang wirkte er auch als Vorsitzender der Waiblinger SPD sowie im Kulturausschuss des Gemeinderats. 1978 verfasste er eine Festschrift seiner Ortspartei zu deren 90-jährigen Bestehen; 1985 ließ er eine weitere zum 75-jährigen Bestehen der SPD-Neustadt folgen.

Als Bibliothekswissenschaftler arbeitete er bis zu seiner Pensionierung in der *Bibliothek für Zeitgeschichte* in Stuttgart, die 1921 als ›Weltkriegsbücherei‹ er-

Abb. 6: Titelseite des Periodikums *Alte Kameraden. Zeitschrift der Kameradenwerke und Traditionsverbände*, in der Haupt regelmäßig publizierte (Quelle: *Alte Kameraden,* Mai 1963).

öffnet und 1948 entsprechend umbenannt worden war.[40] Er äußerte sich in der Zeit auch zu Fragen des Umgangs mit Dokumenten der Wehrmacht.[41] Neben der Publikation heimatgeschichtlicher Themen galt Haupts primäres Interesse der Kriegs- und Militärgeschichte, was sich nach Angaben der Deutschen Nationalbibliothek (DNB) in 77 eigenen Publikationen und weiteren 28 Beteiligungen niederschlug,[42] die er über Kriegswaffen, einzelne Truppenteile, Kriegsschauplätze, Kämpfe und Schlachten hinterlassen hat.

Bei der Entscheidung für Verlage war der SPD-Mann nicht wählerisch. Ein erheblicher Teil seiner Bücher findet sich in Militaria-Verlagen oder Militaria-Reihen, in denen der Zweite Weltkrieg zum positiven Erlebnis stilisiert wird, wie

40 Biografische Hinweise: Werner Haupt verstorben. *Staufer Kurier.* Amtsblatt der Stadt Waiblingen, 13. 10. 2005, S. 4.

41 H., W. [Werner Haupt]. 1963. OKW unterm Hammer. *Alte Kameraden.* Zeitschrift der Kameradenwerke und Traditionsverbände, 11. Jg., Heft 6.

42 https://portal.dnb.de/opac/opacPresentation?cqlMode=true&reset=true&referrerPosition=0&referrerResultId=tit+all+%22R%C3%BCckzug+im+Westen%22+and+per%3D%22Werner+Haupt%22%26any%26books&query=idn%3D130074373. Zugriff: 9. 3. 2022.

das hier vorgestellte Werk aus dem *Motorbuch Verlag* oder andere in der *Edition Dörfler im Nebel Verlag*[43] oder dem *Podzun(-Pallas) Verlag.*[44] Einige Bücher Werner Haupts erschienen außerdem in rechtsextremen Verlagen wie dem *Türmer Verlag,*[45] dem *Vowinckel Verlag*[46] oder, eine Übersetzung mit Nachwort, im *Druffel Verlag.*[47] Beiträge von ihm finden sich ferner im *Deutschen Soldatenkalender*[48] des rechtsextremen *Schild-Verlages*[49] sowie in der Zeitschrift *Alte Kameraden*[50] des Karlsruher *G. Braun Buchverlages.* Heinz Brüdigam erwähnt

43 Haupt, Werner. 2002. *Deutsche Spezialdivisionen. 1935–1945. Gebirgsjäger, Fallschirmjäger und andere.* Utting: Edition Dörfler im Nebel-Verlag.

44 Haupt, Werner. 1959. *Kurland. Die letzte Front. Schicksal für zwei Armeen.* Bad Nauheim: Podzun Verlag; ders. 1968. *Heeresgruppe Mitte. 1941–1945.* Friedberg: Podzun Verlag; ders. 1970. *Als die Rote Armee nach Deutschland kam. Der Untergang der Divisionen in Ostpreußen, Danzig, Westpreußen, Mecklenburg, Pommern, Schlesien, Sachsen, Berlin und Brandenburg.* Friedberg: Podzun-Pallas Verlag.

45 Haupt, Werner. 1989. *Die deutsche Schutztruppe 1889–1918. Auftrag und Geschichte.* Berg am See: Türmer Verlag.

46 Haupt, Werner. 1963. *Baltikum 1941. Die Geschichte eines ungelösten Problems.* Die Wehrmacht im Kampf Bd. 37. Scharnhorst Buchkameradschaft, Hrsg. Neckargemünd: Kurt Vowinckel Verlag. Zur Scharnhorst Buchkameradschaft siehe: Bundeswehr. Truppenbüchereien: Helden im Spind. 1967. *Der Spiegel* 50/1967, S. 50–54, http://magazin.spiegel.de/EpubDelivery/spiegel/pdf/46164835. Zugriff: 7.2. 2022.

47 Esteban-Infantes, Emilio. 1958 *»Blaue Division«. Spaniens Freiwillige an der Ostfront,* Übers. a. d. Spanischen v. Werner Haupt. Leoni am Starnberger See: Druffel-Verlag.

48 So z.B. Haupt, Werner. 1977. Kriegstage 1914 in Deutsch-Neuguinea. 1. Teil. In *Deutsches Soldatenjahrbuch / Deutscher Soldatenkalender, S. 359–366*; ders. 1998a. Hans Schlemmer. General der Gebirgstruppe. In *ebd.*, 1998, Bd. 46, S. 17; ders. 1998b. Als der russische Winter kam… der Todesmarsch des Infanterie-Regiments 189. In *ebd.*, 1998, Bd. 46, S. 65–71.

49 Thomas Assheuer und Hans Sarkowicz ordnen den *Schild-Verlag* ebenso wie den *Druffel*, den *Vowinckel* und den *Türmer Verlag* unter diejenigen Verlage ein, die sich auf »Memoiren von NS-Funktionären und Offizieren, mit wissenschaftlich verbrämter Rechtfertigungsliteratur und mit das ›Dritte Reich‹ verherrlichenden oder zumindest verharmlosenden Bildbänden« (Assheuer, Thomas, und Hans Sarkowicz. 1990. *Rechtsradikale in Deutschland. Die alte und die neue Rechte,* S. 64–65. München: C. H. Beck Verlag.) spezialisierten. Zum *Schild, Vowinckel* und *Podzun Verlag* siehe auch Brüdigam, Heinz 1965, S. 159–171.

50 Im dem Periodikum *Alte Kameraden* publizierte Werner Haupt regelmäßig und zeichnete die meisten seiner Beiträge mit »W. H.«. Eine kleine Auswahl des Jahre 1962/63: H., W. 1962. An der Seite der Deutschen. Die lettischen Freiwilligen. *Alte Kameraden. Zeitschrift der Kameradenwerke und Traditionsverbände,* 10. Jg., Heft 1, S. 10–11; H., W. 1962. An der Seite der Deutschen. Die estnischen Freiwilligen. *Ebd.*, 10. Jg., Heft 2, S. 13–14; H., W. 1962. Vor 20 Jahren. Die Schlacht am Wolchow. *Ebd.*, 10. Jg., Heft 3, S. 16; H., W. 1962. Unsere Kurzgeschichte. Ein Ostertag. Immanuel aber war plötzlich verschwunden… *Ebd.*, 10. Jg., Heft 4, S. 29; H., W. 1962. An der Seite der Deutschen. Die französischen Freiwilligen. *Ebd.*, 10. Jg., Heft 6, S. 13–14; H., W. 1962. An der Seite der Deutschen. Die russischen Freiwilligen. *Ebd.* 10. Jg., Heft 8, S. 12–14; H., W. 1963. Unsere Kurzgeschichte. Mein Melder Lärche. *Ebd.*, 11. Jg., Heft 1, S. 27–28; H., W. 1963. Vor 150 Jahren. Die Stiftung des Eisernen Kreuzes. *Ebd.*, 11. Jg., Heft 3, S. 11–12; Haupt, Werner. 1963. Unsere Kurzgeschichte. Pjotr hieß er. *Ebd.*, 11. Jg., Heft 5, Jubiläumsausgabe zum 10-jährigen Bestehen, S. 69–70; H., W. 1963. Vor 20 Jahren. »Unternehmen Zitadelle«. Die Wende des Ostkrieges. *Ebd.*, 11. Jg., Heft 7/8, S. 15; H., W. 1963. Kreuze im November. *Ebd.*, 11. Jg., Heft 11, S. 4–5.

außerdem die Mitarbeit Haupts an der rechtsextremistischen *Deutschen National-Zeitung und Soldaten-Zeitung*, in der unter dem Titel »Vor 20 Jahren« eine Serie über Kriegsschauplätze und Schlachten des Zweiten Weltkriegs erschienen sei. Außerdem fänden sich Beiträge Haupts auch »in der Soldatenzeitung ›Die Dritte‹,[51] in der ›Marine-Rundschau‹ und der ›Wehrwissenschaftlichen Rundschau‹ und in der ›Deutschen Wochen-Zeitung‹« (Brüdigam 1965, S. 169). Daneben war Haupt auch als Autor der trivialen ›Landser-Heft-Reihe‹ aktiv.[52]

2.3 Adolf Hohenstein und Wolfgang Trees: Hölle im Hürtgenwald. Die Kämpfe vom Hohen Venn bis zur Rur September 1944 bis Februar 1945

Abb. 7: Cover der 2008 bei *Shaker Media* erschienenen 15. Auflage des 322 Seiten umfassenden Bandes *Hölle im Hürtgenwald* (Quelle: Shaker Media).

51 Arbeitskreis der Kampftruppen, Kampfunterstützungstruppen, Hrsg. Die Dritte. Kampftruppen, Kampfunterstützungstruppen. Mitteilungsblatt für die Angehörigen der ehemaligen 3. Panzer-Division Berlin-Brandenburg.

52 Zu seinen Beiträgen zählen: *Die Eishölle am Ilmensee*, *Sturmfahrt nach Riga* (Nr. 316/1964), *Die Schlacht am Ladoga-See* (Nr. 1433/1985), *Der Kessel von Bobruisk* (versch. Ausgaben), *Panzerjäger an der Düna* (Nr. 130/1963) sowie Schwerpunkthefte über die Ritterkreuzträger *Oberleutnant Albert Blaich* (Nr. 157/1964) und *Geyr von Schweppenburg* (Nr. 141/1964).

Bei dem Buch von Adolf Hohenstein und Wolfgang Trees handelt es sich um den ersten Bestseller zum Thema ›Hürtgenwald‹. Die erste Auflage des großformatigen Bandes (30,5 x 21,5 cm) erschien im April 1981 im *Triangel Verlag*. Die ersten 3.000 Bände waren rasch ausverkauft; schon im Monat nach Erscheinen der Erstauflage mussten 2.000 Exemplare nachgedruckt werden. Bei *Triangel* erschienen von April 1981 bis Januar 2003 insgesamt 14 Auflagen des Buches. Dann war das Interesse weitgehend gedeckt. Im November 2008 druckte der Aachener *Shaker Verlag* den Band als 15. Auflage unverändert nach. Auf der Titelseite wurde dabei als Autor jetzt nur noch Wolfgang Trees genannt, während der Innentitel weiterhin beide Autoren aufführte.[53] In der *Gemeinde Hürtgenwald* wird der Band heute immer noch gerne bei offiziellen Anlässen überreicht. So zum Beispiel im Januar 2015 aus Anlass der Vorstellung eines Dorfautos in der Ortschaft Gey durch Helmut Rösseler, den damaligen Ortsvorsteher und Vorsitzenden des Fördervereins *Windhunde mahnen zum Frieden e.V.*[54]

Intention und Zielgruppe: Wolfgang Trees besaß als Journalist und umtriebiger Heimatforscher ein gutes Gespür dafür, wie man Geschichte und Geschichten an ein möglichst breites Publikum bringt. Mit der *Hölle im Hürtgenwald* ist ihm das zusammen mit seinem Co-Autor Adolf Hohenstein besser gelungen als mit allen weiteren Büchern. Das hat vor allem drei Gründe: Das Buch war das erste im deutschsprachigen Raum, das die Kämpfe vom Hohen Venn in Belgien bis zur Rur, gestützt auf zahlreiche Quellen, in dieser Ausführlichkeit behandelt hat. Zweitens ist es vergleichsweise anschaulich verfasst und reich illustriert. Und drittens beschränkt es sich nicht allein auf militärisch-operative Aspekte, sondern benennt anhand von Bildern immer wieder, wer wann und wo im Kriegsgebiet gelebt und wie sich das Leben durch den Krieg verändert hat, bezieht also die zivile lokale Bevölkerung im Kriegsgebiet mit ein.

Ein verkaufsförderndes Moment des Buches mag zudem in der kalkulierten Anspielung auf das transzendente Böse in seinem Titel gelegen haben, das zudem noch in die Form einer einprägsamen Alliteration gekleidet wurde. Die Idee, den Kriegsschauplatz ›Hürtgenwald‹ als ›Hölle‹ zu deuten, war dabei nicht einmal neu, denn bereits 1965 hatte Josef Hofmann in seinem Buch *Heimat in Flammen*, das den Autoren bekannt war, eines der darin enthaltenen Kapitel ganz ähnlich überschrieben.[55] In den stark verbreiteten ›Landser-Heften‹ war die Verbindung

53 Warum Adolf Hohenstein als Co-Autor auf dem ansonsten unverändert gebliebenen Buchtitel weggelassen wurde, lässt sich nicht mehr rekonstruieren. Der Verlag selbst konnte dazu bei telefonischer Nachfrage am 13.2.2019 keine Auskunft geben.

54 Bei dem Förderverein handelt es sich um die selbsternannte Nachfolgeorganisation des *Familienverbands ehemaliger Angehöriger der Windhund-Division (116. Panzer-Div.)*.

55 Hofmann, Josef. 1965. *Heimat in Flammen*. Aachen: Verlag Aachener Volkszeitung. Darin das Kapitel »In der Hölle des Hürtgenwaldes«, S. 48–53.

von ›Hölle‹ und ›Kriegsschauplatz‹ in den Titeln ohnehin immer geläufig.[56] Und dass sie es auch in der Gegenwart noch ist, zeigt sich nicht zuletzt an einer Kriegsdarstellung des US-amerikanischen Militärhistorikers Robert S. Rush, der seiner Kriegsstudie denselben Titel wie Hohenstein und Trees verlieh.[57]

Zur Intention ihres Buches und zu ihrer Zielgruppe nehmen Hohenstein und Trees in ihrem Vorwort Bezug auf Landschaft, Wald, ›Westwall‹-Anlagen und Kriegsgräberstätten im ehemaligen Kriegsgebiet und führen dazu aus:

> »Daß diese stummen Zeugen unserer jüngsten Geschichte nicht dem Vergessen anheimfallen, ist mit ein Auftrag dieses Buches – für alle Menschen, die willens sind, sich ihr geschichtliches Bewußtsein zu erhalten oder es zu bilden. Und für eine Jugend, die vom Krieg im eigenen Land keine Vorstellung haben kann, weder durch Anschauung noch durch Unterricht.« (Hohenstein und Trees 2008, S. 11)

Quellen und Quellennachweise: Quellen und Bildnachweise werden in dem Buch genannt. Hohenstein und Trees haben Informationen in bundesdeutschen und US-amerikanischen Archiven eingeholt, haben Zeitzeuginnen und Zeitzeugen aus den vom Krieg betroffenen Dörfern befragt, Aufzeichnungen von Kriegsteilnehmern herangezogen – darunter auch das unveröffentlichte Kriegstagebuch von Adolf Hohenstein – und US-amerikanische Publikationen über das Kriegsgeschehen verarbeitet. Die Recherchen für das Buch nahmen nach Angabe der Autoren vier Jahre in Anspruch (ebd., S. 11). 1978 hätten sie dabei allein mehr als 400 Kilometer im Gelände zurückgelegt (ebd., S. 10).

Auffällig ist, wie häufig die Autoren in ihrer Darstellung auf die beiden Werke des Militärhistorikers Charles B. MacDonald – *The Battle of the Huertgen Forest* und *The Siegfried Line Campaign*[58] – rekurrieren. Mitunter dienen die Ausführungen MacDonalds als einzige Quelle bei der Schilderung verschiedener Kampfabschnitte. Die Beliebtheit dieses Autors, mit dem sich Hohenstein und Trees auch ablichten ließen (Hohenstein und Trees 2008, S. 11) und von dem sie sich ein Geleitwort für ihr Buch erbaten (ebd., S. 5) hat vermutlich drei Gründe. MacDonald war selbst an den Kämpfen im ›Hürtgenwald‹ und in Belgien beteiligt, schrieb darüber recht anschaulich und hat bis heute den einzigen vollständigen operationsgeschichtlichen Überblick über die Kämpfe dort vorgelegt. Zudem genoss er als Deputy Chief Historian des *US Army Center of Military History* in Washington D.C. hohes Renommee. Überdies zählte er zu den ehemaligen Kriegsgegnern, deren Beurteilung deutscher Wehrmachtsoldaten damit

56 *Die kalte Hölle bei Narvik* (Landser Nr. 199/1962), *Flug in die Hölle* (Landser Nr. 309), *Die Hölle von Glogau* (Landser Nr. 351/1964), *Höllenkessel Cholm* (Landser Nr. 381/1965) u.v.m.

57 Rush, Robert Sterling. 2001. *Hell in Hürtgen Forest. The Ordeal and Triumph of an American Infantry Regiment.* Lawrence: University Press of Kansas.

58 MacDonald, Charles Brown. 1963a. *The Battle of the Huertgen Forest.* Philadelphia: Lippincott-Raven; ders. 1963b. *The Siegfried Line Campaign.* Washington: Off. of the Chief of Military History, Dep. of the Army.

doppelt wiegen konnte. Hohenstein und Trees machen es sich mehrfach zu Nutze, durch MacDonald ein positives Bild der Wehrmacht zu zeichnen, beispielsweise indem sie aus seinen Büchern verwendete Zitate damit einleiten, dieser habe »in rückhaltloser Anerkennung« über den deutschen Kriegsgegner dieses und jenes erklärt (ebd., S. 110) oder indem sie eine Textpassage aus *The Siegfried Line Campaign* mit dessen Worten enden lassen »tüchtig, diese Deutschen, tödlich tüchtig!« (ebd., S. 111).

Eine Anmerkung noch zu der Frage der Verlässlichkeit der Kriegsdarstellungen aus US-amerikanischer Perspektive. Wer in Diensten der US-Army steht und schreibt, ist nicht unabhängig. Wie mit der Wirklichkeit mitunter umgegangen wird, lässt sich recht anschaulich den Tagebuchaufzeichnungen Melvin J. Laskys (*1920–†2004) entnehmen, der als Militärhistoriker die Endphase des Krieges in Europa miterlebte. Über die Niederschrift von Kriegsereignissen berichtete er:

> »Der historische Bericht über die Schlacht von La Maison Rouge, an dem Sutton und ich im letzten Winter gearbeitet hatten, kam heute von der 3. Division zurück. Man empfahl dringend, unsere ursprüngliche Version nicht in die offiziellen Unterlagen aufzunehmen. Die Einwände waren zahlreich und grundsätzlicher Art, ein revidierter Entwurf wurde gleich mitgeliefert. Es bringt nichts, alle Details hier aufzuführen. Aber wo wir geschrieben hatten, dass die Männer angreifen wollten, weil sie auf der anderen Seite des Flusses vor sich hin froren, heißt es nun im offiziellen Bericht, sie seien ›eifrig darauf bedacht‹ gewesen, ›zu kämpfen und anzugreifen‹. Wo wir von Angst und Hysterie in der Truppe gesprochen hatten, ist jetzt nur die Rede von ›vorübergehender Desorganisation‹ und ›temporärem Rückzug‹. […] [E]in Anzeichen dafür, wie fundamental die Wahrheit in der Army korrumpiert wurde.« (Lasky 2014, S. 265–266)

Damit soll den Historikern der US-Army nicht generell die Wissenschaftlichkeit ihrer Arbeiten abgesprochen werden. Gleichwohl wäre aber auch hier eine kritische Distanz angemessen, die bei den apologetischen Übernahmen durch Hohenstein und Trees nicht gegeben ist.

Inhalt und Anlagen: Das Buch ist in 21 Kapitel gegliedert. Einem knappen Prolog über die Landung in der Normandie und den »Sturm auf die Reichsgrenze« (Kapitel eins und zwei) folgen Kapitel über die Funktion des ›Westwalls‹ und den zu Beginn raschen Vormarsch der westlichen Alliierten Richtung ›Reichsgebiet‹, der schließlich ins Stocken gerät (Kapitel drei bis sechs). Im siebten Kapitel setzt das Kampfgeschehen in dem Waldgebiet ein, das später den Namen ›Hürtgenwald‹ erhalten wird. Das vorletzte Kapitel beschäftigt sich mit der strategischen Bedeutung der Talsperren in der Nordeifel und der Endphase der Kämpfe. Kapitel 21 widmet sich den Folgen der Kriegshandlungen in der Nordeifel.

Positiv anzumerken ist, dass Hohenstein und Trees mit Verweis auf die Ergebnisse eigener Nachforschungen einige Kriegslegenden widerlegen, die nichtsdestotrotz bis heute in der Region weiter kolportiert werden. In einer Anmerkung heißt es dazu:

»Wir sind mit großer Sorgfalt dem Geschichtsirrtum nachgegangen, demzufolge Ortschaften und Gebiete, z. B. Vossenack 28mal, ihren Besitzer gewechselt haben sollen. Alle, die sich bisher in irgendeiner Form mit dieser Geschichtsschreibung oder Teilen davon befaßt haben, machen sogar ganz genaue Angaben dazu, die schon allein wegen ihrer Vielzahl zu denken geben müßten, vgl. Dr. Bieroth, Dr. Hofmann, Palm, Scheele, Scheibler, Thompson u. a. Nur MacDonald gibt keine Hinweise dazu. Erstmalig sind bei Westphal, a.a.O., S. 277, im Jahre 1952 Angaben dazu gemacht worden: ›Besonders erbittert und für beide Seiten verlustreich waren im Großraum Aachen die erbitterten Kämpfe um den Hürtgen-Wald. In diesem Ringen wechselten das Dorf Hürtgen 14mal, der Hürtgen-Wald 18mal und das Dorf Vossenack sogar 28mal den Besitzer.‹ Neben Hürtgen und Vossenack tauchen auch Schmidt, Lammersdorf und Simonskall auf. Ganz sicher ist, daß die Ortschaften in aller Regel nur einmal an die Amerikaner verloren gegangen sind. Der Tag, häufig sogar die Uhrzeit liegen gesichert fest. In Vossenack hat zwischen dem 6.–7. 11. 1944 der Bereich der Pfarrkirche im Ort mehrfach gewechselt, aber keine 28mal. Diese Häufigkeit ist gar nicht genau festzulegen, sie ist aber bei weitem geringer. [...] Alle bisher gemachten Angaben sind so nicht aufrecht zu erhalten. Die genaue geschichtliche Prüfung läßt dies ab jetzt nicht mehr zu.«[59] (Hohenstein und Trees 2008, S. 204)

Auch gegen die assoziative Verbindung des ›Hürtgenwaldes‹ mit dem Kriegsschauplatz Verdun des Ersten Weltkrieges, wie sie beispielsweise in Baptist Palms Buchtitel Verwendung findet, widersprechen Hohenstein und Trees zu Recht:

»Die Schlacht im Hürtgenwald ist in all' ihren Abschnitten immer eine Angriffsschlacht der Amerikaner gewesen, nie eine Abnutzungsschlacht wie die Schlacht bei Verdun vom

59 Bei den von Hohenstein und Trees angesprochenen Autoren mit irreführenden Angaben sind deren folgende Werke gemeint: N.N. [Bieroth, Ella]. 1968. Der Zweite Weltkrieg – Die Schlacht im Hürtgenwald. In *Zweifall. Wald- und Grenzdorf im Vichttal*, 2. erw. Auflage des Zweifaller Heimatbuches v. Johann Bendel, i. A. d. Gemeinde Zweifall, Hrsg. u. neu bearb. als Zweifaller Heimatbuch v. Heinrich Koch unter Mitarb. v. Ella Bieroth, Günther Hörnig, Werner Kleingarn, Werner Nerlich, Max Premper, S. 111–192. Monschau; Palm, Baptist. 1953. *Hürtgenwald. Das Verdun des Zweiten Weltkrieges.* Oldenburg: Verlag Heinrich Seyler; Scheele, Alexander. 1967. Hürtgenwald 1944–1945, mehrere Folgen. In *Raketenkurier. Die Donnerberger.* Monatszeitschrift der Raketenschule des Heeres, in überarb. Fassung neu aufg.; Technische Schule Landsysteme und Fachschule des Heeres für Technik, Hrsg. 2008. *Hürtgenwald 1944–1945.* Ein militärhistorischer Streifzug durch die Euregio Maas-Rhein, Bd. X. Aachen; Scheibler, Walter. O.J. [1959]. *Zwischen zwei Fronten. Kriegstagebuch des Landkreises Monschau.* Monschau: Buchdruckerei Jacob Weiß; Thompson, Reginald W. 1960. *Die Schlacht um das Rheinland.* Frauenfeld: Huber. Hohenstein und Trees nennen in dem Kontext auch Josef Hofmann. In dessen Aufsatz heißt es allerdings problematisierend, dass bei den Kämpfen im ›Hürtgenwald‹ »nach deutschen Angaben, die sich allerdings nicht mit amerikanischen Angaben decken, Vossenack von Anfang November 1944 bis Februar 1945 insgesamt 28mal den Besitzer gewechselt haben« soll. Hofmann, Josef. 1960. Die Allerseelenschlacht um Vossenack. In *Militärseelsorge. Zeitschrift des Katholischen Militärbischofsamtes Bonn*, Jg. 3, Nr. 2, S. 98–103, hier S. 103.

> 21.2.-30.10.1916. Darüber hinaus lassen Zeitdauer und die Zahl der Gefallenen auf beiden Seiten diesen Vergleich von der Größenordnung her nicht zu.« (ebd., S. 158)[60]

Andererseits zementieren die Autoren aber auch die Legende, die US-amerikanische Armee habe im ›Hürtgenwald‹ höhere Verluste erlitten »als in Vietnam« (ebd., S. 83).

In das Buch sind 26 Kartenskizzen eingearbeitet worden, die vor allem den jeweiligen Stand der Kampfhandlungen und die Positionierungen der Kriegsgegner verdeutlichen. Als Anlagen sind Register der in der Nordeifel eingesetzten deutschen und amerikanischen Truppenteile beigegeben.

Form der Bearbeitung und Botschaften: An den Beginn ihres Vorworts haben die Verfasser ein Zitat des preußischen Generalfeldmarschalls Helmuth Graf von Moltke gestellt:

> »Jeder Krieg, auch der siegreiche, ist ein Unglück für das eigene Volk, denn kein Landerwerb, keine Milliarden können Menschenleben ersetzen und die Trauer der Familien aufwiegen.« (ebd., S. 10)

Dem Vorwort folgt eine Zeittafel der Kriegsereignisse im Westen. Anschließend wird auf der linken Buchseite ein Bildmotiv aufgegriffen, das sinnbildlich für die *Hölle im Hürtgenwald* steht: zerschossene beziehungsweise verbrannte Baumgerippe und -stümpfe. Auf der rechten Seite daneben folgt ein weiteres Zitat, dieses Mal aus einer Rede General Shermans vor der Militärakademie in Michigan aus dem Jahr 1879:

> »Ich bin müde und krank vom Krieg. Sein Ruhm ist eitler Mondenschein ... Der Krieg ist die Hölle.« (ebd., S. 19)

Zwei Praktiker des Krieges erteilen dem Krieg also eine Absage. Nimmt man diese ernst, kommt man nicht umhin, historische Ursachenforschung zu betreiben. Wofür stand das nationalsozialistische Deutschland, und wofür standen westliche wie östliche Alliierte? Eine solche Ursachenforschung oder zumindest -benennung leisten Hohenstein und Trees nicht. Der Krieg gerinnt in ihrem Buch zu einem ›Ding an sich‹, das keine Vorgeschichte hat und stattdessen immer wieder in die Nähe eines unabwendbaren Schicksals gerückt wird. Mal ist von »schicksalhaften Tage[n]« (ebd., S. 61) die Rede, wenn die Kämpfe zwischen dem 12. und 18. September 1944 gemeint sind, als die Amerikaner die Nordeifel

60 Assoziationen mit ›Verdun‹ waren in der Eifel durchaus nicht allein auf den ›Hürtgenwald‹ beschränkt. Der Ort Brandscheid im *Altkreis Prüm* in der Schneifel, der im Zweiten Weltkrieg auch weitestgehend zerstört wurde, erhielt ebenfalls den Beinamen »Verdun der Eifel«. Siehe Kelkel, Franz. 1993. *Als der Krieg im Lande war. Bewegte Jahrzehnte beiderseits der Our. Illusionen – Literatur – Wirklichkeit*, S. 21. Winterspelt: Selbstverlag. Werner Haupt wiederum erklärt die Dezember 1944 umkämpfte belgische Stadt Bastogne zum »›Verdun‹ der Ardennenoffensive«. Haupt, Werner 1978, S. 303.

erreicht hatten; am 1. Oktober 1944 muss das Schicksal »nun seinen Lauf nehmen« (ebd., S. 105), mal sind es »Ortschaften zwischen Simmerath bis Menzerath sowie Rohren, Höfen und Alzen«, die »das gleiche Schicksal [erfahren] wie die Orte zwischen Hürtgen und Schmidt« (ebd., S. 247), mal sind es »verlassene Dörfer, leere Häuser und Höfe«, die »dem Schicksal preisgegeben« werden (ebd., S. 36), und mal ist es auch ein »Hauch der Tragik« (ebd., S. 127), der einen ganzen Ort umgibt.

Solche Formulierungen, die dem Fundus der Tragödie entnommen worden sind, schleichen sich nicht zufällig ein. Sie werden bewusst eingesetzt, um über Kriegsursachen und Verantwortlichkeiten nicht schreiben zu müssen. Es handelt sich bei der Kriegsdarstellung beider Autoren also um ein Arrangement, in dem der Krieg im Westen – genauer: der Krieg im ›Hürtgenwald‹ – isoliert wird und so den einen – den Soldaten beider Seiten – als Bewährungsprobe dienen kann, während er den anderen – der zivilen Bevölkerung – als unverschuldete Belastungsprobe aufgebürdet wird. Dadurch, dass die Vorkriegszeit der Jahre 1933 bis 1939 nahezu ausgeklammert bleibt, kann sie als Idylle behauptet werden.

Wie wird nun das Verhältnis der Zivilbevölkerung zu den eigenen Soldaten in dieses Arrangement eingebettet? Denkbar wäre, dass Unmut angesichts der Zerstörungen der Dörfer, die die Kampfhandlungen nach sich ziehen, hier Ausdruck fände. Dem ist aber nicht so. »Deutsche Soldaten, sechs Jahre hat man mit ihnen gelebt, sind sie ein Teil von ihnen gewesen« (ebd., S. 56), heißt es über die ländliche Bevölkerung im Westen des ›Reiches‹. Und an einer anderen Stelle: »Die letzten deutschen Truppen [...] ziehen sich in Richtung Höfen-Rohren zurück. Die Männer werden spontan von der Bevölkerung Monschaus mit Butterbroten versorgt.« (ebd., S. 66). Ein Obergefreiter wird zudem mit den Worten zitiert, »wie liebevoll wir von der Familie Carl aus Widdau aufgenommen worden sind, wo wir zunächst untergebracht werden.« (ebd., S. 73–74). Solche Vorkommnisse kann es gegeben haben. Doch sie stehen hier nicht als Einzelbeispiele, sondern als pars pro toto.

Auch werden die Soldaten der Wehrmacht ausschließlich positiv gezeichnet, und »der Geist der Truppe« bleibt trotz aller Niederlagen »überraschend gut« (ebd., S. 161). »Unglaublich«, lassen Hohenstein und Trees einen deutschen Sanitäter zu Wort kommen, »daß wir mit dieser Handvoll Männer gegen solche Angriffe aushalten können.« (ebd., S. 192). Mehrfach betonen die Autoren in ihrem Kriegsarrangement auch, dass es, aller widrigen Verhältnisse zum Trotz, keine nennenswerte Zahl an Überläufern von deutscher Seite gab (ebd., S. 247, 293).

Gilt der einzelne ›Landser‹ als unbeirrt und in jeder Hinsicht belastbar, so werden den obersten Vorgesetzten in der Wehrmachthierarchie ebenfalls ausschließlich positive Eigenschaften beigegeben, allerdings solche, die den beiden Autoren dem Rang des Führungspersonals der Wehrmacht angemessen erscheinen. Gerd von Rundstedt, seit Anfang September 1944 zum dritten Mal Oberbefehlshaber West, wird als »Grandseigneur« eingeführt und »seine große persönliche Bescheidenheit« herausgestellt (ebd., S. 27). Dabei bleibt außen vor, dass von Rundstedt bereits im Krieg gegen die Sowjetunion die »rücksichtslose Anwendung jeder Gewalt« (Hürter 2007, S. 191) bei der Durchsetzung des rassenideologischen Programms der Nationalsozialisten gefordert hatte.Nach dem Krieg war der Generalfeldmarschall wegen Kriegsverbrechen angeklagt worden, weil er sich mit einem Befehl des ihm unterstellten Feldmarschalls Walter von Reichenau zur »Ausrottung des asiatischen Einflusses im europäischen Kulturkreis« und zur Vernichtung des »jüdischen Untermenschentum[s]« voll einverstanden erklärt hatte.[61] Einer Verurteilung als Kriegsverbrecher war er lediglich aufgrund seines schlechten Gesundheitszustandes entgangen. Zwar drucken Hohenstein und Trees sogar einen von Hitler Mitte September 1944 erlassenen ›Fanatisierungsbefehl‹ ab, der von Gerd von Rundstedt unterzeichnet und an verschiedene Dienststellen und Befehlshaber weitergereicht wurde (Hohenstein und Trees 2008, S. 59). Die Diskrepanz zwischen der Kennzeichnung von Rundstedts als »Grandseigneur« und dessen Identifikation mit drakonischen Maßnahmen selbst gegen die eigene Bevölkerung wird aber an keiner Stelle thematisiert.

Bei Erich Straube, Kommandierender General des LXXIV. Armeekorps, stellen Hohenstein und Trees »die vornehme, feine Art dieses Mannes« heraus (ebd., S. 50). Generalfeldmarschall Walter Model, Antisemit und überzeugter Anhänger Hitlers,[62] wird als »rastlos tätig« charakterisiert (ebd., S. 88) und Gerhard Graf von Schwerin als jemand zitiert, der die Stadt Aachen »geschont« (ebd., S. 51) habe, was inzwischen als Legende widerlegt worden ist.[63]

Zum Abschluss der Befassung mit der Form der Themenbearbeitung und den Botschaften, die davon ausgehen, soll der Blick noch darauf gelenkt werden, wie Adolf Hohenstein und Wolfgang Trees die Kriegsvorbereitungen des ›Deutschen Reiches‹ und die vermeidbare Verlängerung des Krieges ab September

61 Der »Reichenau-Befehl«. Das Verhalten der Truppe im Ostraum. *NS-Archiv. Dokumente zum Nationalsozialismus.* https://www.ns-archiv.de/krieg/untermenschen/reichenau-befehl.php. Zugriff: 7.2.2022.

62 Vgl. Stein, Marcel. 2008. *Generalfeldmarschall Walter Model. Eine Neubewertung*, 2. wesentlich geänderte Auflage von Generalfeldmarschall Walter Model – Legende und Wirklichkeit, S. 8–9. Bissendorf: Biblio-Verlag.

63 Vgl. Rass, Christoph, René Rohrkamp, und Peter M. Quadflieg. 2007. *Gerhard Graf von Schwerin und das Kriegsende in Aachen. Ereignis, Mythos, Analyse.* Aachen: Shaker Media; vgl. Rohrkamp, René, Peter M. Quadflieg, und Christoph Rass. 2009. Ein »Kampfkommandant der Menschlichkeit«? Gerhard Graf von Schwerin im kommunikativen Gedächtnis Aachens. In *Geschichte im Westen*, Jg. 24, S. 99–134; vgl. Quadflieg, Peter M. 2016a. *Gerhard Graf von Schwerin. Wehrmachtgeneral, Kanzlerberater, Lobbyist*, S. 111–127. Paderborn: Ferdinand Schöningh Verlag.

1944 werten. Für die Kriegsvorbereitung mag symbolisch wie real der Bau des ›Westwalls‹ stehen. Hohenstein und Trees konstatieren zunächst, dass Deutschland aufgrund seiner Lage im Herzen Europas um den Bau gar nicht herumgekommen sei: »Jedes andere Land in gleicher Lage hätte aus damaliger Sicht auch so handeln können.« (ebd., S. 39). Sie kritisieren lediglich die Beschleunigung des Baus durch einen ›Führerbefehl‹ Hitlers, weil damit die »Zeit des sinnvollen planmäßigen und bis dahin langfristigen Ausbaues der deutschen Landesbefestigungen« (ebd.) zu Ende gegangen sei. Ab diesem Zeitpunkt – dem 28. Mai 1938 – sei »immer stärker werdend der politische und propagandistische Gesichtspunkt« (ebd.) hervorgetreten. Dass der »politische Gesichtspunkt« darin bestanden hat, die Grenze nach Westen abzusichern, um den geplanten Vernichtungskrieg im Osten führen zu können, wird dabei mit keinem Wort erwähnt. Stattdessen machen sich die Autoren die Perspektive der NS-Propaganda zu eigen, wenn sie resümieren:

> »Völlig wertfrei ist zu urteilen: es war ein gigantisches Werk, dessen Ausführung und Logistik auch im Ausland heute noch anerkannt wird.« (ebd., S. 42).

Auffällig ist, dass sie diese Beurteilung noch mit einer Fußnote versehen, die auf ein Werk Siegfried Westphals – *Heer in Fesseln* – verweist, erschienen im *Athenäum-Verlag*, der auf Rechtfertigungsliteratur und Bildbände spezialisiert war, die das ›Dritte Reich‹ verharmlosten; unter anderem erschienen dort die Memoiren von Karl Dönitz, Albert Kesselring und Erich von Manstein. Es bleibt das Geheimnis von Hohenstein und Trees, wieso sie ausgerechnet den Wehrmachtgeneral und späteren Präsidenten des *Rings deutscher Soldatenverbände* als Beleg für die Anerkennung des ›Westwalls‹ im Ausland heranziehen. Hat dieser doch auch nur apodiktisch festgestellt, Arbeitsleistung und Zahl der Anlagen »zeugten für ausgezeichnete Organisation und große Initiative. Das muß rückhaltlos anerkannt werden.« (Westphal 1950, S. 116).

Zum Komplex der Endphase des Krieges: Warum wurde das ›Kriegsende‹ so lange herausgezögert, und wer trägt daran die Schuld? Für Hohenstein und Trees ist das eindeutig. Das amerikanische Oberkommando habe durch strategische Fehler die »Verlängerung des Endkampfes um viele Monate« (Hohenstein und Trees 2008, S. 51) verursacht. Außerdem sei »sicher, daß alles, was man heute ›die Schlacht im Hürtgenwald‹ nennt und mit ihr verbindet, aus militärischer Sicht vermeidbar gewesen wäre«, wenn die Amerikaner nur richtig gehandelt und »die Rur-Staudämme früher angegriffen« (ebd., S. 105) hätten. Zudem habe sich die Forderung nach einer »bedingungslosen Kapitulation« als »Quelle von Komplikationen« herausgestellt:

> »Diese beiden Worte verlängerten den Krieg weit über sein wahrscheinliches Ende hinaus und führten dazu, daß noch zahllose Menschenleben geopfert werden mußten, die sonst erhalten geblieben wären.« (ebd., S. 194).

Die deutschen Verantwortlichen in Politik und Militärführung – im Westen allen voran von Rundstedt, Kesselring und Model – sind damit aus ihrer Verantwortung für die Verheerungen entlassen, die das Kriegsgeschehen der letzten Monate gebracht hat.

Zur Illustration: Fotografien und Bildunterschriften spielen in dem Buch von Hohenstein und Trees eine wichtige Rolle. Sie werden gemäß dem Narrativ eingesetzt, sind Teil davon und bestimmen es mit. Die weitaus meisten Fotografien stammen aus Beständen der US-amerikanischen Militärs, eine ganze Reihe auch aus privatem Besitz deutscher Zeitzeugen sowie aus den eigenen Beständen von Adolf Hohenstein und Wolfgang Trees. Die Textseiten sind reich illustriert, teilweise tragen auch reine Bildseiten mit entsprechenden Unterzeilen zur Fortschreibung der Kriegsgeschichte bei. Den Autoren ist dabei auch sehr daran gelegen gewesen, visuelle Bezüge aus den Monaten des Kriegsgeschehens zu der Zeit davor oder danach zu ziehen. Das klingt dann beispielsweise in einer Bildunterschrift, deren Ausführlichkeit charakteristisch ist, so:

> »Kesternich vor dem Krieg. Die heutige B 266 ist noch eine geruhsame Dorfstraße. Im linken Vordergrund Gaststätte Küpper, Nr. 100, heute nur noch Wohnhaus ohne den hübschen Mauerbogen, Hauptstraße 88. Das Anwesen hinter dem Baum ist die Bäckerei Cornelius. Dort, wo der alte LKW fährt (Hauptstraße 80) sind jene Häuser, vor denen die beiden deutschen Jagdpanzer gelegen haben (vergleiche das große Bild).« (ebd., S. 282)

Bildunterschriften, die Fotografien zugeordnet wurden, auf denen Soldaten mit Zivilisten zu sehen sind, gleichen oft Eintragungen, wie sie in privaten Familienalben stehen könnten. Ein Foto, auf dem ein amerikanischer GI auf ein Papier blickt und vor ihm ein Mädchen mit einem Eimer am Arm erwartungsvoll zu ihm aufblickt, steht zu lesen:

> »Anna Theissen ist am 16. Oktober 1944 zwölf Jahre alt. Sie war mit ihrer Mutter (linker Bildrand) Milch holen. Heute wohnt Anna Theissen als Frau Renn in Höfen. Ihre Mutter, über 70 Jahre alt, wohnt bei ihr.« (ebd., S. 99)

Mitunter binden die Autoren ihre Leserinnen und Leser auch direkt in ihre Recherche ein. »Wer weiß, um welche Wohnung es sich handelt?« (ebd., S. 284), steht unter einer Fotografie, die einen vorgeschobenen Gefechtsstand der 102. US-Cavalry Group in einem Haus in Lammersdorf zeigt. Mit solchen lokalbezogenen Texten weisen sich die Autoren einerseits als intime Kenner der regionalen Verhältnisse aus und haben damit sicher auch die Absatzchancen des Buches in der Region erhöhen können. Diese Form von Bildauswahl und Bildbeschreibung fügt sich darüber hinaus aber auch in ein Muster ein, das für den gesamten Band gilt: Der Krieg erscheint als eine Abfolge kleiner, oft kleinster Episoden, deren Zusammenstellung Unterschiede zwischen den politischen Beweggründen der Kriegsparteien immer wieder verwischt. Auf den Punkt gebracht wird dies durch zwei nebeneinander platzierte eher unscheinbare Fotos von zwei Soldatengräbern.

> Bildunterschrift 1: »Der Hürtgenwald, wie ihn die Deutschen sehen: einsames Grab eines deutschen Soldaten, zerschossene Bäume. Bis heute ist das Holz des Hürtgenwaldes und umliegender Eifelwälder wegen der vielen Splitter geschädigt.« (ebd., S. 199)

> Bildunterschrift 2: »Nicht anders die Sicht für die Amerikaner: Paul Boesch, ein deutscher Kampfteilnehmer, machte diese Aufnahme von einem amerikanischen Soldatengrab im Hürtgenwald.« (ebd.)

Die Leserschaft soll daraus wohl schließen, dass der Krieg nur Opfer kennt und die Frage nach den Tätern darüber vergessen.

Eine Anmerkung noch zu zwei Problemen, die die Verarbeitung der Fotografien betreffen. Offensichtlich sind einige Bilder während des Vorgangs ihrer Platzierung beschnitten worden. Das wäre nicht unbedingt problematisch, wenn dabei nicht Objekte weggefallen wären, auf die in der Bildunterschrift aber explizit aufmerksam gemacht wird (ebd., S. 162, Bild unten links oder S. 212, Bild Mitte rechts). Hinzu kommt, dass bei der letzten Auflage von *Shaker Media* kein Bilderdruckpapier mehr verwendet wurde. Dadurch hat sich die Wiedergabequalität der Fotografien so erheblich verschlechtert, dass manche Personen und auch andere Details kaum mehr erkennbar sind.

Autoren und Verlag: Beide Autoren stehen für eine christlich-konservative Ausrichtung. Adolf Friedrich Hohenstein (*1922–†1997)[64] war von 1941–1945 selbst Kriegsteilnehmer auf verschiedenen Kriegsschauplätzen in Russland und nach Landung der Alliierten in Frankreich, zuletzt als Angehöriger des 2. Pionierbataillons der 276. Volksgrenadierdivision in der Eifel. In dem gemeinsamen Werk finden sich auch einzelne Zitate aus seinem Kriegstagebuch (ebd., S. 32, 245). Als Sohn eines Generaldirektors des *Feuerschadenverbandes rheinisch-westfälischer Zechen* in Bochum studierte er nach dem Krieg an der TH Aachen mit Fachrichtung Bergbau, wo er auch promovierte. Bis zu seinem Ruhestand 1977 war Hohenstein mehr als zwei Jahrzehnte als Leiter eines Untertagebetriebs als Grubeninspektor auf Zechen in Duisburg und Moers tätig.

Neben dem gemeinsamen Buch mit Wolfgang Trees veröffentlichte er 1982 ein weiteres Werk zur regionalen Kriegsgeschichte – *Schicksale zwischen den Fron-*

64 Die biografischen Angaben zu Adolf Hohenstein fußen vorwiegend auf den jeweiligen Autorenporträts in den Büchern *Hölle im Hürtgenwald* (S. 315) sowie *Schicksale zwischen den Fronten* (S. 13), außerdem auf einem Nachruf zu seinem Tod: Neuß, Elmar. 1998. Dr. Adolf Friedrich Hohenstein †. In *Das Monschauer Land. Jahrbuch 1998.* Hrsg. Geschichtsverein des Monschauer Landes, S. 185–186.

ten[65] – mit Schwerpunkt auf dem alten *Landkreis Monschau.* Das in einer Auflage von 6.000 Exemplaren gedruckte, ebenfalls reich bebilderte Buch basiert auf Aufzeichnungen des vormaligen Monschauer Bürgermeisters Walter Scheibler (*1880–†1965). Hohenstein ist außerdem mit einigen Aufsätzen über das Kriegsgeschehen und den ›Westwall‹ in der Eifel hervorgetreten. Einige seiner Beiträge finden sich im Jahrbuch *Das Monschauer Land.*[66] Darüber hinaus hielt er zahlreiche Vorträge zur Kriegsgeschichte vor Geschichtsvereinen, Veteranenverbänden und dem *Volksbund Deutsche Kriegsgräberfürsorge.* Die Sammlung seiner Archivalien ist in die ungeordneten Bestände des *Geschichtsvereins Hürtgenwald e.V.* eingegangen.[67]

Wolfgang Trees (*1942–†2009)[68] wurde als Sohn eines Arztes in Koblenz geboren und wuchs in Aachen auf. Er studierte in Freiburg und Aachen Politische Wissenschaften, Soziologie und Psychologie, war Stipendiat der *Konrad-Adenauer-Stiftung* und schloss mit dem Magister ab. Nach dem Studium arbeitete er bis 1982 bei der *Aachener Volkszeitung* als Redakteur, anschließend wechselte er in die Industrie und übernahm bei *Rheinbraun* einen Posten für innerbetriebliche Kommunikation.

Neben seinen beruflichen Tätigkeiten schrieb Trees 27 vorwiegend heimatgeschichtliche Bücher, darunter 1977 *Die Amis sind da! Wie Aachen 1944 erobert wurde* und 1979 *Entscheidung in St. Vith. Der Untergang der 106. US-Infanteriedivision in der Winterschlacht in den Ardennen* (beide zusammen mit Charles Whiting) sowie 2002 *Schmuggler, Zöllner und die Kaffeepanzer. Die wilden Nachkriegsjahre an der deutschen Westgrenze.*

---

65 Hohenstein, Adolf. 1982. *Schicksale zwischen den Fronten. Ein Kriegstagebuch vom 20. August 1944 bis 20. Mai 1945 für die Bevölkerung des alten Landkreises Monschau.* Monschau: Weiss-Druck + Verlag.

66 Hohenstein, Adolf. 1986. Monschau – unzerstört im Kriegsinferno. In *Das Monschauer Land. Jahrbuch 1986*, Hrsg. Geschichtsverein des Monschauer Landes, S. 115–118; ders. 1989. Vor 50 Jahren Ausbruch des Zweiten Weltkrieges. In *Jahrbuch 1989*, S. 56–62; ders. 1995. Westwall – eine Frage der Denkmalpflege. In *Jahrbuch 1995*, S. 123–126.

67 Ein Hinweis darauf findet sich im Abbildungsnachweis von Kaeres, Kurt. 2002. *Das verstummte Hurra. Hürtgenwald 1944/45.* Aachen: Helios Verlags- und Buchvertriebsgesellschaft, S. 188. Im Jahr 2019 hat der *Landschaftsverband Rheinland* damit begonnen, den Nachlass Hohensteins zu digitalisieren und einer archivalisch angemessenen Unterbringung zuzuführen.

68 Die biografischen Angaben zu Wolfgang Trees fußen vorwiegend auf dem Autorenporträt in *Hölle im Hürtgenwald*, S. 315, auf einem Nachruf in der *Aachener Zeitung* vom 4.2.2009, https://www.aachener-zeitung.de/nrw-region/trauer-um-den-aachener-journalisten-wolfgang-trees_aid-27272353. Zugriff: 27.5.2020; sowie auf einem Eintrag in Wikipedia, wo auch einige seiner Bücher aufgelistet sind, https://de.wikipedia.org/wiki/Wolfgang_Trees. Zugriff: 7.2.2022.

Für seine Verdienste um die deutsch-niederländische Zusammenarbeit wurde Trees 1975 mit dem Ritterkreuz des Ordens von Oranien-Nassau ausgezeichnet sowie 1989 mit dem *Rheinlandtaler* des *Landschaftsverbands Rheinland.*

Der *Triangel Verlag*, in dem die ersten 14 Auflagen des Buches erschienen, hatte seinen Sitz in Aachen und im belgischen Eupen. Er war von Wolfgang Trees und dessen Frau Elske Trees van Gils 1980 gegründet worden, um Wolfgang Trees' zahlreiche Publikationen in Eigenregie produzieren und vertreiben zu können. Das Unternehmen *Shaker Media*, das den Band 2008 nachdruckte, ist ein in Herzogenrath, in der Städteregion Aachen ansässiger Dienstleister, der vorwiegend wissenschaftliche Monographien, Dissertationen und Tagungsbände druckt und vertreibt.

2.4 Kurt Kaeres: Das verstummte Hurra. Hürtgenwald 1944/45

Das verstummte Hurra erschien in der Originalausgabe 1985 im *Gustav Lübbe Verlag* als Bastei-Lübbe-Taschenbuch. Das Buch war bereits auf der Umschlagseite ausdrücklich als Roman ausgewiesen. Der Name des Autors – Kurt Kaeres – war ein Pseudonym. 17 Jahre später erschien das Buch nahezu textgleich auf Kunstdruckpapier und in größerem Format (19,5 x 25,0 cm) im Aachener *Helios-Verlag*,[69] nun aber als ein Zwitter aus jenem fiktiven Originalstoff, dem durch die Beigabe von Bildmaterial über das Kriegsgeschehen in der Nordeifel ein höheres Maß an Anschaulichkeit und vermeintlicher Authentizität verliehen werden sollte.

Vom Text her unterscheiden sich beide Ausgaben dadurch, dass der Autor in der Originalfassung noch ausdrücklich darauf hingewiesen hatte:

> »Namen und Personen der Handlung sind frei erfunden. Eine Namensgleichheit mit lebenden oder verstorbenen Personen wäre rein zufällig.« (Kaeres 1985, S. 6)

In der Neuausgabe fehlt dieser Hinweis. Immerhin findet sich dort aber in einer »Vorbemerkung des Autors zur Neuauflage«, verfasst 2002, noch der Vermerk, dass es sich bei dem 1985 erstmals erschienenen Buch um einen Roman gehandelt habe (Kaeres 2002, S. 5). Bei der folgenden Analyse lege ich die Neuausgabe des Jahres 2002 zugrunde.

Intention und Zielgruppe: In der Neuausgabe mit der abgedruckten Vorbemerkung des Autors aus dem Jahr 1984 heißt es zur Intention des Buches:

69 Eine Abbildung des Covers findet sich auf den Websites verschiedener Online-Händler für Bücher sowie auf der Website des *Helios-Verlags* unter https://helios-verlag.com/militaerische-zeitgeschichte/1918-1945/?tx_cartbooks_books%5Bbook%5D=45&cHash=85588e68fb9802b83d24f31da9e0441c. Zugriff: 7.2.2022.

»Mit Ausnahme weniger Szenen wurde dieses Buch in der Sprache und Philosophie von Menschen, die durch die letzten Kriegsjahre geprägt wurden, verfaßt, insbesondere der 18- und 19jährigen Soldaten. Demzufolge soll ›Das verstummte Hurra‹ den Leser nicht zu einer retrospektiven Betrachtung der Ereignisse veranlassen, sondern ihn hineinversetzen in das Handeln und Denken von Menschen, in Ereignisse, in Orte, in wiederauflebende Vergangenheit, um ihn teilhaben und daraus lernen zu lassen.« (ebd., S. 4)

Wo es aber um ein ›Hineinversetzen‹ geht, sind zwangsläufig auch Identifikation und damit die Aufhebung von Distanz gemeint. Distanz zum Gegenstand ist jedoch notwendig, um Ereignisse und Abläufe reflektieren zu können. Insofern beinhalten die genannten Äußerungen einen Widerspruch; denn wie soll ein Leser aus Ereignissen ›lernen‹ können, deren Zusammenhänge und Entstehung er nicht versteht? Es ist bezeichnend, dass der Autor in seiner Vorbemerkung aus dem Jahr 1984 nicht präzisiert, *was* seine Leserinnen und Leser lernen sollen. Und auch in der Neuauflage des Jahres 2002 wird er in dieser Hinsicht nicht präziser. Auch dort wird zunächst einmal ein weiteres Anliegen formuliert, das sich aus der gewachsenen zeitlichen Distanz zum Kriegsgeschehen entwickelt haben mag:

»Die Erinnerung wach halten, an die deutschen und amerikanischen Soldaten, die dort kämpften, vielleicht für immer gezeichnet wurden oder gar ihr Leben verloren, darin sehe ich den Sinn der diesmal illustrierten Ausgabe des Buches« (ebd., S. 5)

Der Autor fährt dann fort, und nun wird es erneut reichlich kryptisch, dass in der Neuauflage »in Wort und Bild nichts beschönigt werden soll, einfach, um die Verherrlichung des Krieges ad absurdum zu führen.« (ebd., S. 5). Doch auch hier überlässt es der Autor dem Leser selbst herauszufinden, welche oder wessen ›Verherrlichung des Krieges‹ eigentlich gemeint ist. Alles bleibt im Vagen.

Quellen und Quellennachweise: Der Roman basiert auf eigenen Kriegserinnerungen des Autors sowie auf Literatur zum Thema. Der Neuauflage wurde ein Abbildungsnachweis beigegeben. Hinweise auf Literatur, auf die bei der Abfassung des Romans zurückgegriffen wurde, fehlen dagegen.

Inhalt und Anlagen: Die Publikation *Das verstummte Hurra* ist ein Episodenroman, der in der Endphase des Zweiten Weltkriegs spielt, locker zusammengehalten durch die Erlebniswelten der Angehörigen zweier Einheiten: auf der einen Seite derjenigen eines Grenadierregiments in einer Volksgrenadierdivision der Wehrmacht, auf der anderen Seite derjenigen einer C-Kompanie eines Regiments der US-Amerikaner. Handlungsorte sind der ›Hürtgenwald‹ und – in einer kurzen Passage – Paris.

Es mag am mangelnden schriftstellerischen Vermögen des Autors liegen, dass seine Figuren nicht wirklich ›lebendig‹ erscheinen. Es ist aber auch denkbar, dass es ihm gar nicht um deren präzise Zeichnung ging, sondern eher darum, seine Akteure typisierend als Träger von Verhaltensmustern und weltanschaulichen

Positionen auftreten zu lassen. Ähnliches gilt auch für die konkreten Handlungsorte. Zwar tauchen Ortsnamen wie Schmidt, Vossenack, Strauch und andere auf; werden Kämpfe geschildert, bleiben die Ortsbezeichnungen häufig aber vage, dann ist lediglich allgemein von ›einem Dorf‹ die Rede, in dessen Nähe sich die Kämpfe zutragen.

Am Ende des Buches ist einer der Hauptakteure übriggeblieben, der Grenadier Morras, der als Alter Ego des Autors selbst verstanden werden kann. In einem Epilog stellt er Überlegungen zur Rolle seiner toten Kameraden an, offensichtlich ausgelöst vom Text einer Tafel, die sich zwischen 1966 und 2017 – real – an einer Erinnerungsstätte Angehöriger der 116. Panzerdivision der Wehrmacht bei Vossenack befand: »Tote Soldaten sind niemals allein, denn immer werden treue Kameraden bei Ihnen sein.« Der Autor lässt Morras grübeln:

> »Treue Kameraden – oder mißbrauchte Männer zweier Generationen? Welchen Sinn hatte ihr Tod? Wurden sie den falschen Göttern geopfert? Oder gaben sie ein Beispiel an Mut, an Tapferkeit, still ertragenem Leid und Genügsamkeit? Vielleicht war es das, das Beispiel.« (ebd., S. 179)

Auffallend ist, dass der Autor den Epilog des Jahres 1984 in der Neuausgabe übernommen, aber um eine gute halbe Textseite verlängert hat. Darin tauchen die toten Kameraden noch einmal in einer Vision als junge Männer auf, lassen den Autor über das eigene Altern grübeln, darüber, dass die Bilder aus der Vergangenheit »offenbar nicht wegzuwischen sind und ihm immer wieder das Unvermögen des Einzelnen, gegen ein System der Gewalt und menschlichen Dummheit anzukämpfen, vor Augen führen.« (ebd., S. 183). Soll das eine nachträgliche Selbstrechtfertigung für die eigene Teilhabe an einem verbrecherischen Krieg darstellen? Möglich. Doch so ganz scheinen sich Morras und mit ihm der Autor darüber auch nicht klar zu sein. Das Buch endet:

> »Hürtgenwald, ein Kapitel meines Lebensbuches. Sollte ich es schließen und geschlossen halten, fragt sich Morras. – Er fand keine Antwort auf diese Frage.« (ebd., S. 183)

Eine Anmerkung noch zu einem Fehler, der sich durch einen großen Teil der Militaria-Literatur über den ›Hürtgenwald‹ zieht: das Spiel mit der (über-)großen Zahl. Bei Kaeres heißt es:

> »Hürtgenwald lautet der Name dieses dichtbewaldeten unübersichtlichen Kampfgebietes. Auf etwa 70.000 Soldaten wird sich der Zoll, den dieser Wald fordert, belaufen.« (ebd., S. 17)

Christoph Rass hat die Hintergründe des fehlerhaften Umgangs mit solchen Opferzahlen in einer Veranstaltungsbroschüre anlässlich des 37. *Internationalen Hürtgenwaldmarsches* der Bundeswehr im Oktober 2021 wie folgt entschlüsselt:

»Wir können aus der Literatur der Nachkriegszeit inzwischen sehr gut herleiten, wie die Opferzahlen hergestellt worden sind und warum sie so hoch ausfielen. Das hat sehr viel mit der Geschichte der ersten Nachkriegsjahre zu tun, als Regionen wie die Nordeifel mit anderen Regionen des Rheinlands um Ressourcen im Wiederaufbau konkurriert haben. Ein wesentliches Argument war dabei die starke Kriegszerstörung, die durch Bilder und auch in der Denkschrift »Hürtgenwald und Rurlandnot« aus dem Jahr 1947 in Beziehung gesetzt wurde zu anderen bekannten Schlachtfeldern: Verdun, Stalingrad, Monte Cassino usw. Es wurde also eine Vorstellung vom Hürtgenwald hergestellt, um eine Idee davon zu vermitteln, wie dramatisch die Kriegsauswirkungen gewesen sind, um sich im Ranking der Ressourcenaufteilung des Wiederaufbaus entsprechend zu positionieren. Und wenn man solche Vergleiche zieht, dann besteht eine wesentliche Untermauerung in der Zahl der Todesopfer. Man kann dann nicht sagen ›Hier ist das Verdun der Eifel, hier sind 5.000 Personen umgekommen in einem halben Jahr‹. Es musste also eine entsprechend hohe Zahl her, und recht schnell kristallisierten sich Angaben um 70.000 Opfer heraus, die dann ständig wiederholt und irgendwann unhinterfragbar wurden. Diese vollkommen unbelegten Zahlen werden bis heute kolportiert und sie stehen ja auch bis heute tatsächlich noch unkommentiert an der Kirchentür in Vossenack.«[70]

Ein abschließender Hinweis zu den Anlagen des Buches: Der Originalausgabe war lediglich ein alphabetisches Verzeichnis von Begriffsbestimmungen und Abkürzungen beigegeben worden. In der Fassung des Jahres 2002 wurden außerdem die deutschen und amerikanischen Kommandeure aufgeführt und abgebildet.

Form der Bearbeitung und Botschaften: In der Vorbemerkung zur Neuauflage seines Buches hatte der Autor angeführt, durch sein Werk »die Verherrlichung des Krieges ad absurdum« (Kaeres 2002, S. 5) führen zu wollen. Dass dies nicht gelingt, liegt nahe, denn Kurt Kaeres' Buch ist kein Anti-Kriegs-Roman, auch wenn er mitunter als solcher deklariert wird.[71] Text und Bild inszenieren den Krieg vielmehr als eine faszinierende Ausnahmesituation, die reich an Erlebnishöhepunkten ist und die besten Eigenschaften kämpfender Männer zutage zu fördern vermag. Dabei wird deren Handeln weitgehend losgelöst von der Sphäre derjenigen dargestellt, die die politischen Voraussetzungen für eben dieses

70 Landeskommando Nordrhein-Westfalen der Bundeswehr. 2021. Neue Wege der Erinnerung, S. 24–31, hier S. 26. https://frank-moeller.eu/wp-content/uploads/2021/10/Broschuere-H%c3%bcrtgenwaldmarsch.pdf. Zugriff: 7.2.2022. Hinweise auf realistische Opferzahlen der Kämpfe finden sich bei Rass, Christoph et al. 2009, S. 309–310; Lohmeier, Jens. 2014. »Ruhe in Frieden«. Erinnerungskultur an die Schlacht im Hürtgenwald und ihre Toten seit 1945. In *Kriegserfahrung im Grenzland. Perspektiven auf das 20. Jahrhundert zwischen Maas und Rhein*, Hrsg. Christoph Rass, und Peter M. Quadflieg, S. 249–274, hier S. 252–253. Aachen: Shaker Verlag.

71 Beispielsweise von Boschan, Ralph. 2004. Hürtgenwald: Bei den Granatsplittern langte einfach jeder zu. *Aachener Nachrichten*, 11.6.2004, https://www.aachener-nachrichten.de/lokales/dueren/bei-den-granatsplittern-langte-einfach-jeder-zu_aid-32010487. Zugriff: 27.5.2020.

Handeln geschaffen haben. Wenn die politische Ebene in die Handlung mit hineinspielt, geschieht das ausschließlich aus der Perspektive der Soldaten und dient dabei in erster Linie dem Zweck, diese selbst als politisch ›sauber‹ auszuweisen. Von Leutnant Munge heißt es beispielsweise, er sei »nie ein Freund von Parteiversammlungen, Aufmärschen und Worten von Parteibonzen« (ebd., S. 18) gewesen. Und in einem Dialog zwischen Morras und seinem Kameraden Schmolke, legt der Autor eben jenem Schmolke die Worte in den Mund:

> »Dieser idiotische nordische Kult. Deutsch-Sein heißt groß, blond und blauäugig sein. Nordisches Ideal, dafür kann ich, weiß Gott, kein Verständnis aufbringen. Guck sie dir doch an, den Adolf mit der Kußbremse, den Joseph Humpelbein, den dicken Hermann, den Himmler mit dem Zwicker oder den Lustmolch, den Robert Ley.– Die entsprechen alle nicht dem nordischen Ideal. Laß die mal die Uniform ausziehen, dann sieht jedermann, mit was für Jammergestalten er es da zu tun hat.« (ebd., S. 143)

Zum Arrangement des Romans gehört auch, dass sich die US-amerikanischen Soldaten nicht viel anders über ihre Auftraggeber äußern. Dabei fallen zwar keine Namen von Politikern, und rassistischen Idealen muss ebenfalls keine Abfuhr erteilt werden; dafür wird aber die Demokratie westlicher Staaten mit einer deutlich negativen Konnotation versehen. In einem Dialog zwischen dem Gefreiten David R. Czezinsky, genannt »der Pole«, und dem Soldaten James W. Emerson, genannt »Jim« entspannt sich der folgende Dialog:

> »›Pole, ich hab' öfter darüber nachgedacht. – Warum helfen wir eigentlich den Limeys und Rußkis, ihren Krieg zu gewinnen? Denn eigentlich ist das nicht unser Krieg.‹ ›Gute Frage, Jim. Anfangs dachte ich auch so. Aber dann, als die ersten, mit denen ich ausgebildet wurde, neben mir zusammengeschossen wurden, vor Schmerzen schrien oder nur kaum hörbar wimmerten, als die ersten in diesem Dreckseuropa krepierten, da überkam mich die Wut, und ich schoß und schoß aus Rache oder um einer von denen zu sein, die überleben.‹ ›Mit Demokratie hat das wohl wenig zu tun, was?‹ ›Demokratie, daß ich nicht lache, damit beschäftigen sich die Politiker. Jim, ich geb' dir den guten Rat, bleib mit den Füßen auf der Erde, und laß dich nicht von Ideologien verwirren.‹« (ebd., S. 38)

Auf diese, den Krieg entpolitisierende Weise, verschmilzt der Autor US-amerikanische Soldaten und deutsche Wehrmachtsoldaten zu einer gemeinsamen Interessengemeinschaft, in der zwar gegenseitig aufeinander geschossen wird, weil das der Auftrag verlangt, in der sich aber alle Beteiligten, egal für welche Seite sie kämpfen, gleichermaßen als desillusionierte Handwerker des Krieges verstehen können. Auch optisch lässt Kaeres die Unterschiede zwischen den beiden Kriegsparteien immer mehr verschwinden. Nach einer Gefangennahme von Wehrmachtsoldaten durch die Amerikaner heißt es:

> »Zwischen den durchnäßten Amerikanern sieben deutsche Soldaten. Hätten sie nicht die Hände erhoben und wären da nicht die deutschen Helme, sie wären nicht von den Amerikanern zu unterscheiden.« (ebd., S. 84)

Neben ihrer systemübergreifenden Verachtung der politischen Sphäre zeichnen sich die Soldaten in der fiktiven Geschichte des Autors noch durch eine weitere Gemeinsamkeit aus: durch ein berufsspezifisches Ethos. Nachdem die Wehrmachtangehörigen Morras und Schmolke einen amerikanischen Spähtrupp gestellt haben, äußert sich Morras:

> »›Mann, Schmolke, ich hab' richtig weiche Knie, und da oben im Kopf, da dreh'n sich hundert Räder. – Irgendwie bin ich froh, nur in die Luft geschossen zu haben. Ein Überfall ist nicht mein Fall, ich erwidere lieber das Feuer, sonst käme ich mir wie ein Mörder vor.‹« (ebd., S. 30)

Töten ja, morden nein – wo genau die Grenze verläuft, bleibt vage.

Schmolke und Morras verkörpern in Kaeres' Roman den ›guten‹ Landser, der sein Handwerk nach festen ethischen Normen ausübt und dabei über der Politik steht. Um das herauszustellen, bedient sich der Autor noch zweier Gegenbeispiele. Auf amerikanischer Seite ist das Corporal William Warren, aufgrund seiner Herkunft auch »der Indianer« genannt. Warren streift als Einzelkämpfer meist nachts durch die Wälder, tötet auf seinen Streifzügen einzelne Soldaten der Wehrmacht – und skalpiert sie. Seinen eigenen Leuten ist er »unheimlich« (ebd., S. 120), und natürlich muss er qualvoll sterben; von einem deutschen Spezialkommando wird er nach gründlicher Vorbereitung im Kampf getötet (ebd., S. 157–158). Auf deutscher Seite dient ein fanatisierter Jugendlicher dem Zweck, Grenzüberschreitungen deutlich zu machen. Ulrich Schmitz ist erst dreizehn, Fähnleinführer und macht zusammen mit einem Kumpel Jagd auf amerikanische Panzer. Bar jeder Kriegserfahrung gefährdet er dabei sich und andere auf deutscher Seite. Auch er muss sterben, wird von der Kette eines amerikanischen Jagdpanzers erfasst und zerquetscht (ebd., S. 132).

Natürlich dienen derlei Episoden in der Gesamterzählung nicht zuletzt der Spannungserzeugung. Die Jagd auf William Warren macht Anleihen bei Elementen der Westernfilme, und der Tod des Hitlerjungen weckt Erinnerungen an Bilder aus Bernhard Wickis Film *Die Brücke* (1959), in dessen Mittelpunkt eine ganze Gruppe fanatisierter Jugendlicher stand. Relevanter noch als diese Spannung erzeugende Funktion ist aber, dass es sich in beiden Fällen um eine Negativfolie handelt, vor der das – so die affirmative Lesart – durch ›Mut‹, ›Tapferkeit‹, ›Pflichterfüllung‹ und ›Anständigkeit‹ geprägte soldatische Verhalten losgelöst von politischen Rahmenbedingungen legitimiert werden kann.

Zur Illustration: Das Titelbild der Neuauflage des Buches ist in Militaria-Kreisen beliebt. Es zeigt einen verschmutzten, erschöpft wirkenden jungen deutschen Soldaten. Es taucht nicht allein auf Kaeres Buch auf, sondern

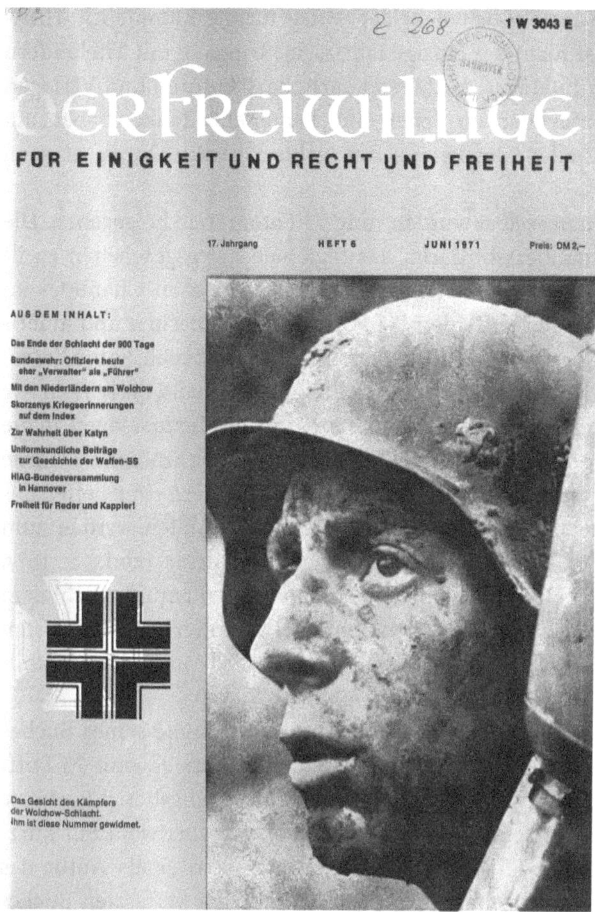

Abb. 8: Das in der Militaria-Literatur recht häufig verwendete Porträt eines jungen Landsers floß nicht nur in die Umschlaggestaltung der Neuausgabe von Kaeres' Kriegsroman ein, sondern diente auch der Titelgestaltung der Zeitschrift *Der Freiwillige* der *Hilfsgemeinschaft auf Gegenseitigkeit der Soldaten der ehemaligen Waffen-SS* als optischer Anreiz. (Quelle: *Der Freiwillige*, 17. Jg., Heft 6/1971. Osnabrück: Munin Verlag).

›schmückt‹ – seitengespiegelt – beispielsweise auch den Titel der Zeitschrift *Der Freiwillige.*[72] Dabei handelt es sich um ein Organ der Landesverbände der *Hilfsgemeinschaft auf Gegenseitigkeit der Soldaten der ehemaligen Waffen-SS* (HIAG). Die Zeitschrift erschien von 1956 bis 2014, die meisten Ausgaben davon im rechtsextremen *Munin-Verlag.* Interessant ist, dass die Porträtaufnahme des Soldaten hier der Wolchow-Schlacht zugeordnet wird, einer Offensive der Roten Armee, die zwischen Januar und April 1942 im Nordwesten Russlands stattfand.

72 *Der Freiwillige.* 1971. 17. Jg., Heft 6, Titelblatt.

Auf der Titelseite von Kaeres' Buch steht der Soldat für die Kämpfe im ›Hürtgenwald‹ 1944/45. Das ist nicht der einzige fahrlässige Umgang mit Titelbildern im Bereich der Militaria-Literatur. Auffallend auch, dass Autoren und Verleger, die auf das Genre ›Militaria-Literatur‹ fixiert sind, keinerlei Bedenken haben, auf Fotomaterial zurückzugreifen, das bereits von rechtsextremen Organisationen verwendet wurde.

Dem Textteil des Romans selbst wurden rund 75 Fotografien beigegeben. Die Intention der Einpflegung besteht darin, das regionale Kriegsgeschehen zu illustrieren und dem Buch damit einen semi-dokumentarischen Charakter zu verleihen. Im Anhang werden außerdem 14 Porträts der deutschen und amerikanischen Kommandeure abgebildet. Die dem Text beigegebenen Fotos korrespondieren durchaus nicht immer mit der Handlung des Romans. Sie wirken wie lose eingestreut. Mitunter passen sie überhaupt nicht zu den Textpassagen, in die sie eingefügt wurden. In die Geschichte von der Jagd auf den ›Indianer‹ wurde beispielsweise ein Bild von sich zusammendrängenden Landsern eingebettet, das mit der Unterschrift versehen ist »Gefangene deutsche Soldaten werden zum Abtransport in eines der berüchtigten Massenlager verladen.« (ebd., S. 157). Offensichtlich diente die Illustrierung des Romans also hauptsächlich dem Zweck, den Stoff auch für ein regionales Kaufklientel aufzuwerten. Die meisten Fotos stammen aus US-Archiven und finden sich ebenfalls in anderen Publikationen zum Kriegsgeschehen im ›Hürtgenwald‹.

Autor und Verlag: Die biografischen Daten auf der Rückseite seines Buches verraten zu Kurt Kaeres' soldatischer Karriere lediglich, dass er »mit 15 Luftwaffenhelfer, dann an der Westfront« war. Nach einem Zeitungsbericht gehörte er der 353. Infanterie-Division an (vgl. Boschan 2004), war aber wohl nur kurzzeitig im ›Hürtgenwald‹ im Einsatz. Der Name, unter dem er als Autor des einzigen von ihm über die Endphase des Zweiten Weltkriegs verfassten Buches fungiert, ist zudem ein Pseudonym. Dahinter verbirgt sich der 1927 geborene, in Meerbusch ansässige Unternehmensberater Klaus R. Schulz. Schulz war nach eigenen Angaben lange Zeit »für deutsche Großunternehmen tätig, davon zehn Jahre in Entwicklungsländern Ostasiens«.[73] In der *FAZ* ist ein Beitrag von ihm über »Charakter und Führungsfähigkeit« aus dem Jahr 2004 überliefert.[74] Interessant daran ist, dass er sich darin an zwei Stellen auf führende Militärs beruft, und als charakterliche Eigenschaften von Führungskräften »Achtung vor dem Nächsten und Achtung von traditionellen Werten, Selbstdisziplin, Willensstärke,

73 Schulz, Klaus R. 2005. Fehlendes Vertrauen. Leserbrief *Welt am Sonntag*, 6.3.2005. https://www.welt.de/print-wams/article124926/Fein-raus-sind-die-Schwaetzer.html. Zugriff: 7.2.2022.

74 Schulz, Klaus R. Charakter und Führungsfähigkeit. Die innere Bindung der Mitarbeiter durch Vorbilder. *FAZ*, 22.11.2004. http://www.karl-schlecht.de/fileadmin/daten/stiftungen/KSG/Stiftungsprojekte/SM/SM_140223_Charakter.pdf. Zugriff: 7.2.2022.

Anständigkeit und Verantwortungsgefühl« nennt; alles Zuschreibungen, die auch auf die soldatischen Helden seines Romans anwendbar wären.

Mit den Erlebnissen des Zweiten Weltkriegs hat Schulz offensichtlich auch im hohen Alter nie ganz abschließen können. In dem Buch *A Dark and Bloody Ground* nennt Edward G. Miller ihn einige Male als Informationsgeber (Miller 1995, S. 231), in einem Leserbrief äußerte sich Schulz zu Waffendetails[75] und unter *LinkedIn* präsentierte er sich vor einer Ruine eines ehemaligen ›Westwall‹-Bunkers als »Selbstständiger Militärhistoriker WW2, Instrukteur und Berater in Führungsfragen«.[76] In zwei Zeitungsartikeln wird er als touristischer Führer einer Gruppe US-amerikanischer Veteranen im ›Hürtgenwald‹[77] vorgestellt sowie als Vertreter einer ›Theorie‹, nach der die Amerikaner versucht hätten, den Rhein bei Neuss zu überqueren, wenn es nicht über die Remagener Brücke möglich geworden wäre.[78] Außerdem taucht er in einigen kurzen Sequenzen in Achim Konejungs Dokumentarfilm *You enter Germany* als Zeitzeuge auf.[79]

Auf den *Helios-Verlag* und seinen Geschäftsführer Karl-Heinz Pröhuber (*1947)[80] lohnt es sich, an dieser Stelle etwas ausführlicher einzugehen, weil allein vier der hier exemplarisch vorgestellten Publikationen dort erschienen sind. Der *Helios-Verlag* hat seinen Sitz in Aachen-Eilendorf. In Portalen, die auf die Veröffentlichung von Pressemitteilungen spezialisiert sind, finden sich über ihn mit geringen Abweichungen Einträge wie der folgende:

> »Der Helios-Verlag ist ein in Aachen ansässiger Fachbuchverlag und wurde 1913 gegründet. Übernommen wurde der Helios-Verlag Anfang der neunziger Jahre von Karl-Heinz Pröhuber, dem heutigen Geschäftsführer. Pröhuber, der politische Wissenschaften und Soziologie studierte, stammt aus einem deutsch-belgischen Elternhaus mit ›linkem‹ Hintergrund. Schwerpunkt der verlegerischen Arbeit ist die militärische Zeitgeschichte, Zeitgeschichte, Regionalliteratur, Literatur zum jüdischen Widerstand.

75 In einem Leserbrief der *Welt am Sonntag* vom 26.8.2007 schreibt Schulz: »Bei der Avtomat Kalashnikova (AK) 47 handelt es sich nicht um eine russische Erfindung, sondern eine Weiterentwicklung des ›Sturmgewehrs 44 – StG 44‹. Diese Waffe wurde ab Spätsommer 1944 bei der Wehrmacht eingeführt und löste den Karabiner K98, eine Entwicklung aus dem Jahre 1898, ab. Die Russen kopierten diese Waffe.«

76 https://de.linkedin.com/in/klaus-r-schulz-59786229. Zugriff: 2.5.2020.

77 Vgl. Boschan, Ralph 2004.

78 Hopf, Simon. 2005. In Höhe der Erftmündung über den Rhein: Strickmütze statt Stahlhelm. *RP-Online*, 4.3.2005. https://rp-online.de/nrw/staedte/rhein-kreis/strickmuetze-statt-stahlhelm_aid-17185827. Zugriff: 7.2.2022.

79 Konejung, Achim. 2007. *You enter Germany. Bloody Huertgen and the Siegfried Line.* DVD.

80 Geburtsjahr nach Angaben in Pröhubers Diplomarbeit, vgl. Pröhuber, Karl-Heinz. 1980. *Die nationalrevolutionäre Bewegung in Westdeutschland*, S. 228. Hamburg: Verlag Deutsch-Europäischer Studien. Bei Schönekäs wird als Geburtsjahr 1948 genannt. Vgl. Schönekäs, Klaus. 1990. Bundesrepublik Deutschland. In *Neue Rechte und Rechtsextremismus in Europa. Bundesrepublik, Frankreich, Großbritannien*, Hrsg. Franz Greß, Hans-Gerd Jaschke, und Klaus Schönekäs, S. 218–335, hier S. 314. Opladen: Westdeutscher Verlag.

Darüber hinaus gibt er auch Belletristik heraus. Derzeit werden die Werke von über 140 Autoren verlegt. Sein Vater, Karl Pröhuber, ein Mitbegründer der KPD (1919), befreundet mit K. Radek, aktive Teilnahme an der Münchener Räterepublik, war im 2. Weltkrieg Angehöriger eines Strafbataillons.«[81]

Betrachtet man das Verlagsprogramm, ist von einem ›linken‹ Hintergrund allerdings kaum etwas zu erkennen. Das Gegenteil ist der Fall. Deutlich wird das bereits durch die Zeitungen und Zeitschriften, die sich für die Bücher des Verlages interessieren und sie meist in Kurzform vorstellen. Dazu zählt regelmäßig die von Rechtsextremisten wie auch von Konservativen rezipierte Wochenzeitung *Junge Freiheit*, die sich zunehmend »zur inoffiziellen Parteizeitung der AfD« (Weiß 2017, S. 26) entwickelt hat. Heinz Hachel rechnet den *Helios-Verlag* mit seinen Reprints aus den 1920er- und 1930er-Jahren seit der Ausgabe 8/1987 der *Jungen Freiheit* sogar zu deren »Inserenten der ›ersten Stunde‹« (Hachel 1994, S. 147). Regelmäßig stellt auch die *Deutsche Militärzeitschrift* (DMZ) *Helios*-Bände vor. Dabei handelt es sich um eine Publikation, die von der Bundesregierung als dem »rechtsextremistischen ›Arndt-Verlag‹ nahe« stehend eingeschätzt wird.[82] Der Politikwissenschaftler Elmar Vieregge gelangte im *Jahrbuch für Extremismus- und Terrorismusforschung* zu dem Urteil, dass die *Deutsche Militärzeitschrift* eine Linie vertritt, »die sich am rechtsextremistischen Revisionismus im weiteren Sinn orientiert« (Vieregge 2010, S. 185) und mit »der Kombination aus Verschweigen oder Relativieren der NS-Verbrechen und der Darstellung von Deutschen als bloße Opfer von Luftangriffen, Vertreibung oder Misshandlungen in Kriegsgefangenenlagern [...] eine seit Jahrzehnten im Rechtsextremismus gängige Vorgehensweise [nutzt], um das nationalsozialistische Deutschland zu verharmlosen und es als Opfer feindlicher Mächte darzustellen.« (ebd., S. 186).

Einen Schaden für das Ansehen seines Verlages sieht Pröhuber offensichtlich nicht darin, in derlei Zeitschriften mit seinen Produkten präsent zu sein, im Gegenteil: Er verweist sogar auf solche Besprechungen auf der Website seines Verlages.[83] Dem entspricht, dass der Verleger sein Unternehmen auf konservativ bis geschichtsrevisionistisch denkende Heimatkundler, sich unpolitisch gerierende militariaaffine Leserkreise sowie auf rechtsextreme Gruppen von Lese-

81 Siehe beispielsweise https://www.openpr.de/news/214983/Helios-Verlag-Karl-Heinz-Proehuber-Doku-Intervention-CSSR-68.html. Zugriff 7.2.2022; https://www.inar.de/dr-k-h-proehuber-studie-volksgrenadier-divisionen/. Zugriff 7.2.2022. Karl Pröhubers politische Rolle dürfte keine sonderlich bedeutsame gewesen sein. In der umfassenden Biografie über Karl Radek von Wolf-Dietrich Gutjahr taucht er nicht einmal am Rande auf, vgl. Gutjahr, Wolf-Dietrich. 2012. *Revolution muss sein. Karl Radek – Die Biographie.* Köln, Weimar, Wien: Böhlau Verlag.

82 Deutscher Bundestag, 2006. *Drucksache* 16/1282, 25.4.2006. Antwort auf Frage 12f. https://dserver.bundestag.de/btd/16/012/1601282.pdf. Zugriff: 11.3.2022.

83 https://helios-verlag.com/militaerische-zeitgeschichte/. Zugriff: 2.5.2020.

rinnen und Lesern gleichermaßen ausgerichtet hat. Ob das aus politischer Überzeugung oder aus Geschäftsinteresse geschieht, sei dahingestellt, vermutlich aus einer Mischung aus beidem. Damit entspräche das anvisierte Profil der Käuferinnen und Käufer von Produkten des *Helios-Verlages* durchaus auch dem der DMZ. Das wird nicht zuletzt daran deutlich, wie *Helios* und DMZ mit der Frage des Traditionsverständnisses der Bundeswehr und der Verbindung zur Wehrmacht sowie mit dem Verhältnis zur etablierten Zeitgeschichtsforschung umgehen. Nach Vieregge stellt sich die DMZ bezüglich »der gesellschaftspolitischen Ausrichtung der Bundeswehr […] nicht nur grundsätzlich gegen den Bruch mit den Streitkräften des ›Dritten Reiches‹, sondern auch gegen Programme, mit denen eine interkulturelle Toleranz von Soldaten gefördert sowie vor rechtsextremistischem Gedankengut gewarnt werden sollte. Sie veröffentlichte Artikel, die darin einen Mangel an militärischer Haltung sahen und bezeichnen die Truppe polemisch als ›Verein linksliberaler Gleichstellungsbeauftragter‹.« (ebd., S. 176).

Eben diese Orientierung findet sich auch im Programm des *Helios-Verlages.* Das schlägt sich beispielsweise in einem 2018 erschienenen Buch von Hermann Hagena über den *Jagdflieger Werner Mölders* nieder, dessen Untertitel bereits die *Rote Linie zwischen Wehrmacht und Bundeswehr?* mit einem Fragezeichen versieht (Hagena 2018, Titel) und weiter insinuiert, dass »ein tieferer Zusammenhang besteht zwischen der Dauerkrise der kaputtgesparten Bundeswehr […] und der von bestimmten politischen Akteuren fast hysterisch betriebenen Traditionsbekämpfung.« (Hagena 2018, Verlagstext Buchrückseite).

Derlei Positionen sind keine Ausnahme. Sie finden sich auch in weiteren Publikationen des Verlags, wie beispielsweise in dem Buch von Stefan Scheil über die 707. Infanteriedivision der Wehrmacht, das *Helios* 2016 veröffentlicht hat.[84] Scheil ist Historiker und politischer Funktionsträger der AfD. Weitere seiner Bücher werden durch den von Götz Kubitschek geleiteten Verlag *Antaios* (Edition Antaios) vertrieben, der die antidemokratische *Konservative Revolution* aus den ersten Jahrzehnten des 20. Jahrhunderts wertschätzt und dem Netzwerk der *Neuen Rechten* zuzuordnen ist. Auf der Rückseite des Buches über die 707. Infanteriedivision wird Scheil ebenfalls als »freier Mitarbeiter u. a. für die Junge Freiheit« (Scheil 2016, Buchrückseite) porträtiert. Klaus A. Lankheit bemerkte in der *FAZ* mit Blick auf Scheils Verhältnis zur etablierten Geschichtswissenschaft, dass in dessen Publikation über die am Holocaust beteiligte 707. Infanteriedivision »die Übergänge zur Verschwörungstheorie fließend werden«.[85] Und der

84 Scheil, Stefan. 2016. *707. Infanteriedivision. Strafverfolgung, Forschung und Polemik um einen Wehrmachtsverband in Weißrußland.* Aachen: Helios Verlags- und Buchvertriebsgesellschaft.

85 Lankheit, Klaus A. 2016. Holocaust und Wehrmacht. *Frankfurter Allgemeine Zeitung* 19.12. 2016. https://www.faz.net/aktuell/politik/politische-buecher/die-707-infanteriedivision-holocaust-und-wehrmacht-14571167.html. Zugriff: 5.3.2020.

Militärhistoriker und Offizier der Reserve Peter Lieb urteilt über das im *Helios-Verlag* erschienene Buch:

> »Es besteht kein Zweifel, dass sich für die Zukunft viele Entwicklungsmöglichkeiten und neue Ansätze zum Thema ›Wehrmacht und Vernichtungskrieg‹ bieten. Das vorliegende Buch kann hierfür aber keinesfalls neue Impulse geben. Es ist schlecht geschrieben, von Druckfehlern durchzogen, schlampig recherchiert und in seinen Thesen unhaltbar. Bei Scheil stand ganz offensichtlich das (erinnerungspolitische) Ergebnis schon fest, bevor er überhaupt zum Schreiben ansetzte. Professionelle und seriöse Geschichtswissenschaft sieht anders aus. (Lieb 2017)

Die Informationen, die sich im Internet über die Gründungsgeschichte des *Helios-Verlags* finden lassen, sind widersprüchlich. Da findet sich zum einen die bereits genannte Darstellung, nach der der Verlag seit 1913 existiert und zu Beginn der 1990er-Jahre von Karl-Heinz Pröhuber übernommen wurde. In linken Kreisen wird dagegen kolportiert, der Verlag sei »als ein nationalrevolutionärer Kleinverlag« von Pröhuber zusammen mit Peter Bahn (*1953) gegründet worden (vgl. Antifaschistisches Infoblatt 1989). Beides muss sich nicht ausschließen, denn ein älterer Verlag kann durchaus von neuen Eigentümern wegen seines Namens übernommen und neu ausgerichtet worden sein. Der genannte Peter Bahn gehört oder gehörte dem sich offen als ›völkisch‹ ausgebenden *Bund Deutscher Unitarier – Religionsgemeinschaft europäischen Geistes e.V.* an, einer rechtsextremen Gemeinschaft, und befürwortete eine Neuordnung der deutschen Grenzen unter ethnischen Aspekten, worunter er auch eine Revision der deutsch-belgischen Grenze rechnete.[86]

Peter Bahn und Karl-Heinz Pröhuber haben in den 1980er-Jahren auch in demselben Verlag veröffentlicht: in dem in Hamburg ansässigen neurechten *Verlag Deutsch-Europäischer Studien.*[87] Bahn brachte dort eine kleine Broschüre zum Thema *Regionalismus und nationale Befreiungsbewegungen in Europa* heraus[88] und Pröhuber seine Diplomarbeit über *Die nationalrevolutionäre Be-*

86 Vgl. Schobert, Alfred. 1996. Ostbelgien im Visier des deutschen Rechtsextremismus (Fortsetzung). In *Krautgarten. Forum für junge Literatur*, H. 29, November 1996, S. 74–76, St. Vith / Belgien. http://www.diss-duisburg.de/Internetbibliothek/Artikel/Ostbelgien_2.htm. Zugriff: 7.2.2022.

87 Klaus Schönekäs merkt zu dem Verlag an: »Der Gründungsvertrag des als GmbH geführten *Verlags Deutsch-Europäischer Studien* [kursiv im Original] zeigt eine charakteristische Zusammensetzung der Gesellschafter aus Vertretern der Neuen Rechten ([Klaus-Dieter] Ludwig; [Michael] Meinrad) und jüngeren Vertretern des rechten NPD-›Mainstreams‹ ([Günter] Deckert; [Peter] Dehoust).« Schönekäs, Klaus 1990, S. 319.

88 Bahn, Peter. 1986. *Regionalismus und nationale Befreiungsbewegungen in Europa.* Hamburg: Verlag Deutsch-Europäischer Studien. Siehe auch Paetel, Karl O. 1986. *Sozialrevolutionärer Nationalismus.* Aktuelles Nachwort Peter Bahn. Reprint der Ausgabe von 1930. Flarchheim/Thüringen: Verlag Die Kommenden. Mainz: Verlags- und Buchvertriebsgesellschaft Helios (= Helios' kleine Reprint-Reihe Nr. 5).

wegung in Westdeutschland.[89] Die biografischen Angaben über den damals noch Anfang dreißigjährigen Autor lauteten:

> »Karl-Heinz Pröhuber, Dipl.-Pädagoge und Sozialpädagoge grad., 1947 in Landshut/Bayern geboren, sich selbst als basisdemokratischen Sozialisten definierend, arbeitet heute im Bereich der Erwachsenenbildung und der außerschulischen Jugendarbeit. Zuvor: kaufmännische Lehre, 2. Bildungsweg, mehrjährige Tätigkeit auf einem Obst- und Gemüsegroßmarkt und Studium in Mönchengladbach und Aachen.« (Pröhuber 1980, S. 228)

Die Publikation macht deutlich, dass Pröhuber seinerzeit eine große Nähe zu der Neuen Rechten besaß. Der Zeithistoriker Bendedikt Sepp urteilt, dass Pröhuber als »zeitweiliges Mitglied des *Nationalrevolutionären Bundes*« unter einer »kaum verhohlenen fehlenden Distanz […] zum Forschungsobjekt« (Sepp 2013, S. 12, kursiv im Original) leide. Uwe Backes führt an, dass Pröhuber Sympathie für die rechtsextreme nationalrevolutionäre Bewegung Westdeutschlands gehegt habe.[90] Und der Politikwissenschaftler Klaus Schönekäs kommt zu dem Schluss, dass Pröhubers Arbeit »aus nur geringer politischer Distanz zum Gegenstand« (Schönekäs 1990, S. 237) verfasst worden sei, und dass er dazu geneigt habe, »die ›Linkswendung‹ von Teilen der Neuen Rechten zum allgemeinen Trend aufzuwerten. Die Mehrheit der Gruppen der Neuen Rechten folgte dieser Wendung nicht.« (ebd., S. 314).

Der Bezug auf die eigene ›linke‹ Vergangenheit entpuppt sich vor diesem Hintergrund als ein Vexierspiel. Die Neue Rechte hatte sich in den 1970er-Jahren herausgebildet und gegen eine ›alte‹, perspektivlos gewordene Rechte der NS-Apologeten, wie sie beispielsweise in der NPD präsent waren, abgegrenzt. Heute ist diese Neue Rechte, die aus einem nur schwer überschaubares Konglomerat von Arbeitskreisen, Gruppen, Zeitschriftenzirkeln und Diskussionsforen bestand, weitgehend in Vergessenheit geraten. Deshalb ist auch kaum mehr bewusst, dass zu ihrem Spektrum auch sogenannte Linksnationalisten zählten, was im Nachhinein die Konstruktion einer ›linken‹ Vergangenheit durchaus ermöglichen mag – sofern man den Gesamtrahmen beiseitelässt. Fakt bleibt jedoch, dass es »die Modifikation der alt-rechten Reichsidee zu einer Konzeption des ›Befreiungsnationalismus‹ und Debatten um die ›nationale Identität‹ [waren], die diese Szene bei aller organisatorischen Diffusität inhaltlich zusammen[ge]halten« (Greß et al. 1990, S. 13) hat. Grundgedanken dieser Richtung haben sich bis heute erhalten und konnten mit dem Aufstieg der AfD und an-

89 Pröhuber, Karl-Heinz 1980. Zur kritischen Einordnung der Bewegung siehe Sepp, Benedikt. 2013. *Linke Leute von rechts? Die nationalrevolutionäre Bewegung in der Bundesrepublik.* Marburg: Tectum Verlag.

90 Backes, Uwe. 1989. *Politischer Extremismus in demokratischen Verfassungsstaaten. Elemente einer normativen Rahmentheorie.* Opladen: Westdeutscher Verlag, S. 210, Fußnote 403.

derer rechtsgerichteter Organisationen und Publikationsunternehmen an politischem Einfluss gewinnen.[91]

Karl-Heinz Pröhuber war und ist in der Nordeifel nicht nur als Verleger mit dem skizzierten politischen Hintergrund aktiv. Er mischt auch in der konservativen und in Teilen rechtsgerichteten Geschichtsszene mit und meldet sich hin und wieder als Leserbriefschreiber in geschichtspolitischen Kontroversen zu Wort. 2007 – damals war er noch im *Geschichtsverein Hürtgenwald* engagiert – kündigte er in dem von jenem Verein herausgegebenen *Hürtgenwalder Geschichtsboten* den Beginn einer Reihe an »die sich mit Offizieren der Wehrmacht in unserem Großraum befasst. Dabei möchten wir zuerst Persönlichkeiten vorstellen, die als Funktionsträger der militärischen Massengesellschaft eine auch über unseren Raum hinausgehende militärische Bedeutung erlangt haben.«[92]

Die erste ›Persönlichkeit‹ dieser Art war der Antisemit und Hitler-Verehrer Generalfeldmarschall Walter Model, dessen Überreste 1955 angeblich auf die Vossenacker Kriegsgräberstätte überführt worden sein sollen (vgl. Möller 2021a). Die über Model zusammengetragenen Informationen stützten sich auf Angaben einer rechten Website über *Ritterkreuzträger*. Model wurde darin als »Rettungsanker der Ostfront«, »absolut krisenfest und fast unbegrenzt belastbar«, als Mann eines »hervorragenden Rufes« etc. glorifiziert.[93]

In der Region ›Hürtgenwald‹ war Pröhuber außerdem in einer Initiative aktiv, die sich *Zeitgeschichte: Interdisziplinäre Forschungsgruppe* (ZIF) nannte. Der militariaaffine temporäre Zusammenschluss gab sich nach außen einen wissenschaftlichen Anstrich und folgte dabei einem überkommenen Verständnis von Militärgeschichte, das vorwiegend auf der veralteten Darstellung von operationsgeschichtlichen Aspekten fußte. Die ZIF bot Führungen an,[94] platzierte Gedenkkreuze, auf denen US-amerikanische und Wehrmachteinheiten jeweils parallel genannt werden, ohne deren politisch unterschiedliche Rolle im Zweiten

91 Vgl. Weiß, Volker. 2017. *Die autoritäre Revolte. Die Neue Rechte und der Untergang des Abendlandes.* Bonn: Lizenzausgabe für die Bundeszentrale für politische Bildung.

92 Pröhuber, Karl-Heinz. 2007. *Der Hürtgenwalder Geschichtsbote* 11/2007, S. 3, Hrsg. Geschichtsverein Hürtgenwald e.V.

93 Als Quelle für die Informationen über Walter Model wurde von Pröhuber http://www.ritterkreuztraeger-1939-45.de/Infanterie/Heer-Startseite.htm angegeben. Die Seite existiert in der Form inzwischen nicht mehr. Die Langfassung des Beitrags über Model, die *Der Hürtgenwalder Geschichtsbote* verkürzt wiedergegeben hatte, findet sich aber aktuell noch unter: https://www.lexikon-der-wehrmacht.de/Personenregister/M/ModelW.htm. Zugriff: 9.3.2022.

94 Nach eigenen Angaben zu den folgenden Schwerpunkten: Schlacht im Hürtgenwald, Die Kämpfe im Stolberg- und Monschau-Korridor, Die Geschehnisse in Merode (Dürener Raum), Der Westwall – Vergangenheit und Gegenwart einer Festungsanlage, Aachen '44, Die Ardennenoffensive in der Nordeifel (Hellenthal-Hollerath), Exkursion zum Lütticher Festungsgürtel, Exkursion zum belgischen Fort Eben-Emael. https://www.nachrichten.net/details/144609/Milit%C3%A4rhistorische_Exkursionen_und_F%C3%BChrungen_durch_Z_I_F_.html. Zugriff: 8.3.2020.

Weltkrieg zu benennen,[95] und arrangierte Treffen mit Veteranen des Zweiten Weltkriegs. Neben Karl-Heinz Pröhuber zählten zur ZIF unter anderen Volker Dederichs, der in der lokalen Presse als ›Heimatforscher‹ bezeichnet wurde,[96] Sascha Hornbach aus Aachen, der mehrfach als Kontaktadresse genannt wurde, der Ortsvorsteher von Merode Albert Trostorf,[97] der Oberstleutnant der Bundeswehr Mario Cremer, dessen »Auftritte und Reden [...] Gegenstand bundeswehrinterner Untersuchungen« waren,[98] sowie Dieter Heckmann, Mitglied des *Geschichtsvereins Hürtgenwald* und vorgeblicher Autor eines Buches in Pröhubers *Helios-Verlag*.[99] Der Zusammenschluss existierte nur wenige Jahre und löste sich in der zweiten Hälfte der 2010er-Jahre aufgrund innerer Querelen auf; eine eigene Website existiert heute nicht mehr.

2.5 Gevert Haslob: Ein Blick zurück in die Eifel. Schicksalsweg der 89. Infanteriedivision

Das im Jahr 2000 im *Condo-Verlag* erschienene Buch von Gevert Haslob (*1923–†2011) *Ein Blick zurück in die Eifel* zeigt auf dem Cover ein in der Region bekanntes Foto von der kriegszerstörten Pfarrkirche *St. Josef* in Vossenack.[100] Benannt wird dessen Quelle auf den 268 Seiten des Bandes allerdings nicht. Außerdem wird auf dem Cover neben dem Autor auch noch der *Geschichtsverein Hürtgenwald e.V.* namentlich genannt.

Intention und Zielgruppe: Das Buch enhält eine knappe Einleitung des Autors (Haslob 2000, S. 7), der zwei jeweils halbseitige Vorworte vorangestellt sind: eines

95 In der lokalen Presse war davon die Rede, die Gruppe habe allein 2012 neun sogenannte »Friedenkreuze zwischen Lindern und Hürtgenwald als Zeichen der Versöhnung über alle Grenzen hinweg aufgestellt«. Der lokalen Geschichte des Zweiten Weltkrieges auf der Spur. 2013. *Aachener Zeitung* (Lokales), 6.2.2013. https://www.aachener-zeitung.de/lokales/eifel/der-lokalen-geschichte-des-zweiten-weltkrieges-auf-der-spur_aid-26182421#plx1368933714. Zugriff: 27.5.2020.

96 Gier, Ernst-Hubert. 2014. Heimatforscher: Vortrag über Krieg in Würselen. *Aachener Nachrichten* (Lokales), 29.10.2014. https://www.aachener-zeitung.de/lokales/nordkreis/heimatforscher-vortrag-ueber-krieg-in-wuerselen_aid-26090405. Zugriff: 8.3.2020.

97 Albert Trostorf wird 2011 in der lokalen Presse an der Seite von Karl-Heinz Pröhuber gezeigt: Röber, Tobias. 2011. Sechs Buchstaben und spannende Geschichten. *Aachener Zeitung* (Lokales), 27. Mai 2011. https://www.aachener-zeitung.de/lokales/dueren/sechs-buchstaben-und-spannende-geschichten_aid-32509397. Zugriff: 8.3.2020.

98 Schriftliche Mitteilung des Bundesministeriums der Verteidigung vom 15.9.2017 an den Verfasser. Mario Cremer war jahrelang der Hauptredner auf den jährlichen ›Windhund‹-Feiern in Vossenack.

99 Weiteres dazu in Kapitel 2.7.

100 Das Buchcover findet sich u.a. auf der Website von *Eurobuch:* https://www.eurobuch.com/buch/isbn/3928483544.html. Zugriff: 7.2.2022.

vom *Heimatbund 500 Jahre Schmidt* (ebd., S. 5) und ein weiteres von dem auf der Titelseite bereits genannten *Geschichtsverein Hürtgenwald e.V.* (ebd., S. 6). Die Vereine stammen aus Nideggen-Schmidt und Vossenack, also aus zwei ehemals umkämpften Dörfern der Nordeifel. Das ist insofern bemerkenswert, als beide Vereine das Geschichtsbild von der Endphase des Zweiten Weltkriegs in der Eifel sowie den Umgang mit der Zeit des Nationalsozialismus jahrelang geprägt haben.

Gevert Haslobs Intention besteht darin »das Schicksal der 89. Infanteriedivision« der Wehrmacht im Verlauf der Endkämpfe im Westen des ›Deutschen Reiches‹ »näher zu betrachten« (Haslob 2000, S. 7). Dabei möchte er »ein Bild von soldatischer Kameradschaft und Einsatzbereitschaft der einzelnen Soldaten als Patrioten« zeichnen. Sich selbst sieht er dabei als Glied einer Kette familiärer Tradition, die mit seinem Vater begann, der im Ersten Weltkrieg als Vize-Feldwebel im 2. Hannoverschen Infanterie-Regiment Nr. 77 (›Heideregiment‹) gedient hatte (ebd.).

Von Haslob unerwähnt bleibt, dass Angehörige dieses Regiments 1904 am Völkermord an den Herero in der ehemaligen Kolonie Deutsch-Südwestafrika, heute Namibia, ebenso beteiligt waren wie an Kriegsverbrechen während des Ersten Weltkriegs. Am 22. August 1914 hatten die ›77er‹ in der belgischen Kleinstadt Tamines an Massenerschießungen von Zivilpersonen teilgenommen.[101]

Sich selbst als Angehörigen der 89. Infanteriedivision in einer militärischen Linie mit seinem Vater verortend, möchte Haslob sein Wissen um den »Schicksalsweg der 89. Infanteriedivision« nicht nur an die einheimische Eifelbevölkerung sowie die Veteranen des Kriegs im Westen weitergeben, sondern auch der Jugend und speziell seinen Kindern und Enkelkindern vermitteln (vgl. Haslob 2000, S. 7), wie er in der Einleitung anmerkt. Er möchte sein Buch also als ein soldatisches Vermächtnis verstanden wissen.

Quellen und Quellennachweise: Haslobs Band stützt sich auf eigene Erinnerungen des Autors sowie auf Aufzeichnungen weiterer Beteiligter unterschiedlicher Dienstgrade. In dem Literaturnachweis am Ende des Buches (ebd., S. 267) überwiegen revisionistische Autoren mit Publikationen aus Verlagen wie der *Verlagsgesellschaft Berg* (*Druffel-*, *Türmer-*, *Vowinckel-Verlag*), *Schild-*, *Munin-*,

101 Informationen dazu finden sich auf der Website der Stadt Celle in Ausführungen zu einem Denkmal der ›77er‹ in der Stadt. https://www.celle.de/Celle-entdecken/Sehensw%C3%BCrdigkeiten/Denkm%C3%A4ler/77er-Denkmal.php?object=tx,2727.5&ModID=7&FID=2092.27114.1&NavID=2727.43&La=1. Zugriff: 7.2.2022. Grundlegend zur Aufarbeitung der deutschen Kriegsziele in Belgien und der deutschen Annexionsdebatten während des Ersten Weltkrieges: Bischoff, Sebastian. 2018. *Kriegsziel Belgien. Annexionsdebatten und nationale Feindbilder in der deutschen Öffentlichkeit 1914–1918.* Münster: Waxmann Verlag. Vgl. auch Rass, Christoph. 2005–06.

Condo-, *Podzun-Pallas-* sowie *Motorbuch-Verlag*. Zu Beginn des Buches zeigen zwei Fotografien ein aufklappbares Kartenbrett mit Originalkarten und Schwarz-Weiß-Fotografien, die dem Autor nach eigenen Angaben »als Unterlagen für sein Buch gedient haben und die er durch alle Kriegswirren retten konnte« (ebd., S. 8). Sie machen allerdings nur einen Teil des gesamten Bildkonvoluts aus. Welche Abbildungen im Einzelnen aus der Quelle des Autors stammen, lässt sich nicht nachvollziehen, denn die Bildquellen (ebd., S. 268) werden ebenso wie Literaturnachweise bloß allgemein genannt. Konkrete Einzelbelege gibt es weder im Text noch zu den Bildern.

Inhalt und Anlagen: Haslobs Buch besteht aus sieben Teilen und einem Dokumentenanhang. Teil eins ist überschrieben mit »Einsatz an der Invasionsfront«. Er behandelt die Vorgeschichte der Aufstellung der 89. Infanteriedivision während der ersten Jahreshälfte 1944 in Norwegen sowie die Ausbildung der Soldaten und deren Verlegung an die Nordküste Frankreichs und schließlich deren Kämpfe im Einsatzraum Caen und Falaise sowie ihre Zerschlagung im ›Kessel von Falaise‹. Kapitel zwei behandelt den Rückzug der Infanteriedivision auf die Linie des ›Westwalls‹. Darin eingestreut sind einige Bilder vom »Einsatz der Hitlerjugend zur Verteidigung ihrer Heimat« (ebd., S. 44–45), gemeint sind damit Schanzarbeiten mit Hacke und Schaufel. Die Teile drei bis fünf gelten den Einsätzen zwischen September 1944 und März 1945 im nördlichen Teil der Eifel mit dem Schwerpunkt der Kämpfe im Bereich des ›Hürtgenwaldes‹. Teil sechs behandelt den Einsatz der 89. Infanteriedivision in der Schnee-Eifel, im Einsatzraum zwischen Elsenborn und Faymonville und schließlich deren Ende als operationsfähige Einheit oberhalb des Laacher Sees.

Der abschließende Teil sieben feiert schließlich in Bild und Text die Versöhnung deutscher mit US-amerikanischen Veteranen. Aktionsorte sind die *Kriegsgräberstätte Hürtgen* sowie eine zentrale Grünanlage in Nideggen-Schmidt. Hinweise erfolgen zudem auf die zu Erinnerungslandschaften überformte *Paustenbacher Höhe* mit dem ›Eifelkreuz‹, auf die *Kriegsgräberstätte Vossenack* mit dem vermeintlichen Grab Walter Models, auf den *Friedhof Maria-Wald* sowie auf eine auf der *Kriegsgräberstätte Hürtgen* angebrachte Gedenktafel für den Leutnant der Wehrmacht Friedrich Lengfeld. Den Abschluss bilden Fotografien, die kontrastierend Szenen des Wiederaufbaus und Szenen zerstörter Orte darstellen.

Der Dokumentenanhang in Teil acht beinhaltet eine Feldpostübersicht (ebd., S. 252), deren Sinn sich nicht wirklich erschließt, denn die fünfstelligen Nummern der Feldpostbriefe, die aus Geheimhaltungsgründen vergeben wurden, waren oft nicht dauerhaft. Wenn Verbände aufgelöst wurden, löschte man auch deren Feldpostnummern und vergab sie nach einiger Zeit neu. Auch der Abdruck einer amerikanischen Übersetzung eines »Divisions-Spiegels« der Wehrmacht (ebd., S. 253–259) sowie des Berichts eines deutschen Kompaniechefs über die

Mestrenger Mühle in amerikanischer Übersetzung (ebd., S. 260–262) machen wenig Sinn, weil die deutschen Originale zuvor im Buch bereits abgedruckt sind. Hier hätte der Hinweis völlig ausgereicht, dass sich die Amerikaner beide Dokumente angeeignet und übersetzt hatten. Darüber hinaus sind dem Buch Verzeichnisse taktischer Zeichen in Karten der 89. Infanteriedivision, eine Abkürzungsliste, eine Gegenüberstellung der Dienstgrade in Verbänden der Wehrmacht und der britischen und amerikanischen Einheiten beigegeben.

Form der Bearbeitung und Botschaften: Gevert Haslobs »Blick zurück« mag sich zwar, wie es in der Einleitung heißt, an die Eifelbevölkerung, an Veteranen und an die Jugend wenden, setzt aber voraus, dass der Rezipientenkreis dem Einsatz der Wehrmacht als ausführendes Organ im nationalsozialistischen Rasse- und Vernichtungskrieg vollkommen unkritisch gegenübersteht und sich lediglich für die sehr parzellierte Abfolge des Kampfgeschehens sowie des häufigen Wechsels von Einheiten und Standorten interessiert. Denn nur unter dieser Voraussetzung dürften Leserinnen und Leser dem Buch etwas abgewinnen. Wie schon das genannte Buch von Werner Haupt liefert auch Haslobs Band eine äußerst kleinteilige, additive Darstellung einzelner Abläufe des Kriegsgeschehens. Ein Textbeispiel dafür:

> »Die Panzerjägerabteilung 189, zu der Leutnant Karl-Heinz Künemund gehörte, wurde von Fallingbostel und Munster-Lager zur weiteren Aufstellung und Ausbildung im Februar/März 1944 nach Sarpsborg/Norwegen verlegt. Die 1. Kompanie hatte die Feldpostnummer 05912. Ein weiterer Kompanieoffizier war Leutnant Werner Ehlers. Kompaniechef war in Frankreich Oberleutnant Poloprutzki. Der Gefreite Naeve berichtet, daß er Ende August 1944 zur Panzerjägerkompanie gekommen ist. Er traf sie in Vermand bei Peronne in Frankreich und hat sich dort bei Oberleutnant Poloprutzki als ROB zur Frontbewährung gemeldet. Auf dem Rückzug und in der Eifel hat er wiederholt mit ihm Kontakt gehabt und ist noch am 1.12.1944 zum Befehlsempfang bei ihm gewesen.« (ebd., S. 13)

Solche Textpassagen sind keine Ausnahmen, in ihrer Gesamtheit bilden sie den Erzählfaden in Haslobs Kriegsrückblick. Anders als in Haupts Werk wird diese Darstellungsweise aber immer wieder durchbrochen und bekommt dadurch einen vollkommen anderen Charakter. Das ergibt sich schon daraus, dass auf den 268 Seiten des Buches über 250 Fotografien, zahlreiche Karten, Skizzen und Reproduktionen von Flugblättern, Briefen, Tagesbefehlen, Fernschreiben und weitere Dokumente eingestreut sind. All das sorgt für einen Mix, der auf die visuelle Anziehungskraft setzt. Hinzu kommt, dass weitere Texte oder Textpassagen, die oft nur lose mit dem chronologischen Erzählfaden verknüpft sind, ein Konglomerat unterschiedlichster Erzählstile bilden.

Darunter fallen auch zwei sehr eigenartige Texte. Der eine ist überschrieben mit »Bericht des .... zur Einnahme des Bunkers 111« (ebd., S. 101). Wer mit den sieben Punkten gemeint ist, bleibt offen. Der Text selbst unterscheidet sich hinsichtlich des Stils, in dem er abgefasst wurde, in nichts von demjenigen der ›Landser-Hefte‹. Ein kurzer Auszug:

> »Auf dem Gefechtsstand eines Bataillons der 272. Infanteriedivision herrscht heute morgen Hochbetrieb. Das Telefon rasselt, Melder flitzen durch die enge Bunkertür und verschwinden im verschneiten Winterwald. Wir gehen hinein in den durch spärliches Kerzenlicht erleuchteten Raum. In der Ecke am Ofen sitzt der Gefechtsschreiber und klappert mit wuchtigen Schlägen in aufgeregtem Rhythmus auf seiner Schreibmaschine herum. Weit über den Tisch gebeugt, mit den Ellenbogen auf die Karte gestützt, den Telefonhörer eng an das Ohr gepresst, sitzt der Bataillonskommandeur Hauptmann S. und schreit seine Befehle in das Telefon hinein. Bei dem Lärm der einschlagenden Granaten ist kaum ein Wort zu verstehen. Seit einer halben Stunde greift der Amerikaner in Bataillons-Stärke in unserem rechten Abschnitt an. Unsere Volksgrenadiere sind erst seit 2 Tagen in ihren Stellungen. Für manchen jungen Soldaten wird es heute die erste Feuertaufe sein.« (ebd., S. 101)

Der zweite Text ist der Zeitzeugenbericht eines Gefreiten namens August Gövert, der als Panzerfahrer in der 116. Panzerdivision, der sogenannten Windhund-Division, gedient hat. Einen Zeitzeugenbericht in das Buch zu integrieren, wäre nichts Ungewöhnliches, da es sich bei der Publikation ohnehin um eine Montage aus verschiedenen Versatzstücken handelt. In diesem Fall aber wird ausdrücklich hervorgehoben, wie der Bericht zustande kam. Ihm beigegeben wurde nämlich noch die Wiedergabe eines Schreibens von Gövert an den Vorsitzenden des Heimatbundes von Nideggen-Schmidt, Ludwig Fischer:

> »Sehr geehrter Herr Fischer, zunächst noch mal ein Dank für die Organisation und Ihre Führung. Mir hat die Begegnung in Schmidt sehr viel gegeben, besonders, daß ich die Kameraden aus USA getroffen habe, die meinen Panzer damals am 4.11.44 abgeschossen haben. Es waren Leutnant Fleig und sein Richtschütze. Ich glaube, daß dies wohl einmalig ist. So jetzt der Bericht, den Sie von mir wünschen.« (ebd., S. 125)

Warum dieses Anschreiben in einem Buch mit abgedruckt wird, das eigentlich dem Kriegsgeschehen in der Nordeifel gewidmet ist, erschließt sich an dieser Stelle nicht.[102]

Der Autor findet keine eigene Sprache, die Rückschlüsse darauf zuließe, dass das Kriegsgeschehen kritisch reflektiert worden wäre. Im Gegenteil: Er bleibt dem Jargon der NS-Zeit nahezu vollständig verhaftet. Zwei Momente sind dafür typisch: einerseits die Heroisierung der deutschen Kriegsteilnehmer, andererseits die Banalisierung des Kriegsgeschehens zu einer Art Abenteuerurlaub. Das erste Moment lässt sich verdeutlichen, indem man die Darstellungsweise eines Textes aus dem Jahr 1944 mit Buchpassagen aus dem Jahr 2000 vergleicht. Dafür bietet sich der auf den Seiten 146 bis 149 in Haslobs Buch abgedruckte *Divisions-Spiegel* vom 9.11.1944 als Ausgangstext an. Diese Niederschrift war ausdrücklich

102 In Kapitel 2.10 finden sich dazu weitere Informationen.

erstellt worden, um in der Truppe bekannt gemacht zu werden. In ihr werden Kämpfe im Raum Kommerscheidt und Vossenack aus Sicht der Wehrmacht wiedergegeben. In dem Text ist von »harte[n] Notwendigkeiten« (Haslob 2000, S. 146) die Rede, die der neue Einsatz erfordert. »Zielbewußt und entschlossen« (ebd.) werden Befehle erteilt. Den Soldaten »lacht« beim Anrücken der eigenen Panzer und Sturmgeschütze »das Herz im Leibe« (ebd.). »[U]nter Brechung eines erbitterten und hartnäckigen Widerstandes« (ebd., S. 147) wird in Kommerscheidt eingedrungen. »Der Kampf wogt mit kaum vorstellbarer Härte« (ebd.). »Auch feindliche Panzer stoßen wieder vor, aber sie können den Geist unserer Männer nicht mehr brechen« (ebd.). Und »auch unsere Artillerie leistet ganze Arbeit« (ebd.). Vom »fanatischen Willen unserer Grenadiere und Panzermänner« (ebd., S. 148) ist weiter die Rede. Am Ende habe man »neuen und unvergänglichen Ruhm erworben« (ebd., S. 149), und der Kampf habe alle »durch Not und Gefahr, Blut und Opfer zusammen geschweißt« (ebd.).

In Haslobs eigenem Text aus dem Jahr 2000 heißt es zum Vergleich: »das Bataillon bewährte sich in den harten Abwehrkämpfen« (Haslob 2000, S. 61). Es wurde »längere Zeit hinhaltend kämpfend tapfer verteidigt« (ebd., S. 62). Ein »besonders harter Feinddruck [lag] auf unseren tapferen Grenadieren«, doch das Bataillon »hatte sich in seinen Stellungen bewährt« (ebd., S. 76). »Die 89. Infanteriedivision stand hier im Brennpunkt des Ringens um den neuen Gefechtsraum.« (ebd., S. 172). »Unter größter Anstrengung« (ebd., S. 176) wird der Angriff auf Hürtgen geführt, und größtes Lob »gehörte den vielen Landsern, die ihr Leben am Anfang der Kämpfe ließen, um die Straße von Germeter nach Hürtgen zu öffnen.« (ebd., S. 179). Von »sich zäh verteidigenden deutschen Grenadieren« (ebd., S. 200) ist die Rede, was Assoziation zu Hitlers Forderung an die künftige Generation weckt, sie solle ›flink wie Windhunde, zäh wie Leder und hart wie Kruppstahl‹ sein. Und am Ende steht das Resümee: »Vor Jahren noch undenkbar. Was die Landser in vorderster Front in ihren Stützpunkten geleistet haben, ist unvorstellbar.« (ebd., S. 223).

Diese heroisierenden Beschreibungen der Wehrmachtangehörigen korrespondieren mit Bildern, Bildunterschriften und Textpassagen, in denen der Krieg als eine Mischung aus Klassenfahrt und Abenteuerurlaub banalisiert wird. Da ist von den »Jungs aus Hamburg und Schleswig-Holstein« (ebd., S. 13) die Rede, die vor einer Panzerabwehrkanone posieren. Aus dem HJ-Lager kommen Jugendliche »mit einem Lied auf den Lippen« (ebd., S. 44). Pferd und Mensch werden auf einem Bild Kopf an Kopf als »[z]wei gute Kameraden« (ebd., S. 65) vorgeführt, und vor dem nächsten Einsatz gibt es für den Grenadier in seiner Stellung »nochmals einen kräftigen Schluck aus seiner Feldflasche« (ebd., S. 117).

Diese Darstellungsweisen dienen letztlich dem Zweck, Wehrmacht und Waffen-SS als eine einzige tapfere und ehrbare Gemeinschaft darzustellen. Das schließt einen völlig distanzlosen Umgang auch mit solchen Personen ein, die nachweislich an Kriegsverbrechen beteiligt waren.[103] Zum Beispiel den auf einem Foto abgebildeten (ebd., S. 28) Panzerführer Kurt Meyer (1910–1961), einen »glühenden und begeisterten Nationalsozialisten, auch in der Zeit nach dem Krieg« (Lieb 2007, S. 159). Meyer kämpfte als SS-Standartenführer und Divisionskommandeur der 12. SS-Panzerdivision ›Hitlerjugend‹ in der Normandie an der Seite von Haslobs ›89ern‹. Kein Wort Haslobs allerdings davon, dass Meyer bereits während des Polenfeldzugs an der Erschießung von Juden, später bei Charkow an der Ermordung von Dorfbewohnern und 1944 während der *Operation Overlord*, der alliierten Invasion in der Normandie, an der Ermordung zahlreicher kanadischer Kriegsgefangener beteiligt gewesen war (vgl. Lieb 2007, S. 158–169; Neitzel 2002, S. 426–427). Ähnlich selbstverständlich führt Haslob auch SS-Oberstgruppenführer Josef ›Sepp‹ Dietrich (*1892–†1966) ein. Ein Foto (Haslob 2000, S. 41) zeigt ihn ausgelassen lachend in einer Gruppe mit dem »vom Typus her ähnliche[n]« (Lieb 2007, S. 159) General der Panzertruppe Heinrich Eberbach und Generalfeldmarschall Walter Model. Dietrich hatte bereits als Angehöriger eines Freikorps an der Niederschlagung der Münchner Räterepublik teilgehabt und war 1928 der NSDAP und der SS beigetreten. Dietrichs ›Leibstandarte‹ war an der Ermordung polnischer Juden sowie während des Westfeldzugs in Frankreich bei Wormhoudt an der Ermordung britischer und französischer Kriegsgefangener beteiligt gewesen (vgl. Allbritton und Mitcham 2011, S. 310) und später, beim Massaker von Malmedy, an der Erschießung von über 70 amerikanischen Kriegsgefangenen. Darüber erfährt man bei Haslob nichts. Meyer und Dietrich sind dem konstruierten Typus »der einzelnen Soldaten als Patrioten« (Haslob 2000, S. 7) zuzurechnen, wie es in Haslobs Einleitung heißt, einem Kreis, dem sich Gevert Haslob in seinem apologetischen Werk auch selbst zurechnet. Davon zeugen allein vier Fotografien, auf denen Haslob persönlich abgelichtet ist: einmal ganzseitig im ›Kessel von Falaise‹ (ebd., S. 33), später als Teilnehmer einer Lagebesprechung mit Walter Model (ebd., S. 174) und schließlich bei verschneiten Bunkern vor Ormont mit einem Schäferhund (ebd., S. 213). Im Text erwähnt sich Haslob in dritter Person zudem im Zusammenhang mit einer Fahrt zur Ortskommandantur in Nideggen (ebd., S. 82).

Zum Abschluss der Betrachtungen über die Form der Bearbeitung des Kriegsthemas und der damit verbundenen Botschaften des Autors noch ein wesentlicher Aspekt, ohne den die Betrachtung unvollständig bliebe. Der Kernbestand von Gevert Haslobs Buch wird gerahmt durch die eingangs bereits erwähnten zwei Vorworte und durch diverse Bilddokumente am Ende, die bei Veteranen-

103 Zum Umgang mit der Kriegsverbrecherfrage in der frühen Bundesrepublik siehe Frei, Norbert. 1997. *Vergangenheitspolitik. Die Anfänge der Bundesrepublik und die NS-Vergangenheit*, 2. durchges. Auflage. München: C. H. Beck Verlag.

treffen in der Region ›Hürtgenwald‹ entstanden sind. Welche Botschaften gehen mit welcher Intention von dieser Rahmung aus?

Auffallend ist, dass beide Vertreter der lokalen Geschichtsvereine die Verwendung des Begriffs ›Nationalsozialismus‹ ganz offensichtlich scheuen. Stattdessen schreibt Ludwig Fischer, Erster Vorsitzender des *Heimatbund 500 Jahre Schmidt* von »jener schweren Zeit« (Haslob 2000, S. 5) und Leo Messenig (*1931–†2011) verklausuliert den Nationalsozialismus als 1. Vorsitzender des *Geschichtsvereins Hürtgenwald* als eine »unselige Phase der Heimatgeschichte« (ebd., S. 6). Messenig setzt auch die Tradition der falschen Wiedergabe von Todeszahlen fort, wenn er behauptet, dass die Region ›Hürtgenwald‹ »70.000 jungen Menschen das Leben nahm« (ebd.). Ebenso problematisch wie das Spiel mit falschen Zahlen ist aber, was Ludwig Fischer stellvertretend für den *Heimatbund Schmidt* aus der regionalen Kriegsgeschichte ableitet. Er schreibt:

> »Wenn Sie, liebe Leserin und lieber Leser, dieses Buch aufmerksam studieren und es Ihnen vom Leiden und Sterben deutscher und amerikanischer Soldaten berichten wird, dann denken Sie bitte daran, daß diese Männer es waren, die den Grundstein legten für die längste Friedensepoche, die wir in Europa erleben. Aus ihrem Opfer erwuchs uns die Freiheit und unser neues geeintes Europa.« (ebd., S. 5)

Amerikanische Soldaten und Soldaten der Wehrmacht als gemeinsame Friedensbringer? Kämpften nicht die einen in einem rassistischen Vernichtungskrieg um einen NS-Lebensraum, während die anderen die Welt vom Nationalsozialismus zu befreien halfen? Kann eine solche Botschaft tatsächlich ernst gemeint sein, oder resultiert sie aus sprachlichen Unzulänglichkeiten, die in dem Buch Gevert Haslobs nicht selten sind?[104]

Die Haltung zur Wehrmacht, die Gevert Haslob sowie die Verfasser der Vorworte einnehmen, findet sich am Ende des Buches noch einmal in eine lyrische Form gegossen. Unter dort aufgeführten Erinnerungsorten wird das sogenannte Eifelkreuz auf der *Paustenbacher Höh*e vorgestellt (ebd., S. 237). Beigegeben ist dem das Gedicht eines lokalen Freizeitautors, Oswald Jansen, das aus dem Jahr 1947 stammen soll und bei Gedenkfeiern in der Nordeifel heute noch vorgetragen wird. Auch in den Zeilen dieses Gedichts werden die am Zweiten Weltkrieg beteiligten Soldaten unterschiedslos zu Opfern erklärt, deren Einsatz *insgesamt* sinnlos gewesen sein soll. In holprigen Knittelversen, die Haslob zitiert, bekundet Oswald Jansen:

> »Sie waren aus Deutschland, kamen aus England, / dem fernen Amerika um hier zu kämpfen, / der Tod war so nah. / Sinnlos wie jeder Krieg / war letztlich Niederlage oder Sieg, / Soldaten in des Todes Angesicht / kämpften und starben, man nannte es Pflicht. /

104 Antworten auf diese Fragen finden sich in Kapitel 2.10, wo eine eigene Publikation Ludwig Fischers zum Gegenstand der Betrachtungen gemacht wird.

Heißer Stahl schluß [sic] blutige Wunden, / Männer wurden an Seele und Leib geschunden. / Sie waren die Opfer irriger Politik.« (ebd., S. 238)

Zur Illustration: Der Begriff des Text-Bild-Bandes ist in der Buchbranche ebenso geläufig wie der des ›reinen‹ Bildbandes. Im Fall von Gevert Haslobs *Blick zurück in die Eifel* handelt es sich am ehesten um ein als ›Bild-Text-Band‹ zu bezeichnendes Werk, in dem Fotografien, Karten, Dokumente und Illustrationen dominieren und die Aufmerksamkeit der Leserschaft binden, ohne dass auf einen durchlaufenden Text und Textauszüge aus Ego-Dokumenten verzichtet worden wäre. Die Bilder lassen sich sieben Kategorien zuordnen: 1) Personenporträts oder Gruppenaufnahmen vorwiegend deutscher und amerikanischer Soldaten, 2) Aufnahmen von Kriegsgerät, 3) vom Kampfeinsatz sowie 4) von zerstörten Ortschaften und als Kontrast idyllisch anmutende Naturlandschaften,[105] 5) Luftbilder, 6) Aufnahmen von baulichen Resten des Krieges wie ›Westwall‹-Bunkern und ›Drachenzähnen‹ sowie 7) Bilder von Veteranentreffen und Erinnerungsobjekten wie Gedenksteinen, -tafeln und -kreuzen.

Auf der Rückseite des Bandes ist von der »unbestechliche[n] Linse der Kamera« die Rede, die »den Leser des Buches zum Augenzeugen des Opferganges« der 89. Infanteriedivision der Wehrmacht machen würde (Haslob 2000, U4). Natürlich ist das kaum haltbar, besonders vor dem Hintergrund, dass eine ganze Reihe der Aufnahmen von Fotografen stammen dürften, die für Propagandakompanien gearbeitet haben. Autor und Verlag weisen dies allerdings nicht aus. Die Kombination der verschiedenen Medien dient dabei nicht dem Zweck, ein möglichst objektives Bild vom Kriegsgeschehen zu zeichnen, vielmehr scheint es primär darum zu gehen, Faszinationskraft zu entfalten, die Leserschaft in die Kriegsereignisse hineinzuziehen, Distanz aufzuheben und ein positiv-heroisches Bild von der 89. Infanteriedivision und ihrem Kriegseinsatz zu erzeugen.

Weiter finden sich zudem inhaltliche Fehler: Auf Seite 247 wird behauptet, Monschau sei während des Krieges zerstört worden. Dies ist sachlich nicht richtig und wird durch ein dieser Aussage beigegefügtes Foto auch keinesfalls bestätigt. Auf Seite 123 ist außerdem ein Foto zu sehen, das August Gövert, einen der zitierten Zeitzeugen, auf einem Panzer zeigt. Das Bild steht unkommentiert für einen Angriff, der am 4. November 1944 um die Dörfer Kommerscheidt und Schmidt stattgefunden hat. Tatsächlich wurde das Bild aber im März 1944 in der Bretagne aufgenommen.[106] Sprachliche Unzulänglichkeiten kommen bei einigen Bildunterschriften hinzu. Unter einer Fotografie, die ein mit Fichtenzweigen getarntes Haus am Waldrand zeigt, findet sich beispielsweise die Bildunterschrift

105 »Ruhig und friedlich liegen die Dörfer in der Eifel«. Haslob, Gevert 2000, S. 46.

106 Das ergibt sich aus einer Darstellung auf der Seite des Heimatbundes Schmidt: http://www.heimatbund-schmidt.de/assets/bericht-august-goevert.pdf. Zugriff: 12.3.2022.

»Als Divisionskampfschule getarnte Jugendherberge in Gemünd« (ebd., S. 77). Tatsächlich handelt es sich um eine Jugendherberge, die zwischenzeitlich als Divisionskampfschule *genutzt* und gegen Luftangriffe getarnt worden war.

Autor und Verlag: Zu Gevert Haslobs (*1923–†2011) Laufbahn als Soldat der Wehrmacht finden sich einige Informationen auf der Buchrückseite (Haslob 2000, U4). Danach hat Haslob »seine soldatische Laufbahn an der Heeresunteroffizierschule in Ettlingen begonnen. Als Offiziersanwärter mußte er seine Frontbewährung im Grenadierregiment 3 der 21. Infanteriedivision vor Leningrad ableisten.« (ebd.). Er war damit an einer Operation beteiligt, »die im Genozid an der Leningrader Zivilbevölkerung mündete.« (Ganzenmüller 2005, S. 16).

»Als Leutnant wurde er 1944 zur Führerreserve Oberbefehlshaber West nach Fontainebleau/Frankreich kommandiert.« (Haslob 2000, U4) Im September 1944 erfolgte »seine Verwendung im Stab der 89. Infanteriedivision in der Eifel« (ebd.). Nach dem Krieg setzte Haslob seine militärische Karriere in der Bundeswehr fort. Auf einschlägigen Internetseiten der Militaria-Szene wird er auch als Kontaktperson des ›Kameradenkreises 89. Infanteriedivision‹ mit seiner Heimatadresse in Bad Zwischenahn (Niedersachsen) geführt.[107]

Der *Condo-Verlag*, den sich Autor, Herausgeber und Vorwortschreiber für ihre Publikation ausgesucht hatten, war in Emmelshausen im Hunsrück (Rheinland-Pfalz) beheimatet. Die letzte Publikation erschien dort 2002: ein Reprint des Buches »Wir beginnen das Wunschkonzert für die Wehrmacht« aus dem Jahr 1941 von Heinz Goedecke und Wilhelm Krug. Der Verlag war vor allem dafür bekannt, historische NS-Literatur einer interessierten Klientel in neuen Ausgaben zur Verfügung zu stellen. Darunter fällt auch das Werk einer Luftwaffen-Propagandakompanie über das deutsche Afrikakorps aus dem Jahr 1943, versehen mit einem Vorwort von Erwin Rommel.[108] Außerdem ein Kriegsskizzenbuch zum Thema ›Luftwaffe‹ von Hans Liska aus dem Jahr 1942.[109] Bei *Condo* erschien außerdem eine die Waffen-SS verherrlichende Publikation in einer Neuausgabe,[110] die zuvor im rechtsextremen *Plesse-Verlag* publiziert worden war,

107 http://ww2f.com/threads/heres-some-german-vets-orgs-addresses.7155/. Zugriff: 27.5. 2020.

108 Luftwaffen-Kriegsberichter-Kompanie, Hrsg. 1943, *Balkenkreuz über Wüstensand. Farbbilderwerk vom Deutschen Afrikakorps mit einem Geleitwort von Generalfeldmarschall Rommel.* Oldenburg: Stalling Verlag. Nachdruck der Ausgabe 1997, Emmelshausen: Condo-Verlag.

109 Liska, Hans. 1942. *Kriegs-Skizzenbuch Luftwaffe,* Nachdruck der Ausgabe 1997. Emmelshausen: Condo-Verlag.

110 Kanis, Kurt u. Angehörige d. ehem. Waffen-SS. 1957. *Waffen-SS im Bild.* Göttingen: Plesse-Verlag K. W. Schütz. In einer Neuausgabe: *Waffen-SS im Bild.* 1998. Neuausgabe des erstmals 1957 im Plesse-Verlag erschienenen Bildbandes. Emmelshausen: Condo-Verlag. Und später: *Waffen-SS im Bild.* 2003. Emmelshausen: Förderkreis für Deutsche Geschichte.

der von Waldemar Schütz (*1913–†1999) geleitet wurde. Schütz hatte als ehemaliges Mitglied der NSDAP nach dem Krieg zunächst der *Deutschen Reichspartei* bis zu deren Verbot angehört und war anschließend jahrelang Funktionär der NPD gewesen.

2.6 Wingolf Scherer: Gefallen und vergessen? Ardennenoffensive, Endkämpfe im Westen 1944/45 und Soldatenfriedhöfe im Altkreis Schleiden

Intention und Zielgruppe: Das großformatige Buch *Gefallen und vergessen?* erschien 2002, umfasst 143 Seiten und weist zahlreiche Fotografien auf. Wingolf Scherer (*1924) stellt darin die Endkämpfe im Westen Deutschlands im *Altkreis Schleiden* dar und verbindet diese mit Einzelschicksalen von Soldaten und zwei Zivilisten sowie mit der Frage nach dem Umgang mit den Kriegstoten von Wehrmacht, Waffen-SS und amerikanischen GIs. Scherer will die Erinnerung an diejenigen Soldaten wachhalten, die während der letzten Gefechte im Westen starben.

Darüber hinaus gibt es offensichtlich noch einen persönlichen Grund: Scherer, der selbst als Leutnant und Führer eines Infanteriegeschützzuges der 277. Volksgrenadierdivision in der Wehrmacht gedient hat,[111] streift in seinem Buch auch den Tod des Feldwebels Willi Klein. Klein war Scherers Stellvertreter. Beim Versuch, Verbindung mit einer benachbarten Einheit aufzunehmen, vertrat Klein seinen Vorgesetzten und kam dabei zu Tode. Scherer berichtet auf sich selbst bezogen lediglich in anonymisierter Form in der dritten Person von dem Vorgang (vgl. Scherer 2002, S. 86). Im Nachwort heißt es dazu recht kryptisch: »Dieser Tod gab Veranlassung, über schicksalhafte Fügungen und den Sinn mitmenschlicher, hier: kameradschaftlicher Stellvertretung nachzudenken.« (ebd., S. 116).

Quellen und Quellennachweise: Scherer beklagt die schlechte Überlieferung schriftlicher Hinterlassenschaften deutscher Einheiten an der *Westfront* in dem von ihm behandelten Zeitraum und führt dies auf Befehle zurück, Unterlagen während des Rückzugs zu vernichten. Neben der Sichtung von Beständen in Militär- und Privatarchiven hat er insbesondere auch Gräberlisten von neun Friedhöfen im *Kreis Schleiden* ausgewertet, auf denen Soldaten bestattet oder auf die ihre sterblichen Überreste umgebettet wurden. In seinem Nachwort weist er zudem darauf hin, dass sich seine Publikation auch auf eine regionale Arbeit von

111 »Angriff über die Schneeflächen. Wingolf Scherer erlebte den Beginn der Kampfhandlungen«. Michael Hamacher im Gespräch mit Wingolf Scherer. *Kölnische Rundschau*, 15.12.2004, S. 36.

Karl Josef Lüttgens über die Jahre 1939–1946 im Kreis Schleiden stützt.[112] Lüttgens hat in Scherers Buch außerdem zwei Beiträge beigesteuert, die im Anhang platziert sind. Scherers Buch ist mit einem Abbildungsnachweis sowie Orts- und Personenregister ausgestattet, außerdem mit einer schmalen Literaturliste, deren Titelangaben zum Teil unvollständig sind und die auch keine nennenswerte militärhistorische Fachliteratur beinhaltet.[113]

Inhalt und Anlagen: Den Einstieg in den Band bilden eine stichwortartige Übersicht über die politisch-militärische Situation im Herbst 1944 sowie Hinweise zur Vorbereitung der *Ardennenoffensive* (Scherer 2002, S. 6–16). Es folgen steckbriefartige Angaben zu den an der *Ardennenoffensive* zwischen den Ortschaften Hollerath und Losheim beteiligten Divisionen: der 277. Infanteriedivision/Volksgrenadierdivision, der 12. Volksgrenadierdivision, der 3. Fallschirmjägerdivision, der 12. SS-Panzerdivision ›Hitlerjugend‹, der 1. SS-Panzerdivision ›Leibstandarte Adolf Hitler‹ sowie zu den eingesetzten Volks-Artillerie-Korps (ebd., S. 16–22). Später finden sich noch weitere Steckbriefe zur 3. Panzer-Grenadier-Division (ebd., S. 35), zur 62. Schlesischen Infanteriedivision / Volksgrenadierdivision (ebd., S. 51–53), zur 216./272. Niedersächsischen Infanteriedivision – 272. Volksgrenadierdivision (ebd., S. 54) und zur 89. Infanteriedivision (ebd., S. 58–60) in den Text eingestreut. Schon diese Aufzählung macht deutlich, dass es sich bei Scherers Buch um eine operationsgeschichtliche Übersicht konventionellen Zuschnitts handelt, soweit es die Kapitel betrifft, in denen das Kriegsgeschehen selbst im Mittelpunkt steht. Es folgen noch Kurzkapitel zu Erfolgen und Misserfolgen der *Ardennenoffensive* sowie zum Rückzug der Wehrmacht unter Aufgabe des Kreisgebiets Schleiden (ebd., S. 35–80).

Danach beginnen die beiden Kapitel, die die Besonderheit von Scherers Buch ausmachen. »Persönliche Schicksale« ist das eine überschrieben, in dem acht Einzelpersonen vorgestellt werden, sechs Soldaten, ein Pfarrer und ein Mädchen, die zu freiwilligen oder unfreiwilligen Akteuren bzw. Akteurinnen des Krieges wurden und von denen fünf ihr Leben lassen mussten. Illustriert ist dieses Kapitel unter anderem mit Fotografien von Grabsteinen der Toten, die heute noch in der Region auf den Kriegsgräberstätten aufzufinden sind (ebd., S. 80–91). Das Kapitel leitet über zu »jenen steinernen Mahnmalen« (ebd., S. 91) – gemeint sind damit Grabplatten und -kreuze auf Kriegsgräberstätten der Umgebung, aus denen Scherer versucht, weiteren Aufschluss »über die Abfolge, die Dauer und

112 Lüttgens, Karl J. 1997. *Kriegsjahre, Kriegsende und erste Neuanfänge im Kreis Schleiden 1939–1946. Daten – Zeitzeugen – Dokumente – Hintergründe*, 2 Bde. Gemünd: Wallraf Druck + Design.

113 Zum Beispiel fehlt die Studie von Robert Rush, in der militär- und sozialhistorische Forschungsansätze miteinander verbunden wurden: Rush, Robert Sterling 2001. *Hell in Hürtgen Forest. The Ordeal and Triumph of an American Infantry Regiment.* University Press of Kansas: Lawrence.

Härte der Kämpfe wie den Umfang der Verluste« (ebd., S. 91) der deutschen Einheiten zu erlangen. Interessant an diesem Kapitel sind vor allem die beigegebenen historischen Fotografien, aus denen ersichtlich wird, welche improvisierten Bestattungsorte und -formen es gab, bevor den Toten auf den großen Kriegsgräberstätten ihr endgültiger Ruheort zugewiesen werden konnte.

Als Anlage sind dem Buch zwei ergänzende Aufsätze des bereits erwähnten Schleidener Heimatforschers Karl Josef Lüttgens beigegeben, die vom Kriegseinsatz der US-Soldaten im deutsch-belgischen Grenzgebiet, von der Bergung sterblicher Überreste der getöteten GIs sowie von den ersten zivilen Kriegstoten der Gemeinde Schleiden handeln.

Form der Bearbeitung und Botschaften: In Scherers Darstellung gibt es einige kritische Andeutungen hinsichtlich der politischen Rahmenbedingungen der Kriegsführung und der Bewertung der Wehrmacht. So ist an einer Stelle von der »nationalsozialistischen Indoktrination der Truppe« (ebd., S. 79) die Rede, an einer anderen heißt es im Zusammenhang mit fünf zu Tode gekommenen deutschen Soldaten: »Sie waren Täter und Opfer« (ebd., S. 80), was allerdings nicht weiter vertieft wird. Derlei Partikel können aber nicht darüber hinwegtäuschen, dass Scherers Darstellung insgesamt dem in der Militaria-Literatur typischen Muster der sprachlichen Vereinfachung und Verharmlosung des Kriegsgeschehens sowie der Idealisierung bis hin zur Heroisierung von Angehörigen der Wehrmacht und Waffen-SS folgt.

Vereinfacht wird das Kriegsgeschehen vor allem dadurch wiedergegeben, dass es auf eine Collage aus trocken dargestellten Operationsabläufen und temporär eingenommenen militärischen Stellungen einerseits sowie auf bildreiche Zitate von Kriegserinnerungen andererseits reduziert bleibt. Dabei kann man davon ausgehen, dass Fragmente von Militärakten und -berichten einfach paraphrasiert werden. Zwei Beispiele mögen das verdeutlichen. Für den 8. Februar 1945 hält Scherer fest:

> »Auf das II. Batl. 990 von Wiesgen bis Kirchseiffen (Gefechtsstand am Südende von Blumenthal) folgte das I. Batl. 990 von Hellenthal bis nördlich Dickerscheid (Gefechtsstand in Hönningen). Der Regimentsgefechtsstand befand sich in Dommersbach. Entlang des Pretherbachs schloß von Dickerscheid bis Unterpreth bis ostwärts Ramscheid das I. Batl. 989 (Gefechtsstand am Hahnenberg) an. Der Regimentsgefechtsstand von Major Johe war ostwärts Oberreifferscheid in der zweiten Linie des Westwalls eingerichtet. Bis zur südlichen Divisionsgrenze standen die Reste des GR 991 im Einsatz. Dahinter in Oberwolfert war das neu gebildete Füsilierbataillon mit seinen zwei Kompanien als Reserve untergebracht. Die Feuerstellungen der Art. Abt. II, III und IV befanden sich im Raume Zingscheid, Wildenburg, Heiden«. (ebd., S. 68)

In dem Stil läuft der Text weiter, und die Frage liegt nahe, wie der Zusammenhang ohne beigegebenes Kartenmaterial nachvollzogen werden soll. Es ist aber auch denkbar, dass solche Passagen gar nicht dem Zweck dienen, den Zusammenhang des Kriegsgeschehens zu erhellen; vielmehr wecken derlei Detailfetischismus und Abgleiten in einen mit zahlreichen Abkürzungen gespickten scheinbaren Fachjargon eher den Eindruck, als wolle der Autor dadurch die eigene Kennerschaft herausstreichen und damit eine überlegene Position gegenüber seinem Lesepublikum einnehmen. Was dabei jedoch außer Acht bleibt, ist ein Aspekt, den der Historiker Bernd Wegner mit »wissenschaftstheoretischer Verödung« der konventionellen Operationsgeschichte bezeichnet und schlussfolgert, dass eben jenes, »was sich hierzulande als Operationsgeschichte versteht, nicht selten zum Langweiligsten und Ermüdendsten [gehört], was die deutsche Geschichtsschreibung zu bieten hat.« (Wegner 2000, S. 107).

Ein zweites Beispiel für die Zitate aus den Kriegserinnerungen verschiedener Akteure: Im folgenden Fall handelt es sich um eine Schilderung des österreichischen Schriftstellers Karl Ziak, der der 277. Volksgrenadierdivision angehörte und nach 1945 als Cheflektor des *Europa-Verlags* und Verlagsdirektor der *Büchergilde Gutenberg* in Kulturkreisen bekannt wurde. Scherer zitiert aus Ziaks Kriegserinnerungen die folgende Passage:[114]

> »Pünktlich um halb sechs Uhr brach die Kanonade los … In ununterbrochener Kette blitzte bald näher, bald ferner Mündungsfeuer auf; dann wieder begannen die Nebelwerfer zu röhren; die Spur ihrer Geschosse konnte man weithin verfolgen. Die Scheinwerfer griffen mit ihren Spinnenarmen hinüber nach der etwa sechs Kilometer entfernten Hauptkampflinie, von wo Maschinengewehrgeknatter zu hören war; vom Widerschein des Scheinwerferlichtes glänzten die tief hängenden Wolken. Es war ein schaurig-schönes Schauspiel. Eine Weile schien der Feind überrascht und schwieg. Doch als unser Feuer nach einer halben Stunde abebbte, bewies die amerikanische Artillerie, daß sie keineswegs lahmgelegt worden war, und begann das Duell aufzunehmen. Selbstverständlich belegte sie auch die Straßen, auf denen sie starken Verkehr vermuten konnte, mit Feuer.« (Scherer 2002, S. 23)

Solche atmosphärischen Schilderungen mögen als Unterbrechung der eher buchhalterischen Auflistung von Operationsabläufen und Stellungswechseln bei der Leserschaft von Militaria-Literatur als Stimulanz wirken, als überprüfbare Quellen taugen sie indes wenig. Denn wer vermag schon einzuschätzen, wie weit die literarische Bearbeitung des geschilderten Erlebnisses durch den Dichter Ziak die tatsächlichen Abläufe überformt hat?

Es spricht auch einiges dafür, dass es Wingolf Scherer bei der Abfassung seines Buches gar nicht primär um eine quellenkritische Darstellung des Kriegsgeschehens gegangen ist, sondern vor allem darum, eine Textcollage zu schaffen, die der Leserschaft suggeriert, nah am Geschehen zu sein, am besten mittendrin. Genau diesen Eindruck soll auch die Passage von Karl Ziak vermitteln. Wenn

114 Ziak, Karl. 1977. *Ich war kein Held, aber ich hatte Glück. Vier ungewöhnliche Jahre eines Auch-Soldaten*, S. 160. Wien: Österreichische Verlagsanstalt.

man sich fragt, von welcher Perspektive aus der Soldat Ziak die Szene beschrieben hat, vermutet man ihn in einem Schützengraben oder hinter einer Deckung inmitten der Ereignisse. Ein Vergleich mit dem Originaltext macht aber deutlich, dass in dem Zitat eine entscheidende Stelle weggelassen wurde. Ziak befand sich nämlich tatsächlich in einem festen Gebäude abseits der Szenerie, »die Stube war sogar gefegt, im Raum nebenan lag Stroh. Ich aß in Ruhe mein Abendbrot und legte mich dann auf drei Stunden in die Nähe des Ofens.« (Ziak 1977, S. 160). Den Angriff beobachtete er aus sicherer Distanz. Weil das aber der Dramaturgie bei der Darstellung des Beginns der *Ardennenoffensive* in Scherers Buch nicht entsprochen hätte, wurde dieser Sachverhalt ganz einfach weggelassen.

Auch das für die Militaria-Literatur typische Moment der *Verharmlosung* des Kriegsgeschehens lässt sich an diesem Beispiel erläutern. In Ziaks zitierter Schilderung sterben keine Menschen, töten Kugeln und Granaten nicht, denn alles gerinnt zu einem »schaurig-schönen Schauspiel« (Scherer 2002, S. 23). Derlei Verharmlosungen durch Ästhetisierung finden sich auch in weiteren Zeitzeugentexten, die in das Buch eingebaut wurden. In einer anderen Schilderung ist von einer Lage die Rede, »als wenn hundert Gewitter sich gleichzeitig entlüden« (ebd., S. 23). An einer weiteren Stelle heißt es, »[d]ie weiteren Einschläge schwärzten den wundervollen Schnee« (ebd., S. 44), und wenn von Signalraketen die Rede ist, mit denen ein tödlicher Angriff eingeleitet wird, »stand für kurze Zeit ein roter und grüner Stern am Nachthimmel« (ebd., S. 44). Solche Formen der Ästhetisierungen des Kriegsgeschehens sind in Scherers Buch kein durchgängiges Prinzip, aber ein auffälliges Stilmittel.

Die Ästhetisierung und Auratisierung des Kriegsgeschehens in den Zeitzeugentexten wird in den Darstellungen Scherers selbst mit sprachlichen Bildern oder Metaphern kombiniert, die die Kriegshandlungen als weitgehend abstrakten, manchmal geradezu klinischen Vorgang erscheinen lassen. Und Einheiten, deren Soldaten getötet wurden, werden zu »Restbestandteilen« (ebd., S. 46) oder – in Naturmetaphern gekleidet – als »zusammengeschmolzen« (ebd., S. 65) oder als »untergegangen« (ebd., S. 66) erklärt, wie eben Schnee schmilzt oder ein Schiff auf dem Meer untergehen kann.

Idealisiert oder heroisiert werden wiederum diejenigen Akteure, die Scherer in seinem Buch aus der Masse der Soldaten heraushebt. Führendes Personal der Wehrmacht oder der Waffen-SS blickt auf Fotografien meist entschlossen in eine undefinierte Ferne – das gilt für ein Brustbild in Vorderansicht von Generalfeldmarschall Gerd von Rundstedt (ebd., S. 7) ebenso wie für ein Porträt General Hasso von Manteuffels (ebd., S. 8), in dem sich Entschlossenheit mit Lässigkeit durch das Halten einer Zigarre zwischen zwei Fingern paart; und es gilt gleichfalls für Kopfporträts von SS-Gruppenführer Hermann Prieß (ebd., S. 11) oder SS-Standartenführer Max Hansen (ebd., S. 21). Von Rundstedt erscheint auf einem Bild zusammen mit Josef ›Sepp‹ Dietrich, Kommandeur des 1. SS-Panzerkorps, auch gemeinsam auf einem Brustbild, das beide, leicht von unten aufgenommen im Gelände zeigt. Die Untersicht sorgt für eine ästhetische ›Überhöhung‹ der beiden Abgebildeten. Dietrich weist mit der linken Hand in die Ferne (ebd., S. 14); und eben jener Dietrich wird auch – hochdekoriert und in Feldherrenpose mit angewinkeltem, in die Hüfte gestemmten Arm – als Oberbefehlshaber der 6. SS-Panzerarmee aus Untersicht aufgenommen und noch zusätzlich im Porträt dargestellt (ebd., S. 15).

Dass von Rundstedt nach dem Krieg wegen Kriegsverbrechen angeklagt wurde, ist ebenso wenig Gegenstand der Darstellung wie Hasso von Manteuffels Verurteilung wegen Totschlags im Falle eines ihm unterstellten Soldaten sowie seiner Aktivitäten in rechtsextremistischen Kreisen der frühen Bundesrepublik.[115] Und auch dazu, dass Hermann Prieß 1946 als Kriegsverbrecher wegen seiner Beteiligung am ›Malmedy-Massaker‹ zu zwanzig Jahren Haft verurteilt wurde oder über die Verbrechen, an denen ›Sepp‹ Dietrich beteiligt war,[116] wird in Scherers Darstellung übergangen. Dort steht die Aufzählung militärischer Orden und Auszeichnungen entsprechender Akteure im Vordergrund, die Beteiligung an Verbrechen wird verschwiegen.

Wenn es um weniger prominentes Wehrmacht- oder SS-Personal geht, greift Scherer zu Attributen, die die Personen ebenfalls deutlich herausstellen und idealisieren. Bei Oberst Arthur Jüttner (ebd., S. 50) und bei Oberleutnant Kurt Schwerdt (ebd., S. 71) werden die *Düsseldorfer Nachrichten* und die *Berliner Morgenpost* wörtlich zitiert, um deren Auszeichnungen oder Taten herauszustellen. Hauptmann Böhm (ebd., S. 63) wird ebenso wie Hauptmann Thomae (ebd., S. 71) als besonders tapfer charakterisiert, Oberscharführer Rudolf Roy wegen seiner »hervorragenden Tapferkeit« (ebd., S. 87) ausgezeichnet. Eine Beurteilung von Oberstleutnant Otto Jaquet hebt dessen »Gewissenhaftigkeit und den Fleiß« (ebd., S. 81) und dessen »kameradschaftliche Fürsorge« (ebd.) hervor sowie »ein soldatisches Auftreten frei von Eitelkeit« (ebd., S. 83). Leutnant d. R. Matthias Schraml wiederum gilt dem Autor als ein »ebenso tapferer wie taktisch geschickter und erfahrener Führer« bei dem sich »[j]ugendlicher Charme und männliche Härte« (ebd., S. 84) paarten.

Es mag sein, dass diese Zuschreibungen in Teilen berechtigt gewesen sind. Im Kontext dieses Buches erfüllen sie jedoch den Zweck, ein völlig einseitiges und makelloses Bild von Wehrmacht und Waffen-SS noch in der Endphase des Krieges zu zeichnen, welches zum Zeitpunkt der Veröffentlichung des Bandes im Jahr 2002 längst nicht mehr aufrechtzuerhalten war. Dass Scherer dieses Bild

115 Zur Entstehung und Entwicklung des Rechtsextremismus in der Bundesrepublik siehe Dudek, Peter, und Hans-Gerd Jaschke. 1984. *Entstehung und Entwicklung des Rechtsextremismus in der Bundesrepublik. Zur Tradition einer besonderen politischen Kultur*, Bd. 1. Opladen: Westdeutscher Verlag.

116 Siehe dazu die Angaben in der Analyse des Buches von Gevert Haslob in Kapitel 2.5.

wider besseres Wissen gezeichnet hat, um Wehrmacht und Waffen-SS zu glorifizieren, lässt sich daraus ableiten, dass er alle relativierenden Aussagen, die ihm bekannt sein mussten, vollständig ausgeblendet hat. Beispielsweise diejenigen von Zeitzeuginnen und Zeitzeugen, die Eingang in die Publikation von Karl J. Lüttgens, *Kriegsjahre, Kriegsende und erste Neuanfänge im Kreis Schleiden*, gefunden hatten, auf den Scherer in seinem Nachwort als eine seiner Quellen noch ausdrücklich verweist. In diesem Band berichtet zum Beispiel Arnold Breuer über das Verhalten der Wehrmacht in Teilen des Kreises Schleiden:

> »Die deutschen Soldaten, so stellte ich zu meinem Bedauern fest, hatten übrigens in den Häusern gehaust wie die Säue – und das im eigenen Vaterland!« (Lüttgens 1997, Bd. 1, S. 203)

Hans Josef Gehlen berichtet in Lüttgens' Band:

> »Schlimm war es für Schleiden im Zuge der sogenannten Ardennenoffensive, als deutsche Soldaten in den leerstehenden Häusern über das zulässige Maß hinaus alles von Wert ausräumten, und das kam einer Plünderung gleich, die die Führung entweder nicht verhindern konnte oder wollte.« (ebd., S. 212)

Agnes Gentges berichtet von ähnlichen Vorgängen:

> »Nach unserer Rückkehr erfuhren wir, daß die Deutschen nach unserem Weggang sofort das Haus ausgeräumt und sogar das Radio geklaut hatten.« (ebd., S. 225)

Elisabeth Treutler berichtet von Wehrmachtsoldaten, die in ihrem Haus bereits amerikanische GIs vermuteten. Um sich selbst zu schützen »führten [sie] nun alle Männer, auch meinen Vater, mit vorgehaltener Maschinenpistole durch alle Zimmer, ob auch kein Feind hier sei« (ebd., Bd. 1, S. 224). Eine weitere Zeitzeugin berichtet davon, dass sie in einem Bunker während der Luftangriffe Schutz gefunden hatte:

> »Dort lebten wir mit der Bunkerbesatzung zusammen, und wir waren heilfroh, daß wir von den Soldaten nicht hinausgeworfen wurden, was ja, wie wir nachher hörten, vielerorts geschah.« (ebd., S. 250)

Darüber hinaus ist auch mehrfach die Rede von Soldaten, die sich von ihren Einheiten abgesetzt hatten und versteckten, um das Kriegsende abzuwarten (vgl. ebd., S. 232, 261) Derlei Erfahrungen mit deutschen Soldaten bleiben in Wingolf Scherers Buch vollkommen unerwähnt.

Der Betrachtung wert sind darüber hinaus noch zwei Aspekte: die Form, in der Scherer »Persönliche Schicksale« (Scherer 2002, S. 80–91) in sein Buch eingearbeitet hat – ihnen widmet der Autor immerhin zehn Seiten –, und unter welchem Blickwinkel das Thema »Gefallene auf den Ehrenfriedhöfen des Kreises Schleiden« (ebd., S. 91–114) angegangen worden ist.

Scherer gibt an, dem »Schicksal« ausgewählter Einzelpersonen nachgehen zu wollen, weil seine bis dahin vorgelegten Schilderungen »über das Schicksal einzelner Menschen, von Soldaten und Zivilpersonen gleichermaßen, fast erbarmungslos hinweg« (ebd., S. 80) gegangen seien. Er wählt dazu zwei Offiziere, zwei Unteroffiziere, zwei Grenadiere und zwei Zivilpersonen. »Persönliche Schicksale«, wie das Kapitel überschrieben ist, beginnen bei Menschen natürlich nicht erst mit ihrem Eintritt in eine militärische Formation. Unter welchen Umständen wuchsen sie auf, wie weit bestimmte ihr Elternhaus ihre Laufbahn, welche Ausbildung genossen sie, welche politischen Orientierungen hatten sie? Es gibt viele Fragen, die man stellen kann, wenn einen die Individualität einer Person tatsächlich interessiert. All diese Fragen stellt Scherer nicht. Das Leben der von ihm porträtierten Wehrmachtangehörigen beginnt mit der Aufstellung ihrer Einheit und ihrem Einsatz in der Nordeifel und endet, bis auf eine Ausnahme, auch dort – mit ihrem Tod. Über die Personen selbst erfährt man wenig, Angaben zur militärischen Laufbahn, zu Auszeichnungen und Einsatzorten finden sich allerdings akribisch aufgeführt. Auch die beiden Zivilpersonen – überschrieben »Das Mädchen von Rohr« (ebd., S. 89–90) und »Der Pfarrer von Zingsheim« (ebd., S. 90–91) – gewinnen kaum individuelle Züge und bleiben zudem, anders als die Soldaten, namenlos. Das Mädchen ist aufgrund einer Oberschenkelverletzung auf medizinische Hilfe angewiesen und wird von Angehörigen der Wehrmacht in einem Kurierfahrzeug zu einem Lazarett mitgenommen, was eigentlich verboten war. Die Botschaft ist eindeutig: Die ›Menschlichkeit‹ hat in dem grausamen Krieg über unsinnige Regeln gesiegt. Der namenlose Pfarrer war wegen des Hissens einer weißen Fahne weggebracht worden, um vor ein Standgericht gestellt zu werden, ihm drohte die Todesstrafe. Unterwegs entließ ihn der zuständige Kompanieführer; auch dies einer der zahlreichen Akte von ›Menschlichkeit‹, wie sie in der Militaria-Literatur wiederholt als Stilmittel eingestreut werden. So lässt sich auch für dieses Kapitel feststellen, dass das vorgebliche Interesse an einzelnen ›Schicksalen‹ ebenfalls einzig dem Zweck dient, Wehrmacht und Waffen-SS in einem insgesamt positiven Licht erscheinen zu lassen – als Einheiten, die sich einem übermächtigen Gegner tapfer entgegenstellten, und als Einzelpersonen, die bewiesen haben, dass Empathie und ›Menschlichkeit‹ auf deutscher Seite nie verloren gegangen seien.

Der letzte Punkt zur Form der Bearbeitung des Themas und der damit verbundenen Botschaften gilt dem Kapitel »Verluste des Krieges – Gefallene auf den Ehrenfriedhöfen des Kreises Schleiden« (ebd., S. 91–114). Wingolf Scherer hat dafür die Gräberlisten von elf Kriegsgräberstätten auf Hinweise überprüft, »die den Verlauf der Kämpfe, deren Schwerpunkte und Dauer sowie das Ausmaß der Verluste in den deutschen Truppenteilen zwischen Herbst 1944 und März 1945 erkennen lassen« (ebd., S. 93). Dies gelingt nur zum Teil, weil die gesichteten Quellen immer wieder große Lücken aufweisen und weitere Archivbestände, zum Beispiel die Materialien der *Deutschen Dienststelle* (WASt) in Berlin, offensichtlich nicht berücksichtigt wurden. Bedauerlich ist auch, dass Scherer der Frage, wie die Toten auf die Kriegsgräberstätten gelangt sind, nur wenig Aufmerksamkeit schenkt. Oft kamen sie erst nach verschiedenen Umbettungen zu ihrer endgültigen Ruhestätte, konnten vorher in einem Feldgrab, auf Friedhöfen, die von Bestattungskommandos der Wehrmacht angelegt worden waren, oder auf Gemeindefriedhöfen gelegen haben. Selbst der Frage, welchen Jahrgängen die Gefallenen angehörten, geht Scherer nicht systematisch nach. Und auch die Herkunft der Toten spielt bloß eine untergeordnete Rolle.[117]

Das Ende des Kapitels nutzt der Autor, sich selbst in den Mittelpunkt des Geschehens zu rücken. Zwei Fotografien zeigen ihn im Jahr 2000 während der Eröffnung der *Erinnerungsstätte Hasselpath*, nahe Rocherath/Belgien: eines zusammen mit Baptist Palm beim zeremoniellen Zerschneiden des Bandes, ein anderes in einer Gruppe, die vorwiegend aus Zivilistinnen und Zivilisten besteht, selbst salutierend vor niedergelegten Kränzen auf der *Erinnerungsstätte* (ebd., S. 113).

Bezeichnend ist, dass Scherer für den Schluss des Kapitels eine Episode wählt – er nennt sie »einen bewegenden Vorgang« (ebd., S. 113) – der im Gesamtkontext des Buches noch einmal das gemeinsame Band von Wehrmacht und Zivilbevölkerung hervorhebt:

> »Als die auf dem Gemeindefriedhof in Rinnen beerdigten Gefallenen nach Oberreifferscheid umgebettet werden sollten, bat die Gemeinde erfolgreich darum, ›ihre Soldaten‹ in Rinnen zu belassen. Vor Beginn der Ardennenoffensive am 16. Dezember 1944 waren die Soldaten der Füsilierkompanie der 277. Volksgrenadierdivision in und um Rinnen in Privatquartieren untergekommen. Auf diese Weise hatten sich persönliche Beziehungen zwischen den Gastgebern und ihren Füsilieren ergeben, die den Tod überdauerten.« (ebd., S. 113–114)

Auch hier gilt, dass sich diese Episode durchaus so zugetragen haben mag. Sie erfüllt ohne Einordnung in den Gesamtkontext und unter Vernachlässigung anderer Quellen aber erneut den Zweck, die Wehrmacht und ihr Verhältnis zur Bevölkerung zu idealisieren. Dass der Umgang mit den Gefallenen auch ein Geschäft sein konnte, bei dem sogar sterbliche Überreste der Soldaten von Zi-

117 Eine sehr differenzierte und vielschichtige Datenauswertung zu den Kämpfen im ›Hürtgenwald‹ hat Jens Lohmeier am Beispiel der auf den Kriegsgräberstätten von Hürtgen und Vossenack bestatteten deutschen Kriegsteilnehmer vorgenommen und damit gezeigt, was aus vorhandenen Quellen tatsächlich abgeleitet werden kann: Lohmeier, Jens. 2008. *Totenruhe. Die Toten der Schlacht im Hürtgenwald.* Magisterarbeit an der RWTH, Lehrstuhl für Neuere Geschichte. Aachen; beispielhaft für sozialhistorische Untersuchungen von Wehrmachteinheiten auch Rass, Christoph. 2003. *»Menschenmaterial«. Deutsche Soldaten an der Ostfront. Innenansichten einer Infanteriedivision 1939–1945.* Paderborn: Ferdinand Schöningh Verlag.

vilisten geplündert, geraubt und verkauft wurden, und dass die Einrichtung von Kriegsgräberstätten ebenso handfeste wirtschaftliche Gründe haben konnten, weil damit Anziehungspunkte für trauernde Angehörige und Freunde geschaffen wurden – darauf hat Jens Lohmeier in seinen Arbeiten hingewiesen (vgl. Lohmeier 2008, S. 132–133, 138–139; Lohmeier 2016, S. 67–69).

Zur Illustration: Der großformatige Band (23,5 x 28,5 cm) weist die für Bild-Text-Bände der Militaria-Literatur typische Mischung aus Propagandafotos, Einsatz- und Gruppenfotos sowie Trümmerbilder von zerstörten Ortschaften und Militärfahrzeugen auf. Hinzu kommen in diesem Fall noch einige Fotografien aus privaten Beständen, die die Entwicklung von provisorischen Gräberansammlungen zu Kriegsgräberstätten dokumentieren und einige Grabsteine herausstellen. Nicht alle Abbildungen des Bandes sind quellenmäßig belegt. Auffallend ist, dass der größte Teil der Fotografien laut Abbildungsnachweis dem Archiv des *Helios-Verlags* entstammt. Insgesamt sind es fünfzig Fotos. Problematisch ist dieser Herkunftsnachweis deswegen, weil mit der Angabe die tatsächliche Herkunft der Bilder ungeklärt bleibt.

Einige der aus dem Verlagsarchiv entnommenen Fotografien tauchen auch in anderen Werken des Verlages wieder auf. Besonders ins Auge fällt das bereits bei dem ganzseitigen Intro-Foto, das die Unterzeile »Namenloser Soldat im Westen 1944« trägt (Scherer 2002, S. 5). Es zeigt das verschmutzte Gesicht eines skeptisch in die Ferne blickenden Soldaten mit Stahlhelm und geschulterter Panzerfaust. Dasselbe Foto wurde vom *Helios-Verlag* bereits für die Titelseite des Buches von Kurt Kaeres *Das verstummte Hurra* verwendet.[118] Wo und von wem es tatsächlich aufgenommen oder aus welchem Bildband es übernommen wurde, bleibt unklar. Tatsache ist, dass es 2006 auch als Titelbild der spanischen Ausgabe von Guy Sajers (d. i. Guy Mouminoux) Kriegsgeschichte *Le Soldat oublié* Verwendung fand.[119] Hier dient es allerdings dem Zweck, den Krieg an der Ostfront zu versinnbildlichen, und nicht den im Westen, wie bereits auf dem Titelblatt der Zeitschrift der HIAG gezeigt wurde. Es ist eine Aufnahme mit ikonografischem Charakter, die für geschwundene Zuversicht und Skepsis von einfachen Soldaten der Wehrmacht steht und aufgrund ihrer suggestiven Wirkung immer wieder in beliebigen Kontexten Verwendung findet.

Autor und Verlag: Wingolf Scherer (*1924) wurde nach seinem Abitur im Jahr 1942 zum Reichsarbeitsdienst und dann zur Wehrmacht eingezogen. In der 277. Volksgrenadierdivision diente er seit Oktober 1944 als Leutnant und zuletzt als Führer der 4. Kompanie des Grenadierregiments 989. Nach seiner Entlassung aus britischer und amerikanischer Kriegsgefangenschaft studierte er Germanistik, Geschichte und Kunstgeschichte an den Universitäten Köln und Bonn und

118 Siehe dazu Kapitel 2.4.
119 Sajer, Guy. 2006. *El Soldado Olvidado.* Barcelona: Inédita Editores.

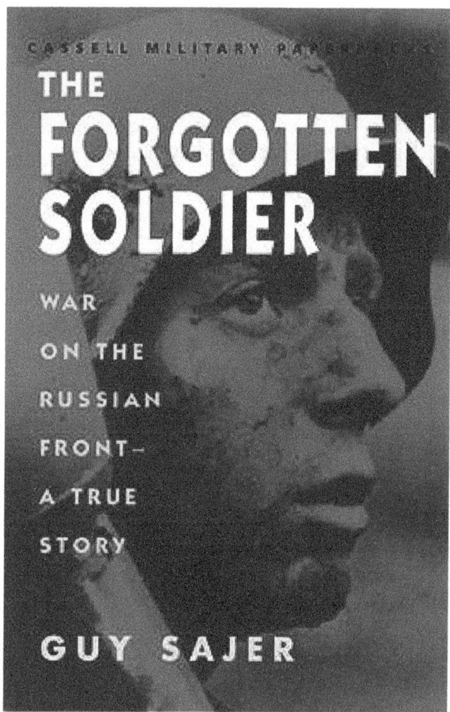

Abb. 9: Der »namenlose Soldat im Westen 1944« in Wingolf Scherers Buch ›schmückt‹ auch andere Buchcover. Beispielsweise die englische und spanische Paperbackausgabe von Guy Sajers erstmals 1967 veröffentlichter Kriegserzählung *Der vergessene Soldat.* Wo das Foto tatsächlich aufgenommen wurde, ist ungewiss (Quelle: Cassell Military Paperbacks).

promovierte 1959 an der *Rheinischen Friedrich-Wilhelm-Universität* zu Bonn. Er trat in den Schuldienst ein, stieg zum Direktor des *Landesinstituts für schulpädagogische Bildung NRW* auf und fungierte als Leiter von wissenschaftlichen und künstlerischen Prüfungsämtern.[120]

Scherer veröffentlichte zahlreiche Bücher zu zeitgeschichtlichen Themen, die der Militaria-Literatur zuzuordnen sind. Allein im *Helios-Verlag* lassen sich 14 Titel nachweisen. Die meisten behandeln die Endkämpfe im Westen.[121] Außerdem trat er auf zahlreichen Veranstaltungen als Autor und Zeitzeuge auf. Die Drucklegung des Buches wurde mit Hilfe finanzieller Zuwendungen durch den

120 Die biografischen Angaben fußen auf den Verlagsinformationen. https://helios-verlag.com/autoren/?tx_heliosextender_heliosauthors%5Bcontroller%5D=Author&tx_heliosextender_heliosauthors%5Baction%5D=show&tx_heliosextender_heliosauthors%5Bauthor%5D=2&cHash=8e85ff7cff5b847ad908892a7d0b605c. Zugriff: 8.2.2022. Siehe auch das Interview mit Scherer: Hamacher im Gespräch mit Wingolf Scherer. *Kölnische Rundschau*, 15.12.2004, S. 36.

121 Angaben auf der Website des *Helios-Verlags*, siehe Anm. 120.

Landschaftsverband Rheinland, die *Kreissparkasse Schleiden* sowie die *Volksbank-Raiffeisenbank Hocheifel* unterstützt.[122]

2.7 Dieter Heckmann: »Halten bis zum letzten Mann…«. Der Kampf um Aachen im Herbst 1944

Intention und Zielgruppe: Dieter Heckmann (*1942) wurde in Aachen geboren, und da er das Buch »*Halten bis zum letzten Mann…*«[123] seinen »unvergessenen Eltern« gewidmet hat, »die beide den Untergang der Stadt Aachen im Herbst 1944 erlebten« (Heckmann 2003, S. 3), kann man davon ausgehen, dass das Entstehen der Publikation auch durch die Familiengeschichte Heckmanns einen Anstoß bekommen hat. Nähere Ausführungen zu Intention und Zielgruppe gibt es in dem Band nicht. Auch den Hauptunterstützer bei seinen Recherchen lässt Heckmann im Dunkeln, wenn er eingangs schreibt:

> »Besonders zu nennen wäre hier ein Mann, der mir mit seinem umfangreichen Wissen, seinem einzigartigen Material und seinen exzellenten Kontakten in selbstloser Weise half, aber hier nicht genannt werden möchte.« (ebd., S. 4)

Auf der hinteren Umschlagklappe des Buches findet sich außerdem ein Text, der am Ende in eine jener unverbindlich-pathetischen ›Friedensbotschaften‹ mündet, bei der jedoch nicht klar ist, ob sie von Dieter Heckmann selbst oder vom Verleger Karl-Heinz Pröhuber stammt:

> »Auch wenn die Ereignisse von 1944 in Aachen bei immer mehr Menschen in Vergessenheit geraten, so sollten sie doch nachfolgende Generationen lehren, dass Friede einer der wichtigsten Aspekte im harmonischen Zusammenleben der Völker auf unserem Planeten ist. Aachen 1944 – und alles, was im II. Weltkrieg sonst noch an Unmenschlichem geschah, darf sich nie wiederholen!« (ebd., hintere Umschlagklappe)

Quellen und Quellennachweise: Die *Deutsche Nationalbibliothek* hat die Aufgabe, alle deutschsprachigen Publikationen zu sammeln, dauerhaft zu archivieren und bibliografisch zu verzeichnen. Schlägt man im Katalog der Nationalbibliothek unter »*Halten bis zum letzten Mann…*« nach, findet man Dieter Heckmann dort allerdings nicht unter der für einen Autor eigentlich üblichen Kennzeichnung als ›Verfasser‹, sondern als ›Mitwirkender‹.[124] Diese Kennzeichnung ist kein Irrtum, denn der gesamte Bild-Text-Band besteht fast aus-

122 Informationen zum *Helios-Verlag* finden sich im Kapitel 2.4 bei der Darstellung der Publikation von Kurt Kaeres.

123 Das Titelcover ist bei verschiedenen Onlinehändlern sowie auf der Website des *Helios-Verlags* abrufbar.

124 https://portal.dnb.de/opac.htm?query=Halten+bis+zum+letzten+Mann&method=simpleSearch. Zugriff: 8.2.2022.

schließlich aus langen Zitaten und aus paraphrasierten Originaltexten. Eine eigene schöpferische, geschweige denn wissenschaftliche Autorenleistung fehlt.

Der größte Teil der 2003 erschienenen Publikation fußt auf einem Text des *Aachener Geschichtsvereins*, der 1955 erschienen war (vgl. Poll 1955), also knapp 50 Jahre vor Erscheinen des Buches von Heckmann. Heckmann paraphrasiert diesen Text und füllt damit vier Kapitel, in denen die Kämpfe um Aachen sowie die Räumung, Belagerung und Kapitulation der Stadt dargestellt werden (Heckmann 2003, S. 26–46). Natürlich ist es nicht vertretbar, einen 50 Jahre alten Text ungeprüft als Materialsammlung zu benutzen, ohne ihn einer quellenkritischen Überprüfung auf Grundlage des aktuellen Wissenstands zu unterziehen. Aber das ist längst nicht der einzige problematische Umgang mit den Quellen, die dem Buch zugrunde liegen. Denn auf den weiteren Seiten (Heckmann 2003, S. 47–83) folgen Augenzeugenberichte, die erneut einer Publikation des *Aachener Geschichtsvereins* entnommen sind. Dieses Mal aus dem Jahr 1962 mit Berichten und Tagebuchaufzeichnungen, die die Ereignisse der Monate September bis November 1944 betreffen (vgl. Poll 1962). Heckmann übernimmt daraus vier Passagen. Auch diese Texte wurden nicht daraufhin überprüft, inwiefern sie mit dem zeithistorischen Wissensstand des Jahres 2003 übereinstimmen, schlimmer noch: In Anmerkungen zu den vier Texten heißt es jeweils, in den Berichten seien »aus Gründen der besseren Lesbarkeit die im Original vorhandenen Fußnoten weggelassen« worden (Heckmann 2003, S. 47, 51, 57, 66). Damit wurden aber auch diejenigen Ungenauigkeiten und Fehler in den zitierten Texten nicht mehr kenntlich gemacht, die deren Herausgeber Bernhard Poll im Jahr 1962 bereits identifiziert und vermerkt hatte. Das betrifft beispielsweise falsche Angaben zur Zahl derjenigen, die trotz Evakuierungsmaßnahmen in Aachen zurückgeblieben waren (vgl. Poll 1962, Anm. 1, S. 147, Anm. 3, S. 148). Fehlerhafte Angaben finden sich auch zum Nachfolger von Gerhard Graf von Schwerin als Kampfkommandant von Aachen (vgl. Poll 1962, Anm. 2, S. 147), Ungenauigkeiten zum Aufenthalt von Soldaten in einem Luftschutzbunker (vgl. Poll 1962, Anm. 4, S. 149) und einige mehr.

Schwer wiegt auch, dass Heckmann und sein Verlag offensichtlich bei der Übertragung der Texte ohne die notwendige Sorgfalt vorgegangen sind. Dadurch haben sich zahllose Fehler eingeschlichen. In dem ersten Augenzeugenbericht des Majors der Polizei a. D. Paul Zimmermann (Heckmann 2003, S. 47–51) finden sich gegenüber der von Bernhard Poll herausgegebenen Vorlage allein 36 Übertragungsfehler.[125] Bei den übrigen übernommenen Texten liegt die Zahl ähnlich hoch.

125 Im Folgenden die Übertragungsfehler. Zuerst werden Seite (S.), Spalte (Sp.) und Zeile (Z.) in Heckmanns Buch mit den Übertragungsfehlern genannt, danach die Originalschreibweise in Bernhard Polls Original. S. 47/Sp. 1/Z. 2: »Wehrmachtsteilen« statt »Wehrmachtteilen« /

Außer den von Bernhard Poll übernommenen Texten hat Heckmann zu Beginn des Buches auf ein mehrseitiges Zitat aus dem sprachlich überaus holprigen Werk Heinz Günther Guderians über *Das letzte Kriegsjahr im Westen* zurückgegriffen (Heckmann 2003, S. 22–25),[126] das er mit den Worten eines Tagesbefehls enden lässt:

> »Es gilt nicht nur den Ehrenschild der 116. Panzer-Division reinzuhalten, sondern es geht heute mehr denn je um den Bestand unseres Vaterlandes.« (Guderian 1997, S. 106)

Am Ende des Buches folgen noch ein Dokument des Nachrichtendienstes der U.S. Army (Heckmann 2003, S. 88–91), ein weiterer von Bernhard Poll übernommener und paraphrasierter Augenzeugenbericht (Poll 1962, S. 121–124) eines Obersten der 246. Volksgrenadier-Division (Heckmann 2003, S. 97–100) sowie ein über knapp 20 Seiten laufender Bericht über die Aktivitäten der SS-Kampfgruppe ›[Herbert] Rink‹, die Teil der 1. SS-Panzer-Division Leibstandarte SS Adolf Hitler war (ebd., S. 101–120).

Der letztgenannte Bericht über die SS-Kampfgruppe ›Rink‹ entstammt dem Buch der SS-Apologeten Rudolf Lehmann und Ralf Tiemann *Die Leibstandarte*

S. 47, Sp. 1, Z 13: »Etappen« und statt »Etappen-« und [Verwaltungsangehörigen] / S. 47, Sp. 1, Z. 16: »Wehrmachtsteilen« statt »Wehrmachtteilen« / S. 47, Sp. 2, Z. 8: »waren zu dieser Zeit waren« (ein Wort zuviel) / S. 47, Sp. 3, Z. 3: »Kranke« statt »kranke [und gebrechliche Personen]« / S. 47, Sp. 3, Z. 10: Hier wurde »(Karmeliterstraße)« in runden Klammern ergänzt, wodurch nicht deutlich wird, dass diese Ergänzung nicht aus dem Ursprungstext stammt. / S. 47, Sp. 3, Z. 20: »unterbleiben« statt »unterblieben« / S. 47, Sp. 3, Z. 22: Absatz nach »Stadtgebiet« wurde nicht übernommen. / S. 47, Sp. 3, Z. 23: »7:30 Uhr« statt »7.30 Uhr« / S. 48, Sp. 1, Z. 7: Bezeichnung »Frankenberg« nach »Bunker« fehlt. / S. 48, Sp. 2, Z. 1: »niemals« statt »nicht« / S. 48, Sp. 3, Z. 33: »auf den« statt »zum« / S. 48, Sp. 3, Z. 41: Der Vorname »Gerhard« steht im Original nicht. / S. 49, Sp. 1, Z. 14: »Wehrkreis IV« statt »Wehrkreis VI« / S. 49, Sp. 1, Z. 22: »Evakuierung« statt »Evakuierungen« / S. 49, Sp. 1, Z. 31–32: »Artilleriebeschuss« statt »Aerilleriebeschuß« / S. 49, Sp. 2, Z. 5: »Sicht« statt »Hinsicht« / S. 49, Sp. 2, Z. 8: »des SS« statt »der SS« / S. 49, Sp. 2, Z. 19: »Graf« fehlt bei General [Graf] von Schwerin. / S. 49, Sp. 3, Z. 3: Das Wort »worden« fehlt. / S. 49, Sp. 3, Z. 9: »nun« statt »nunmehr« / S. 49, Sp. 3, Z. 11: das Komma hinter »seien« steht im Original nicht. / S. 49, Sp. 3, Z. 22 »nach dem« statt »nachdem« / S. 50, Sp. 1, Z. 33: »Artilleriebeschuss« statt »Artilleriebeschuß« / S. 50, Sp. 1, Z. 40: »Abfahrtsstellen« statt »Abfahrtstellen« / S. 50, Sp. 2, Z. 5: »bleiben« statt »verblieben« / S. 50, Sp. 2, Z. 19: »uns« statt »auch« / S. 50, Sp. 2, Z. 23: »Artilleriebeschuss« statt »Artilleriebeschuß« / S. 50, Sp. 3, Z. 1: »Polizeibeamten« statt »Polizeikameraden« / S. 50, Sp. 3, Z. 6–7: »im Stich« statt »in Stich« / S. 50, Sp. 3, Z. 16: »dabei« statt »hierbei« / S. 51, Sp. 1, Z. 18: »Evakuierungsbefehlen« statt »Evakuierungsmaßnahmen« / S. 51, Sp. 2, Z. 1: Die Ergänzung »(Köln)« bei der Nennung des Gauleiters Grohé findet sich im Original nicht. / S. 51, Sp. 2, Z. 15: »im Übrigen« statt »im übrigen« / S. 51, Sp. 3, Z. 11: »Graf« fehlt bei »General Graf von Schwerin« / S. 51, Sp. 3, Z. 15–16: »Wehrmachtseinheit« statt »Wehrmachteinheit«.

126 Guderian, Heinz Günther. 1997. *Das letzte Kriegsjahr im Westen. Die Geschichte der 116. Panzer-Division. Windhunddivision. 1944–1945*, 2. überarb. Auflage, S. 103–106. Sankt Augustin: SZ Offsetdruck-Verlag.

(Lehmann und Tiemann 1986).[127] Es ist im *Munin Verlag* erschienen, der seinerzeit seinen Sitz in Osnabrück hatte. In einer Antwort der Landesregierung Rheinland-Pfalz auf eine Anfrage der SPD zum Thema ›Rechtsextremismus‹ aus dem Jahr 2009 hieß es über den Verlag:

> »Der ›Munin-Verlag‹ wurde von Soldaten der ehemaligen Waffen-SS im Dezember 1958 gegründet. Nachdem für Ende 1999 seine Auflösung beschlossen worden war, existiert der Verlag seit Januar 2000 in neuer personeller Verantwortlichkeit in Trier. Der Verlag gibt die zweimonatlich erscheinende Zeitschrift ›Der Freiwillige‹ heraus. Sie ist das Mitteilungsblatt ehemaliger Soldaten der Waffen-SS in Sachen ›Militärgeschichte‹, ›Truppenkameradschaften‹, ›Suchdienst‹, ›Brauchtum‹, enthält aber auch ›Buchbesprechungen‹ (z. B. zur Geschichte der Waffen-SS)«.[128]

Heckmann dankt dem *Munin Verlag* eingangs seines Buches ausdrücklich für dessen Einverständnis, Quellen aus dem Verlagsangebot nutzen zu dürfen (Heckmann 2003, S. 4).[129] Über den Band aus dem der Bericht über die Kampfgruppe ›Rink‹ stammt, urteilt Jens Westemeier in seinem Standardwerk über Joachim Peiper und die Waffen-SS, er liefere »nur noch Selbstbeweihräucherung, eine Ansammlung unkritischer Erinnerungsberichte und die Verherrlichung Joachim Peipers als Star der Waffen-SS« (Westemeier 2019a, S. 16) und ergänzt: »Schriften dieser Art fanden schon damals allerdings nur noch in rechtsextremen Kreisen Verbreitung.« (ebd., S. 628).

Heckmann berücksichtigt bei seinen Danksagungen an Verlagspartner neben dem rechtsextremen *Munin Verlag* auch den *Condo-Verlag*. Aus diesem Hause stammen Titel wie *Waffen-SS im Bild* (1998), der Bildkalender *Heeresuniformen Deutsche Wehrmacht* (2000) oder auch der in Kapitel 2.5 bereits behandelte Titel über den *Schicksalsweg der 89. Infanteriedivision* von Gevert Haslob. Zwei Karten in Heckmanns Buch werden dem »Archiv Condo-Verlag« quellenmäßig zugeschrieben (Heckmann 2003, S. 7, 18). Außerdem tauchen hier auch wieder vier Bilder aus Haslobs Bestand auf (ebd., S. 18, 19, 21, 22). Das Literaturverzeichnis des Buches (ebd., S. 134) verzeichnet überwiegend apologetische Titel aus dem Spektrum der Militaria-Literatur.

Inhalt und Anlagen: In dem Konglomerat aus wörtlich wiedergegebenen und paraphrasierten Textbausteinen, die durch kurze eigene Textpassagen Heck-

127 Der Name Tiemann ist in Heckmanns Band ebenfalls falsch wiedergegeben worden (»Thiemann«).

128 Landtag Rheinland-Pfalz. 2009. *Drucksache* 15/3842, 1. 10. 2009. Antwort der Landesregierung Rheinland-Pfalz auf eine Anfrage der SPD zu Rechtsextremismus als Gefahr für Demokratie und Gesellschaft. https://www.landtag.rlp.de/landtag/drucksachen/3842-15.pdf#page=17. Zugriff 8. 2. 2022.

129 Außer dem langen Textauszug aus Lehmann / Tiemann ist quellenmäßig noch ein Kurztext über die »1. SS-Panzerdivision Leibstandarte A. Hitler (LAH)« auf S. 100 in Heckmann belegt.

manns zusammengehalten werden, steht die Stadt Aachen im Mittelpunkt des Kriegsgeschehens der letzten Monate im Westen des ›Deutschen Reiches‹. Als Vorgeschichte werden die Landung der Westalliierten in der Normandie sowie die ›Kesselschlacht‹ bei Falaise abgehandelt, die für die Wehrmacht mit erheblichen Material- und Ausrüstungsverlusten endete und für die Alliierten den Weg nach Paris ebnete. Anschließend werden Zeitspannen der Kämpfe behandelt – 13.–21. September 1944 –, die sich aus den Vorgaben der ausgewählten Texte ergeben, während eine Kontextualisierung der ›Schlacht um Aachen‹ fehlt. Weitere Kapitel behandeln die Räumung sowie Belagerung und Kapitulation Aachens. Überlegungen zu den Ursachen der Niederlage sowie zu der Zeit nach Einstellungen der Kampfhandlungen fallen äußerst knapp aus, misst man sie an der Aufmerksamkeit, die der SS-Kampfgruppe ›Rink‹ gewidmet wird.

Das Kampfgeschehen im ›Hürtgenwald‹ wird vor allem im abschließenden Kapitel – »Was geschah nach der Kapitulation vom 21. 10. 1944 außerhalb von Aachen?« (ebd., S. 124–129) – kurz gestreift. Die Überschrift des Kapitels ist hier aber irreführend, denn die Kampfhandlungen im ›Hürtgenwald‹ begannen bereits im September 1944. Falsch ist ebenfalls die auch in diesem Band wieder kolportierte Zahl der Verluste im ›Hürtgenwald‹, der Relation und des historischen Vergleichs, wenn Heckmann – diesmal selbst – formuliert:

> »Die amerikanischen Verluste im Hürtgenwald sind höher, als später im Vietnamkrieg. Die gesamten Verluste auf beiden Seiten werden mit 68.000 Mann angegeben, wovon zwei Drittel US-Soldaten sind.« (ebd., S. 129)

Dieselbe Zahl mit entsprechend pathetischer Überhöhung findet sich auch noch einmal in einer Bildunterschrift neben einer Fotografie verkohlter Baumstümpfe, die dem Archiv des *Geschichtsvereins Hürtgenwald* zugeschrieben wird:

> »Der Hürtgenwald als Symbol eines totalen Krieges. Hier starben noch in der Schlussphase rund 68.000 Deutsche und Amerikaner.« (ebd., S. 98)

Unklar bleibt hier wie an vielen anderen Stellen, auf welche Quellen sich Heckmann bei den Angaben stützt. In jedem Fall auf unzuverlässige, denn die Todes- beziehungsweise Verlustzahlen waren erheblich geringer.[130]

Den Abschluss des Buches bildet eine »Grobgliederung der bei den Kampfhandlungen zwischen Maas und Rur im Abschnitt Aachen eingesetzten deutschen Divisionen« (Heckmann 2003, S. 130–133). Dieter Heckmann hat sie einer Publikation Georg Tessins – *Verbände und Truppen der deutschen Wehrmacht und Waffen-SS 1939–1945* – entnommen. Bei Tessin handelt es sich aufgrund seiner Unterstützung der nationalsozialistischen Geschichtsschreibung nach Einschätzung des Historikers Matthias Manke um den »Haus- und Hofhistori-

130 Darauf wurde bereits im Kapitel 2.4 über Kurt Kaeres Buch hingewiesen, vgl. Rass, Christoph et al. 2009, S. 309–310; Lohmeier, Jens 2014, S. 252–253.

ker« (Manke 2007, S. 284) des Mecklenburgischen NSDAP-Gauleiters Friedrich Hildebrandt.[131]

Form der Bearbeitung und Botschaften: Das auffälligste Merkmal des Buches liegt sicher darin, dass eine ohnehin veraltete Darstellung der Kämpfe in und um die Stadt Aachen nicht im Original und mit kritischen Anmerkungen versehen wiedergegeben, sondern von Dieter Heckmann paraphrasiert worden ist. Worum ging es Heckmann dabei, und was wurde verändert? Dazu zunächst an einem Beispiel eine Gegenüberstellung des Originals von Bernhard Poll und des von Heckmann bearbeiteten Textes in kurzen Auszügen. In beiden geht es um Kämpfe, die am 13. September 1944 stattfanden:

> »Westlich von Aachen wurde ein feindlicher Einbruch durch sofortigen Gegenstoß von Teilen der 116. Panzer-Division bereinigt. Auch die Einbruchstelle bei Hauset konnte endlich in den Abendstunden beseitigt werden. Während man hier kämpfte, durchbrach der Feind nördlich Roetgen in breiter Front den Westwall und stieß beiderseits von Walheim und über Rott mit Panzern vor. Er konnte erst in der Linie Kornelimünster – Hahn – Mulartshütte mit unzusammenhängenden, schnell zusammengerafften Kräften aufgefangen werden. Vier Feindpanzer wurden durch Nahkampfmittel vernichtet. Die 116. Panzer-Division erhielt Befehl, sich hinter der entstandenen Bresche bereitzustellen und im Gegenangriff den Feind über den Westwall zurückzuwerfen. Wenn auch am Abschluß dieses Kampftages die Front des LXXXI. Armeekorps an verschiedenen Stellen mehr oder minder tiefe Einbuchtungen aufwies, so war doch ein entscheidender Durchbruch des Feindes nach Norden oder durch den Westwall verhindert worden.« (Poll 1955, S. 215, erweiterte Laufweite im Original)

Bei Dieter Heckmann wird diese Passage zu folgendem Text:

> »Westlich von Aachen werden alle Angriffe durch energische Gegenstöße der 116. Panzerdivision gestoppt, auch bei Hauset, südlich von Aachen, kann man die Situation noch einmal klären. Das US-Einbruchsloch wird gesäubert. Aber nördlich von Roetgen gelingt dem Feind der Durchbruch durch den Westwall. Er stößt von Walheim über Rott mit Panzern vor und erst im Raum Kornelimünster / Mulartshütte zwingen ihn eilig zusammengestellte deutsche Verbände zum Halten. Die 116. Panzerdivision erhält den Befehl, den Feind durch Gegenangriffe wieder hinter den Westwall zurückzuwerfen. Dies gelingt wenigstens zum Teil, so dass die US-Kräfte letztlich nur an wenigen Stellen Erfolge erzielen, ihnen aber kein entscheidender Durchbruch nach Norden gelingt.« (Heckmann 2003, S. 31)

Auffallend ist, dass Heckmann gegenüber dem Original, das von dem Befehlshaber des LXXXI. Armeekorps, Generals der Infanterie a. D. Friedrich August

131 Nach dem Krieg war Georg Tessin von 1954–1964 als Archivar im Bundesarchiv tätig, wo er weiterhin NS-Verbrechen beschönigte, aber auch mehrbändige Reihen über deutsche Heeresverbände herausbrachte, die unter Militärhistorikerinnen und -historikern heute noch als Standardwerke gelten.

Schack, über die Kämpfe seines Korps vom 4. bis 21. September verfasst wurde, einen Tempuswechsel vollzieht. Das geschieht auch in den übrigen von ihm paraphrasierten Quellen. Der Wechsel vom Praeteritum ins historische Präsens ist kein Zufall. Heckmann folgt damit der Tendenz der weitaus meisten Militaria-Bücher, denen an keiner kritischen Distanz der Leserschaft gegenüber der Darstellung gelegen ist, sondern die sich zahlreicher Stil- und Gestaltungsmittel bedienen, um vergangenes Geschehen möglichst unmittelbar und bildreich in die Gegenwart zu holen und damit Leserinnen und Leser durch diese erzähltechnische Heraufbeschwörung einer Gegenwart, in die Handlung mit hineinzuziehen. In der Prosa und im Journalismus mag das eine zumindest gebräuchliche, wenn auch nicht immer sinnvolle Zeitform sein; für seriöse zeithistorische Darstellungen ist sie als durchgängiges Prinzip ungeeignet. Sie weist Parallelen zu dem Erzählprinzip auf, das auch ›Landser-Heften‹ eigen ist. Ein weiteres erzähltechnisches Mittel neben der Anwendung des historischen Präsens besteht in der Straffung des Ausgangstextes. So werden Momente des operativen Vorgehens oder auch der Darstellung des unmittelbaren Kampfgeschehens verdichtet und damit zusätzlich dramatisiert.

Der Betrachtung wert ist noch die Art und Weise, in der Heckmann die deutschen Soldaten und deren militärische Führer darstellt. Auch dazu noch einmal ein Textabgleich mit dem Original. Bernhard Poll hat militärische Aufzeichnungen von Oberst a. D. Gerhard Wilck, Führer der 246. Volksgrenadier-Division und letzter Kommandant von Aachen nach Gerhard Graf von Schwerin, in seinen Textband aus dem Jahr 1962 aufgenommen. Darin heißt es am Ende eines Kapitels, in dem die Gründe für die deutsche Niederlage im Kampf um Aachen von Wilck thematisiert werden:

> »Die deutsche Infanterie mit ihren Schwesterwaffen, besonders der Artillerie, war in ihrem Kampf um Aachen genau so tapfer und pflichttreu wie an anderen Fronten. Ihre Tragik war, daß sie neben zu kurzen Ausbildungszeiten, mangelndem inneren Gefüge und der Unerfahrenheit der Unterführer mit Fäusten gegen Panzer nichts ausrichten konnte und endlich unterlag.« (Poll 1962, S. 124)

Bei Dieter Heckmann wird daraus folgender Text:

> »Die deutsche Infanterie mit ihren Schwesterwaffen, besonders der Artillerie, war im Kampf um Aachen genau so tapfer und zuverlässig, wie an anderen Fronten. Ihre Tragik war, dass sie neben zu kurzen Ausbildungszeiten und zum Teil zu wenig erfahrenen Unterführern und Offizieren, einfach nicht mehr geben konnte! Dass die politische Führung des Reiches sie in Situationen wie bei Aachen im Oktober 1944 ohne Bedenken opferte, ist eine besondere Tragik.« (Heckmann 2003, S. 100)

Im Gegensatz zu dem vorangegangenen Textvergleich hat Heckmann an dieser Stelle den Ursprungstext von Gerhard Wilck nicht komprimiert, sondern sogar erweitert. Sieht man davon ab, dass er bei der Kennzeichnung deutscher Soldaten das altbackene »pflichttreu« durch »zuverlässig« ersetzt hat, fällt zweierlei auf. Der von Wilck benutzten Metapher für die materielle Unterlegenheit der Wehrmacht in den Endkämpfen, dass die Soldaten »mit Fäusten gegen Panzer nichts ausrichten« konnten, setzt Heckmann eine Formulierung entgegen, der ein Moment des eigenen Aufbegehrens innewohnt: Sie konnten »einfach nicht mehr geben«. Zur Bekräftigung endet diese emphatische Phrase – anders als bei Wilck – mit einem Ausrufezeichen. Völlig zu Recht hat Hans Ehlert, ehemaliger Amtschef des *Militärischen Forschungsamtes*, im Kontext der deutschen Kriegsführung während der Endkämpfe im Westen des ›Reiches‹ die Frage aufgeworfen, »ob soldatische Pflichterfüllung in aussichtsloser Lage und im Auftrag eines verbrecherischen Systems, das entschlossen war, das deutsche Volk in den Untergang zu reißen, als ehrenvoll und vorbildlich gelten kann.« (Ehlert 2009, S. VII). Für Heckmann stellt sich diese Frage nicht, weil ihm Zuverlässigkeit und äußerster Einsatz im Kampf als Werte an sich gelten.

Darüber hinaus ist an dieser Textpassage auffällig, dass Heckmann der von Wilck benannten ›Tragik‹ noch eine zweite hinzufügt, die sich in dem Wilck-Text nicht findet, nämlich diejenige, dass die kämpfende Truppe von der Führung des ›Reiches‹ geopfert worden sei. Das ist ein bekanntes Muster der Militaria-Literatur, das sich bereits in den exkulpatorischen Publikationen oberer Militärs nach deren totaler Niederlage findet; denn nach Kriegsende, so Heinrich Schwendemann »suchten die Militärs in ihren Rechtfertigungsschriften – allen voran Guderian – die Schuld an der militärischen Katastrophe Hitler zuzuschieben, der den Rat seiner Fachleute nicht befolgt habe. Der Endkampf wurde dahingehend heroisiert, daß man trotz Hitler und trotz der immer geringer werdenden Ressourcen einer übermächtigen Koalition so lange standgehalten habe.« (Schwendemann 1999, S. 241).

Eine solche Heroisierung betreibt auch Heckmann in seiner kompilierten Publikation. Auch die Anmerkungen zum militärischen Führungspersonal fallen entsprechend aus. Oberst Gerhard Wilck wird von ihm durch ein Zitat über dessen Gang in die Kriegsgefangenschaft charakterisiert, das vor allem Mitgefühl wecken soll:

> »Es war eine der schwersten Stunden meines Lebens und gewiß nicht schön für mich, dass ich mit einer Übergabe abschloß, die ja immer als schimpflich angesehen wird.« (Heckmann 2003, S. 92)

Davon, dass der im Oktober 1944 zum Kampfkommandanten von Aachen ernannte Wilck auf Befehl von Rundstedts den aussichtslosen Kampf um die ›Kaiserstadt‹ solange fortsetzen ließ, bis sie zu rund 85 % zerstört war, seine Soldaten kurz zuvor noch zur ›Pflichterfüllung bis zum letzten‹ aufgerufen und erst dann kapituliert hatte (vgl. Henke 1995, S. 155), liest man bei Heckmann ebenso wenig wie davon, dass Wilck kurz vor seiner Kapitulation einen pathetischen Funkspruch absetzte, in dem er ein letztes Mal den ›Führer‹ hochleben ließ (vgl. ebd., S. 155).

Neben Wilck wird Walter Model als »legendäre[r] Generalfeldmarschall« tituliert (Heckmann 2003, S. 38) und am Ende des Buches noch einmal mit einem Foto seiner Grabplatte auf dem »Soldatenfriedhof« Vossenack – gemeint ist die dortige Kriegsgräberstätte – in Erinnerung gerufen (Heckmann 2003, S. 129). Erwähnt wird hingegen nicht, dass er mit seiner Weigerung, im ›Ruhrgebietskessel‹ zu kapitulieren, Millionen Zivilisten in Gefahr brachte und in ›Treue zum Führer‹ damit begonnen hatte, dessen berüchtigten ›Nerobefehl‹ umzusetzen (vgl. Schwendemann 1999, S. 241).

Zur Illustration: Dieter Heckmanns Buch *»Halten bis zum letzten Mann …«* beinhaltet 240 Fotografien und Reproduktionen von Dokumenten sowie neun Kartenskizzen. Der visuelle Eindruck beim Durchblättern des großformatigen Bandes (28,0 x 22,5 cm) überwiegt damit. Wer allerdings davon ausgeht, hier Bildmaterial präsentiert zu bekommen, das anderswo nicht oder kaum zu sehen ist, wird enttäuscht. Denn in Heckmanns Buch tauchen nicht nur die vier bereits genannten Bilder aus Werner Haslobs Bestand auf; der *Helios-Verlag* nutzt das eigene Bildarsenal vielmehr konsequent dazu, Bücher aus dem Militaria-Spektrum mit dem Immergleichen anzureichern. Deutlich wird das, wenn man zum Vergleich mit Heckmanns Buch den im selben Verlag erschienenen Band von Horst Siegel über ›Schlachten im Westen‹ aus dem Jahr 2007 heranzieht.[132] 23 Abbildungen, die in Heckmanns Buch auftauchen, finden sich auch in Siegels Band wieder, eine davon sogar doppelt und eine weitere mit unterschiedlichen Quellenangaben.[133] Eine Reihe weiterer Abbildungen taucht auch noch in anderen Büchern des Verlags auf.

Angesichts dieser Praxis mutet es fast schon verständlich an, wenn Verlag und Autor auf Abbildungen, die eher selten oder noch gar nicht gedruckt wurden, gesondert hinweisen, auch wenn das nur bei sehr wenigen der Fall ist. Es gilt für

132 Siegel, Horst. 2007. *»Vergebens war aller Mut«. 1944/45. Im Toben der Schlachten im Westen – Aachen, Stolberg, Hürtgenforst, Rurfront: Düren, Jülich, Linnich, Lindern.* Aachen: Helios Verlags- und Buchvertriebsgesellschaft.

133 Heckmann 7 l = Siegel 108, Heckmann 7r = Siegel 10, Heckmann 12or = Siegel 10 (Ausschnitt), Heckmann 12ur = Siegel 20 (Ausschnitt), Heckmann 24 ml = Siegel 25 (Ausschnitt), Heckmann 26or = Siegel 118, Heckmann 27ol = Siegel 42 und 91 (fehlerhafte Dopplung), Heckmann 27or = Siegel 29, Heckmann 28o = Siegel 31, Heckmann 28u = Siegel 31, Heckmann 29ur = Siegel 51, Heckmann 30u = Siegel 31, Heckmann 31u = Siegel 34, Heckmann 33o = Siegel 34, Heckmann 38 l = Siegel 35 (als Bildquelle ist bei Heckmann der Helios Verlag angegeben, bei Siegel dagegen das Archiv von Kurt Wendt), Heckmann 40u = Siegel 29, Heckmann 43ur = Siegel 44, Heckmann 68u = Siegel 39, Heckmann 82 = Siegel 45 (in Siegel mit dem Hinweis versehen: »Dieses Bild ist ein sehr seltenes Bilddokument«[!]), Heckmann 92o = Siegel 46, Heckmann 99u = Siegel 33, Heckmann 101r = Siegel 43, Heckmann 129ul = Siegel 130. Abkürzungen: l (links), r (rechts), o (oben), u (unten), m (mittig).

drei Luftaufnahmen der US Air Force von Aachen, die mit dem Bildhinweis versehen sind, dass es sich dabei um in Aachen »noch nie publizierte« (Heckmann 2003, S. 52–53) US-Aufnahmen handelt, was den Umkehrschluss zulässt, dass sie *woanders* bereits veröffentlicht wurden. Es gilt ebenfalls für eine Fotografie, die Gerhard Wieck bei der Unterzeichnung der Kapitulationsurkunde zeigt; sie ist mit der Bildunterschrift versehen »Dieses Bild wird hiermit zum ersten Mal in Deutschland veröffentlicht.« (ebd., S. 82). Und es gilt für zwei Fotografien von ›Westwall‹-Bunkern, bei denen darauf hingewiesen wird, dass es sich dabei um »seltene Aufnahmen« (ebd., S. 128) handelt.

Autor und Verlag: Dieter Heckmann (*1942 in Aachen) ist Oberfeldwebel der Reserve[134] sowie Mitglied des *Geschichtsvereins Hürtgenwald*, arbeitet dort als Museumsführer und bot auch im Rahmen des *Internationalen Hürtgenwaldmarsches* der Bundeswehr, der jährlich von Vossenack aus stattfindet, bis zu dessen grundlegender Reform[135] Führungen an. Außerdem arbeitet er im Fort Eben-Emael, südlich von Maastricht (Belgien), als Touristenführer. *»Halten bis zum letzten Mann ...«* ist das einzige Buch, das unter seinem Namen veröffentlicht wurde. 2017 wurde er vom Kreis Düren mit dem *Ehrenpreis für soziales Engagement* ausgezeichnet.[136]

134 https://archiv.reservistenverband.de/custom/bilder/microsites/3032324100/Nachrichten/Heft%202-2008.pdf. Zugriff: 24.4.2019.

135 2021 wurde der jährlich stattfindende *Internationale Hürtgenwaldmarsch* des *Landeskommandos NRW der Bundeswehr* – nicht zuletzt aufgrund der Initiative des Autors dieses Buches – grundlegend umstrukturiert. Seitdem spielt die politische Bildungsarbeit dabei eine erhebliche Rolle. Das führte auch dazu, dass bei der Auswahl von Guides inzwischen Wert darauf gelegt wird, dass diese nicht mehr der Militaria-Szene angehören.

136 Nähere Informationen zum *Helios-Verlag* finden sich in Kapitel 2.4 im Rahmen der Analyse von Kurt Kaeres' Publikation.

2.8 Max von Falkenberg: Hürtgenwald '44/45. Die Schlacht im Hürtgenwald

Abb. 10: Autor, Herausgeber und Titelbild der 2004 erschienenen und 272 Seiten umfassenden Publikation *Hürtgenwald '44/45* bergen einige Geheimnisse (Quelle: Förderkreis für Deutsche Geschichte e.V.).

Intention und Zielgruppe: Dieses Buch zählt zu den fragwürdigsten Publikationen über das Kriegsgeschehen der Jahre 1944/45 im ›Hürtgenwald‹. Über den Autor Max von Falkenberg ist nichts bekannt, auch in dem Buch selbst finden sich keinerlei biografische Hinweise. Es spricht einiges dafür, dass es sich bei dem Autor um eine fiktive Person handelt. Als Verlag und Herausgeber firmiert gleichermaßen ein *Förderkreis für deutsche Geschichte e.V.*, auf den im Folgenden näher einzugehen sein wird.

Zwischen dem *Förderkreis* und dem *Geschichtsverein Hürtgenwald* sowie dessen damaligen ersten Vorsitzenden Leo Messenig (*1931–†2011) bestand bei der Produktion des Buches eine enge Verbindung. Ein Vorwort Messenigs (von Falkenberg 2004, S. 5) und ein Schlusskapitel, das pathetisch mit »In der Mitte der Nacht beginnt der neue Tag – Museum ›Hürtgenwald 1944 und im Frieden‹« (ebd., S. 257–264) überschrieben ist, rahmen das Buch.

Dessen Intention lässt sich auf einen Punkt reduzieren: Es geht um die Rechtfertigung und ›Ehrenrettung‹ aller Handlungen ›des deutschen Soldaten‹ im Verlauf des Zweiten Weltkriegs. Das wird bereits in einem dem Buch vorangestellten Gedicht Karl Hochmuths (*1919–†2002) deutlich, in dem sich die Zeilen über einen gefallenen Kriegskameraden finden, »den man heute / mit Schuld befrachtet, / als ob du nicht alle Schuld, / die nicht die deine war, / mit deinem Leben bezahlt hättest. / Ich denke an dich, / Kamerad, / und niemand wird mich daran hindern.« (ebd., S. 6). Hochmuth, der selbst Kriegsteilnehmer an der Ostfront war und mit einigen apologetischen Prosastücken hervorgetreten ist, hat sein Gedicht »Ich denke an dich« 1997 im *Deutschen Soldatenjahrbuch* des rechtsextremen Münchener *Schild-Verlags* veröffentlicht.[137] In diesem Periodikum schrieben auch verurteilte Kriegsverbrecher wie Alfred Jodl, Georg von Küchler, Kurt Meyer oder Erich Raeder sowie Geschichtsrevisionisten wie Lothar Greil, Emil Schlee, Georg Franz-Willing und auch die beiden zu Beginn angesprochenen Werner Haupt und Franz Kurowski. Das damit vorgegebene Denkmuster setzt sich in der Einleitung des Buches fort, wenn es heißt:

> »Wie leicht ist es, heute zu sagen: In jenen Tagen des Jahres 1944 wäre jeder Kampf deutscherseits sinnlos gewesen! Konnte der deutsche Soldat, der es gelernt hatte, zu gehorchen, konnte dieser Soldat die Waffen wegwerfen und für sich allein kapitulieren? Diese Frage ist aus sich selbst heraus beantwortet – beantwortet mit ›nein!‹ Die Einsicht in die Sinnlosigkeit des Kampfes jener Tage mag heute möglich sein, wo uns die Kenntnis der damaligen Lage Klarheit gibt. Aber damals – da gab es nur eine Alternativlösung: ausharren und kämpfen, so wie es der Befehl und der Eid erforderten! […] Die deutschen Soldaten im Kampfabschnitt ›Hürtgenwald‹ taten es – allen chaotischen Erscheinungen zum Trotz. Sie hielten aus – bis zum lezten [sic]. Wer wollte heute über sie richten?« (ebd., S. 7)

Etwas anders, in der Intention aber ähnlich, formuliert es Leo Messenig in seinem Vorwort für den *Geschichtsverein Hürtgenwald:*

> »Der Krieg ist kein Abenteuer, aus dem man einfach aussteigen kann, wenn man genug hat. Seinen Auswirkungen kann sich keiner bis zum bitteren Ende entziehen.« (ebd., S. 5)

Um die Möglichkeit unabhängiger Überprüfung des eigenen Narrativs von vornherein auszuschließen, findet sich im Schlusswort des Buches noch der Hinweis:

> »Auch nach Abschluß der Arbeiten an einem solchen Buch, [sic] wird es noch offene Fragen geben. Fragen, die nur die sicherlich beantworten können, die dabei waren.« (ebd., S. 272)

137 Hochmuth, Karl. 1997. Ich denke an dich. In *Deutsches Soldatenjahrbuch 1997.* Fünfundvierzigster deutscher Soldatenkalender, S. 4. München: Schild Verlag.

Damit grenzen sich die Initiatoren des Buches gegenüber jeder Kritik hermetisch ab. Mitreden kann nur, wer unmittelbar dabei war – mitreden können also nur die Soldaten selbst.

Die apologetische Intention des Buches wird unterfüttert mit theatralischen Beschwörungen, künftig den Frieden zu wahren: »Was können wir denn noch tun? Wir dürfen nicht aufgeben, beharrlich um den Frieden ›zu kämpfen‹«, schreibt Messenig (ebd., S. 5) und führt ausgerechnet das von seinem Verein betriebene Militaria-Museum als Beispiel für eine ›Mahnung zum Frieden‹ an.[138]

Auffällig ist, dass weder im Vorwort Messenigs, noch in der Einleitung oder im Schlusswort, geschweige denn in dem Haupttext der Versuch gemacht wird, die eigentlichen politischen Ursachen des Zweiten Weltkriegs anzusprechen. Das Wort ›Nationalsozialismus‹ findet sich in dem gesamten Textkorpus nicht ein einziges Mal. Der Zweite Weltkrieg, so scheint es, war eine Urgewalt, die über die Menschen kam, ohne dass er von jemandem ausgelöst worden wäre oder durch eine Kapitulation rechtzeitig hätte beendet werden können.

Quellen und Quellennachweise: In dem großformatigen Band (26,0 x 20,5 cm) überwiegt das Bild- gegenüber dem Textmaterial. Die Texte setzen sich vor allem aus Passagen des *Oberkommandos der Wehrmacht* (OKW) sowie aus Erlebnisberichten deutscher Militärs unterschiedlicher Rangordnung zusammen. Der Nachweis der Quellen ist äußerst mangelhaft. Zwar findet sich am Ende des Bandes ein »Literaturnachweis und Quellenverzeichnis« sowie ein »Bildnachweis« (ebd., S. 270–271). Die Literaturangaben wirken jedoch, als seien sie lediglich provisorisch notiert worden. Die Titelangaben zu den Büchern sind meist unvollständig, Auflagen, Erscheinungsorte und weitere Daten fehlen ganz.[139] Manche Angaben lassen auch keine Rückschlüsse darauf zu, um welche Art von Quelle es sich handelt.[140] Auch in den Texten selbst finden sich keine genauen Hinweise auf die Quellen. Auffallend ist zudem die Häufigkeit von Übertragungsfehlern, die – zusammen mit den rudimentären Quellenangaben – darauf hindeuten, dass Genauigkeit für die Herausgeber und Produzenten des Buches von geringer Bedeutung war.

Interessant ist auch, wie mit einzelnen Quellentexten umgegangen wurde, dazu zwei Beispiele. Den roten Faden, der chronologisch durch das Kriegsge-

138 Nähere Informationen zur Problematik des Militaria-Museums finden sich in Kapitel 4.9.

139 Ein Beispiel: Statt »Christoffel, Edgar. 1989. *Krieg am Westwall 1944/45. Das Grenzland im Westen zwischen Aachen und Saarbrücken in den letzten Kriegsmonaten.* Trier: Verlag der Akademischen Buchhandlung Interbook« findet sich nur der Hinweis »Christoffel: Krieg am Westwall 1944/45«.

140 Beispielsweise findet sich der Hinweis auf »Brückner, Paul: Waldkampf – Erfahrungen aus den Kämpfen im Hürtgenwald«. Da die Quelle im Bestand der Deutschen Bibliothek nicht geführt wird, dürfte es sich vermutlich um Graue Literatur oder private Aufzeichnungen handeln, es bleibt aber unklar.

schehen in und um den ›Hürtgenwald‹ führt, bilden, wie bereits genannt, die deutschen Wehrmachtberichte. Die Herausgeber des Buches stützen sich dabei auf die Quellensammlung von Erich Murawski (vgl. Murawski 1962), ohne dies allerdings klar zu benennen oder jeweils den genauen Fundort anzugeben. Die Übertragung der meist kurzen Textpassagen aus Murawski ist ebenfalls mangelhaft – der erste kurze Eintrag vom 19. September 1944 weist in drei Zeilen bereits drei Fehler auf (ebd., S. 46)[141] –, aufschlussreicher ist aber etwas anderes: Die markante Ankündigung »Das Oberkommando der Wehrmacht gibt bekannt« dürfte aus den Propagandasendungen des ›Großdeutschen Rundfunks‹ vielen noch geläufig sein, und sei es aus späteren Dokumentationen. Die Herausgeber leiten die rund sechs Dutzend in der Regel nur aus wenigen Sätzen bestehenden Auszüge aus den Wehrmachtberichten, die sie durchgängig in ihren Band übernommen haben, mit eben jenen fettgedruckten Worten des ›Großdeutschen Rundfunks‹ ein. Der Zweck ist klar: Es geht darum, den Eindruck von Authentizität zu erzeugen und von offizieller Bedeutung zu untermauern.

Das zweite Textbeispiel ist aus einem anderen Grund von Interesse. Die Herausgeber zitieren auf zwei Seiten einen »Zeitzeugen-Bericht von Baptist Palm zu den Kämpfen im Hürtgenwald« (ebd., S. 202–203). Auch dabei geht es nicht ohne Übertragungsfehler ab, auf den beiden Seiten sind es neun. Baptist Palm war, wie schon beschrieben, während der Kämpfe im ›Hürtgenwald‹ Angehöriger des Panzergrenadier-Regiments 60 der 116. Panzerdivision, der sogenannten Windhund-Division. Die Textpassage, die die Herausgeber des Militaria-Bandes zitieren, handelt von den Endkämpfen im und um den ›Hürtgenwald‹. Sie wird an zwei Stellen kurz unterbrochen. Was aber sollte an die Leserschaft des Bandes nicht weitergegeben werden? Der erste ausgelassene Textabschnitt aus dem Buch Baptist Palms enthält die folgende Passage:

> »Die Amerikaner kämpften, um den Größenwahn des Nationalsozialismus auszumerzen, um das deutsche Volk wieder auf den Boden des Friedens und der Demokratie zurückzuführen. Die deutsche Jugend kämpfte, weil die Schule des Nationalsozialismus sie nichts anderes gelehrt hatte. Und als sie in der späteren Erkenntnis des gegangenen falschen Weges merkte, wie sie betrogen worden war, da gab es kein Zurück mehr. Sie mußten kämpfen, um nicht von eigenen Landsleuten an die Wand gestellt zu werden, falls sie sich den verbrecherischen Befehlen nicht fügte.« (Palm 1953, S. 94)

Die zweite ausgelassene Textstelle enthält die folgende Passage:

> »Das deutsche diktatorische Staatsgefüge bröckelte Stück für Stück ab. Die Herrscher des Nationalsozialismus betrogen ihr Volk weiter mit ihrer verlogenen Propaganda

---

141 Der Originaltext findet sich bei Murawski, Erich. 1962. *Der deutsche Wehrmachtbericht 1939–1945. Ein Beitrag zur Untersuchung der geistigen Kriegführung. Mit einer Dokumentation der Wehrmachtberichte vom 1. 7. 1944 bis zum 9. 5. 1945,* Schriften des Bundesarchivs, Bd. 9, S. 281. Boppard.

> [...]. In bombensicheren Bunkern, in den von Fliegern kaum zu findenden schönsten Landschaften Deutschlands, saßen sie, während Tausende und Abertausende an den Fronten und in den Städten der Heimat verbluteten.« (ebd., S. 96)

Man mag sich an dem Geschichtsbild Baptist Palms stoßen, das dem bekannten Entlastungsmuster folgt, nach dem die Mehrheit der Deutschen unschuldige Opfer ihrer NS-Führer waren, doch das ist hier nicht entscheidend. In Palms Text taucht der Begriff ›Nationalsozialismus‹ mit negativer Konnotation zumindest auf; und auch dass Befehle innerhalb der Wehrmacht ›verbrecherisch‹ sein konnten, wird benannt. Dem rechten Weltbild der Herausgeber des Militaria-Bandes und ihres Vorwort-Verfassers ging das offenbar zu weit – und wurde weggelassen.

Inhalt und Anlagen: Der Bild-Text-Band des *Förderkreises für deutsche Geschichte e.V.* ist chronologisch aufgebaut. Er behandelt zunächst die militärischen Gegebenheiten an der Westgrenze des ›Deutschen Reiches‹ im Jahr 1944, die damit verbundenen deutschen und alliierten Operationspläne und die Wiederherrichtung und -besetzung des ›Westwalls‹ (von Falkenberg 2004, S. 13–42). Den eigentlichen Hauptteil bilden die Kämpfe im ›Hürtgenwald‹ aus deutscher Perspektive, die in drei ›Abwehrschlachten‹ gegliedert sind (ebd., S. 45–208). Daran schließt sich eine Darstellung der Kämpfe um das *Monschauer Land* mit den Auseinandersetzungen um die Eifeltalsperren an, die kurz vor der *Ardennenoffensive* der Wehrmacht Mitte Dezember 1944 begannen. Die ›Schlacht im Hürtgenwald‹ endet mit der Sprengung eines Ablassrohres und einer Druckleitung, die aus der Urfttalsperre vom Kermeterstollen zum *Kraftwerk Heimbach* verlaufen, durch deutsche Sprengkommandos. Der dadurch hervorgerufen Anstieg der Rur verzögerte den Vorstoß der 9. U.S. Army Richtung Rhein um etwa zwei Wochen, aufhalten konnte er ihn nicht.

Der Darstellung der Kämpfe folgt als Annex eine Betrachtung der Entstehungsgeschichte und Intention des Vossenacker Museums ›Hürtgenwald 1944 und im Frieden‹ sowie eines Wanderweges, der an die ›Allerseelenschlacht‹ des Jahres 1944 erinnern soll und von Vossenack über die *Mestrenger Mühle* und die Anlage der 116. Panzerdivision zurück nach Vossenack führt (ebd., S. 257–264). Die Darstellung dürfte, wie auch das Vorwort, von Leo Messenig stammen, ausgewiesen ist das in dem Band allerdings nicht.

Im Anhang des Buches werden noch »Taktische Zeichen des Heeres« (ebd., S. 267–268) aus einer Aufstellung des Jahres 1943 aufgeführt. Außerdem findet sich eine Auflistung von verschiedenen Dienstgraden der Wehrmacht und der U.S. Army (ebd., S. 269).

Form der Bearbeitung und Botschaften: Die Verantwortlichen für die Publikation stellen die Endphase des Zweiten Weltkriegs im Westen als eine außergewöhnliche Zeit, als eine männliche Bewährungsprobe, als ein großes, grausames Abenteuer dar. Davon zeugen allein schon die sensationsheischenden Zwischenüberschriften, mit denen verschiedene Bildstrecken eingeleitet werden; eine Auswahl: »Die Amerikaner feuern aus allen Kalibern« (ebd., S. 54), »Das Gesicht des deutschen Landsers im Jahr 44« (ebd., S. 73), »Die ›Windhunde‹ kommen – Einsatz der 116. Panzerdivision« (ebd., S. 90), »›Feuer‹ – aus allen Rohren auf Schmidt« (ebd., S. 137), »Die Straßenkreuzung der Verzweiflung« (ebd., S. 237).

Die Tatsache, dass sich die Verantwortlichen bei der Darstellung der Kämpfe im und um den ›Hürtgenwald‹ vorwiegend auf Wehrmachtberichte und Aussagen militärischer Zeitzeugen stützen, die in keinem Fall quellenkritisch hinterfragt werden, passt zu dieser Lesart des Kriegsgeschehens. Außer einigen Lageskizzen, Gliederungsschemata einzelner Divisionen und eingestreuten Divisionsabzeichen gibt es auch kaum weitere Elemente, die den Charakter des Buches prägen – außer den Bildstrecken, die bei genauer Betrachtung einige besondere Überraschungen bereithalten, wie im Folgenden noch erläutert wird.

Signifikant ist der Umgang mit der Zeitzeugenschaft des ehemaligen Wehrmachtoffiziers Paul Brückner (*1914–†2012). Von Brückner existiert ein mehrteiliges Videointerview, das im Netz auf der Website *www.zeitzeugen-portal.de* abrufbar ist.[142] Das Zeitzeugenportal ist seit Anfang 2017 in der *Stiftung Haus der Geschichte der Bundesrepublik Deutschland* angesiedelt. Brückner berichtet in dem Interview in nüchterner Form von den Kämpfen im ›Hürtgenwald‹, manchmal übermannen ihn dabei die Emotionen oder er reagiert unsicher auf Nachfragen. Im Buch des *Förderkreises für deutsche Geschichte e.V.* klingt das völlig anders. Dort findet sich ein fünfseitiger Bericht Brückners (ebd., S. 100–104). Angeblich hat er darin »die Waldkämpfe im Hürtgenwald für die Bundeswehr ausgewertet« (ebd., S. 100), wie es im Vorspann dazu heißt. Der Text liefert aber etwas völlig anderes als eine nüchterne Auswertung. Er ist ganz im Stil der ›Landser-Hefte‹ verfasst:

> »Der erste Panzer schwenkt den Turm. Ein scharfer Knall, ein Geschoß zischt sausend über die Köpfe der Verteidiger. Der Panzer nähert sich den Kampfständen, während die Infanteristen liegenbleiben. Wieder schießt er, aber die Geschosse liegen noch immer zu hoch. Er dreht etwas zur Seite – da schiebt der Zugführer seine Panzerfaust vor und visiert den Panzer an. Zischend fliegt das Geschoß auf den Panzer zu und schlägt in seine Seitenpanzerung. Eine gewaltige Detonation zerreißt ihn.« (ebd., S. 102)

Hier geht es nicht um eine realistische Wiedergabe und Einordnung der Kämpfe. Hier werden Kriegsereignisse trivialisiert. Es geht um den Effekt. Das gilt auch für die meisten anderen Zeitzeugenberichte in dem Buch. In einem Fall, einer ›Räuberpistole‹ über die »Einnahme des Bunkers 111« (ebd., S. 88–89) hat man

142 https://www.zeitzeugen-portal.de/personen/zeitzeuge/paul_br%C3%BCckner. Zugriff: 8.2. 2022.

sogar ganz darauf verzichtet, den Autor zu nennen. Fünf Auslassungspunkte dienen als Hinweis darauf, dass die Autorenschaft nicht wichtig war oder dass man schlicht vergessen hat, sie nachzutragen. Derselbe Text schien auch Gevert Haslob bereits abdruckenswert (vgl. Haslob 2000, S. 101–102).

Am Ende des Buches findet sich eine »Schlußbetrachtung der Schlacht im Hürtgenwald« (von Falkenberg 2004, S. 254–255), in der noch einmal die Kernaussagen der Veröffentlichung auf den Punkt gebracht werden.

Die erste Kernaussage zeichnet den Krieg als brutale männliche Bewährungsprobe:

> »Aber nicht nur der Krieg im Wald war schrecklich, auch bei den Häuserkämpfen in den Ortschaften des Hürtgenwaldes kam es zu grausamen Szenen. Hier kamen alle vorhandenen Waffen – Pistolen, Gewehre, Handgranaten, Panzerfäuste – zum Einsatz, zum Teil wurden die gegnerischen Soldaten mit dem Feldspaten erschlagen.« (ebd., S. 255)

Die zweite Kernaussage verklärt die deutsche Niederlage zum Sieg:

> »Obwohl die Amerikaner letztendlich siegten, haben sie in der ›**Hölle im Hürtgenwald**‹ die schlimmste Niederlage während des gesamten Krieges im Westen erlitten.« (ebd., S. 255, Fettdruck im Original)

Die dritte Kernaussage stilisiert die deutschen Soldaten zur eigentlichen Elite unter den Kämpfern an allen Fronten. Unterstrichen wird das am Ende der Schlussbetrachtung durch kurze Auszüge aus Statements führender US-amerikanischer und britischer Militärs, die wiederum nicht quellenmäßig belegt sind, sich aber bis heute immer wieder auf rechtsgerichteten Websites wiederfinden[143]:

> »Die Deutschen sind natürliche Kämpfer, das müssen wir zugeben. Sie waren hervorragend ausgebildet [...]. Die Basis ihrer Disziplin war unerschütterlich.« [George C. Marshall]. »Die deutschen Soldaten sind ohne Frage die besten Soldaten« [Lord Alanbrooke]. »Die deutschen Soldaten sind von einem starken Sinn für Pflicht und Disziplin beseelt gewesen und haben überall tapfer und zäh gekämpft.« [Viscount Lord Alexander]. »Der deutsche Soldat hat für seine Heimat tapfer und anständig gekämpft [Dwight D. Eisenhower].« (von Falkenberg 2004, S. 255)

Zur Illustration: Zunächst zum Umschlagbild. Es wurde in Form einer kolorierten Kohlezeichnung umgesetzt. Die Baumgerippe sind aus zahlreichen Fotografien des ›Hürtgenwaldes‹ vor und nach den Kämpfen vertraut. Zwei Soldaten verschmelzen mit der winterlichen Landschaft, ein Panzer pflügt mit rauchender Kanone durch den Schnee. Und quer durch die weiße Landschaft

---

143 Siehe Deutschlands Ritter – Die deutsche Wehrmacht. *Verschwiegene Geschichte.* https://verschwiegenegeschichtedrittesreich.wordpress.com/2017/01/20/deutschlands-ritter-die-deutsche-wehrmacht/. Zugriff: 8.2.2022; Die Deutsche Wehrmacht im Urteil. *Verschwiegene Geschichte.* https://verschwiegenegeschichtedrittesreich.wordpress.com/2017/09/03/die-deutsche-wehrmacht-im-urteil/. Zugriff: 8.2.2022.

ziehen sich Spuren, die, so kann man denken, von einem Militärfahrzeug der Wehrmacht oder der U.S. Army stammen. Der dazu scheinbar passende Buchtitel rundet das Gesamtbild ab: *Hürtgenwald '44/45. Die Schlacht im Hürtgenwald.*

Abb. 11: Die tatsächliche Vorlage für das Cover des ›Hürtgenwald‹-Buches lieferte ein Rekrutierungsplakat aus den frühen 1940er-Jahren. Karelien wurde zur Nordeifel verfälscht (Quelle: www.earthstation1.com).

Alles scheint zusammen zu passen. Doch tatsächlich entstammt das Bild einem ganz anderen Kontext. Die Verantwortlichen für den Band haben sich eines Rekrutierungsplakats für das norwegische SS-Skijägerbataillon bedient.[144] Das Bataillon gehörte der SS-Division ›Nord‹ an und war damit Teil der Waffen-SS. Um es auf das Thema ›Hürtgenwald‹ zuzuschneiden wurden lediglich die SS-Runen am Helm des Soldaten im Vordergrund wegretuschiert und der zugehörige Text ausgetauscht. Auf diese Weise wurde Karelien, wo die SS-Skijäger im Einsatz waren, kurzerhand zur Nordeifel verfälscht. Bemerkenswert ist dabei

144 Ich wurde auf das Plakat aufmerksam durch Lewalter, Hannes. 2010. *»Der Kampf ist hart. Wir sind härter!«. Die Darstellung deutscher Soldaten im Spiegel der Bildpropaganda beider Weltkriege und die Konstruktion des »Neuen Helden«*, S. 188. Diss. Tübingen. https://publikationen.uni-tuebingen.de/xmlui/handle/10900/46765. Zugriff: 25.5.2020. Die Quelle des Posters: https://www.earthstation1.com/Warposters/jingram/gwwii049.jpg. Zugriff: 25.5.2020.

weniger die Chuzpe, mit der dieser Motivklau umgesetzt wurde, als vielmehr die Tatsache, dass die NS-Ästhetik der Jahre 1941/42 bruchlos auf ein Buch aus dem Jahr 2004 übertragen werden konnte und mit dessen Inhalt problemlos korrespondierte.

Doch das ist nicht die einzige Überraschung. Die Bilderstrecke im Inneren des Bandes setzt sich aus den inzwischen bekannten Motiven zusammen: Porträtfotografien von führenden Militärs, Soldaten als ›Facharbeiter des Krieges‹ im Einsatz, verschiedenes Kriegsgerät, zerstörte Dörfer, zerschossene Wälder. Gerhard Paul hat darauf hingewiesen, dass das, »was sichtbar, und das, was unsichtbar sein sollte«, während des Nationalsozialismus »präzisen Anweisungen [unterlag]. So ordnete Goebbels am 10. Juni 1940 etwa an, ›daß wohl die Härte, die Größe und das Opfervolle des Krieges gezeigt werden soll, daß aber eine übertrieben realistische Darstellung, die stattdessen nur das Grauen vor dem Kriege fördern könne, auf jeden Fall zu unterbleiben habe‹« (Paul 2016, S. 286). Von dieser Direktive haben sich die Verantwortlichen bei ihrem Umgang mit Bildzeugnissen in dem Band im Jahr 2004 keineswegs gelöst. Quellenmäßig zuzuordnen sind die Bilder nicht. Der Bildnachweis (von Falkenberg 2004, S. 271) nennt lediglich einzelne Archive und »Bildmaterial ehemaliger Soldaten« sowie Bestände der für den Band Verantwortlichen, ohne dass damit der Ursprung der einzelnen Bilder nachzuvollziehen wäre.

Auffällig ist, dass ein nicht unerheblicher Teil der Fotografien identisch mit jenen ist, die in Gevert Haslobs Band *Ein Blick zurück in die Eifel. Schicksalsweg der 89. Infanteriedivision* verwendet wurden; das betrifft mindestens 30 einzelne Fotografien sowie ein Dokument[145] und zwei Zeitzeugenberichte[146]. Außerdem sind auf einer der Fotoseiten nicht nur die dort platzierten drei Bilder identisch, sondern auch ihre gestufte grafische Anordnung.[147] Und auch die meisten den Fotografien zugehörigen Bildunterschriften sind in beiden Büchern wortwörtlich gleich oder zumindest eng aneinander angelehnt, so dass man davon ausgehen kann, dass die Publikation, die als Autor den Namen Max von Falkenberg nennt,

145 Falkenberg 14 = Haslob 42, Falkenberg 34–35 = Haslob 44, Falkenberg 64o = Haslob 70, Falkenberg 243o = Haslob 71o, Falkenberg 125 = Haslob 72, Falkenberg 40 = Haslob 74, Falkenberg 108 = Haslob 86, Falkenberg 66 oben = Haslob 88u, Falkenberg 150 oben = Haslob 88o, Falkenberg 118 = Haslob 94, Falkenberg 80–81 = Haslob 96–97, Falkenberg 160 = Haslob 103, Falkenberg 128o = Haslob 107o, Falkenberg 129 m= Haslob 106o, Falkenberg 129o = Haslob 107u, Falkenberg 129u = Haslob 106u, Falkenberg 96–97 = Haslob 108–109, Falkenberg 201 = Haslob 117, Falkenberg 239 oben = Haslob 119 oben, Falkenberg 65 = Haslob 129, Falkenberg 253o = Haslob 135o, Falkenberg 143 = Haslob 151, Falkenberg 144–145 = Haslob 152–153, Falkenberg 220–221 = Haslob 160–161 (in einem Fall ist das Bild spiegelverkehrt wiedergegeben worden), Falkenberg 226 = Haslob 221, Falkenberg 208 = Haslob 222. Abkürzungen: o (oben), u (unten), m (mittig).

146 Bericht von Oberleutnant Heinz Münster: Falkenberg 144–145 = Haslob 152–153; Bericht eines namentlich nicht Genannten: Falkenberg 88–89 = Haslob 101–102.

147 Falkenberg 226 = Haslob 221.

in engem Kontext mit dem vier Jahre zuvor herausgekommenen Buch Gevert Haslobs entstanden ist.[148]

Autor und Verlag: Wie bereits festgestellt – es sind erhebliche Zweifel angebracht, ob Max von Falkenberg mehr ist als ein Fantasiename oder ein Pseudonym. Dieser Eindruck wird durch das Schlusswort des Buches (von Falkenberg 2004, S. 272) noch einmal verstärkt. Es beginnt mit den Worten: »Der Autor möchte an dieser Stelle allen Mitstreitern an diesem Buch danken«. Es endet aber mit einem Wechsel der Subjekte:

> »Deshalb eine Bitte oder ein Aufruf des Herausgebers an die Personen, die noch über Fotos oder schriftliche Aufzeichnungen über die Kämpfe im Hürtgenwald verfügen. Stellen Sie diese uns zur Verfügung, sie werden von uns zur Bearbeitung einer weiteren Dokumentation benötigt. Wir sind für alle Zuschriften dankbar.« (ebd., S. 272)

Es folgten Name, Anschrift (Postfach), Telefon, Fax und E-Mail-Adresse des *Förderkreises für deutsche Geschichte e.V.*, der hier als Verleger und Herausgeber gleichermaßen auftritt. Würde das Schlusswort vom Autor selbst stammen, stünde auch seine Anschrift darunter, oder er würde auf den Förderkreis als Adressat verweisen.

Es ist nicht zuletzt wegen der Unklarheit in Sachen Autorenschaft sinnvoll, noch ein wenig bei denjenigen zu verweilen, die nachvollziehbar an der Entstehung dieses Buches beteiligt waren; dies auch deswegen, weil damit ein Teil des militariaaffinen Netzwerks der Nordeifel und des Hunsrücks sichtbar wird. Auffällig ist zunächst, dass der *Condo-Verlag*, in dem Gevert Haslobs Buch erschienen ist, und der *Förderkreis für deutsche Geschichte e.V.*, der den vorgeblich von Max von Falkenberg verfassten Band herausgebracht hat, in derselben Hunsrück-Gemeinde ansässig waren: im knapp 5.000 Einwohner großen Luftkurort Emmelshausen. Beide weisen auch dieselbe Adresse auf: die Kirchstraße 13. Schlägt man im *Zentralen Verzeichnis Antiquarischer Bücher* (ZVAB) nach, finden sich dort als letzte Publikation des *Condo Verlags* zwei Bücher aus dem Jahr 2002: ein Reprint über das ursprünglich 1941 im *Nibelungen Verlag* erschienene *Wunschkonzert für die Wehrmacht* sowie ein autobiografischer Bericht über die Jahre 1939–1947.[149] Die beiden letzten im ZVAB angebotenen Bände, die vom *Förderkreis* verlegt wurden, datieren auf das Jahr 2005: ein Band des eingangs erwähnten Vielschreibers und Wehrmachtenthusiasten Franz Kurowski

148 Ein Beispiel für die enge Anlehnung: »Im waldreichen Gelände des Hürtgenwaldes war die Beobachtung des Gegners notwendig« (Haslob 2000, S. 74). »Im waldreichen Gelände des Hürtgenwaldes war die Beobachtung des Gegners und Aufklärung besonders wichtig und notwendig.« (Falkenberg 2004, S. 40).

149 Goedecke, Heinz, und Wilhelm Krug. 2002. *Wunschkonzert für die Wehrmacht.* Reprint der Ausg. von 1941. Emmelshausen: Condo-Verlag; Lixfeld, Rudolf H. F. 2002. *Erlebtes und Erlittenes 1939–1947. Rückblicke eines Neunzigjährigen.* Emmelshausen: Condo-Verlag.

über die 12. Armee und den »Endkampf um Berlin« (Kurowski 2005);[150] außerdem ein erweiterter Reprint (Förderkreis 2005) eines Bandes aus dem Jahr 1942, *Ruhm und Fall der Maginot-Linie*, verfasst von Libor Vítěz (Vítěz 1942), General der Regierungstruppen des ›Reichsprotektorats Böhmen und Mähren‹. Die vom Förderkreis verfasste Einleitung zu diesem Reprint lässt eindeutig auf die Ausrichtung dieses Kreises schließen. Darin heißt es: »Gerade in einer Zeit der Diffamierung des deutschen Soldaten, [sic] mahnen uns unsere Gefallenen [sic] die Tradition des pflichtgetreuen, ritterlichen deutschen Soldatentums nicht zerstören [sic] lassen.« (Förderkreis 2005, S. 3). Gemeinsam haben der *Condo-Verlag* und der Förderkreis zudem verschiedene Bildkalender zum Thema ›Ritterkreuzträger‹ herausgebracht. Das ZVAB verzeichnet entsprechende Kalender der Jahre 1998 bis 2004, bei denen *Condo* als Verlag und der Förderkreis als Herausgeber genannt werden.

Der *Förderkreis für deutsche Geschichte e.V.* wurde am 10. Januar 1987 ins Vereinsregister eingetragen, damals noch unter dem Namen *Mitteldeutscher Förderkreis für Reitsport.* 1990 erfolgte die Umbenennung und 2015 die Auflösung im Rahmen eines Insolvenzverfahrens. Als letzter Vorstandsvorsitzender fungierte Hans-Joachim Schunack (*1952),[151] der auch Kreisvorsitzender der Landesgruppe der Reservistinnen und Reservisten der Kreisgruppe Hunsrück-Trier war. Schunack starb am 22. Dezember 2014. In einer Trauermeldung der Landesgruppe Rheinland-Pfalz heißt es, er habe in den beiden Jahrzehnten vor seinem Tod »einen Verlag, der sich mit militär-geschichtlichen Themen befasste«[152] betrieben. Es dürfte sich dabei um den revisionistischen *Condo-Verlag* gehandelt haben. So erklärt sich dann auch, wieso Elemente des Bandes von Gevert Haslob problemlos in das Max von Falkenberg zugeschriebene Buch übertragen werden konnten. Offensichtlich spielte Hans-Joachim Schunack parallel auf beiden Klaviaturen.

Welche Personen oder Institutionen gibt es noch, die mit Schunack, dem *Condo-Verlag* und dem Förderkreis in Verbindung standen? In erster Linie sind da der in Vossenack ansässige *Geschichtsverein Hürtgenwald e.V.* und dessen damaliger Vorsitzender Leo Messenig zu nennen. Der Geschichtsverein unter Messenig steuerte im Band des *Förderkreises für deutsche Geschichte e.V.* das Vorwort bei und wird im Schlusswort mit einem besonderen Dank für seine »herausragende Unterstützung« (von Falkenberg 2004, S. 272) bedacht, weil er Bildmaterial zur Verfügung gestellt habe, ohne das der Band nicht habe erscheinen können. In dem *Condo*-Band von Gevert Haslob trat der Geschichts-

150 Kurowskis Buch des Jahres 2005 erschien zunächst 1967 in einer kürzeren Fassung im rechtsextremen *Vowinckel Verlag.*

151 Auskunft laut Amtsgericht Koblenz / Vereinsregister vom 19.5.2020.

152 https://archiv.reservistenverband.de/Regional/4100000000/evewa2.php?d=1589882143&d=1265895653&menu=6002&newsid=29341&&gliederung=4100000000. Zugriff: 19.5.2020.

verein sogar als Herausgeber auf und verfasste außerdem ein Vorwort. Auch der *Condo-Verlag* konnte auf Bildmaterial zurückgreifen, das – aus welchen Quellen auch immer – im Bestand des Geschichtsvereins gelandet war.

Eine weitere Verbindung gibt es zum *Heimatbund 500 Jahre Schmidt e.V.* und zu dessen damaligem Vorsitzenden Ludwig Fischer. Fischer fungierte im *Condo*-Band Haslobs ebenfalls als Vorwortschreiber. Und der Zeitzeugenbericht des Angehörigen der 116. Panzerdivision der Wehrmacht August Gövert – im Band des Förderkreises auf Seite 109 – findet sich in leicht abgewandelter Form ebenfalls auf der Website des Heimatbundes[153] und in der weiter unten vorgestellten Publikation von Ludwig Fischer.

Zwei namentlich genannten Personen wird im Schlusswort des Förderkreis-Bandes noch »ein besonderer Dank« (von Falkenberg 2004, S. 272) abgestattet: Uwe Crull und Rainer Monnartz (*1964). Bei Crull wird dessen »fachliches Wissen und seine große Materialsammlung« hervorgehoben, womit er den Autor »hervorragend unterstützt« habe (ebd., S. 272). Crull stand einst dem *Museumsverein ›Dokumentation 2. Weltkrieg‹ Hürtgenwald e.V.* vor,[154] zog in den 2010er-Jahren aus militärhistorischem Interesse von Düsseldorf aus in die Eifel und veranstaltet dort Reservistencamps und Führungen im Bereich des ›Hürtgenwaldes‹.

Rainer Monnartz' eigene Aufzeichnungen über die ›Schlacht im Hürtgenwald‹ bildeten – so heißt es im Schlusswort – den »Grundstein« (ebd., S. 272) für das Buch des Förderkreises. Acht Lageskizzen in dem Buch gehen auf ihn zurück. Monnartz ist Autor zweier Werke im Aachener *Helios-Verlag* – eines Bandes über regionale Garnisons- und Militärgeschichte sowie eines militärgeschichtlichen Tourenplaners über den ›Hürtgenwald‹.[155] Der Tourenplaner wurde im Mai 2008 auf Einladung des damaligen Bürgermeisters der *Gemeinde Hürtgenwald* Axel Buch im Rathaus der Gemeinde vorgestellt.[156] In der Fachwissenschaft wurde die Darstellung des Bandes durch Jens Lohmeier als »unbedarft«, »mitunter naiv« und von »unkritischer Militärbegeisterung« getragen kritisiert. Angemerkt wurde außerdem, dass »Geschichte und Erlebnisberichte, besonders aus dem Bereich der Veteranenliteratur« – ähnlich wie bei fast allen Beispielen der Militaria-Literatur – nahtlos und ungeprüft ineinander übergehen (Lohmeier 2009,

153 http://www.heimatbund-schmidt.de/assets/bericht-august-goevert.pdf. Zugriff: 12.3.2022.

154 http://www.heimat.de/kulturfuehrer/data/data/adrres_print.php3?what=1&freetext=&desc=&s_schluessel=regio&art=28. Zugriff: 8.2.2022.

155 Monnartz, Rainer. 2010. *Die Garnisons- und Militärgeschichte der Städte Aachen, Eschweiler und Stolberg 1814 bis 1960.* Aachen: Helios Verlags- und Buchvertriebsgesellschaft; ders., 2015. *Hürtgenwald 1944/1945. Militärgeschichtlicher Tourenplaner.* Erstausgabe 2008. Aachen: Helios Verlags- und Buchvertriebsgesellschaft.

156 Auf den Spuren der Schlacht im Hürtgenwald. *Aachener Nachrichten*, 27.5.2008. https://www.aachener-nachrichten.de/lokales/dueren/auf-den-spuren-der-schlacht-im-huertgenwald_aid-31792317. Zugriff: 27.5.2020.

S. 397–398). Monnartz selbst wurde bei der Vorstellung seines Tourenplaners als »rühriges Mitglied im Geschichtsverein [Hürtgenwald]« vorgestellt (Aachener Nachrichten 2008).

Der Bildnachweis (von Falkenberg 2004, S. 271) lässt außerdem den Schluss zu, dass Kontakte zum Archiv der ›Windhund‹-Division bestanden. Deren Förderverein stand zum Zeitpunkt des Erscheinens des Buches Helmut Rösseler (*1946–†2017) vor, Ortsvorsteher von Gey, langjähriges Ratsmitglied der *Gemeinde Hürtgenwald* (CDU) und ebenfalls für einige Jahre Vorsitzender des *Geschichtsvereins Hürtgenwald.*

2.9 H. Jürgen Siebertz: Höhe 554. Die Kämpfe an der ersten Westwall-Linie im Abschnitt Roetgen-Lammersdorf und um den Paustenbacher Berg

Intention und Zielgruppe: In der Einleitung zu seinem im Jahr 2010 im *Helios-Verlag* erschienenen Buch *Höhe 554. Die Kämpfe an der ersten Westwall-Linie im Abschnitt Roetgen-Lammersdorf und um den Paustenbacher Berg*[157] vermerkt H. Jürgen Siebertz, dass es »keinen Anspruch auf eine militärhistorische oder wissenschaftliche Arbeit« erhebe (Siebertz 2010, S. 12). Seine »Intentionen« zur Veröffentlichung lägen vielmehr »neben der Dokumentation historischer Ereignisse im Aufzeigen der inhumanen und grausamen Auswirkungen von Gewaltherrschaften.« (ebd., S. 12).

Einige Punkte an dieser einleitenden Darstellung eigener »Intentionen« sind auffällig. Die explizit formulierte Einschränkung, mit der *Höhe 554* keine »militärhistorische oder wissenschaftliche Arbeit« vorlegen zu wollen, lässt sich als präventive Abwehr fachlicher Kritik deuten. Statt sich gegenüber einem fachlichen Diskurs offen zu zeigen und damit angreifbar zu machen, bemüht Siebertz eine moralische Begründung für das Zustandekommen seines regionalhistorischen Buches. Es geht ihm darum, einen »kleine[n] persönliche[n] Beitrag zur Friedenserhaltung« (ebd., S. 12) zu leisten, der darauf fußen soll, aus der Geschichte zu lernen. Das klingt gut, ist es aber bei näherem Hinsehen nicht. Denn aus der Geschichte zu lernen bedeutet, Dinge beim Namen zu nennen, exakt zu sein. Siebertz aber spricht nebulös vom »Aufzeigen der inhumanen und grausamen Auswirkungen von Gewaltherrschaften« (ebd., S. 12), ohne klarzustellen, was er damit sagen will. Meint er die Herrschaft des Nationalsozialismus? Die Kriegsführung von Wehrmacht und Waffen-SS? Den überwältigenden Zuspruch der deutschen Bevölkerung zum NS-Regime? Dies alles bleibt im Dunklen.

157 Das Titelcover ist bei verschiedenen Onlinehändlern sowie auf der Website des *Helios-Verlags* abrufbar.

Ein weiterer Block von Fragen schließt sich an. Warum muss ein Autor einleitend ausdrücklich erklären, sein Buch solle »keineswegs der Verherrlichung von Gewalt oder der Glorifizierung kriegerischer Heldentaten Vorschub leisten« (ebd., S. 12)? Hat es damit zu tun, dass er sich, nicht nur mit diesem Buch, in ein Verlagsumfeld begeben hat, in dem die Glorifizierung kriegerischer ›Heldentaten‹ einen Teil des Programms ausmacht? Ist es dadurch bedingt, dass Siebertz selbst eine Ahnung davon hat, dass sein Buch auf recht unterschiedliche Weise rezipiert werden kann? Es wird sich später noch zeigen, dass der Autor selbst zwischen der unreflektierten Faszination am Militärischen und einer diffusen Friedenssehnsucht eher schwankt, als dass er sich dabei eindeutig positionieren würde.

Quellen und Quellennachweise: H. Jürgen Siebertz' Arbeit fußt, sofern sie die operationsgeschichtlichen Abläufe der Militärs betrifft, vorwiegend auf US-amerikanischen Quellen; zum einen auf zwei Interviews, die Fred L. Hadsel, selber Kriegsteilnehmer in der *Historical Section* der U.S. Army und später Diplomat, mit dem Bataillonskommandeur Lt. Colonel R. H. Stumpf und dem Kompaniechef der I-Kompanie/39. US-Infanterieregiment, Captain A. V. Danna, geführt hat; zum anderen auf den Büchern Charles B. MacDonalds (ebd., S. 6). Als deutsche Quellen nennt Siebertz das tendenziöse Buch des vormaligen Monschauer Bürgermeisters Walter Scheibler *Zwischen zwei Fronten* sowie den Band *Hölle im Hürtgenwald* von Adolf Hohenstein und Wolfgang Trees, das die Legende, die US-amerikanische Armee habe im ›Hürtgenwald‹ höhere Verluste erlitten »als in Vietnam« (Hohenstein und Trees 2008, S. 83), weiter zementiert hat.

Außerdem beruft sich Siebertz allgemein auf Daten zu den Kämpfen im ›Hürtgenwald‹, die von Rainer Monnartz veröffentlicht wurden. Unklar bleibt, um welche Datenquelle es sich dabei tatsächlich handelt, weil Siebertz mit Fußnoten mehr als spärlich umgeht. In seiner Literaturliste am Ende des Buches wird Monnartz' *Militärgeschichtlicher Tourenplaner* (Siebertz 2010, S. 148) genannt, auf dessen Verriss durch die Fachwissenschaft bereits hingewiesen wurde;[158] außerdem ein von Monnartz unveröffentlichtes Manuskript, um das es sich aber kaum handeln kann, weil Siebertz selbst ausdrücklich von »veröffentlichten Daten« (ebd., S. 6) spricht. Der unklare Verweis auf Monnartz wäre möglicherweise von geringer Relevanz, wenn Siebertz in seinen Danksagungen nicht ausdrücklich darauf hinweisen würde, dass ohne dessen »fachliche Begleitung« das Buch »sicher nicht so entstanden« wäre (ebd., S. 145).

158 Zur Einschätzung der wissenschaftlichen Kompetenz Monnartz' siehe Lohmeier, Jens. 2009. Buchbesprechung zu Rainer Monnartz: Hürtgenwald 1944/45 – Militärgeschichtlicher Tourenplaner. In *Geschichte in Köln* 56 (2009), S. 397–398.

Darüber hinaus lässt sich zu den Fußnoten feststellen, dass überaus selten Quellen genannt werden, aus denen Siebertz seine Erkenntnisse zusammengefügt hat. Am häufigsten tauchen, sofern es nicht um unmittelbar lokale Ereignisse geht, Verweise auf *Wikipedia* auf (ebd., S. 20, 24, 37, 90). Darüber hinaus speist sich Siebertz' Darstellung vor allem aus Gesprächen mit Zeitzeuginnen und Zeitzeugen. Im Anhang listet der Autor allein 67 Personen auf, die ihm »berichteten« beziehungsweise »Hilfestellungen und Tips« gegeben haben sollen (ebd., S. 146–147). In der Einleitung hebt er daraus zwei Personen aus Lammersdorf mit der Begründung hervor, sie hätten einen direkten Blick auf das Kriegsgeschehen gehabt (ebd., S. 7). Außerdem nennt er einen Bäckermeister aus Lammersdorf und verweist auf dessen Aussagen, die allerdings aus dem Buch *Rette sich – wer kann!* stammen, das weder in der Literaturliste auftaucht, noch in einer Fußnote einem Autor zugeordnet wird; es wurde von Siebertz fünf Jahre zuvor selbst herausgegeben.[159] Unverständlich ist außerdem, wieso die Aussagen der Zeitzeuginnen und Zeitzeugen nicht mit Hinweisen versehen sind, wann und nach welcher Methodik die ihnen zugrunde liegenden Gespräche stattfanden, ob sie überhaupt transkribiert und wo die möglicherweise erstellten Mitschriften hinterlegt wurden.

Inhalt und Anlagen: Die in der Nordeifel zwischen den kleinen Ortschaften Lammersdorf und Paustenbach gelegene *Höhe 554*, benannt nach deren Höhenmetern, war für das Buch titelgebend. Die Höhe war während des Vormarschs der U.S. Army in das ›Deutsche Reich‹ rund zehn Tage lang umkämpft. Die amerikanischen Einheiten konnten sie am 30. September 1944 endgültig erobern. Allerdings ist der Haupttitel des Buches eher irreführend. Denn der Angriff auf *Höhe 554* findet sich eingebettet in eine Chronologie der gesamten Kriegsereignisse um Lammersdorf und wird lediglich auf den Seiten 84 bis 119 kurz gestreift.

Den Einstieg in das Buch bildet eine allgemeine Darstellung des Vormarsches der Amerikaner von der Normandie bis an die deutsche ›Reichsgrenze‹ sowie der ersten ›Feindkontakte‹ im Raum Aachen. Es folgt eine komprimierte Aufzählung der Bunkeranlagen im Raum Roetgen-Lammersdorf-Paustenbach. Dem schließen sich in chronologischer Abfolge die Hauptkapitel: ›Warten auf den Feind‹, ›Die Kämpfe an der ersten Linie des Westwalls im Bereich Roetgen, Lammersdorf und Paustenbach‹ sowie ›220 Tage leben mit den Amerikanern‹ an. Innerhalb der Kapitel werden die Ereignisse in zeitlicher Abfolge und nach einzelnen Ortschaften gegliedert erzählt, wobei die ehemals eigenständige kleine Gemeinde Lammersdorf, die 1972 nach Simmerath eingemeindet wurde, immer wieder das Zentrum der Erzählung bildet.

159 Siebertz, H. Jürgen, Hrsg. 2005. *Rette sich – wer kann! Der 2. Weltkrieg in Lammersdorf/Eifel. Eine Dokumentation.* Aachen: Helios Verlags- und Buchvertriebsgesellschaft.

Die Anlagen des Bandes bestehen vorwiegend aus einer Fotosammlung von ›Westwall‹-Anlagen in der behandelten Region sowie aus Planzeichnungen, die dem Fotoschwerpunkt beigegeben wurden (ebd., S. 171–203). Dem vorangestellt (ebd., S. 151–170) wurden eine Auflistung von zehn Zivilpersonen, die in Lammersdorf durch Kriegseinwirkungen ums Leben gekommen sind, einige Karten, ein Jahreskalender von 1944/45, Internetinformationen über die Befehlsstruktur deutscher und amerikanischer Armeen, Gliederungen der 9. US-Infanteriedivision sowie der 89. Infanteriedivision der Wehrmacht, Einweisungsdokumente, die Zugang zu Bunkern ermöglichten, eine Aufzählung von Kriegsgräberstätten und vieles mehr – kurz: ein Sammelsurium, dessen Disparität eher Anlass zur Reflexion darüber hätte geben müssen, welche Informationen davon in den eigentlichen Hauptteil des Buches hätten integriert werden können, als dass es, einem Zettelkasten gleich, an den eigentlichen Textteil in beliebiger Reihenfolge quasi angeklammert wurde. Dasselbe gilt für zahlreiche Fußnoten in dem Buch, bei deren Lektüre man den Eindruck gewinnt, dass hier einfach der Haupttext – aus welchen Gründen auch immer – weiter fortgesetzt wurde, statt Belege zu liefern.

Form der Bearbeitung und Botschaften: Wer das Buch liest, gewinnt rasch den Eindruck, ein unbearbeitetes Manuskript vor sich zu haben. Die Stilbrüche sind so auffallend, dass Zweifel berechtigt sind, ob sich hier tatsächlich ein einziger Autor des Themas angenommen hat. Das erste Kapitel über die Landung in der Normandie und den Marsch der westlichen Alliierten bis zur deutschen ›Reichsgrenze‹ (ebd., S. 13–29) ist vorwiegend in einem Stil verfasst, der aus ›Landser-Heften‹ bekannt ist. Da liegt ein Schlechtwettergebiet »[w]ie ein böses Orakel« (ebd., S. 13) über dem Ärmelkanal, über die Deutschen »bricht wenig später ein Inferno« herein, »ein gigantische[r] Feuerschlag wühlt die deutschen Stellungen auf« (ebd., S. 14) und an anderer Stelle ist »die Hölle los« (ebd., S. 14). Eine Stadt wird »in eine Kraterlandschaft« verwandelt (ebd., S. 19), Schicksale werden »besiegelt« (ebd., S. 21) und einiges mehr.

Schließlich kippt dieser Einstieg in eine kurzatmige, protokollarische Aufzählung tagesaktueller Ereignisse ab, was dann wie folgt klingt:

> »**Donnerstag – 24. August 1944** Es ergeht der Führerbefehl (Weisung Nr. 61) über den Ausbau der ›deutschen Weststellung‹.« (ebd., S. 24, Fettdruck im Original)

Ab dem vierten Kapitel – ›Warten auf den Feind‹ – kippt die Darstellung erneut. Nun ist es der allwissende auktoriale Erzähler, der die Darstellung dominiert und nicht nur die genaue Abfolge und Zusammenhänge der Kriegsereignisse scheinbar kennt, sondern sich auch in die handelnden Personen hineinversetzen kann und um ihre Gedanken- und Gefühlswelt sowie um ihre Zukunft weiß. Drei Beispiele stellvertretend für viele andere:

»Die Prümmers gehen zu Fuß zu ihrem Haus zurück und warten dort den bevorstehenden Einmarsch der Amerikaner ab. Wer ahnt zu diesem Zeitpunkt schon, daß die 15jährige Elfriede eine Woche später durch eine deutsche Granate getötet wird.« (ebd., S. 54)

»Landwirt Josef Schümmer, der mit seiner Familie in einem stattlichen Bauernhof an der Jägerhausstraße wohnt, hatte eigentlich vor, in seinem Haus zu bleiben und das Geschehen abzuwarten. ›So schlimm würde es sicher nicht werden‹ – dachte er.« (ebd., S. 82)

»Hubert Wilden hört noch das pfeifende Geräusch der Granate und nimmt den lauten Knall der Explosion wahr. Es ist das letzte, was er in seinem Leben hören wird, denn durch den Einschlag sind seine Trommelfelle geplatzt.« (ebd., S. 95)

Charakteristisch für diese Erzählweise ist, dass sie die Distanz zwischen Verfasser und Leserschaft aufhebt und die Einnahme einer distanzierten Betrachtungsweise erschwert. Das mag bei der Abfassung von fiktiver Literatur eine Möglichkeit sein. Für ein Buch, das mit dem Anspruch auftritt, regionale Geschichte aufzuarbeiten, ist es das nicht. Zumal sich in diesen Erzählstil auch immer wieder Momente pastoraler Betulichkeit mit einer schwer nachzuvollziehenden Distanzlosigkeit gegenüber einem NS-typischen Jargon sowie sprachlichen Schnitzern mischen. Drei Beispiele mögen das verdeutlichen:

»So harren die geplagten Menschen weiter in ihren Häusern und Kellern aus und sind den krachenden Einschlägen deutscher Granaten ausgesetzt. Während das Dorf unter den Granaten erzittert, weinen Eltern und Angehörige um die Toten, die der Krieg bereits in den ersten Tagen in Lammersdorf gefordert hat. Es ist die Zeit des Rosenkranzes, der in stickigen, verdunkelten Kellern im Schein von Kerzen und Petroleumlampen gebetet wird.« (ebd., S. 121).

»**Am 12. Oktober 1944** stirbt der 29jährige Lammersdorfer Soldat August Bongard in Terrara/Italien den Heldentod.« (ebd., S. 123, Fettdruck im Original).

»**Am 8. Februar 1945** wird die lange umkämpfte Ortschaft Schmidt besiegt.« (ebd., S. 136, Fettdruck im Original)

Eine Erklärung für die sprachliche Mixtur des Buches ist den Ausführungen des Autors kaum zu entnehmen. »Aus Gründen der Authentizität« habe er sich »für die Beibehaltung eines militärischen Ausdrucksstils entschieden.«, schreibt Siebertz direkt zu Beginn (ebd., S. 11). Es ist unklar, was damit gemeint ist. Denn Siebertz' ›militärischer Ausdrucksstil‹ gilt lediglich für einen Teil derjenigen Passagen, welche die Operationsgeschichte der Militärs im Kriegsgebiet betreffen; die Passagen, in denen die Zivilbevölkerung thematisiert wird, sind in einem völlig anderen Stil verfasst worden. Somit hilft auch dieser Hinweis nicht weiter. Diese sprachlich holprige Mixtur ist allerdings nicht nur Siebertz' Buch eigen; sie gilt für zahlreiche Werke des *Helios-Verlags*, in dem das Buch erschienen ist.

Auffällig ist noch, wie Siebertz mit den Themen NS-Herrschaft und Zwangsarbeit auf dem Land umgeht. Einige Dinge erfährt man am Rande. Beispielsweise, dass aus Frankreich flüchtende Angehörige der Wehrmacht Beutegut in großen Mengen mittransportieren und der lokalen Bevölkerung zum Kauf anbieten (ebd., S. 49). Offen bleibt aber, wie die Bevölkerung darauf reagiert. Auch wird an einigen Stellen thematisiert, dass Teile der Zivilbevölkerung angesichts der vorrückenden westlichen Alliierten bemüht sind, offensichtliche Hinweise auf Übereinstimmung mit dem NS-Regime in ihren Dörfern zu beseitigen:

> »Lehrerin Klara Thoma geht in die Klassenräume und steckt alles, was an den Führer und die Partei erinnern könnte, in zwei Waschkörbe. Die großen Führerbilder finden vorerst einen Platz zwischen Kisten und Kartons im Kohlenkeller. Sie sollen griffbereit bleiben; man weiß ja schließlich nicht, ob man sie nicht wieder aufhängen muß. [...] Überhaupt wird alles, was auf eine Verbindung mit dem NS-System hinweisen könnte, verbrannt, vergraben oder in Brunnen versenkt.« (ebd., S. 51)

Später ist noch einmal davon die Rede, dass die amerikanischen Soldaten in Lehrerpulten Parteiprogramme der NSDAP sowie ein Bild des Reichspräsidenten Hindenburg gefunden hätten (ebd., S. 137). Doch das sind lediglich knappe Einsprengsel innerhalb des gesamten Textes, die nichts darüber aussagen, wie stark die Dorfgemeinschaften, in die Siebertz sich hineinzuversetzen versucht, tatsächlich vom nationalsozialistischen Gedankengut durchdrungen waren, wie weit sie das Regime unterstützten, von ihm profitierten und an Verfolgungsmaßnahmen gegenüber ausgegrenzten Bevölkerungsgruppen teilnahmen.[160] Hier scheint nur etwas auf, wird aber nicht weiter ausgeleuchtet.

Geradezu befremdlich wirkt der Umgang mit dem Thema ›Zwangsarbeit‹ in dem Band. Einige neuere regionalgeschichtliche Untersuchungen haben eindrucksvoll nachgewiesen, in welchem Ausmaß Bevölkerung, Unternehmen und Institutionen der Nordeifel von Zwangsarbeiterinnen und Zwangsarbeitern während der NS-Zeit profitiert haben (vgl. Heinen 2018; Lenzen 2018). Das klingt bei Siebertz lediglich in zwei Sätzen kurz und vage an:

> »Die vielen ausländischen Zwangsarbeiter, die in der Landwirtschaft, in den Betrieben und in den Haushalten beschäftigt wurden, hat man mit Lastwagen abgeholt. Sie sollen sich jetzt in Aachener Kasernen befinden.« (Siebertz 2010, S. 52)

Schon bei Erscheinen von Siebertz' Buch lagen bereits zwei Studien vor, die sich detailreich mit dem Thema Zwangsarbeit im Grenzbereich um Aachen und im nahe gelegenen *Kreis Euskirchen* beschäftigt hatten (vgl. Müller 2003; Kox 2007). In Siebertz' Publikation findet sich von dem regionalen Wissensstand keine Spur.

160 Zu den ländlichen Lebenswelten im Nationalsozialismus siehe Blaschke, Anette. 2018. *Zwischen »Dorfgemeinschaft« und »Volksgemeinschaft«. Landbevölkerung und ländliche Lebenswelten im Nationalsozialismus.* Paderborn: Ferdinand Schöningh Verlag.

Stattdessen taucht in seinem Narrativ lediglich ein einziger Zwangsarbeiter auf, der namenlos bleibt und polnischer Herkunft gewesen sein soll. Er läuft vor und während der Ankunft der Amerikaner mit einer weißen Fahne durch Lammersdorf, warnt einen deutschen Dorfbewohner vor verstreuten Minen (Siebertz 2010, S. 79) und rettet kurz darauf einem weiteren das Leben, der – in Eisenbahneruniform mit Hakenkreuz – von den Amerikanern beschuldigt wird, einen ihrer Panzerkommandanten erschossen zu haben, und nun seinerseits kurz vor der Hinrichtung steht (ebd., S. 86). Die Szene, in welcher der polnische Zwangsarbeiter die Amerikaner, die bereits auf den Eisenbahner angelegt hatten, davon überzeugt, dass es sich um den falschen Mann handelt, muss selbst dem Autor des Buches recht unwahrscheinlich erschienen sein. In einer Anmerkung weist er ergänzend darauf hin:

> »Dieser Vorfall wurde dem Autor 1978 von Leonhard Johnen persönlich und im Beisein seiner Frau berichtet.« (ebd., S. 86)

Aber wurde er auch überprüft? Gab es weitere Zeuginnen und Zeugen des Vorfalls? Wurden amerikanische Quellen daraufhin durchgesehen? Der Vorgang mag stimmen oder auch nicht. In jedem Fall steht er in Siebertz' erzählerischem Kontext pars pro toto für das Verhältnis von Zwangsarbeiterinnen und Zwangsarbeitern zur Bevölkerung der Nordeifel und umgekehrt. Franz Albert Heinen – und bei Dieter Lenzen klingt es ähnlich – hat darauf hingewiesen, dass es ein ideologisches Grundmuster gibt, das bei der Befragung von Zeitzeuginnen und Zeitzeugen immer wieder auftaucht, wenn es um das Verhältnis der NS-Deutschen zu ›ihren‹ Zwangsarbeit Leistenden geht:

> »[E]rstens die globale Selbst-Freisprechung: ›Unser Pole hatte es gut.‹ [Z]weitens die Verallgemeinerung: ›Das war überall im Dorf so.‹ [D]rittens die Feststellung, sich selbst durch die Zulassung der Arbeiter am Familientisch einem persönlichen Risiko ausgesetzt zu haben.« (Heinen 2018, S. 3)

Durch seine Erzählweise trägt Siebertz dazu bei, dieses Grundmuster weiter zu tradieren und sogar noch auszubauen.

Noch etwas ist auffällig. Leonhard Johnen und seine Frau werden in dem Buch unter den »Quellenangaben« (Siebertz 2010, S. 146) aufgeführt. Und in der Passage über die Zwangsarbeit schreibt Siebertz, dass die Angaben auf ein Gespräch mit beiden zurückgehen, das 1978 geführt worden sei – also mehr als ein Vierteljahrhundert vor Erscheinen des Buches. Von einer Niederschrift dieses Gesprächs ist nirgendwo die Rede. Der Schluss liegt also nahe, dass sich hinter dem Großteil der zahlreich aufgelisteten Zeitzeuginnen und Zeitzeugen nichts anderes verbirgt als ein loser Austausch, der in den zurückliegenden Jahrzehnten, aus welchem Anlass auch immer, geführt, dabei aber nicht aufgezeichnet und später – aus Anlass der Abfassung des Buches – aus der Erinnerung niedergeschrieben wurde. Das hätte nicht nur nichts mit gewissenhafter wissenschaftlicher Arbeit zu tun, vor deren Ansprüchen sich Siebertz in seiner Einleitung ja ohnehin selbst immunisiert, das widerspräche auch ganz normalen Sorgfaltspflichten beim Abfassen von nicht-fiktionalen Texten.

Zur Illustration: Für Siebertz' Buch gilt grundsätzlich dasselbe, wie für die meisten vorab behandelten Militaria-Bücher. Soweit es sich um die Mikrogeschichte des Zweiten Weltkriegs im Westen handelt, werden die immer gleichen Fotografien wiederholt gedruckt und – um den Anschein von Seriosität zu wahren – der *US National Archives and Records Administration*, einem Verlagsarchiv oder einem anderen ›angeblichen‹ Archiv zugeschrieben. Tatsächlich wurden sie häufig aus anderen Büchern kopiert, was Fragen nach Urheberrechten aufwirft. Weniger bekannt über den lokalen Rahmen hinaus mögen Abbildungen sein, die aus privatem Besitz stammen und Personen, Szenen sowie Gebäude aus den Kriegsjahren aus und um Lammersdorf zeigen. Angereichert hat Siebertz sein Buch noch mit zwei Schwarz-Weiß-Reproduktionen eigener Gemälde des *Hohen Venns* (ebd., S. 31) sowie einer Lammersdorf-Szene aus dem Jahr 1940 (ebd., S. 59), die einen romantisierenden Charakter haben und daher im Kontext des Buches eher deplaziert wirken.

Autor und Verlag: H. Jürgen Siebertz, Jahrgang 1942, studierte in Aachen und Köln und arbeitete als Sonderpädagoge. Zentrum seiner ehrenamtlichen Tätigkeiten ist Lammersdorf, eine Ortschaft mit gut zweitausend Einwohnerinnen und Einwohnern, die in der Endphase des Krieges zum Aufmarschgebiet der Kämpfe im ›Hürtgenwald‹ zählte. Siebertz hat sich als Heimatkundler und Hobbymaler näher mit der Geschichte seiner Gemeinde beschäftigt und ist Mitglied zahlreicher Vereine. 1983 zählte er zu den Initiatoren des *Vereins für Heimatgeschichte und Dorfkultur Lammersdorf*, als dessen 1. Vorsitzender er fungierte. Der Verein richtete kurz darauf in einem Eifeler Bauerngehöft ein Heimatmuseum ein.

2013 initiierte Siebertz auch den losen Zusammenschluss einer *Arbeitsgemeinschaft der Heimat- und Geschichtsvereine sowie sachkundigen Bürgerinnen und Bürger im Monschauer Land*,[161] der er bis 2016 vorstand. Auf Antrag eben jener von ihm selbst gegründeten Arbeitsgemeinschaft wurde er 2017 mit dem vom *Landschaftsverband Rheinland* (LVR) 1976 geschaffenen *Rheinlandtaler* ausgezeichnet.[162] Seine damalige Laudatorin, die stellvertretende Vorsitzende der *Landschaftsversammlung Rheinland* Anne Henk-Holstein, kennzeichnete ihn »als Gedächtnis des Monschauer Landes« (Schepp 2017). Zwei Jahre zuvor hatte er bereits die Ehrenamtsplakette der *Gemeinde Simmerath* für seine Arbeit erhalten.

161 http://www.monschauer-land.net/. Zugriff: 8.2.2022.
162 http://www.monschauer-land.net/Aktuelle%20Informationen.html. Zugriff: 5.5.2020.

Siebertz' Verbindung zwischen der Szene der Heimatkundler und der Militaria-Szene verläuft fließend. Elf seiner Publikationen – und damit fast alle – sind im Aachener *Helios-Verlag* von Karl-Heinz Pröhuber erschienen. Noch im Januar 2016 fungierte Siebertz als ortskundiger Führer für die *Reservistenarbeitsgemeinschaft für historische Militärfahrzeuge Hürtgenwald*. Er informierte die anwesenden Enthusiasten von Militärfahrzeugen aller Epochen im Rahmen einer Orientierungsfahrt über die Kämpfe um die ›Höhe 554‹. Ein von den *Aachener Nachrichten* abgedrucktes Foto zeigt die Gruppe mit Siebertz zu Beginn ihrer Tour.[163] Im Hintergrund ist ein großes Banner aufgespannt. Darauf zu sehen sind einige Fahrzeuge, der Name der Gruppe, das Motto ihrer Tour ›Wir kommen in Frieden‹ und ein rot-weiß-schwarzes Sägefisch-Logo mit der Textzeile »Supported by Alfashirt.de«. Das Logo, das in Anlehnung an das im Zweiten Weltkrieg eingesetzte *U-Boot 96* entwickelt wurde, steht für die Firma *Alfashirt* aus Langerwehe im *Kreis Düren*, die derlei Banner produziert. 2015 sorgten deren Produkte für einen Skandal. Die *Reservistenkameradschaft Hürtgenwald*, die mit der *Reservistenarbeitsgemeinschaft für historische Militärfahrzeuge Hürtgenwald* verbunden ist, hatte sich ebenfalls von *Alfashirt* sponsern lassen. *Alfashirt* vertrieb T-Shirts und andere Trägermaterialien, auf denen Wehrmachtveteranen verherrlicht und alliierte Kriegsgegner verhöhnt wurden. Bei der Firma lassen sich Babystrampler mit einem stilisierten Wehrmachtstahlhelm und der Aufschrift ›Mein Stahlhelm ist schon gepresst‹ ebenso erwerben, wie T-Shirts mit Aufdrucken wie ›Am achten Tag schuf Gott die Wehrmacht‹, ›Ruhm und Ehre der Wehrmacht‹, ›Kameradschaft, Vaterland, Ehre, Wehrmacht‹, ›Ruhm und Ehre den deutschen Frontsoldaten‹ oder – mit stilisiertem Wehrmachtpanzer vor dem Eiffelturm – ›Nach Frankreich nur auf Ketten‹. Die Niederschlagung der NS-Diktatur und die Niederlage der Wehrmacht wurden mit dem Spruch ›Vizemeister 45‹ kommentiert. Und zu einer der Ikonen der Rechtsextremen, dem sogenannten ›Fliegerass‹ Hans-Ulrich Rudel, im Bundestagswahlkampf 1953 Spitzenkandidat der rechtsextremen *Deutschen Reichspartei*, fanden sich bei *Alfashirt* im Jahr 2015 allein 13 Produkte.[164]

Als der Autor dieses Buches den Veranstalter des *Internationalen Hürtgenwaldmarsches*, das *Landeskommando NRW der Bundeswehr*, im November 2015 auf die enge Verbindung seines Mitveranstalters vor Ort, der *Reservistenkameradschaft Hürtgenwald*, zu *Alfashirt* hinwies, wurde die Kooperation der Re-

---

163 Hoffmann, Karl-Heinz. 2016. Mit alten Militärfahrzeugen dem Krieg auf der Spur. Nordeifel. *Aachener Nachrichten*, 31.1.2016. https://www.aachener-zeitung.de/lokales/eifel/mit-alten-militaerfahrzeugen-dem-krieg-auf-der-spur_aid-25011499. Zugriff: 17.2.2020. H. Jürgen Siebertz ist der Zweite von rechts.

164 Die Informationen darüber wurden im Laufe des *Moratoriums Hürtgenwald* (2015–2016) zusammengetragen, einer zweijährigen Untersuchung der Erinnerungskultur der Nordeifel, die i. A. des *Kreises Düren* und der *Gemeinde Hürtgenwald* durchgeführt wurde.

servisten mit *Alfashirt* sofort unterbunden.[165] Dass der Fall in der Region und auch medial Wellen schlug, hinderte H. Jürgen Siebertz jedoch nicht daran, sich im Jahr darauf in den Dienst einer Gruppierung zu stellen, die ihre Beziehungen zu der überaus problematischen Militaria-Firma weiter aufrechterhalten hatte.

Derlei Grenzüberschreitungen sind kein Zufall, sondern Ausdruck des stetigen Pendelns zwischen einer scheinbar unpolitischen Szene von Heimatkundlern, die das Althergebrachte konservieren möchte, und Organisationen, die rechtsextremen Kreisen nahestehen oder deren Äußerungen und Produkte als unproblematisch erachten. Ein letztes Beispiel dafür: 2019 präsentierte in der *Gemeinde Roetgen*, deren lokaler *Heimat- und Geschichtsverein Roetgen e.V.* (HeuGeVe) in seiner Vereinszeitschrift eine Fotografie Adolf Hitlers beim Besuch der Eifel. Das Foto wurde dabei unter der Rubrik »Das schöne Bild« abgedruckt[166], was von der *Aachener Zeitung* aufgegriffen wurde und eine Reihe kritischer Leserbriefe zur Folge hatte.[167] Die älteren Vereinsoberen flüchteten sich daraufhin in hilflos-aggressive Rechtfertigungsversuche gegenüber der Presse[168], was zur Folge hatte, dass sich weitere militariaaffine Akteure zu Wort meldeten, die nun ihrer Empörung über die Sprachregelung freien Lauf ließen, nach der Deutschland durch die Alliierten ›befreit‹ worden sei. Unter ihnen auch H. Jürgen Siebertz und sein Verleger Karl-Heinz Pröhuber. Siebertz argumentierte, die Alliierten hätten NS-Deutschland nur besiegen können, »indem sie unser Land in eine einzige Wüstenlandschaft bombten«. Und weiter: »Auf Kinder und alte Leute wurde dabei keinerlei Rücksicht genommen.« (Siebertz 2019). Er appellierte so an das Mitgefühl mit den Schwachen, um den alliierten Kampf gegen Hitlers Volksstaat zu diskreditieren. Auch die »Umerziehung des deutschen Volkes zur Demokratie« sei »nur unter Druck erfolgt« (ebd.).[169]

165 Zur Problematik rechtsextremer Tendenzen in Teilen der Bundeswehr vgl. Naumann, Klaus. 2020. Nicht ganz dicht am rechten Rand? Rechtsextremismus und Rechtspopulismus als Probleme der Bundeswehr. In *Aus Politik und Zeitgeschichte:* Militär, 70. Jg., 16–17/2020, S. 25–30.

166 http://frank-moeller.eu/wp-content/uploads/2019/08/Roetgen-1_Das-sch%C3%B6ne-Bild.pdf. Zugriff: 8.2.2022.

167 Ich hatte den Vorgang in dem von mir herausgegebenen *Hürtgenwald Newsletter 08* am 9.8.2019 aufgegriffen und mit den entsprechenden Dokumenten ausführlich dargestellt: https://frank-moeller.eu/wp-content/uploads/2019/08/Newsletter-08.pdf. Zugriff: 8.2.2022.

168 Rose, Marco. 2019. Wie »schön« ist ein Foto von Adolf Hitler? *Aachener Zeitung*, 16.7.2019. https://www.aachener-zeitung.de/lokales/eifel/roetgen-kritiker-monieren-fehlende-einordnung-des-hitler-fotos_aid-44106937. Zugriff: 15.2.2020.

169 Nähere Informationen zum *Helios-Verlag* finden sich in Kapitel 2.4 im Rahmen der Analyse von Kurt Kaeres' Publikation.

2.10 Ludwig Fischer / Heimatbund 500 Jahre Schmidt e.V. (Hrsg.): Erinnerungen

Abb. 12: Ludwig Fischer vom *Heimatbund 500 Jahre Schmidt* huldigt mit der 64 Seiten umfassenden Erinnerungsschrift aus dem Jahr 2006 den Veteranen der Kämpfe in der Nordeifel. Eine Überprüfung ihrer Narrative findet nicht statt (Quelle: Heimatbund 500 Jahre Schmidt e.V.).

Die letzte hier aufgenommene Publikation unterscheidet sich in einer wesentlichen Hinsicht von den bisher vorgestellten Büchern. Es handelt sich dabei um ein Exemplar grauer Literatur, also um einen Privatdruck, der von keinem Verlag herausgebracht wurde. Nach Angaben des Impressums erschien er in einer Auflage von 500 Exemplaren. Der Umfang beträgt 64 Seiten, die unpaginiert[170] geblieben sind.

170 Die folgenden Seitenangaben beziehen sich daher auf eine eigene Zählung, beginnend mit der Titelseite als Seite 1.

Intention und Zielgruppe: Der Titel der Publikation – *Erinnerungen* – sowie die Bebilderung vermitteln bereits einen ersten Eindruck von deren Intention. Es geht darum, eine Verbindung vom Kriegsgeschehen in und um Nideggen-Schmidt zu einer Phase zu schlagen, in der die organisierte Erinnerung an diese Kämpfe durch Veteranen einsetzte. Die in schwarz-weiß gehaltene Bildmontage auf der oberen Hälfte des Covers zeigt fünf Porträts deutscher und das Porträt eines US-amerikanischen Kriegsveteranen, die im Halbkreis um eine Fotografie der zerstörten Kirche *St. Hubertus* in Schmidt angeordnet sind.[171] Für die Herausgeber spielte es dabei offensichtlich keine Rolle, aus welcher Zeit die Fotografien stammten. Das auf der unteren Hälfte des Covers montierte farbige Foto zeigt Veteranen vor einem Gedenkstein, der auf Deutsch und Englisch die Botschaft vermittelt »Sie starben nicht vergeblich [sic] denn sie gewannen den Frieden zwischen unseren Völkern.« Bei den Herren, die sich hinter dem Objekt versammelt haben, handelt es sich laut Bildhinweis um »Ehemalige deutsche Soldaten am Mahnmal in Schmid« (Fischer 2006, S. 2). Unklar bleibt, ob damit Veteranen gemeint sind, die an den dortigen Kämpfen beteiligt waren oder allgemein um Wehrmachtangehörige, die dem Herausgeber der Publikation oder dem *Heimatbund 500 Jahre Schmidt* aus anderen Gründen nahestanden. Seine Intention zur Zusammenstellung der Publikation benennt Ludwig Fischer in einem eigenen Vorwort:

> »Mein Anliegen war, die Geschichte unseres Ortes Schmidt zu vervollständigen und die Ereignisse der Kriegszeit vom 3. November 1944 bis zum 10. Februar 1945 für die uns nachfolgenden Generationen festzuhalten, damit man diese schwere Zeit nicht vergißt und die Zeit des Friedens zu schätzen lernt.« (ebd., S. 3).

Die Zielgruppe, die Fischer mit seiner Publikation erreichen möchte, benennt er direkt zu Beginn seines Vorworts:

> »Die nachfolgenden Seiten sind eigentlich nur für die Schmidter Bevölkerung gedacht.« (ebd., S. 3)

Quellen und Quellennachweise: Vollständige Quellenhinweise sucht man in der Publikation oft vergeblich. Fotografien, die beliebig eingestreut wurden, sind hin und wieder mit dem Hinweis ›Foto Haslob‹ versehen worden (Fischer 2006, S. 25, 29, 39, 52, 55), ein Verweis auf Gevert Haslobs in Kapitel 2.5 analysierten Band, aus dem die meisten Bilder übernommen wurden. Allerdings ist nur ein Teil der von Haslob übernommenen Fotografien überhaupt in dieser Weise kenntlich

171 Es handelt sich dabei – von links nach rechts – um August Gövert, Matthias Hutmacher, Wolfgang Dyroff, Georg Ostien, Rudi Mayer und, als einziger US-Veteran, um Raymond E. Fleig, Autor des Buches »707th Tank Battalion in World War II: Northern France, Rhineland, Ardennes, Central Europe, Springfield, Ohio 1991.« In Fischers Publikation wird er mal als W. Fleigh (Fischer 2006, S. 10), mal als Reigh Fleigh (ebd., S. 19) benannt.

gemacht. Zwei Luftaufnahmen vom Kampfgebiet Schmidt (ebd., S. 38, 48) wurden lediglich mit dem Verweis »aus ›Three Battles‹« versehen. Nähere Angaben zu der Quelle fehlen.[172] Ein Literatur- und Quellenverzeichnis existiert ebenfalls nicht.

Ludwig Fischer scheint somit keinen Wert auf die korrekte Wiedergabe seiner Quellen gelegt zu haben. Die Informationen, auf denen seine Publikation fußt, entstammen in den meisten Fällen den Äußerungen von Veteranen. Er selbst merkt dazu in seinem Vorwort an, es seien »Berichte, die mir Soldaten, die hier bei uns in Schmidt und in der näheren Umgebung in der Zeit von November 1944 bis zum Februar 1945 eingesetzt waren, mitgeteilt haben.« (ebd., S. 3). Deren Erzählungen wurden allerdings nicht überprüft und mit anderen Quellen verglichen. Zu seiner ›Methodik‹ räumt Fischer ein:

> »Ich habe den Berichten zugehört und habe sie nachher in etwa so aufgeschrieben, wie man sie mir erzählt hat. Ich kann nicht sagen, ob sich alles so zugetragen hat oder ob sich Erlebnisse und Begebenheiten aus anderen Kriegsschauplätzen mit denen hier in Schmidt vermischt haben. Man muß bedenken, daß diese Berichte erst rund 50 Jahre nach Kriegsende in einer Gesprächsrunde mir zugetragen wurden. Hinzu kommt, daß viele dieser Männer damals schon über 80 Jahre alt waren. Ich kann also nicht dafür garantieren, ob sich alles in Wirklichkeit so ereignet hat.« (ebd., S. 3)

Es handelt sich bei den wiedergegebenen Berichten somit um Geschichten vom Hörensagen, eben um subjektive, unüberprüfte *Erinnerungen.* Ihr Erkenntniswert ist damit für eine rekonstruktive Geschichtsschreibung von vornherein als gering einzuschätzen. Interessant wären sie gegebenenfalls für die Gedächtnis- und Traumaforschung. Fischers Anliegen, die lokale Geschichte »zu vervollständigen« (ebd., S. 3), was ohnehin ein überhöhter Anspruch ist, kann so jedenfalls nicht eingelöst werden.

Inhalt: Ludwig Fischers Publikation enthält zwölf Berichte von elf Wehrmachtveteranen, einen Bericht einer Zeitzeugin, die das Kriegsende als Fünfzehnjährige erlebt hat (ebd., S. 53–55), sowie einen Kurzbericht des Technical Sergeant Chris Christensen, der mit »Ist die zivilisierte Welt verrückt geworden?« (ebd., S. 60) überschrieben ist.[173] Dazwischen gestreut sind Informationen über Turney W. Leonard, einen First Lieutenant der U.S. Army, der bei Kommer-

172 Es handelt sich dabei um MacDonald, Charles B., und Sidney T. Mathews. 1952. *Three Battles: Arnaville, Altuzzo and Schmidt.* Neuauflage 1993. Washington, D. C.: Office of the Chief of Military History Department of the Army. Die von Fischer reproduzierten Luftaufnahmen sind dem Buch als Map IX und Map X in einem eigenen Umschlag beigegeben.

173 Der übersetzte Originaltext und die Kommentierung Fischers sind in solchen Konvoluten mitunter schwer voneinander zu trennen. Nachzulesen auf der Website des ›Heimatbundes‹, auf der die meisten der genannten Texte ebenfalls zu finden sind: http://www.heimatbund-schmidt.de/aufzeichnungen/2-weltkrieg/ist-die-zivilisierte-welt-verrueckt-geworden.html. Zugriff: 8.2.2022.

scheidt getötet und später mit einer *Medal of Honor* ausgezeichnet wurde (ebd., S. 15–18).[174] Anlass für die Thematisierung Leonards war offenbar der Fund eines Rings, der ihm zugeordnet werden konnte. Erst Jahrzehnte später wurde dieser durch den deutschen Bundeswehrangehörigen Volker Lossner den Familienangehörigen Leonards in den USA überbracht. In der Publikation Fischers finden sich zwei kopierte Berichte aus der Regionalpresse,[175] in denen die Rückgabe mit überschwänglicher Emphase gefeiert wird, ohne dass dort die Frage gestellt worden wäre, warum der Ring nach seinem Fund länger als ein halbes Jahrhundert von Deutschen zurückgehalten wurde (ebd., S. 17–18).[176]

Neben den vier Seiten, die Leonhard und dem Ringfund gewidmet sind, gibt es eine kurze Einlassung des ehemaligen Private Edgar T. Bush (ebd., S. 28), die in Briefform an einen Adressaten namens ›Ron‹ gerichtet ist, ohne dass dessen Identität näher benannt würde. Ebenfalls eingestreut wurde die Stellungnahme eines Veteranen der U.S. Army namens George C. Ellert (ebd., S. 47). Aus dessen Stellungnahme geht auch nicht hervor, an wen sie gerichtet ist und warum sie in die Publikation mit aufgenommen wurde. Es folgt noch eine eigene Übersetzung Fischers unter dem Titel »Eroberung von Schmidt« (ebd., S 49–52) aus einem Buch, das er mit »Blaue Infanteriesoldaten, Kriegsgeschichte des 3. Bataillons des 310. Infanterieregiments« (ebd., S 49) übersetzt, statt den Originaltitel zu nennen.[177] Am Ende finden sich noch zwei Seiten – ein Zeitungsbeitrag ohne Nennung des Blattes oder Datums (ebd., S. 62) sowie der Abdruck eines Briefes an eine Mutter vom 9. August 1945 – die vom Tod des amerikanischen Soldaten

174 Herausgeber Fischer druckt dazu auf einer ganzen Seite die Übersetzung aus einem US-amerikanischen Sammelband über den Träger der Auszeichnung ab. The Medal of Honor of the United States Army. 1948. Washington: United States Government Printing Office, S. 317 (Fischer, Ludwig 2006, S. 16). https://babel.hathitrust.org/cgi/pt?id=umn.319510015715936&view=1up&seq=6. Zugriff: 8.2.2022.

175 Dabei handelt es sich um einen Beitrag vom 29.11.2000 auf der Lokalseite der *Aachener Zeitung* (Lauscher, Anneliese 2000) sowie um einen undatierten Kurzbeitrag mit Foto aus den *Eifeler Nachrichten*.

176 Der Mythos von der völkerverbindenden Rückgabe des Ringes wurde auch im Jahr 2020 weiter fortgeschrieben. Der Verein *Liberation Route NRW e.V.*, dem der ehemalige Bürgermeister der *Gemeinde Hürtgenwald* Axel Buch vorsteht, ließ u.a. in Vossenack und Nideggen-Schmidt Hörstationen errichten. Die dort abhörbaren Aufnahmen wurden im Stil verkitschter Erzählungen mit Musikuntermalung inszeniert, wie sie in frühen Jahrzehnten der Bundesrepublik in Märchenparks zu hören waren. Beraten ließ sich der Verein um Axel Buch bei der Station in Nideggen-Schmidt vom *Heimatbund 500 Jahre Schmidt*. Auch bei der Aufnahme dieser umstrittenen Hörstation geht es keineswegs um die Frage, ob es sich bei der Aneignung des Rings und dessen Beibehalt um einen Gesetzesverstoß gehandelt hat; vielmehr wird die Geschichte einer problematischen Aneignung zu einer Familienromanze stilisiert, bei der der Schwiegersohn des Ringfinders, der Bundeswehrangehörige Volker Lossner, wiederum in den Mittelpunkt gerückt wird. Die Tonaufnahme ist verfügbar unter https://liberationroute.de/germany/pois/a/aggie-ring-comes-home-l258. Zugriff: 31.1.2022.

177 Es handelt sich dabei um United States Army. 1946. *Blue Infantrymen. The Combat History of the Third Battalion, 310th Infantry Regiment, Seventy-eighth »Lightning« Division.*

Lemuel H. Herbert und der Bergung seiner sterblichen Überreste in den 1990er-Jahren handeln (ebd., S. 62).

Wenn Ludwig Fischer in seinem Vorwort schreibt, die abgedruckten Berichte habe er selbst aufgeschrieben, nachdem sie ihm von den Veteranen erzählt worden seien, dann ist auch das nur zum Teil richtig. Denn zwei Berichte der Wehrmachtveteranen gehen auf Aufzeichnungen Dritter zurück (ebd., S. 11–13, 21–24), und mindestens vier weitere wurden offensichtlich von ehemaligen Angehörigen der Wehrmacht als fertige Aufzeichnungen übersandt (ebd., S. 37–39, 41–44, 45–46, 57–58). Die Berichte des Gefreiten August Gövert und Oberleutnant Heinz Münster (ebd., S. 8–10, 31) finden sich auch in dem Band, der dem Autor Max von Falkenberg zugeschrieben wird (vgl. von Falkenberg 2004, S. 109, 144–145), der Bericht Göverts in gekürzter Form und mit abweichenden Formulierungen. Göverts Beitrag taucht zudem in dem Band von Gevert Haslob auf (vgl. Haslob 2000, S. 125).

Form der Bearbeitung und Botschaften: Blättert man die Seiten der Publikation durch, verfestigt sich rasch der Eindruck, dass hier eine Zusammenstellung von Berichten, Dokumenten, Textauszügen und Abbildungen vorgenommen wurde, die keinem tatsächlichen Konzept folgt, weshalb die Reihenfolge, in welche die einzelnen Elemente gebracht wurden, auch völlig beliebig erscheint. Um es in einem Bild zu fassen: Die Publikation *Erinnerungen* vermittelt den Eindruck, als habe der Autor einen schon lange Zeit nicht mehr gesichteten Ordner mit einer Mischung aus eigenen Aufzeichnungen und weiteren Texten als weitgehend ungeordnetes und unbearbeitetes Konvolut in den Druck gegeben.

Besonders problematisch ist die nachvollziehbare Erinnerungsschwäche der Veteranen nach mehr als einem halben Jahrhundert. Hans Naeve, zu dessen Person keinerlei Angaben gemacht werden, meldet in einem sehr kurzen Text, der nicht einmal eine Seite füllt, an fünf Stellen Zweifel an der eigenen Erinnerungsfähigkeit an: Zeitlich einordnen könne er seinen Einsatz bei Kommerscheidt nicht mehr. Ein Vorgang habe sich »[v]ielleicht [...] auch erst ereignet, als ich bei der Infanterie war«. Er wisse nicht mehr, zu welchem Regiment er gehört habe, auch nicht, zu welcher Kompanie und könne über »die tatsächlichen Umstände heute nicht mehr näher berichten«. Auch ob die regelmäßige Fahrt zum Kompaniegefechtsstand 15 Kilometer oder lediglich die Hälfte ausgemacht habe, könne er nicht mehr erinnern (Fischer 2006, S. 40).

In einem anderen Text, einer Darstellung Matthias Hutmachers, der nach eigenen Angaben mit 17 Jahren zur Wehrmacht eingezogen worden war, in der Sowjetunion gekämpft hatte und 1944 bei Schmidt und Kommerscheidt als 20-Jähriger im Einsatz war, räumt Ludwig Fischer, der an mehreren Stellen auch in den Text eingegriffen hat, am Ende selbst ein:

»Einige Daten sind ungenau, verständlich nach 60 Jahren. Auch der Weg, den er beschreibt, kann so nicht stimmen. [...] Der Kommandant des Sturmgeschützes, das Matthias Hutmacher gefahren hat, war neu zu der Abteilung gekommen. Den Namen hat Matthias vergessen.« (ebd., S. 13)

Wenn aber derlei umfangreiche Zweifel an den Darstellungen bestehen, weshalb werden sie dann öffentlich gemacht? Dafür gibt es zwei Motive. Das erste erschließt sich aus den Texten selbst; dem zweiten kann man sich nur annähern, wenn man weitere Umstände mit in den Blick nimmt, die in Nideggen-Schmidt inzwischen zum Politikum geworden sind und mit dem Umfeld Ludwig Fischers zusammenhängen.

Zunächst zu den Texten: Sie liefern ohne Ausnahme lediglich Binneneindrücke vom Kampfgeschehen in und um Schmidt. Die Kampfsituationen erscheinen vollständig losgelöst von einem übergeordneten Zusammenhang. Das heißt, dass sie weder durch den Herausgeber der Publikation noch durch die Zeitzeugen selbst in den Kontext der Endphase des Zweiten Weltkriegs angemessen eingeordnet und bewertet werden. Mitunter muten die Darstellungen wie ein Spiel zwischen zwei Mannschaften an, die aufeinandergetroffen sind, weil es der Spielplan ihrer Liga so vorgesehen hat. Dass die einen für ein rassistisches und verbrecherisches Regime kämpften, die anderen für die Befreiung Europas und der Welt vom Nationalsozialismus wird an keiner Stelle formuliert. Der Begriff ›Nationalsozialismus‹ taucht, wie auch in der Max von Falkenberg zugeschriebenen Publikation, kein einziges Mal auf. Lediglich in einem kurzen, ins Deutsche übertragenen Auszug aus der Divisionsgeschichte der amerikanischen 78th Infantry Division heißt es einmal:

»Doch sie wussten, mit der Eroberung von Schmidt würden sie auch die Nazis besiegen können.« (ebd., S. 26)

Das ist bis auf eine weitere Stelle der einzige Hinweis darauf, womit es die US-amerikanischen Einheiten auf der Gegenseite überhaupt zu tun hatten. Eine zweite Textpassage gibt es auch noch, nur zwei Seiten weiter. Sie klingt allerdings so, als habe man den ungeliebten Begriff der ›Nazis‹ um jeden Preis von deutschen Soldaten fernhalten und ihn damit wieder einfangen wollen. In einem Schreiben des ehemaligen Private Edgar T. Bush heißt es:

»Ich war niemals der Meinung, daß die deutschen Soldaten Nazis waren. Für mich ist derjenige ein Nazi, der der politischen Partei angehörte. Mein Stiefvater war Deutscher, ebenso einige meiner Onkel, Vettern und Tanten – wie die Leute von SCHMIDT.« (ebd., S. 28, versal im Original)

Was hier stellvertretend durch die Worte des Zeitzeugen stattfindet, ist eine vollständige Exkulpation des deutschen Kriegsgegners. Dass 1943 rund 8,5 Millionen Deutsche der NSDAP angehörten und dass die Partei am 5. März 1933 bei der Reichstagswahl 43,9 % der Stimmen erzielt hatte (vgl. Benz, Wolfgang 2009, S. 7, 13), wird vollkommen ausgeblendet. Es mag zwar sein, dass keine übermäßig hohe Anzahl von Wehrmachtsoldaten Mitglied der NSDAP war und dass die Parteimitgliedschaft bei Wehrmachtangehörigen ohnehin ruhte; man kann jedoch davon ausgehen, dass rund ein Drittel der Soldaten verschiedene nationalsozialistische Sozialisationsinstanzen durchlaufen hatten und durch sie geprägt worden waren (vgl. Rass 2003, S. 122–123). An den Kämpfen rund um Schmidt dürften ebenfalls Angehörige der Wehrmacht teilgenommen haben, die an Kriegsverbrechen beteiligt gewesen waren. Statt aber die Unterschiede zwischen den Krieg führenden Parteien deutlich zu machen, werden Wehrmachtangehörige und US-amerikanische Soldaten in Fischers Zusammenstellung zu einer ›Kriegshandwerkergemeinschaft‹ verschmolzen. Das geht so weit, dass in verschiedenen Texten eine regelrechte Fraternisierung der feindlichen Soldaten untereinander beschrieben wird. So berichtet beispielsweise August Gövert, Angehöriger der 116. Panzerdivision der Wehrmacht:

> »Nach einiger Zeit bemerkte ich einen Bunker. Ich sprang vom Panzer ab und lief auf den Bunker zu, öffnete die Tür und ging hinein. ›Come in my boy and shut the door!‹ [...] So wurde ich von Amerikanern empfangen, die den Bunker besetzt hatten und hier den Angriff der Deutschen abgewartet und überstanden hatten. Sie boten mir Platz an, versorgten meine Wunde an der rechten Stirn, gaben mir eine Zigarette, die ich mit ihnen geraucht habe. Einige Zeit später hörten wir im Bunker das Geräusch eines Panzers, das Brummen des Motors und das Rasseln der Ketten. Ich verabschiedete mich von den Amerikanern, die mich auch ohne weiteres nach draußen ließen.« (Fischer 2006, S. 9)

Das Verhalten der ›Kriegshandwerker‹ untereinander wird auch immer wieder von beiden Seiten aufgewertet. Die Amerikaner »kämpften tapfer« beziehungsweise sie kämpften »sehr gut« (ebd., S. 12), heißt es in den Erinnerungen Matthias Hutmachers. Und Fritz Tillmanns schreibt über eine »mutige Tat« (ebd., S. 19) seines Unteroffiziers. Zweifel am eigenen Handeln werden lapidar abgestreift. »Ein Soldat denkt nicht« (ebd., S. 12), heißt es bei Hutmacher, »man gewöhnt sich an alles« (ebd., S. 37) ist im Bericht Georg Ostiens zu lesen.

Die Kampfesbeschreibungen selbst schwanken zwischen nüchternen Berichten und einem Stil, der wiederum demjenigen der ›Landser-Hefte‹ sehr ähnlich ist. Letzteres gilt insbesondere für die Aufzeichnungen von Gövert und Dyroff. Im Bericht von Gövert pfeifen »die Kugeln nur so« um ihn herum, »es war die reinste Hölle«. »Die Granaten konnte ich buchstäblich durch die Luft sausen sehen«, es herrschte ein »Feuerzauber« und »die Splitter jaulten über uns hinweg« (ebd., S. 8–9). Im Bericht von Wolfgang Dyroff prasseln »Arie-Salven in die Bäume«, »am westlichen Horizont [sieht man] Mündungsfeuer aufblitzen«, der »Ami [...] schickte uns einige Granaten rüber« (ebd., S. 41), »Einschläge der Leuchtraketen, die mit hellem Magnesiumlicht zu Boden sirrten« sah man überall, »schon am Klang der Abschüsse konnten wir feststellen, wohin der Segen gehen würde«. (ebd., S. 42). »So mancher Amibunker flog in die Luft«, und am Ende hieß es »Fertigmachen zur Nahverteidigung« (ebd., S. 44).

Neben derlei dramatisierten Darstellungen, finden sich – und auch das zählt zu den Charakteristika der revisionistischen ›Landser-Literatur‹ – einfache Alltagsanekdoten in Fischers Konvolut. Wiederum in den Text August Göverts eingefügt, ist die folgende Passage:

> »Es gab Verpflegung und Panzerzusatzverpflegung. ›Eßt nicht alles gleich auf‹, sagte unser Panzerkommandant Feldwebel Dolezal zu uns. Die anderen befolgten seinen Rat. Ich aber habe alles aufgegessen.« (ebd., S. 8)

Fritz Tillmanns berichtet ausführlich von seinem Versuch, eine in einem amerikanischen Panzer gefundene Kiste zu öffnen:

> »Der Deckel bestand aus einer stabilen Riffelplatte. Zunächst versuchte ich mit den Händen, den Deckel zu öffnen. Doch dies mißlang. Schließlich nahm ich meinen Feldspaten zu Hilfe und nun gelang es mir, den Deckel zu öffnen. Ich war angenehm überrascht, als ich merkte, daß in diesem Behälter die Verpflegung für die Panzerbesatzung war. So wurden wir von unserem Gegner versorgt. Einige kleinere runde Büchsen weckten meine Aufmerksamkeit. Als ich eine öffnete, fielen mir die ersten Erdnüsse in meine Hände, lecker geröstet und gesalzen. Die Amerikaner nennen sie ja ›peanuts‹. Bis dahin hatte ich diese noch nicht gekannt. Ich muß sagen, sie haben mir gut geschmeckt.« (ebd., S. 20)

Was vielen dieser Kriegsbeschreibungen gemeinsam ist: Sie erzeugen bei einer unkundigen Leserschaft Faszination angesichts der geschilderten Ausnahmesituation ›Krieg‹. Sie führen Personen vor, die trotz schwerster Belastungen durchhalten und dadurch eine Aufwertung erfahren, weil der politische Kontext erzählerisch ausgeblendet wird. Und am Ende geht die ›Geschichte‹ gut aus, denn der Erzähler selbst hat ja schließlich überlebt. Gleichzeitig suggerieren sie aber auch eine Form von Normalität des soldatischen Lebens, die an eine Ausflugssituation denken lässt. Heroisierung der Soldaten und Banalisierung des Kriegsgeschehens finden sich hier eng miteinander verwoben.

Zur Heroisierung der Soldaten trägt auch der häufige Verweis auf deren Kriegsauszeichnungen bei. »Für diesen Angriff [auf Schmidt] wurde August Gövert das EK II verliehen. Er und seine im Bericht genannten Kameraden wurden außerdem in das Ehrenbuch der 116. Panzerdivision eingetragen.« (ebd., S. 10), lautet Fischers Kommentar zu Göverts Bericht. Major a.D. Erwin Kreßmann nennt in seinen Aufzeichnungen, die von einem gleichgesinnten Kollegen Fischers, von Mario Cremer, zusammengefasst wurden, seinen bisherigen Kommandeur Hoppe und erwähnt ausdrücklich, dass es sich dabei um einen »Ritterkreuzträger« (ebd., S. 21) gehandelt habe; von einem anderen Kommandanten heißt es im selben Text, dass er »das Deutsche Kreuz in Gold trug« (ebd.,

S. 22). Und auch in dem Bericht von Wolfgang Dyroff wird erwähnt, dass dessen Bataillonskommandeur ein »Ritterkreuzträger« (ebd., S. 45) gewesen sei. Ob es nun die Veteranen selbst waren, die den Angaben zu diesen Auszeichnungen ein solches Gewicht beimaßen oder ob der Verfasser der Publikation und seine Unterstützer besonderen Wert darauf legten, auf die entsprechenden Bänder, Medaillen, Orden und Ehrenzeichen hinzuweisen, sie also in die Berichte hineingeschrieben haben, bleibt offen.

All diese Merkmale zusammengenommen, lassen den Schluss zu, dass Ludwig Fischers Publikation dem Zweck diente, die Angehörigen der Wehrmacht als ›ganz normale‹ Soldaten in einem ›ganz normalen‹ Krieg zu rehabilitieren und von jeglicher Verbindung mit dem nationalsozialistischen Staat zu entkoppeln. Am Ende bleiben unhinterfragte, scheinbar überzeitliche Werte wie ›Mut‹, ›Tapferkeit‹, ›Kameradschaft‹ und ›ehrenhaftes Handeln‹, die die Kriegsbeteiligten auszeichnen, bei gleichzeitiger Verwischung der Unterschiede zwischen US-amerikanischen und Wehrmachtsoldaten. Sie alle verschmelzen zu einer ›Kriegshandwerkergemeinschaft‹. Fischers Erinnerungen dienen der ›Reinwaschung‹ einer Wehrmacht, deren verbrecherischer Charakter dem Verfasser – auch als Hobbyhistoriker – im Jahr 2006 längst bekannt gewesen sein dürfte.[178] Nicht auszuschließen ist jedoch, dass sich Ludwig Fischer im Jahr 2006, immer noch an den Ergebnissen der beiden Wehrmachtausstellungen des *Hamburger Instituts für Sozialforschung* aus den Jahren 1995 bis 1999 und 2001 bis 2004 abgearbeitet hat – sei es nun bewusst oder unbewusst.

Zur Illustration: Die Publikation ist mit 23 Fotografien aus dem Kriegsverlauf illustriert, mit zwei Luftaufnahmen aus dem Band *Three Battles* von MacDonald und Mathews sowie mit einigen passbildartigen Aufnahmen der Veteranen. Die Kriegsfotografien sind allesamt bekannt und wirken beliebig eingestreut. Die meisten stammen aus dem Buch von Gevert Haslob *Ein Blick zurück in die Eifel. Schicksalsweg der 89. Infanteriedivision.* Zwei aktuellere Aufnahmen zeigen August Gövert und Raymond E. Fleig bei einem Besuch in Schmidt (Fischer 2006, S. 10, 19); auf der zweiten Fotografie ist noch Fritz Tillmanns zu sehen.

178 Schon Ende der 1970er-Jahre hatte beispielsweise das *Militärgeschichtliche Forschungsamt* mit dem dreizehnbändigen Projekt »Das Deutsche Reich und der Zweite Weltkrieg« begonnen. Bis auf drei Bände lagen bei Erscheinen von Fischers Publikation bereits alle Bände vor. 1995 war bereits der Begleitband zu der vielbesprochenen Ausstellung *Vernichtungskrieg. Verbrechen der Wehrmacht 1941–1944* erschienen, vgl. Heer, Hannes, und Klaus Naumann, Hrsg. 1995. *Vernichtungskrieg. Verbrechen der Wehrmacht 1941–1944.* Hamburg: Hamburger Edition. Und 1999 lag die im Auftrag des *Militärgeschichtlichen Forschungsamtes* von Rolf-Dieter Müller und Hans-Erich Volkmann herausgegebene mehr als 1.300 Seiten umfassende Arbeit über Mythos und Realität der Wehrmacht vor, vgl. Müller, Rolf-Dieter, und Hans-Erich Volkmann, Hrsg. 1999. *Die Wehrmacht. Mythos und Realität.* München: Oldenbourg Verlag.

Der Herausgeber, sein Umfeld und ein erinnerungspolitischer Konflikt: Der Pensionär Ludwig Fischer arbeitete als Lehrer, war Bürgermeister der Stadt Nideggen, Ortsvorsteher von Schmidt, Ortsverbandvorsitzender der CDU, Vorstand des Heimatbundes, hatte Ämter in der Kirche inne und einiges mehr. Durch die Vielzahl der Funktionen nahm er erheblichen Einfluss auf das Geschichtsbild, das vor allem vom Heimatbund in Nideggen-Schmidt lange Zeit dominiert wurde.

In seiner Publikation tauchen zwei weitere Personen als Mitwirkende auf, ohne dass auf beide im Vorwort hingewiesen worden wäre. Dabei handelt es sich zum einen um Mario Cremer (*1967), der die Kriegserlebnisse von Erwin Kreßmann aufgezeichnet (ebd., S. 21–24)[179] und offensichtlich die Aufnahme eines Schreibens von Edgar T. Bush (ebd., S. 28) in die Publikation zu verantworten hat. Cremer wuchs in Hasenfeld auf, einem Ortsteil von Heimbach, und ist Angehöriger der Bundeswehr im Dienstgrad eines Oberstleutnants. Sein privates Interesse gilt dem Auffinden von verschollenen Kriegstoten der U.S. Army in der Nordeifel.[180] Er führt dort ebenfalls Exkursionen durch und hält Vorträge über das Kriegsgeschehen im ›Hürtgenwald‹[181], auch auf Einladung des Heimatbundes.[182] Über viele Jahre hielt er auch die Hauptreden auf den jährlichen Feiern des Fördervereins *Windhunde mahnen zum Frieden e.V.*, der im Jahr 2000 gegründeten Nachfolgeorganisation des Veteranenverbandes der 116. Panzerdivision der Wehrmacht. Cremer betonte dabei regelmäßig die gemeinsamen Werte der Soldaten der Wehrmacht und der Bundeswehr.[183] Die enge

179 Die Aufzeichnungen Kreßmanns sind auch auf »Scorpio's Website« verfügbar, einer belgischen Netzadresse: http://home.scarlet.be/~sh446368/zeitzeuge_erwin_kressmann.html. Zugriff: 9.3.2022.

180 Transatlantische Spurensuche – sieben Jahrzehnte nach Kriegsende. 2016. *Eifelon,* 23.9. 2016. https://eifelon.de/heimbach/transatlantische-spurensuche-sieben-jahrzehnte-nach-kriegsende.html. Zugriff: 8.2.2022.

181 Klinkhammer, Gudrun. 2017. Mario Cremer untersucht Schlacht um Hürtgenwald. *Aachener Zeitung,* 23.4.2017. https://www.aachener-zeitung.de/lokales/dueren/mario-cremer-untersucht-schlacht-um-huertgenwald_aid-24752267. Zugriff: 6.5.2020.

182 Lauscher, Anneliese. 2015. Heimatbund: Vortrag über die Einnahme von Schmidt. *Aachener Zeitung,* 10.4.2015. https://www.aachener-zeitung.de/lokales/dueren/heimatbund-vortrag-ueber-die-einnahme-von-schmidt_aid-25469437. Zugriff: 6.5.2020.

183 2009 klang das nach einem Protokoll des ›Teams Bunkersachsen‹ wie folgt (die zahlreichen Rechtschreib- und orthografischen Fehler des Textes wurden beibehalten): »Es gibt gute und hohe Werte die von deutschen Soldaten, gleich ob einfacher Soldat, Unteroffizier oder Offizier zu aller Zeiten gelebt und verkörpert wurden. Diese Werte zu bewahren und das gute weiter zu geben ist die Aufgabe jetziger und kommender Generationen und der Grund dafür das sich Jung und Alt heute hier an diesem Ort trifft. […] Ist wirklich ein objektives Bild und eine gerechtes Urteil von einer Geschichtsdeutung und Gesellschaft zu erwarten, die Deserteuren und solchen die andere in Lebensgefahr in Stich gelassen haben, Denkmähler setzt, wie vor einiger Zeit in Köln geschehen. Pauschal wurde in diesem Zusammenhang rehabilitiert, freigesprochen und geläutert. Diejenige die aushielten, weil sie der Überzeu-

Traditionsbindung, die Cremer zwischen den Soldaten der Wehrmacht und der Bundeswehr konstatiert, wird auch auf einem Bild deutlich, das ihn auf einer Gedenkfeier im Juni 2011 für den im Krieg getöteten US-amerikanischen GI Robert T. Cahow zeigt. Cremer in Bundeswehruniform und ein Laiendarsteller in Wehrmachtuniform rahmten damals das anlässlich der Veranstaltung entstandene Pressefoto ein.[184] Cremers Reden und Auftritte wurden bereits Gegenstand bundeswehrinterner Untersuchungen.[185] Diese haben die Bundeswehr jedoch nicht davon abhalten können, dem Oberstleutnant im Frühjahr 2020 am *Ausbildungszentrum Infanterie* in Hammelburg (Bayern) die Leitung des Stabes des Ausbildungszentrums zu übertragen.[186]

Als zweiter Mitwirkender an Ludwig Fischers Publikation wird neben Mario Cremer der Niederländer ›Ron van Ryt‹ genannt – richtig lautet der Name Ron van Rijt. Van Rijt hat das von Fischer abgedruckte Gespräch mit Matthias Hutmacher (ebd., S. 11–13) geführt. Und Mario Cremer hat ein Schreiben – ›Hallo Ron‹ – von Edgar T. Bush an van Rijt wiedergegeben, in dem dieser, wie oben gezeigt, die Wehrmachtsoldaten pauschal vom Verdacht freispricht, Nationalsozialisten gewesen zu sein.

Ähnlich wie Mario Cremer steht Ron van Rijt dem Förderverein *Windhunde mahnen zum Frieden e.V.* nah und ist ein Anhänger der 116. Panzerdivision der Wehrmacht. Van Rijt posierte mehrfach auf *Facebook* in einem ›Windhund‹-T-Shirt[187] und wurde in der Zeitschrift des Veteranenverbandes 2003 einem

gung waren, dass Anstand und Pflichtgefühl dies von ihnen forderten, werden dabei an den Rand gedrängt oder gar noch beschuldigt. Wenn ich lese oder höre, dass denen die hier auf diesen Feldern oder in den Wäldern 1944 aushielten heute vorgehalten wird, es wäre durch ihr weiter kämpfen ermöglicht worden, mehr Städte durch Alliierte Bomber in Schutt und Asche zu legen, oder dass in den Gefängnissen des National – Sozialistischen Unrechtsregimes weiter gemordet werden konnte, kann ich auf solche bewusst verzerrenden Deutungen nur den Kopf schütteln. […] Wer immer noch nicht verstanden hat oder begreifen will um was es mir geht, dem sei es jetzt ganz deutlich gesagt. Die Leistungen die die Generation vor uns im Krieg und nach dem Krieg erbracht hat, sollen uns heute als Beispiel und Ansporn dienen, es ihr nach zu machen.« Auszug aus der Rede Mario Cremers vom 11.10.2009 auf der Gedenkveranstaltung des Fördervereins *Windhunde mahnen zum Frieden e.V.* in Hürtgenwald-Vossenack. http://www.team-bunkersachsen.de/pages/zeitzeugen-geschichte/windhund-division-teil-2.php. Zugriff: 8.2.2022.

184 Pütz, Lisa. 2011. Nach 60 Jahren: Gedenkfeier für gefallenen GI. *Aachener Zeitung*, 15.6.2011. http://www.aachener-zeitung.de/lokales/dueren/nach-60-jahren-gedenkfeier-fuer-gefallenen-gi-1.382397. Zugriff: 6.5.2020.

185 Schreiben des Bundesministeriums der Verteidigung, Referat FüSK III 7 vom 15.9.2017 an den Verfasser.

186 Hammelburg. Reformierte Offiziersausbildung und neues Führungsteam. Am Ausbildungszentrum Infanterie in Hammelburg steht ein neues Führungsteam in den Startlöchern. *Main Post*, 27.2.2020. https://www.mainpost.de/regional/bad-kissingen/reformierte-offiziersausbildung-und-neues-fuehrungsteam;art433648,10413749. Zugriff: 26.5.2020.

187 https://www.facebook.com/photo.php?fbid=10152083450338622&set=pb.556738621.-2207520000.1554928534.&type=3&theater. Zugriff: 8.2.2022.

›Beraterteam‹ des Fördervereins der ›Windhunde‹ zugerechnet.[188]. Van Rijt ist ebenso wie Mario Cremer Teil eines militariaaffinen Netzwerks der Region.

Einer der ›Erfolge‹ dieses Netzwerks ist wiederum eng mit der Publikation Ludwig Fischers verknüpft. Das untere Gruppenfoto auf deren Titel zeigt einige ältere Herren hinter einem Gedenkstein. Der Stein trägt, wie bereits dargelegt, die zweisprachige Aufschrift »Sie starben nicht vergeblich [sic] denn sie gewannen den Frieden zwischen unseren Völkern.« Darunter befinden sich die Zeichen der 89. Infanteriedivision der Wehrmacht sowie des 707th US Tank Battalion, beides Einheiten, die 1944/45 in der Region gegeneinander gekämpft hatten. Der Stein wurde 1999 im Zentrum Schmidts auf einer Parkfläche gesetzt.[189] Die Initiative dazu ging von Ron van Rijt aus. Entsprechende Unterstützung leistete der Heimatbund unter Ludwig Fischer, der zudem als Ortsvorsteher dafür sorgte, dass der Stein ohne bürokratische Hürden und Ratsbeschluss an seinen Platz kam.

Abb. 13: Der 1999 gesetzte ›Stein des Anstoßes‹ in Nideggen-Schmidt (Foto: F. Möller).

Die Wehrmacht taucht auf dem Stein nicht als ausführendes Organ in einem rassistischen Vernichtungskrieg auf, sondern gleichberechtigt an der Seite der Amerikaner als ›Friedensbringer‹ – ein Zusammenhang, der Geschichte ver-

188 Der Windhund. 2003 H. 4, S. 14.

189 Der Stein befand sich auf der Grünanlage Ecke Monschauer Straße / Kommerscheidter Straße. Auf der Website des Heimatbundes finden sich unter dem Stichwort »Kriegerdenkmal« entsprechende Bilder von der Einweihung: http://www.heimatbund-schmidt.de/bildergalerie/bildergalerie-kriegerdenkmal.html. Zugriff: 6.5.2020.

fälscht.[190] Der Satzbeginn ›Sie starben nicht vergeblich …‹ lässt erahnen, wieso diese Botschaft den Initiatoren überhaupt in den Sinn gekommen sein dürfte. Ganz offensichtlich ist es für manchen auch mehr als ein halbes Jahrhundert nach Kriegsende immer noch schwer auszuhalten gewesen, dass der von Deutschland ausgehende Zweite Weltkrieg und dass der Tod so zahlreicher deutscher Soldaten tatsächlich in jeder Hinsicht *sinnlos* war. Der Versuch, einen Bogen vom Einsatz der 89. Infanterie-Division (›Hufeisen-Division‹) der Wehrmacht zum Nachkriegsfrieden zu schlagen, dient also auch dem Zweck, dem Kampf der Wehrmachtsoldaten nachträglich einen Sinn einzuschreiben sowie die eigene Region durch deren Einsatz und die damit verbundenen Kämpfe mit historischer Bedeutung aufzuladen.

Die Inschrift des Steines stimmt mit der an zwei Stellen verschriftlichten Auffassung Ludwig Fischers überein. In dem Band von Gevert Haslob (vgl. Haslob 2000), der ein Jahr nach Aufstellung des Steins erschien, schrieb Fischer im Vorwort über die Soldaten der Wehrmacht *und* der USA, »daß diese Männer es waren, die den Grundstein legten für die längste Friedensepoche, die wir in Europa erleben. Aus ihrem Opfer erwuchs uns die Freiheit« (Haslob 2000, S. 5). Und im Vorwort der *Erinnerungen* heißt es:

> »[F]ast 61 Jahre durften wir in Frieden leben, durften wir leben, ohne irgendwelche Not leiden zu müssen […]. All dies verdanken wir jenen Männern und Frauen, die bis zum Kriegsende ihr Leben lassen mußten. Aus ihrem Opfergang erwuchs unsere Freiheit. Sie legten den Grundstein für die friedliche Zukunft in Europa.« (Fischer 2006, S. 3)

Auch hier werden die Kriegstoten vermischt, egal für welche Seite sie kämpften und starben. Ihr Tod wird dabei zu einem gemeinsamen Opfergang verklärt. Und wir heute, so die Botschaft, verdanken ihnen die Freiheit – egal ob Wehrmachtangehörigen, ehemaligen Nazis, Mitläuferinnen und Mitläufern, ›inneren Emigrantinnen und Emigranten‹ oder Angehörigen der alliierten Streitkräfte. So transportieren Ludwig Fischers Publikation *Erinnerungen*, sein Vorwort in Gevert Haslobs Band über die 89. Infanteriedivision der Wehrmacht sowie die Website des Heimatbundes, auf der die meisten Beiträge der *Erinnerungen* ebenfalls wiedergegeben werden, dieselbe geschichtsrevisionistische Botschaft.

Seit 2017 ist jedoch eine Diskussion um den Stein und die damit verbundene Geschichtsauffassung entbrannt. Im Rat der Stadt Nideggen wurde darum ge-

190 Vier Jahre vor der Setzung des Steins war bereits Peter Reichels Publikation über »Gedächtnisorte im Streit um die nationalsozialistische Vergangenheit« erschienen, die von den Akteuren in Schmidt offensichtlich aber nicht zur Kenntnis genommen worden war, vgl. Reichel, Peter. 1995. *Politik mit der Erinnerung. Gedächtnisorte im Streit um die nationalsozialistische Vergangenheit.* München, Wien: Carl Hanser Verlag.

stritten, ob der Stein kommentiert oder entfernt werden soll.[191] Im September 2021 verschwand er überraschenderweise. Es stellte sich heraus, dass der Initiator der Aufstellung, Ron van Rijt, ihn ohne Rücksprache nach über zwei Jahrzehnten wieder hatte entfernen lassen.[192] Der gesamte Vorgang ist ein Indiz dafür, dass die Erinnerungskultur in Nideggen-Schmidt im Wandel begriffen ist.

191 Uerlings, Volker. 2019. Ein »höchst problematisches« Ehrenmal in Schmidt. *Aachener Zeitung*, 3.12.2019. https://www.aachener-zeitung.de/lokales/dueren/ein-hoechst-problematisches-ehrenmal-in-schmidt_aid-47613215. Zugriff: 6.5.2020.

192 Die Geschichte der Aufstellung des Steins, der daraus resultierenden erinnerungspolitischen Konflikte sowie seiner Entfernung auf Initiative Ron van Rijts ist im Detail nachzulesen auf *Kultur. Landschaft. Digital* (KuLaDig), einem Informationssystem des Landschaftsverbands Rheinland: https://www.kuladig.de/Objektansicht/KLD-327318. Zugriff: 31.1.2022.

3. Der lange Schatten des Oberkommandos der Wehrmacht

Im ersten Abschnitt dieser Studie ging es um die Analyse von zehn beispielhaften Werken der Militaria-Literatur, die alle einen Bezug auf die Kämpfe in der Nordeifel gegen Ende des Zweiten Weltkriegs hatten. Darüber hinaus wurde die Vernetzung einzelner Autoren sowohl untereinander als auch über Vereine und Verlage mit rechten bis rechtsextremen Organisationen in den Blick genommen. Dabei wurde deutlich, dass dieser Übergang fließend sein kann und von Vertreterinnen und Vertretern aus Politik und Verwaltung, gesellschaftlichen Institutionen und Teilen der Zivilgesellschaft lange Zeit ignoriert wurde und selbst heute noch mit allzu großer Zurückhaltung behandelt wird.

Im folgenden Teil geht es um einen Rückblick auf die letzte Propagandaaktion des Oberkommandos der Wehrmacht. Die Botschaft, die von dort aus verbreitet wurde, pflanzte sich nicht nur in den ersten Nachkriegsjahren fort. Sie durchlief verschiedene Stadien, nutzte unterschiedliche Medien und hat bis heute Wirkungskraft.[193]

Vom ersten Tag des Überfalls der Wehrmacht auf Polen bis zum Ende des Krieges wurde täglich im ›Großdeutschen Rundfunk‹ und in den gleichgeschalteten Tageszeitungen über die aktuellen Kampfhandlungen berichtet. Verantwortlich dafür zeichnete die ›Abteilung Wehrmachtpropaganda‹ im Führungsstab des Oberkommandos der Wehrmacht. Am 9. Mai 1945 verkündete der letzte Bericht die Einstellung aller Kämpfe. NS-Deutschland und seine kämpfenden Einheiten hatten bedingungslos kapituliert. Die politische und militärische Zäsur, die damit gesetzt wurde, hatte aber einen Haken. Denn folgerichtig wäre es gewesen, die Sinnlosigkeit des von Deutschland initiierten Krieges gleichzeitig mit der Kapitulation anzuerkennen. Eben dies geschah jedoch nicht. Das Gegenteil war der Fall. Der Krieg und sein für das ›Dritte Reich‹ katastrophales Ende wurden durch eine der letzten Propagandaaktionen des NS-Staates noch einmal ausdrücklich mit Sinn aufgeladen. Im letzten Wehrmachtbericht vom 9. Mai heißt es:

193 Siehe dazu auch den Sammelband von Westemeier, Jens 2019b.

»Die deutsche Wehrmacht ist am Ende einer gewaltigen Übermacht ehrenvoll unterlegen. Der deutsche Soldat hat, getreu seinem Eid, im höchsten Einsatz für sein Volk für immer Unvergeßliches geleistet. Die Heimat hat ihn bis zuletzt mit allen Kräften unter schwersten Opfern unterstützt. Die einmalige Leistung von Front und Heimat wird in einem späteren gerechten Urteil der Geschichte ihre endgültige Würdigung finden.«[194]

Aachener Nachrichten

Der Krieg ist aus!

Bedingungslose Kapitulation!

Der Augenblick des alliierten Sieges ist da

König Georgs Glückwunsch an General Eisenhower

Stalin Truman Churchill

Hitler Mussolini

Abb. 14: Als erstes freies Blatt Deutschlands konnten die *Aachener Nachrichten* am 8. Mai 1945 die bedingungslose Kapitulation der Wehrmacht vermelden (Quelle: wikimedia commons, ACBahn[195]).

Damit wurde nicht nur rückblickend der Versuch einer ›Ehrenrettung‹ der gesamten Streitkräfte unter ihrem Oberbefehlshaber Adolf Hitler unternommen, es wurde auch ein Auftrag für die Zukunft formuliert: Wehrmacht und ›Volksgemeinschaft‹ – ›Front und Heimat‹ – sollte für ihr Handeln Anerkennung zugesprochen werden.

Dem vorgeblich ›gerechten Urteil der Geschichte‹ Leben einzuhauchen und es noch um einige Geschichtslügen zu erweitern, fanden sich nach dem Krieg rasch verschiedene Interessengruppen zusammen (vgl. Lockenour 2001). Bereits im November 1945 warteten fünf Wehrmachtführer unter der Leitung des ehema-

194 Die Wehrmachtberichte 1939–1945. 1985. Reprint, Bd. 3: 569. München: dtv.

195 https://commons.wikimedia.org/wiki/File:Aachener_Nachrichten_8._Mai_1945.jpg. Zugriff: 8.2.2022.

ligen Generalfeldmarschalls Erich von Manstein mit einer Denkschrift für den *Nürnberger Prozess* auf, mit der sie die Bemühungen zur ›Ehrenrettung‹ der Wehrmacht weiter ausbauten. Alle fünf zählten zum engsten Kreis der deutschen Militärführung unter Hitler.[196] Nach ihren Ausführungen war das Verhältnis der Wehrmacht gegenüber der NSDAP und Hitler stets distanziert gewesen, auf die Judenvernichtung habe man keinen Einfluss gehabt, weil das Sache der SS gewesen sei, und von den Konzentrationslagern habe man kaum etwas gewusst; den ›Kommissarbefehl‹ habe man nicht ausgeführt und den Krieg gegen die unmittelbaren Nachbarn und die Sowjetunion zwar als Präventivkrieg akzeptiert, ihn aber nicht als Rassen- und Vernichtungskrieg geführt. Der Militärhistoriker Manfred Messerschmidt urteilt über die Denkschrift der Generäle, sie gehöre »zu den wichtigsten Dokumenten für die Geschichte der Verharmlosung der Rolle von OKW und OKH im Zweiten Weltkrieg. Nicht einer der Verfasser hat sich der Verantwortung für eigenes Handeln oder Unterlassen gestellt. Dennoch erhoben sie den Anspruch, mit ihrer Darstellung eine Pflicht gegenüber den Soldaten des deutschen Heeres zu erfüllen« (Messerschmidt 1995, S. 546–547).

Eine weitere Fortschreibung fand diese Linie ausgerechnet mit Unterstützung der Amerikaner. Schon 1945 hatte die U.S. Army das Projekt einer ›Historical Division‹ ins Leben gerufen. Im Jahr darauf wurde dort die *Operational History (German) Section* eingerichtet. Die Absicht bestand darin, sich das operative Wissen und die Erfahrungen kriegsgefangener deutscher Offiziere für die Kriegsgeschichtsschreibung und für das eigene Militär zu Nutze zu machen. Franz Halder, ehemaliger Generalstabschef des Heeres, wurde mit der Leitung der Sektion betraut. Unter Halder arbeiteten bis zu 300 ehemalige Wehrmachtgeneräle und Generalstabsoffiziere rund 2.500 Studien aus. Den Militärhistorikern Bernd Wegner und Wolfram Wette zufolge bestand das dabei entworfene Geschichtsbild des Zweiten Weltkriegs vor allem aus folgenden Grundthesen: »[D]ie Wehrmacht insgesamt, vor allem aber die Heeresführung [waren] geradezu historische Opfer Hitlers, zumindest aber mißbrauchte Instrumente seiner verbrecherischen Politik« (Wette 2013, S. 227). Und der Krieg sei ein »Verhängnis«, wenn nicht sogar ein notwendiger »Präventivschlag« (ebd.) gewesen, der vor

196 Neben von Manstein zählten zu den Verfassern Walther von Brauchitsch, bis 1941 Oberbefehlshaber des Heeres, Franz Halder, bis 1942 Generalstabschef des Heeres, Walter Warlimont, bis 1944 stellvertretender Chef des Wehrmachtführungsstabes, und Siegfried Westphal, bis Kriegsende Chef des Generalstabes des Oberbefehlshabers West. Die Denkschrift ist vollständig abgedruckt in Westphal, Siegfried. 1978. *Der deutsche Generalstab auf der Anklagebank. Nürnberg 1945–1946. Mit einer Denkschrift von Walther von Brauchitsch, Erich von Manstein, Franz Halder, Walter Warlimont, Siegfried Westphal.* Mainz: v. Hase & Koehler.

allem durch den »Dilettantismus und [die] Unbelehrbarkeit Hitlers« verloren worden sei (Wette 2013, S. 228).[197]

Das in den Studien vertretene apologetische Bild einer rein professionell operierenden Wehrmacht ohne eigene Verantwortung für den Vernichtungskrieg beeinflusste nicht nur die US-amerikanische Geschichtsschreibung. Auch die deutsche Militärgeschichtsschreibung wurde jahrelang von den ehemaligen Wehrmachtführern dominiert. Dazu trug vor allem der zunächst in Frankfurt, später in Stuttgart ansässige *Arbeitskreis für Wehrforschung* (AfW) bei, der von deutschen Beteiligten der ›Historical Division‹ 1954 gegründet worden war und bis in die 1990er-Jahre Bestand hatte. Er wurde vom Bundesministerium der Verteidigung finanziert und verbreitete seine politisch interessengeleitete Sichtweise über eigene Publikationen, Vorträge und die beiden Zeitschriften *Wehrwissenschaftliche Rundschau* und *Marine-Rundschau.* Mit der Gründung des AfW dominierte das ehemalige Führungspersonal der Wehrmacht für Jahre den zivilen Forschungs- und Publikationssektor, denn den Zugang zu den von der U.S. Army beschlagnahmten Militärakten der Wehrmacht genossen die Mitglieder des AfW zunächst exklusiv. Sie besaßen dadurch nicht zuletzt die Möglichkeit – so die These von Hannes Heer –, Akten, die ihr eigenes Verhalten während des Zweiten Weltkriegs belasteten, unauffällig verschwinden zu lassen (vgl. Heer 2004, S. 103). Vor allem verschaffte ihnen die privilegierte Stellung aber einen erheblichen Vorsprung vor unabhängigen Historikern, denen der Zugang zu dem Material erst ab Ende der 1950er-Jahre ganz allmählich gestattet wurde. Damit konnten sie die sie selbst entlastende und streng operationsgeschichtlich orientierte Betrachtungsweise des Kriegsgeschehens weiter im Sinne des letzten Wehrmachtberichts fortschreiben.

Flankiert wurde diese Ausrichtung durch politische Entscheidungen, die nur vor dem Hintergrund der Wiederbewaffnung der Bundesrepublik und deren Einbindung in ein westliches Verteidigungsbündnis zu verstehen sind. Dabei übten auch die mit Beginn der 1950er-Jahre zahlreich entstandenen Verbände ehemaliger Wehrmachtsoldaten erheblichen Einfluss aus. Das ging so weit, dass die Geschäftsstelle des 1951 gegründeten und vom ›Amt Blank‹ der Regierung Adenauers protegierten ›Verbands Deutscher Soldaten‹ dem Bundeskanzler eine Ehrenerklärung für deutsche Wehrmachtsoldaten diktierte, die Adenauer am 3. Dezember 1952 im Bundestag auch verlas. 14 Tage später erweiterte er diese Erklärung um Angehörige der Waffen-SS. Vorausgegangen war dem bereits eine

197 Wette bezieht sich bei diesen Ausführungen auf Wegner, Bernd. 1995. Erschriebene Siege. Franz Halder, die ›Historical Division‹ und die Rekonstruktion des Zweiten Weltkrieges im Geiste des deutschen Generalstabes. In *Politischer Wandel, organisierte Gewalt und nationale Sicherheit. Beiträge zur neueren Geschichte Deutschlands und Frankreichs – Festschrift für Klaus-Jürgen Müller*, Hrsg. Ernst Willi Hansen, Gerhard Schreiber, und Bernd Wegner, S. 287–302, hier S. 291, 295. München: Oldenbourg Verlag.

Ehrenerklärung des US-amerikanischen Generals und NATO-Oberbefehlshabers Dwight D. Eisenhower.

Abb. 15: Die von 1946 bis 1966 im *Axel Springer Verlag* erscheinende Illustrierte *Kristall* warb für ihre Kriegsgeschichten auch in der Zeitschrift der *Hilfsgemeinschaft auf Gegenseitigkeit der Soldaten der ehemaligen Waffen-SS.* Kein Wunder, arbeiteten doch seit 1960 die ehemaligen SS-Mitglieder und Mitarbeiter in der Propagandaabteilung des NS-Außenministeriums Horst Mahnke und Paul Karl Schmidt für die Illustrierte. *Springer* hatte beide vom *Spiegel* abgeworben (Quelle: Alte Kameraden, 2/1963, S. 11).

Autoren und Herausgeber von Verbandszeitschriften und Kameradschaftsblättern trugen während der Regierungszeit Adenauers – und darüber hinaus – außerdem das Ihre dazu bei, diese mit dem letzten Wehrmachtbericht geistig verbundene »Politik der Ehre« (vgl. Manig 2004) als Leitmotiv weiter fortzuschreiben. Und führende deutsche Akteure der ›Historical Division‹ und der AfW sorgten mit einer Schwemme von Memoiren-Literatur dafür, das eigene Geschichtsbild weiter zu transportieren. Hinzu kam seit den 1950er-Jahren eine Welle von Spielfilmen, die den Zweiten Weltkrieg mit individuellen Soldatenschicksalen im Sinne der vorgezeichneten Geschichtsbilder auf Unterhaltungsniveau für breitere Schichten herunterbrachen;[198] außerdem eine Flut von

198 Literaturangaben dazu in Fischer, Torben, und Matthias N. Lorenz, Hrsg. 2007. *Lexikon der »Vergangenheitsbewältigung« in Deutschland. Debatten- und Diskursgeschichte des Nationalsozialismus nach 1945.* Stichwort »Kriegsfilmwelle«, S. 118–120. Bielefeld: Transcript Verlag.

Kriegserzählungen in Illustrierten wie *Quick*, *Kristall* und *Revue*, zahlreiche Kriegsromane[199] und nicht zuletzt die äußerst populären ›Landser-Hefte‹,[200] die den Krieg aus der Sicht einfacher deutscher Soldaten wieder aufleben ließen und damit bis zu sechsstellige Auflagenhöhen erzielten. Mit dem »Todesacker Hürtgenwald« (Fischer-Borken 1981), der »Vernichtungsschlacht im Hürtgenwald« (Fischer-Borken 2005) und der »Knochenmühle Hürtgenwald« (Wallenda 2009) fanden sie ihre Stoffe auch in der Nordeifel.

199 Vgl. Ächtler, Norman. 2013. *Generation in Kesseln. Das Soldatische Opfernarrativ im westdeutschen Kriegsroman 1945–1960.* Göttingen: Wallstein Verlag.

200 Aktuell zur Populärliteratur der ›Landser-Hefte‹ mit Hinweisen auf frühere Untersuchungen Martínez, Matías. 2019. Der trivialisierte Krieg. Die »Landser«-Hefte zwischen Erlebnisbericht und Schemaliteratur. In *»So war der deutsche Landser …«. Das populäre Bild der Wehrmacht*, Hrsg. Jens Westemeier, S. 101–122. Paderborn: Ferdinand Schöningh Verlag.

4. Die Kernaussagen der Rechtfertigungsarbeiten

Wie wirkungsmächtig die vom letzten Wehrmachtbericht sich fortschreibenden Leitmotive waren und auf welchen fruchtbaren Boden sie auch über die Adenauer-Ära hinaus fielen, zeigt sich nicht zuletzt am Beispiel der Autoren und ihrer Verleger, die mit den zehn beispielhaft vorgestellten Publikationen diesem Grundmuster gefolgt sind. Einer genaueren Betrachtung bedürfen im Anschluss daran nun noch einmal die Kernaussagen und -elemente, auf denen die »Rechtfertigungsarbeit« (Westemeier 2019b, S. 15) der bislang an Einzelbeispielen behandelten Militaria-Literatur fußt. Die Schwerpunkte liegen dabei auf verschiedenen Varianten der Enthistorisierung und Mythologisierung[201] des in den zehn Publikationen geschilderten Kriegsgeschehens und der daran Beteiligten. Die verschiedenen Formen von Enthistorisierung und Mythologisierung haben sich heute längst noch nicht überlebt. Am Beispiel der Nordeifel lassen sich zahlreiche Variationen davon nachweisen, sei es in Publikationen, im verfehlten Handeln von Kirche, Politik und einzelnen Heimatvereinen oder durch einige in zeithistorischen Fragen unqualifizierte Tourismusorganisationen (vgl. Fings und Möller 2016a). Doch das gilt längst nicht allein für die Eifel. Zu Recht hat Jens Westemeier noch 2019 festgehalten:

> »Das Bedürfnis der bundesdeutschen Gesellschaft, eine Vergangenheit zu rekonstruieren, in der die eigenen Verwandten in Rollen auftreten, die mit Nationalsozialismus und Verbrechen nichts zu tun haben, ist nach wie vor so groß, dass das Narrativ von der ›sauberen‹ Wehrmacht weiterleben kann.« (Westemeier 2019b, S. 25)

201 Zum Aspekt der Mythosforschung als Teil der Geschichts- und Kulturwissenschaften siehe Schreiner, Florian J. 2019. »Die besten Soldaten der Welt!« Die Idealisierung der Wehrmacht aus der Sicht der historischen Mythosforschung. In *»So war der deutsche Landser …«. Das populäre Bild der Wehrmacht*, Hrsg. Jens Westemeier, S. 27–39. Paderborn: Ferdinand Schöningh Verlag.

4.1 Formen der Enthistorisierung des Kriegsgeschehens

Der zeithistorische Rahmen, in dem sich die bearbeitete Literatur bewegt, ist eng gesteckt. Der Zweite Weltkrieg erscheint darin als unerwartbares Ereignis, das aus dem Ablauf der Geschichte plötzlich und unerwartet hervorsteigt. Politische Entwicklungslinien, die hätten verdeutlichen können, wie es zu der Machtübertragung an die Nationalsozialisten und zur Umwandlung der Gesellschaft in eine nationalrassistische ›Volksgemeinschaft‹ als gesellschaftspolitisches Ordnungsideal der Nationalsozialisten kommen konnte, finden keine Berücksichtigung. Die Ursachen, die zum Zweiten Weltkrieg und zu den Kämpfen im ›Hürtgenwald‹ führten, bleiben damit verschleiert. Es herrscht eine generelle Neigung zur Enthistorisierung und Entkontextualisierung des Kriegsgeschehens, die auch einschließt, dass die Kausalität von deutscher Aggression und deutschen Verbrechen im Verlauf des Krieges ausgeblendet bleibt.

Auch die Frage, wieso die Soldaten der Wehrmacht ein knappes Jahr lang einen Krieg weiterführten, der absehbar verloren war, spielt in den vorgestellten Publikationen keine Rolle. Stattdessen wird weiter der Propagandathese vom ›Dienst für das Volk‹ nachgehangen, nach der die deutschen Militärs die Heimat im Westen hätten schützen wollen und müssen. Der Gedanke, dass sie damit die Zerstörung von Dörfern, Städten und Landschaften sowie den Tod zahlreicher Zivilisten wissentlich in Kauf nahmen, scheint kaum auf. Und wenn es tatsächlich einmal einen Ansatz gibt, politische Ereignisse als Rahmenbedingungen für militärisches Handeln einzubeziehen, dann geschieht das allenfalls in sehr wenigen Sätzen. So schreibt beispielsweise Dieter Heckmann, der diese Passage offensichtlich von Wingolf Scherers Buch übernommen hatte, das ein Jahr zuvor erschienen war:

> »[D]ie feindlichen Armeen dringen vom Zeitpunkt der Invasion an aus Westen, Süden und Osten unaufhaltsam auf die deutschen Reichsgrenzen zu. Ihr Ziel: die bedingungslose Kapitulation der deutschen Wehrmacht und der politischen Führung des Reiches.« (Heckmann 2003, S. 6)

Bei Wingolf Scherer heißt es:

> »Am 20. Juli 1944 war das Attentat auf den Führer Adolf Hitler in dessen ostpreußischem Hauptquartier fehlgeschlagen. Damit war der verzweifelte Versuch des deutschen Widerstandes gescheitert, das Schicksal des Reiches und seiner Menschen noch in letzter Stunde zu wenden oder doch erträglicher zu gestalten. Die feindlichen Armeen im Osten, Süden und Westen drangen in den nächsten Monaten unaufhaltsam auf die deutschen Reichsgrenzen mit dem Ziele vor, die bedingungslose Kapitulation der deutschen Wehrmacht und der Führung des Reiches zu erzwingen.« (Scherer 2002, S. 6)

Was Scherer am Anfang seines Buches knapp umreißt, um dann unmittelbar zu operationsgeschichtlichen Aspekten überzugehen, hat einen Subtext. Scherer stilisiert den versuchten Staatsstreich der Männer um Claus Schenk Graf von Stauffenberg in seiner Einleitung ›zum deutschen Widerstand an sich‹. Das Attentat auf Hitler wurde aber von einer recht überschaubaren Gruppe von Offizieren verübt, die ihrem ›Führer‹ bis dahin willfährig gefolgt waren und mit der Ideologie der Nationalsozialisten weitgehend übereingestimmt hatten (vgl. Steinbach 1999). Mutige Einzeltäter wie Georg Elser (*1903–†1945), der ein Attentat auf Hitler und die Führungsspitze des NS im Münchener *Bürgerbräukeller* geplant hatte, Widerstandskämpfer der *Weißen Rose*, aus linksgerichteten Parteien oder Teilen der Kirche tauchen bei ihm nicht einmal gedanklich auf. Stattdessen werden von Stauffenberg und seine Mitverschwörer zu potenziellen Rettern Deutschlands stilisiert. Tatsache ist jedoch – auch wenn es unerwähnt bleibt –, dass sich von Stauffenberg erst in dem Moment zum Attentatsversuch bereitfand, als die militärische Gesamtsituation nach der Niederlage der Wehrmacht vor *Stalingrad* den militärischen Führern hoffnungslos erscheinen musste (vgl. Karlauf 2019)[202]. Zu Beginn des Krieges hatte er sich nach dem Überfall der Wehrmacht auf Polen in einem Brief an seine Frau noch regimetreu, antisemitisch und rassistisch geäußert:

> »Die Bevölkerung ist ein unglaublicher Pöbel, sehr viele Juden und sehr viel Mischvolk. Ein Volk welches sich sicher nur unter der Knute wohlfühlt. Die Tausenden von Gefangenen werden unserer Landwirtschaft recht gut tun. In Deutschland sind sie sicher gut zu brauchen, arbeitsam, willig und genügsam.« (Hoffmann 1992, S. 200)

Während der versuchte Staatsstreich des Offizieradels in ein positives Licht gerückt wird, werden die Bemühungen der Alliierten, die tatsächlichen Kriegstreiber militärisch niederzuringen, eher negativ konnotiert, handelt es sich doch um ›feindliche Armeen‹, deren Vorrücken auf die deutschen ›Reichsgrenzen‹ dem einzigen Zweck dient, Wehrmacht und ›Reichsführung‹ zur bedingungslosen Kapitulation zu zwingen. Scherer möchte das absehbare Kriegsende also nicht zuallererst als Auftakt zur Befreiung der Welt vom Nationalsozialismus verstanden wissen, sondern als Bedrohung durch die – erzwungene – Kapitulation von Wehrmacht und ›Reichsführung‹.

In der als Kriegsroman angelegten Publikation von Kurt Kaeres werden darüber hinaus die Beweggründe der Amerikaner insgesamt infrage gestellt, wenn es in einem Dialog zwischen zwei Wehrmachtsoldaten heißt:

> »›Weiß der Kuckuck, was die Amis unser Krieg kümmert! Wissen die überhaupt, wofür sie kämpfen? In ihrem fernen Amerika kann sich doch niemand durch uns bedroht

202 Thomas Karlauf führt von Stauffenbergs Geisteshaltung und Motivation zum Hitler-Attentat maßgeblich auf den Einfluss der Gedankenwelt Stefan Georges zurück. Siehe dazu die Rezension von Wolfram Wette 2019 in der Frankfurter Rundschau. https://www.fr.de/kultur/claus-schenk-graf-von-stauffenberg-vaterland-wehrmacht-11837468.html. Zugriff: 9.2.2022.

> fühlen. Für die Amerikaner ist das doch alles nur ein Abenteuer. So wie Autorennen und Börsenspekulation. […] Nee, als Amerikaner würde ich überhaupt keinen Sinn darin sehen, hier mein Leben zu riskieren. Das ist genauso missionarischer Blödsinn wie damals die Kreuzzüge. Die haben übrigens auch nichts gebracht.‹« (Kaeres 2002, S. 29)

Auch hier läuft ein Subtext mit: Im Gegensatz zu den Amerikanern mache es für die Deutschen durchaus Sinn zu kämpfen, und sie wüssten auch wofür, selbst wenn das an dieser Stelle ausgeblendet bleibt. Die militärische Intervention Amerikas ist dagegen nicht zu rechtfertigen.

Wenn es um die Frage geht, warum sich der Krieg nach der Landung der Alliierten in der Normandie noch so lang hinziehen musste, sind es auch meist die Amerikaner, denen die Verantwortung dafür zugeschrieben wird. Hohenstein und Trees beispielsweise nennen in ihrem Buch *Hölle im Hürtgenwald* die Landung der Alliierten den »Anfang vom bitteren Ende im Kampf gegen Deutschland!« (Hohenstein und Trees 2008, S. 21). Offen bleibt in dieser holprigen Formulierung, die mit einem Ausrufezeichen endet, auf wen oder was sich das Adjektiv bezieht, für wen das Ende der Kämpfe also bitter sein würde. Eindeutig ist dagegen, dass beide Autoren die Verantwortung für die Dauer der Kämpfe nicht etwa den Deutschen zuschreiben, für die der Krieg im August 1944 faktisch verloren war, sondern den Amerikanern, die bei der Einnahme Aachens nicht entschlossen genug vorgegangen wären, so dass dieser strategische Fehler »zur Verlängerung des Endkampfes um viele Monate geführt hat« (ebd., S. 51). Das Autorenduo legt später noch einmal nach und macht die Forderung nach einer bedingungslosen Kapitulation der Wehrmacht verantwortlich für die unnötige Verlängerung des Krieges. Hohenstein und Trees berufen sich dabei auf Aussagen des britischen Militärhistorikers Basil H. Liddell Hart (ebd., S. 194), der zu Beginn des Zweiten Weltkriegs einen Kompromissfrieden mit NS-Deutschland gefordert hatte und in den 1950er-Jahren hierzulande als Autor der rechtsradikalen *Deutschen Soldatenzeitung* in Erscheinung trat.

Die genannten ideologischen Verzerrungen und Enthistorisierungen sind typisch für die gesamte überprüfte Militaria-Literatur. Im Vordergrund steht fast immer das positive Bild der Wehrmacht und ihrer Angehörigen. Dem Kriegsgegner und seinen Beweggründen, sich militärisch gegen NS-Deutschland zu wenden, wird mit politischen Vorbehalten begegnet, mal mit ausformulierten, mal mit subkutan mitlaufenden.

Ein weiteres Mittel der Enthistorisierung besteht in einer spezifischen Verwendung der Form der Textmontage. Dabei werden häufig Aktenauszüge paraphrasiert, ohne die Quellen eindeutig zu nennen, und ›Kriegsanekdoten‹ aus Berichten von Zeitzeuginnen und Zeitzeugen eingestreut, was zudem die Detailkenntnis der Autoren suggerieren soll. Sieht man von Werner Haupts und Baptist Palms Büchern ab, folgen alle weiteren Publikationen dem Muster, eigene

Schilderungen mit Gefechtsberichten beteiligter US-Einheiten, Auszügen aus deutschen Divisionsgeschichten, Erinnerungsliteratur, Aussagen von Zeitzeuginnen und Zeitzeugen und einigem mehr zu einer pseudo-positivistischen Paraphrase zu kombinieren. Durch das Fehlen einer eigenen systematischen Darstellung mit ausgewiesenen Fragestellungen und methodischen Darlegungen des eigenen Vorgehens, erfolgt eine Parzellierung des Krieges in zahlreiche kleine Erlebniseinheiten, die gleichgewichtig neben Aussagen zur Operationsgeschichte und zur aktuell behandelten Gefechtslage stehen. Damit werden Nebensächlichkeiten besonders hervorgehoben, ohne sie angemessen einzuordnen. Eines von zahlreichen Beispielen dafür findet sich in H. Jürgen Siebertz' Buch *Höhe 554:*

> »Dann kamen amerikanische Soldaten auf der gegenüberliegenden Straßenseite den Hang hinauf. Es herrschte ein unbeschreibliches Chaos. Überall knallte und krachte es. Wir saßen bis abends im Keller. Die Amerikaner trugen die verletzten Deutschen aus dem Haus, und auch wir wurden nach oben geführt. Als wir aus dem Keller stiegen, erfolgte ein Angriff der Deutschen aus Richtung Kalltal. Bei diesem Gefecht wurde unser Dackel von einem amerikanischen Soldaten erschossen.« (Siebertz 2010, S. 107)

Zwar handelt es sich hier um einen eingeschobenen Zeitzeugenbericht. Das Erzählprinzip deckt sich aber generell mit der Kriegsdarstellung der meisten Militaria-Bücher: Der Tod eines Dackels, die Angriffe von Amerikanern und Deutschen – alles scheint von gleicher Relevanz zu sein.

Bei Gevert Haslob, um ein zweites Beispiel zu nennen, bündeln sich derlei Nebensächlichkeiten mit relevanten Informationen auf dem knappen Raum von drei Seiten. Da wird ein Reifenwechsel an einem Militärfahrzeug mit Fotografien unterlegt und damit zu einem besonders bedeutsamen Ereignis aufgewertet. Gleichzeitig finden sich recht knappe Ausführungen zur aktuellen Gefechtslage zwischen Vossenack und Schmidt und verkürzte Angaben zum Zustand der Truppen (vgl. Haslob 2000, S. 81–83). In einigen Büchern bemühen sich die Autoren dieser zerstückelten Darstellungsweise noch dadurch eine besondere Dramatik zu verleihen, dass sie das historische Präsens bemühen oder durch häufige Tempuswechsel versuchen, die Leserschaft in die von ihnen geschaffenen Inszenierungen des Kriegsgeschehens mit hineinzuziehen statt für Distanz zum Gegenstand zu sorgen.[203]

203 Am Beispiel der von Dieter Heckmann bearbeiteten Publikation wurde auf diesen Aspekt in Kapitel 2.7 bereits näher eingegangen.

4.2 Die Idealisierung der Soldaten von Wehrmacht und Waffen-SS

Auch die Art, in der die Akteure des Krieges in die darstellerischen Inszenierungen der Militaria-Bücher einbezogen werden, trägt zu einer Enthistorisierung des Geschehens bei. Das wird bei der Betrachtung deutlich, wie Soldaten der Wehrmacht und der Waffen-SS auf der einen Seite, Soldaten der Westalliierten auf der anderen, aber auch Vertreterinnen und Vertreter der Politik, der Zivilgesellschaft und sonstige kriegswichtige Akteure dargestellt und mit welchen Eigenschaften sie versehen werden.

Zwischen Soldaten der Wehrmacht und der Waffen-SS wird in den behandelten Büchern nicht unterschieden. Sie erscheinen, wie in den meisten Fällen die gegnerischen Angehörigen der westlichen Streitkräfte auch, als gemeinsam operierende ›Kriegshandwerker‹.[204] In der Publikation von Ludwig Fischer schreibt der Wehrmachtveteran Fritz Tillmanns sogar explizit davon, man sei in die eigenen Stellungen zurückgekehrt, um »unser Kriegshandwerk weiter zu betreiben« (Fischer 2006, S. 20). Als ›Kriegshandwerker‹ erledigen die Soldaten – unter Ausblendung der politischen Rahmenbedingungen – pflichtschuldig ihren Auftrag oder leisten »ganze Arbeit« (Haslob 2000, S. 147), wie es im Buch Gevert Haslobs über eine deutsche Einheit der Artillerie heißt. Und in dem Band von Adolf Hohenstein und Wolfgang Trees, wird der Waldkampf zur Bühne für die avancierteste Form des ›Kriegshandwerkertums‹ stilisiert, denn »[h]ier gilt häufig: Mann gegen Mann« (Hohenstein und Trees 2008, S. 80), und hier wird »stumm bis zum letzten Mann« ausgehalten (ebd., S. 194).

Handwerker kommen nicht ohne das nötige Werkzeug aus. Im Krieg sind das vor allem Waffen. Ihrer Darstellung in Text und Bild wird in den genannten Werken besondere Aufmerksamkeit zuteil, die mit einer oft bemerkenswerten Detailverliebtheit einhergeht. Stellvertretend ein Beispiel aus dem Band von Kurt Kaeres:

> »Das MG 42 ist ein Rückstoßlader. Nach dem ersten Schuß werden alle weiteren Entlade-, Lade- und Abfeuervorgänge durch die Kraft der Pulvergase bewirkt. Es verschießt Munition vom Kaliber 7,92 mm mit einer theoretischen Geschwindigkeit von 1000 Schuß pro Minute. Das allerdings rein theoretisch, weil der Lauf nach 150 Schuß Dauerfeuer heißgeschossen ist und gewechselt werden muß.« (Kaeres 2002, S. 46)

Die Konzentration auf das Handwerkertum einschließlich der technischen Beschreibungen der dabei zum Einsatz kommenden Waffen und ihrer Leistungsfähigkeiten lässt die Kampfhandlungen im Bereich des Abstrakten verbleiben.

---

204 Auf den handwerklichen Aspekt des Krieges hatte erstmals Klaus F. Geiger in seiner Analyse der Kriegsromanhefte hingewiesen, wo er von einem »häufigen Auftreten von Bezeichnungen wie ›Handwerk‹ oder ›Arbeit‹ für militärisches Handeln« schreibt, siehe Geiger, Klaus F. 1974, S. 107.

Vorgänge des Tötens und Verwundens müssen mit ihren zerstörerischen Konsequenzen für die menschlichen Körper daher nicht ausführlich beschrieben werden. Die Kriegsdarstellung bleibt dabei in den meisten Fällen betont nüchtern, weil sie in operationsgeschichtliche Sprachmuster verpackt wird: So ›flutet die Front zurück‹ (Palm 1953, S. 17), wird der ›Ausfall von 20 % an Kampfkraft‹ beklagt (Haupt 1978, S. 281), werden ›Einbruchstellen oder Einbruchlöcher restlos gesäubert‹ (Heckmann 2003, S. 27, 31), eine Division ›zerbricht unter dem Bombenhagel‹ (Siebertz 2010, S. 21) oder wird ›aufgerieben‹ (Hohenstein und Trees 2008, S. 30), ein Wald mit Panzerfäusten ›aufgeräumt‹, ein Gefechtsstand ›ausgeräuchert‹ (ebd., S. 81, 148) und ein Regiment ›schmilzt zusammen‹ (Scherer 2002, S. 82).

Mitunter wird auch auf die sprachliche Diktion der ›Landser-Hefte‹ oder Kriegsromane zurückgegriffen, um das Kriegsgeschehen zum Spektakel zu verklären, etwa in dem Band von Wingolf Scherer, in dem der Autor den Soldaten einer Volksgrenadierdivision berichten lässt:

> »Ein tollkühner ›Panzerschreck-Trupp‹ haut sich ein paar Meter links vor dem Hindernis hin, ein kurzes Visieren, es folgt ein Feuerstrahl und ein heftiger Knall im Ästegewirr der Fichten – die Gegner sind erledigt.« (Scherer 2002, S. 26)

Zu dem Kontext hat Felix Römer in seinem Band über *Die Wehrmacht von innen* angemerkt:

> »Dass die Soldaten das Töten derart bagatellisierten, war ein untrügliches Zeichen ihrer fortschreitenden Brutalisierung. Die prahlerische Verharmlosung der Gewalt diente ihnen jedoch gewiss zugleich dazu, das täglich erlebte Grauen emotional auf Distanz zu halten.« (Römer 2012, S. 398)

Eine Ausnahme von dieser Form der Darstellung findet sich bei Baptist Palm. Unmittelbar nach dem Krieg niedergeschrieben, bemüht er sich in dem dokumentarisch-fiktionalen Teil seines Buches um eine Sprachform jenseits operationsbürokratischer Worthülsen oder prahlerischer Diktion. Dadurch gerät seine Kriegsdarstellung aber nicht realistischer, weil er sich wiederum der Ausdrucksformen literarischen Kitsches und eines überhöhten Pathos' bedient. Das wird beispielsweise in seiner Darstellung einer Kampfesszene zwischen amerikanischen GIs und Wehrmachtsoldaten deutlich:

> »Schwerverwundete wälzten sich in ihrem Blute. Stöhnend, laut um Hilfe rufend, lagen sie da. An allen Ecken des Abschnittes Hilferufe: ›Sanitäter, Sanitäter‹. Dazwischen Abschüsse und zugleich Einschläge der Panzerkanonen, das Rattern der Maschinengewehre, das siegesbewußte Rufen der den Panzern folgenden amerikanischen Infanterie. Hier und dort lagen Schwerverwundete, junge Soldaten, kaum der Schule entwachsen, die in ihren letzten Zügen laut und herzerschütternd ›Mutter, Mutter‹ riefen, die mit stammelnden Worten Abschied nahmen von der Welt.« (Palm 1953, S. 51)

In einigen Kriegsdarstellungen schlägt der Versuch der Einfühlung in das soldatische Empfinden auch ins unfreiwillig Skurrile um; etwa wenn H. Jürgen Siebertz schreibt, dass um Lammersdorf herum »hunderte amerikanische und deutsche Soldaten den Tod« fanden, weil sie »aufeinander schießen [mussten], ohne daß sie sich jemals vorher begegnet waren.« (Siebertz 2010, S. 11).

4.3 Die unkritische Reproduktion soldatischer Wertvorstellungen wie ›Kameradschaft‹, ›Pflicht‹, ›Treue‹, ›Ehre‹ und ›Tapferkeit‹

Die Grundlage, auf der das gemeinsame ›Kriegshandwerkertum‹ fußt, ist die ›Kameradschaft‹. Jörg Echternkamp hat festgestellt, dass die Vorstellung davon »einem soldatischen Idealbild« folgt und im Zweiten Weltkrieg »so erfolgreich [war], weil sie die verschiedenen Erfahrungen, Einstellungen und Weltsichten des einzelnen Soldaten nicht als trennende Faktoren begriff, sondern integrierte. [...] Kameradschaft gab dem Soldatentod einen Sinn, ohne vom eigenen aktiven Töten zu reden. Als Kameraden bildeten Soldaten vor allem eine Leidensgemeinschaft, in der das christliche Motiv des Leidens für die Gemeinschaft eine wichtige Rolle spielte. Fürsorge und Trost gehörten zu dieser militärischen Kultur ebenso wie Komplizenschaft und Verschwiegenheit angesichts der Verbrechen im Krieg.« (Echternkamp 2015).

Wer sich als Kamerad menschlich gegenüber den eigenen Mitkämpfern verhalten hatte, dem waren, so das Verständnis der ersten Nachkriegsjahrzehnte, auch keine Gräueltaten während seiner Einsätze zuzutrauen, er war im Rahmen des rassistischen Vernichtungskrieges ›anständig‹ geblieben. Dazu passt, dass die Erörterung weltanschaulicher Fragen, unter Kameraden ohnehin mehr oder minder Tabu war, wie die zwischen 1942 und 1945 entstandenen Abhörprotokolle von US-Nachrichtendiensten in Fort Hunt belegen (vgl. Römer 2012, S. 170–171). Jene Protokolle, deren Auswertung Felix Römer vorgenommen hat, machen aber auch noch etwas anderes deutlich: ›Kameradschaft‹ war mehr Mythos als Realität, denn »persönliche Animositäten, Zwietracht und Streitigkeiten [gehörten] in der Wehrmacht zum Alltag.« (ebd., S. 193). Nach dem Krieg allerdings, so Römer, verschwanden sie »in der Erinnerung der Veteranen zumeist wieder [...]. Im kollektiven Gedächtnis an den Zweiten Weltkrieg dominierte die gelungene Kameradschaft, die zwar ebenso real gewesen war, aber nur die halbe Wahrheit darstellte.« (ebd., S. 193).

Dafür sorgten nicht zuletzt Textpassagen, wie sie sich beispielsweise in Gevert Haslobs *Blick zurück in die Eifel* finden. In einer quellenmäßig nicht näher ausgewiesenen Passage wird der Kameradschaftsmythos noch dadurch gesteigert, dass er als Generationen überwindend und überzeitlich dargestellt wird. Es geht in dem folgenden Auszug darum, einen Bunker zu erobern:

> »Eine unheimliche Spannung vor dem Ungewissen spiegelt sich in den Gesichtern wieder [sic]. Ganz junge und auch alte erfahrene Kämpfer stehen zusammen in fester Kameradschaft und sind festen Willens, den ihnen gestellten schwierigen Auftrag mit dem Kampfgeist des alten deutschen Infanteristen zu meistern.« (Haslob 2000, S. 101)

Wie wichtig den Militaria-Autoren die Pflege dieses Mythos war und ist, wird auch im Vorwort zu Haslobs Buch deutlich. Darin unterstreicht der damalige erste Vorsitzende des *Geschichtsvereins Hürtgenwald* Leo Messenig 55 Jahre nach Kriegsende:

> »Selbst wenn man diesen Begriff als abgegriffen, unzeitgemäß und sogar unzulässig militärisch abtun möchte, er war und ist eine wesentliche Bereicherung der menschlichen Beziehung.« (Haslob 2000, S. 6)

Das »Besinnen auf die Kameradschaft« sei für Haslob sogar das Motiv zur Abfassung des Buches gewesen (ebd., S. 6). Und Haslob selbst hebt in der Einleitung, wie bereits in Kapitel 2.5 dargelegt, hervor, er wolle mit dem Buch seinen »Kindern und Enkelkindern ein Bild soldatischer Kameradschaft und Einsatzbereitschaft der einzelnen Soldaten als Patrioten« (Haslob 2000, S. 7) geben. Der Mythos soll also an die nachfolgenden Generationen weitergereicht und durch sie weiter fortgeschrieben werden – wie er bis dahin vom letzten Wehrmachtbericht bis in die Publikationen der Militaria-Literatur seine Wirkung entfalten konnte.

Der Kameradschaftsmythos als zentrales Element militärischer Sinngebung wurde in der Wehrmacht durch mindestens vier weitere Grundwerte ergänzt, die zur Stabilisierung der ›Kampfgemeinschaft‹ auch in der Endphase des verlorenen Krieges beitrugen und die gleichfalls auf einer Tradition gründen, die lange vor der NS-Zeit ihren Ursprung gehabt hat: ›Pflicht‹, ›Treue‹, ›Ehre‹ und ›Tapferkeit‹. Die Begriffe sind eng miteinander verknüpft.[205]

Die Erfüllung der ›Pflicht‹ ermöglichte es dem einzelnen Soldaten, auch Befehlen widerspruchslos zu folgen, die ganz offensichtlich unsinnig waren oder dem Zweck dienten, völkerrechtswidrige Gewaltakte zu begehen und Wehrlose

---

205 Dieser Kanon ließe sich durchaus noch ausweiten. Rolf Düsterberg hat in einem Aufsatz über deutsche militärische Kriegserinnerungsliteratur zum Zweiten Weltkrieg beispielsweise die folgenden soldatischen Tugenden in den von ihm analysierten Publikationen ausgemacht: Anständigkeit, Disziplin, Ehrenhaftigkeit, Entschlusskraft, Frontgeist, Gehorsam, Kameradschaft, Manneszucht, Menschlichkeit im Krieg, Mut, Pflichterfüllung, Ritterlichkeit, Selbstlosigkeit, soldatisches Ethos, Tapferkeit, Treue, Verantwortung, Vertrauen. Vgl. Düsterberg, Rolf 1992, S. 130–132, siehe auch Düsterberg, Rolf. 2000. *Soldat und Kriegserlebnis. Deutsche militärische Erinnerungsliteratur (1945–1961) zum Zweiten Weltkrieg. Motive, Begriffe, Wertungen.* Tübingen: Max Niemeyer Verlag.

zu töten, seien es Zivilisten oder Kriegsgefangene. Die Erfüllung der ›Pflicht‹ zählte zum professionellen Selbstbild der Soldaten. Damit ist der Terminus eng mit der soldatischen Tugend des ›Gehorsams‹ verbunden. So konstatiert Wingolf Scherer, der getötete Oberstleutnant Otto Jaquet habe eine »[h]ohe Pflicht und Dienstauffassung« besessen, und zitiert eine Beurteilung, nach der dieser »sich rückhaltlos für den nationalsozialistischen Staat« eingesetzt habe (Scherer 2002, S. 81). Und wenig später heißt es im ›Landser-Jargon‹ von Scherer selbst über Jaquet: »Er tat eben seine ›verdammte Pflicht‹.« (ebd., S. 83).

Hohenstein und Trees formulieren allgemeiner, dass »der deutsche Soldat [...] so erzogen [sei], daß er auch im Unglück durchsteht«, also seiner Pflicht auch unter schwierigen Bedingungen nachkommt (Hohenstein und Trees 2008, S. 293). Baptist Palm lässt seinen Protagonisten Franz mit der Ermahnung seines Vaters in den Krieg ziehen:

> »Du ziehst nun hinaus, um gegenüber dem Vaterland Deine Pflicht zu erfüllen. Franz, sei ein Mann, erfülle Deine Pflicht, so wie Du sie von Jugend an auf dem Waldhof erfüllt hast. Bereite Deinem alten Vater keine Schande, werde kein Feigling.« (Palm 1953, S. 14)

Und Werner Haupt zitiert aus dem letzten Schreiben Feldmarschalls von Kluge an Hitler, bevor sich von Kluge selbst vergiftete:

> »Ich scheide von Ihnen, mein Führer, der ich Ihnen innerlich näher stand, als Sie vielleicht gedacht haben, in dem Bewußtsein, meine Pflicht bis zum äußersten getan zu haben...« (Haupt 1978, S. 109)

Dass die Erfüllung der ›soldatischen Pflicht‹ auch noch weit über das Ende des Krieges hinaus dazu genutzt werden konnte, eine Person posthum auszuzeichnen, spricht aus einer 1978 veröffentlichten Anzeige anlässlich des Todes Hasso von Manteuffels. Darin wird der General der Panzertruppe als »[e]in tapferer Soldat und aufrechter Diener seines Vaterlandes« (Hohenstein und Trees 2008, S. 120) von seinen Angehörigen gewürdigt. Hohenstein und Trees haben diese Anzeige unkommentiert wiedergegeben. Dass von Manteuffel nach dem Krieg rechtsextremen Kreisen in der FDP angehörte und 1959 wegen Totschlags verurteilt wurde, wie bereits in Kapitel 2.6 erwähnt, verschwindet hinter dem Topos der Pflichterfüllung beim ›Dienst am Vaterland‹.

Der Kategorie ›Pflicht‹ eng verbunden, ist die der ›Treue‹ oder auch der ›Loyalität‹. Dabei handelt es sich eigentlich um einen nur scheinbar eindeutigen Begriff, weil er mit der Frage verknüpft ist, wem diese ›Treue‹ gilt. Das kann individuell sehr unterschiedlich sein. Sie kann dem ›Führer‹ gelten und den von ihm ausgegebenen Kriegszielen. Sie kann der eigenen Einheit gelten oder den am nächsten stehenden Kameraden. Sie kann auch der Heimat und den dort zu verortenden Angehörigen gelten. In jedem Fall gilt sie gleichermaßen als positiver wie das System stabilisierender Wert. In Baptist Palms Dokufiktion gilt die

Treue dem militärischen Protagonisten, dem Hauptmann der Reserve. Über ihn heißt es: »Alle hielten sie zu ihm, vom ältesten Fuchs bis zum jüngsten Rekruten, der eben aus der Kaserne kam.« (Palm 1953, S. 47). Und in seinem Erlebnisbericht schreibt Palm über die Soldaten der Wehrmacht, mit denen er im Einsatz war: »Jeder hatte einen treuen Kameraden verloren.« (ebd., S. 55). Der Begriff selbst taucht in den trivialen operationsgeschichtlichen Darstellungen der Militaria-Literatur ansonsten selten auf, bildet bisweilen aber den Hintergrund angeschnittener Themen. Eine Verletzung der ›Treuepflicht‹ besteht beispielsweise dann, wenn Wehrmachtsoldaten ihrem individuellen Überleben in der Endphase des Krieges die höchste Priorität einräumen und zum Gegner überlaufen. In einem amerikanischen Flugblatt, das sich an die 275. Infanteriedivision der Wehrmacht richtet, wird dazu aufgefordert. Hohenstein und Trees schließen diesen Treuebruch jedoch so gut wie aus und versehen diese eigene Ansicht für den gesamten Verlauf des Krieges noch mit einem Ausrufezeichen: »Sie laufen aber nicht über – Überläufer sind trotz der erdrückenden Übermacht der Amerikaner gering. Und sie werden gering bleiben!« (Hohenstein und Trees 2008, S. 161). Später bekräftigen die Autoren diese Haltung noch einmal ausdrücklich (ebd., S. 247) und werten sie – trotz des eigenen Wissens um den Terror der NS- und Wehrmacht-Führung auch nach innen – als besonders hervorzuhebende Qualität des deutschen Soldaten:

> »Festzuhalten ist: es wurde, auch bis in die letzten Tage hinein, buchstäblich bis zur letzten Patrone gekämpft. Und es ist ganz sicher nicht nur die Härte der deutschen Kriegsgerichtsbarkeit gewesen, die zu dieser Haltung der deutschen Soldaten geführt hat, die bis heute bei den Amerikanern so hoch geachtet ist. Jedenfalls gab es bei den Deutschen keine zahlenmäßig ins Gewicht fallenden Überläufer.« (ebd., S. 293)

In Kurt Kaeres' bebildertem ›Landser-Roman‹ findet sich ebenfalls eine eindeutige Stelle zum Thema ›Überlaufen‹. Hier werden zwei aufrechte und ehrliche Landser mit wenig Respekt vor ihrem ›Führer‹ inszeniert, die den Mythos der ›Kameradschaft‹ hochhalten:

> »›Schmolke, wir kennen uns lange genug, und ich bin dir nicht böse, wenn du meine Frage nicht beantworten willst. Sag mir, könntest oder würdest du überlaufen?‹ ›Wenn ich bei einem Verein wäre, der mir nichts bedeutete, so lautet meine Antwort, wahrscheinlich ›Ja‹. Aber hier, wo ich fast jeden gut kenne, wo jeder jedem schon mal aus der Patsche half, wo einer zum Überleben auf den anderen angewiesen ist, da könnte ich das nicht. – Das hat übrigens nichts mit dem Gröfaz, Volk und Vaterland zu tun. Ist so, als ob das unser eigener Krieg wäre, der Krieg der 1. Kompanie‹, bemerkt Schmolke leise. ›Seltsam‹, fügt Morras hinzu, ›bevor ich dich fragte, habe ich mir dieselbe Frage gestellt und die gleiche Antwort gegeben.‹« (Kaeres 2002, S. 143)

Ausrufezeichen sind beliebt in der Militaria-Literatur. Wingolf Scherer setzt sie in dem folgenden Beispiel für die entgegengesetzte Behauptung in punkto

›Treue‹ ein. Bei ihm heißt es: »Ein Stützpunkt südlich Miescheid, der von zehn Feldwebeln des Ersatzes gehalten werden sollte, fiel bald aus, weil die Besatzung überlief!« (Scherer 2002, S. 65). Und zwei Seiten später: »Die Amerikaner registrierten bald ein starkes Ansteigen der Zahlen deutscher Gefangener und Überläufer.« (Scherer 2002, S. 67).

›Treue‹ findet sich häufig in Verbindung mit der ›soldatischen Ehre‹ zum gemeinsamen Tugendkanon vereint. Ein Treuebruch kann nach diesem Verständnis direkt zum Ehrverlust führen. Die Verbindung zwischen beiden Tugenden zeigt sich beispielsweise im Leitspruch der SS ›Meine Ehre heißt Treue‹. Ebenso im Leitspruch des offiziell aufgelösten rechtsextremen Bundes *Der Stahlhelm* ›Die Treue ist das Mark der Ehre‹. *Der Stahlhelm – Bund der Frontsoldaten* war 1918 gegründet und 1934 unter dem Namen *Nationalsozialistischer Frontkämpferbund* organisatorisch in die SA eingegliedert worden. Zu Beginn der 1950er-Jahre wurde er als eingetragener Verein neu gegründet. In einer Antwort der Bundesregierung auf eine Kleine Anfrage vom 11. August 1999 heißt es zum *Stahlhelm:*

> »Geistig dominiert in diesem Verein eine einseitig nationalistische und militaristische Verherrlichung der deutschen Geschichte. Programmatische Positionen und Grundlagen sind vorrangig: Leugnung der deutschen Schuld am Ersten und Zweiten Weltkrieg, Forderung nach Wiederherstellung eines ›Großdeutschen Reiches‹, Durchsetzung einer deutschen Hegemonie in Europa, Rassismus. [...] Im Vordergrund der Aktivitäten stehen soldatisch-kameradschaftliche Brauchtumspflege [...] und das Eintreten für deutsches Soldatentum.«[206]

Im Jahr 2004 hinterließ der offiziell aufgelöste Landesverband Pfalz des *Stahlhelm* im Gästebuch des auch unter Rechtsextremen beliebten *Museums Hürtgenwald 1944 und im Frieden* in Vossenack einen entsprechenden Eintrag.

In der behandelten Militaria-Literatur wird der Begriff, ähnlich wie die Kategorie ›Treue‹, eher selten direkt benannt. Er wird aber unterschwellig wie selbstverständlich mitgedacht, wenn Begriffe Verwendung finden, die ehrenhaftes Verhalten weiter konkretisieren. Dazu zählt der Begriff der ›Ritterlichkeit‹. Dass Baptist Palm die eigene Division als »ritterlich und fair« (Palm 1953, S. 57) charakterisiert, wurde in Kapitel 2.1 schon benannt. Und auch Werner Haupt schreibt über den ritterlichen Kampf (Haupt 1978, S. 234) der Wehrmacht sowie von »Verbissenheit, Härte und Ritterlichkeit« (ebd., S. 236) der Soldaten. In einigen Fällen wird die ›Soldatenehre‹ allerdings auch ausdrücklich als solche benannt. Bei Hohenstein und Trees ist mit Rückgriff auf eine Äußerung des

206 Antwort der Bundesregierung auf die Kleine Anfrage der Abgeordneten Ulla Jelpke, Petra Pau und der Fraktion der PDS vom 11.8.1999, Drucksache 14/1446: Der »Stahlhelm-Kampfbund für Europa« und der Rechtsextremismus. http://dip21.bundestag.de/dip21/btd/14/014/1401480.pdf. Zugriff: 29.3.2020.

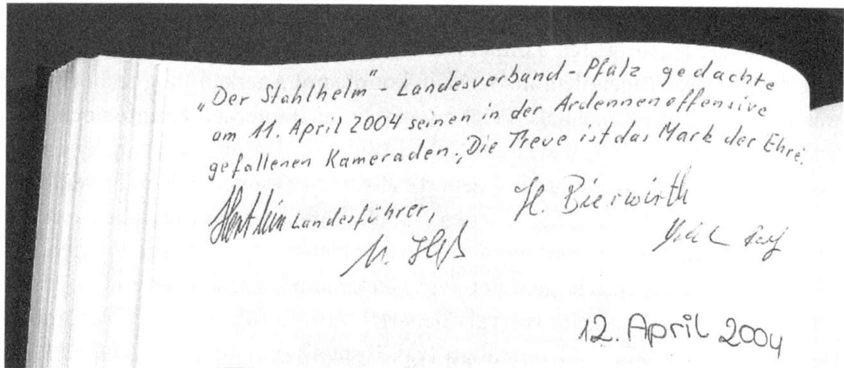

Abb. 16: Am 12. April 2004 verewigten sich drei Rechtsextremisten des *Stahlhelm*-Landesverbands Pfalz im Gästebuch des Vossenacker Militaria-Museums mit einem Spruch, in dem die Verbindung von ›Treue‹ und ›Ehre‹ hergestellt wird (Foto: Frank Möller).

amerikanischen Militärhistorikers Charles B. MacDonald beispielsweise von einem »ehrwürdige[n] Soldat« (Hohenstein und Trees 2008, S. 27) die Rede – gemeint ist damit der später wegen Kriegsverbrechen angeklagte Generalfeldmarschall Gerd von Rundstedt. Und Gevert Haslob bringt unkommentiert die reproduzierte erste Seite eines Aufrufs Generalfeldmarschall Walter Models an die Soldaten des Westheeres, mit dem Model den ungeordneten individuellen Rückzug der Soldaten zu unterbinden trachtete: »Ich richte daher als Euer neuer Oberbefehlshaber den Appell an Eure Soldatenehre.« (Haslob 2000, S. 42).

Von den vier Grundwerten, die neben dem zentralen Begriff der ›Kameradschaft‹ am bedeutsamsten innerhalb der Wehrmacht waren und in der Militaria-Literatur meist unhinterfragt weitertransportiert wurden,[207] kommt der ›Tapferkeit‹ der höchste Stellenwert zu. Sie wird in den behandelten Publikationen am häufigsten direkt genannt oder umschrieben. Wer tapfer kämpft, so die innere Logik, verhält sich auch ehrenhaft und treu gegenüber Kameraden und Vorgesetzten und erfüllt seine ›Pflicht‹ gegenüber dem Vaterland. ›Tapferkeit‹ ist hier

207 Auch die Bundeswehr pflegt heute noch entsprechende soldatische Tugenden. Sie bindet sie aber an demokratische politische Ziele, für die sie eingesetzt werden. Im aktuellen Traditionserlass des Jahres 2018 heißt es dazu unter Absatz 3.3 Traditionsstiftendes Verhalten: »Historische Beispiele für zeitlos gültige soldatische Tugenden, etwa Tapferkeit, Ritterlichkeit, Anstand, Treue, Bescheidenheit, Kameradschaft, Wahrhaftigkeit, Entschlussfreude und gewissenhafte Pflichterfüllung, aber auch Beispiele für militärische Exzellenz, z. B. herausragende Truppenführung, können in der Bundeswehr Anerkennung finden und in Lehre und Ausbildung genutzt werden. Sie sind jedoch immer im historischen Zusammenhang zu bewerten und nicht zu trennen von den politischen Zielen, denen sie dienten. Die Bundeswehr ist freiheitlichen und demokratischen Zielsetzungen verpflichtet. Für sie kann nur ein soldatisches Selbstverständnis mit Wertebindung, das sich nicht allein auf professionelles Können im Gefecht reduziert, sinn- und traditionsstiftend sein.« (Tradition der Bundeswehr. 2018).

eng verwandt mit Begriffen wie ›Mut‹, ›Stärke‹ und ›Härte‹, die als explizite Männlichkeitsideale gelten können. Wer sich im Kameradschaftsgefüge entsprechend dieses Tugendkanons verhielt, konnte mit Anerkennung rechnen und war vor Stigmatisierungen als ›Feigling‹ geschützt. Tapferkeit konnte noch eine Steigerung erfahren, wenn sie zum Heldentum oder Heroismus avancierte und mitunter mit dem »Heldentod« (Siebertz 2010, S. 123) endete. Der Tapferkeitsdiskurs durchzieht alle besprochenen Publikationen, oft umschrieben mit Eigenschaften, die dem Kampf der deutschen Soldaten zugeschrieben werden. Da wird ›verbissen Gegenwehr geleistet‹ (vgl. Heckmann 2003, S. 32), der ›Kampf mit unvorstellbarer Härte geführt‹ (vgl. Siebertz 2010, S. 10), ›fanatisch gekämpft‹ (vgl. ebd., S. 91), ›kraftvoll verteidigt‹ (vgl. Hohenstein und Trees 2008, S. 195), ›ein furioser Abwehrkampf geliefert‹ (vgl. Haslob 2000, S. 104), ›tödlich tüchtig operiert‹ (vgl. Hohenstein und Trees 2008, S. 111) und ›unbeugsamer Wille an den Tag gelegt‹ (vgl. ebd., S. 110). Der Begriff der ›Tapferkeit‹ selbst oder die Eigenschaft, tapfer zu kämpfen, taucht ebenfalls häufig in nahezu allen genannten Publikationen auf. Haupt führt beispielsweise »[d]ie Tapferkeit der Piloten, Beobachter, Aufklärer in der Luft sowie der Flak- und Nachrichtensoldaten auf der Erde« an (Haupt 1978, S. 133) und nennt die sich »tapfer schlagende Panzerbrigade 106« (ebd., S. 210). Bei Hohenstein und Trees wird der Begriff noch dadurch aufgewertet, dass er mit der Eigenschaft der Bescheidenheit gepaart wird; »tapfer, still und uneigennützig« (Hohenstein und Trees 2008, S. 155) gewesen zu sein, attestiert dort ein Kommandeur einem Sanitäter. Und eine Seite darauf erweitern die Autoren den Kreis derer, die sich durch stille Tapferkeit auszeichnen noch um »Munitionsfahrer, Essenholer, ›Strippenzieher‹ (Kabelleger) [und] Melder« (ebd., S. 156).

Äußere Anerkennung fand die Tapferkeit in der Verleihung militärischer Auszeichnungen. Orden heben das Selbstwertgefühl und sind fester Bestandteil des militärischen Anreizsystems für einfache Soldaten wie für höhere Offiziere. »Hitler und die Führung von Heer, Luftwaffe und Marine«, so Sönke Neitzel und Harald Welzer, bauten »das facettenreichste Auszeichnungssystem aller kriegführenden Mächte auf und konstruierten damit ein wirkungsmächtiges Statusgefälle innerhalb der Wehrmacht. Die an ihren Orden und Abzeichen für jedermann zu erkennenden Frontkämpfer genossen ein hohes Sozialprestige.« (Neitzel und Welzer 2011, S. 346).

Die Wirkungsmacht dieses Auszeichnungssystems ist auch in der Militaria-Literatur keineswegs verblasst. Werner Haupt nennt im Anhang seines Buches die Träger der höchsten Auszeichnungen von Wehrmacht und SS (Haupt 1978, S. 344). Bearbeiter Dieter Heckmann zeigt ein Brustbild Erwin Rommels »mit Ritterkreuz und ›pour le Meritt‹ [sic, gemeint ist ›Pour le Mérit‹, Anmerkung des Verf.] 1. Weltkrieg, auch ›Blauer Max‹ genannt« (Heckmann 2003, S. 7); gleich zwei Mal ist der SS-Sturmbannführer Josef Diefenthal auf Porträtfotos in dem

Band abgebildet und mit dem Hinweis versehen, dass es sich bei ihm um einen Ritterkreuzträger handelt (ebd., S. 66, 101). Ein Hinweis, dass Diefenthal wegen seiner Kriegsverbrechen im Rahmen der *Ardennenoffensive* verurteilt wurde, findet sich dagegen nicht. Ein ähnliches Porträtfoto wurde in Heckmanns Band von Siegfried von Waldenburg mit dem Hinweis abgebildet, dass ihm »[f]ür die großen militärischen Erfolge der von ihm geführten Windhund-Division […] am 9.12.1944 das sog. Ritterkreuz des Eisernen Kreuzes verliehen« wurde (ebd., S. 38). Und von Heinz Günter Guderian, der nach dem Krieg in der Organisation Gehlen mitwirkte und seine soldatische Karriere schließlich in der Bundeswehr fortsetzte, findet sich eine Reproduktion des ›Vorläufigen Besitzzeugnisses‹, das ihm als Ersten Generalstabsoffizier der 116. Panzerdivision ebenfalls das Ritterkreuz des Eisernen Kreuzes zusprach (ebd., S. 23).

Auch in den übrigen Büchern – mit Ausnahme von Baptist Palms früher Niederschrift – wimmelt es nur so von Eisernen Kreuzen, Ritterkreuzen, Eichenlaub zum Ritterkreuz des Eisernen Kreuzes, Eichenlaub mit Schwertern zum Ritterkreuz, Panzer-Nahkampfabzeichen, Ehrenblattspangen und einigem mehr. Durch die Ausblendung der Be- und Verurteilung der mit Auszeichnung versehenen Protagonisten der Wehrmacht nach Kriegsende wird der von Wehrmacht- und NS-Führung gesetzte Maßstab in der Militaria-Literatur bis heute weiter fortgeschrieben. Die Reduzierung auf operationelles Entscheiden und Handeln unter Ausblendung konkreter Umstände wie der Teilhabe an Kriegsverbrechen hat zur Folge, dass führende Wehrmachtakteure dort weiterhin zu ›Helden‹ stilisiert und als Identifikationsfiguren angeboten werden.

4.4 Das Leid der Zivilbevölkerung

Wie fast zu erwarten, spielt die Zivilbevölkerung in den meisten Publikationen der Militaria-Literatur lediglich eine Nebenrolle. Selbstverständlich ist das jedoch nicht. Es gibt einen längeren Beitrag über die Kämpfe im ›Hürtgenwald‹ und während der *Ardennenoffensive* aus dem Jahr 1968 von Ella Bieroth, die darin sehr detailreich das Wechselspiel zwischen der bäuerlichen Zivilbevölkerung und verschiedenen Einheiten der Wehrmacht und vor allem der US-amerikanischen Streitkräfte schildert (vgl. Bieroth 1968). Bieroth gelingt das am Beispiel des Grenzdorfes Zweifall im Vichttal, dessen historische Bedeutung nach ihren Worten in der Rolle »als Ausgangspunkt für die entscheidenden Kämpfe im Hürtgenwald, als logistischer Knotenpunkt für die gesamte Dauer der Schlacht und als Befehlszentrale für den größten Teil der Schlacht« (ebd., S. 167, erweiterte Laufweite im Original) zu suchen ist. Bieroth verzichtet in ihrem Beitrag keineswegs auf die Darstellung der operationsgeschichtlichen Abläufe der Kämpfe, wie sie zumeist aus US-amerikanischen Publikationen von Charles

B. MacDonald und einigen anderen überliefert worden sind. Sie nimmt diese aber zum Ausgangspunkt, um gleichzeitig zu veranschaulichen, welche Veränderungen in Zweifall für die dörfliche Bevölkerung damit verbunden waren. Das betrifft den Umgang mit Flüchtlingsströmen, die aus frontnahen Dörfern durch Zweifall kamen und teilweise dort untergebracht werden mussten, und auch die vorübergehende Führungslosigkeit des Dorfes, nachdem es von den Funktionsträgern des Regimes verlassen worden war. Es betrifft ebenso die Erfahrung der Besetzung des Ortes durch amerikanische Truppen, die es zu einer Art Heerlager umfunktionierten, außerdem Versorgungsschwierigkeiten, Verbote, mit Amerikanern unter einem Dach zu wohnen, sowie die Möglichkeiten, diese Verbote zu umgehen, bis hin zur Zwangsabgabe aller weißen Betttücher des Dorfes, die von den Amerikanern zu Tarnzwecken benötigt und gegen Quittung eingezogen wurden.

So lässt sich eine anschauliche Vorstellung davon gewinnen, welche Veränderungen die Endphase des Krieges im Westen jenseits tödlicher Gefechte und Schlachten für die Zivilbevölkerung mit sich gebracht hat. Um Ansätze, solche Alltagserfahrungen zu erfassen, hat sich sicher auch Baptist Palm bemüht. Doch seine Erzählung ist literarisch trivial überformt und mit klischeehaften Elementen durchsetzt. Sie weist mitunter Parallelen zu Heimatromanen auf, in denen eine angeblich heile Welt auf den Prinzipien einer fest gefügten göttlichen Ordnung, klaren Hierarchien, einem erzkonservativen Frauenbild und einer klaren Trennung in ›Gut‹ und ›Böse‹ fußt. Realistische Vorstellungen konkreter historischer Abläufe vermögen solche Darstellungen nicht zu vermitteln, selbst wenn deren ursprünglicher Stoff auf eigenen Erfahrungen oder aus nachbarschaftlichen Kriegserzählungen beruht.

Vergleichsweise breiten Raum hat auch H. Jürgen Siebertz dem zivilgesellschaftlichen Geschehen in und um Lammersdorf in seinem Buch *Höhe 554* gewidmet. Doch wie bereits in Kapitel 2.9 erläutert, findet sich bei ihm alles in ein Narrativ verpackt, in dem Siebertz selbst den allwissenden Erzähler gibt, der sich bis ins Innerste der Zivilpersonen hineindenken und in einigen Fällen deren künftiges Schicksal erahnen kann. Mit der Qualität der Arbeit von Ella Bieroth ist das nicht vergleichbar. Bei Siebertz fehlt die Distanz zum Geschehen, der Autor fungiert in weiten Teilen als Erzähler unbelegter Geschichten, denen man glauben schenken kann oder auch nicht.

Ähnlich problematisch ist es um die einzige, auf drei Seiten ausgebreitete Geschichte in Ludwig Fischers Konvolut bestellt, die sich des Kriegsgeschehens aus Sicht einer fünfzehnjährigen Zivilistin widmet. Sie soll auf mündliche Aussagen von Regina Bauer fußen, die am 16. Januar 1945 mit drei Verwandten aus der Evakuierung in Lindlar im Bergischen Land aufgebrochen war, um ihr Heimatdorf Schmidt in der Eifel zu besuchen, weil sie lange – das ist der einzige genannte Grund – von dort »nichts mehr gehört hatten« (Fischer 2006, S. 53).

Eine weitere Bekannte schloss sich laut Erzählung später an. Schmidt und die unmittelbare Umgebung waren zu dem Zeitpunkt durch einen statischen Frontverlauf geprägt. Die Erzählung bringt keine Informationen über die Situation der lokalen Bevölkerung im Kriegsgebiet, sondern setzt sich ausschließlich aus Elementen der Abenteuerliteratur zusammen, knappen Episoden, die sich zwischen den fünf jungen Frauen und einigen Wehrmachtsoldaten abspielen, auf welche die Frauen in und um Schmidt treffen. Natürlich wollen die Soldaten die jungen Frauen aufhalten und zurückschicken, können sich aber erstaunlicherweise nicht durchsetzen, denn, »so leicht lassen sich fünf Eifeler Mädchen nicht einschüchtern« (Fischer 2006, S. 54), wie es knapp dazu heißt. Am Ende fungieren die Ausflüglerinnen noch als Kuriere zwischen zwei Wehrmachtstandorten. Offensichtlich ist es niemandem in den Sinn gekommen, diese doch recht abwegig erscheinende Geschichte auf ihren Wahrheitsgehalt zu überprüfen. Erzählt worden sein soll sie Ludwig Fischer und einigen Mitreisenden von der genannten Regina Bauer während einer Seniorenfahrt des Eifelvereins zum Soldatenfriedhof *Henry Chapelle* in Belgien. Als solche fand die Erzählung Eingang in Ludwig Fischers *Erinnerungen.*

In der Publikation von Adolf Hohenstein und Wolfgang Trees sind es – ähnlich wie in Baptist Palms Buch – hart arbeitende, gläubige Menschen, die vom Krieg unerwartet und ahnungslos überfallen wurden. Das klingt im Werk beider Autoren so:

> »Es gibt keinen Ausweg aus dieser Lage – darin liegt die wahre Tragödie dieser Tage. Denn die Eifel-Bevölkerung, rechtschaffen und bescheiden, ist zum überwiegenden Teil nie einer Ideologie erlegen, gleich welcher Färbung. Immer hat sie ihre Lebensart und ihr Kulturgut behütet. Und dazu gehört ihre tiefe Hinwendung zum christlichen Glauben.« (Hohenstein und Trees 2008, S. 32)

In der Verklärung der ländlichen Lebenswelt werden folgerichtig alle Verbindung der Landbevölkerung zu den Institutionen des NS-Regimes ausgespart, und Auswirkungen der nationalsozialistischen Agrarpolitik auf die Nordeifel bleiben ebenso außen vor. Tatsächlich war die Realität eine andere, denn auch in streng katholischen Gegenden wurde das Arrangement mit der NSDAP und anderen NS-Organisationen vor Ort zum eigenen Vorteil gesucht, wenn auch mit zeitlicher Verzögerung gegenüber protestantisch dominierten Regionen.[208]

Ländliche Idylle in Vorkriegszeiten scheint auch bei Gevert Haslob durch. Allerdings nur an sehr wenigen Stellen, denn seine Kriegsdarstellung spart die Zivilbevölkerung nahezu vollständig aus. Dörfer wie Schmidt, Bergstein oder

208 Dazu allgemein Wagner, Caroline. 1998. *Die NSDAP auf dem Dorf. Eine Sozialgeschichte der NS-Machtergreifung in Lippe.* Münster: Aschendorff Verlag. Viel realitätsnaher als Hohenstein/Trees hat Ella Bieroth die Rolle und stetige Präsenz der NSDAP und anderer NS-Organisationen in der Nordeifel bereits 1968 geschildert, vgl. Bieroth, Ella 1968, S. 111–192.

Kommerscheidt dienen einzig dem Zweck, das Operations- und Kampfgeschehen zu verorten. Daher heißt es auch vergleichsweise kurz angebunden:

> »In jenen Tagen und Wochen im September und den weiteren Monaten 1944/45 hatte die Bevölkerung in der Eifel ein schweres Los zu tragen. Die einst gepflegten Dörfer ihrer engeren Heimat mußten sie räumen. Oft kamen sie zurück, um das Vieh zu versorgen. Häuser und Stallungen fanden sie durch Artillerie und Bombeneinschläge zerstört vor. Es war regnerisch und kalt in dieser Zeit der Ungewißheit. Nur allzuoft [sic] flohen Familien mit ihren Kindern durch die Wälder, um Schutz vor der feindlichen Artillerie und den Tieffliegern zu suchen.« (Haslob 2000, S. 47)

Bezeichnend ist, dass Haslob die Familien lediglich durch den Kriegsgegner des NS-Regimes bedroht wissen will. Dass auch die Artillerie der Wehrmacht ganze Dörfer zerschossen hat, bleibt unausgesprochen. Haslob spitzt diese Sichtweise in einem Kapitel, in dem es um den Versuch der Wehrmacht geht, aus dem ›Kessel von Falaise‹ in Frankreich zu entkommen, sogar noch zu. Auf einer Seite hat er drei Fotografien platziert, deren Ort und Aufnahmedatum nicht genannt werden. Das größte Foto zeigt den Ausschnitt einer brennenden Hausruine. Auf den beiden Fotos darunter ist ein weinender Junge zu sehen, auf dem anderen eine weinende jüngere Frau, die vor einer Trümmerkulisse von einer älteren gestützt wird. Die einzige Bildunterschrift dazu lautet:

> »Unter den schweren Bombenangriffen der Alliierten hatte in erster Linie die Zivilbevölkerung zu leiden und beklagte hohe Verluste. Bilder, die keines weiteren Kommentars bedürfen!« (ebd., S. 37)

Wenn Menschen darüber hinaus auf den von Haslob ausgewählten Fotografien auftauchen und nicht unmittelbar den Kombattanten zuzuordnen sind, handelt es sich um Mitglieder von nationalsozialistischen Organisationseinheiten. So finden sich unter der Überschrift »Einsatz der Hitler-Jugend zur Verteidigung ihrer Heimat« (ebd., S. 44–45) fünf Fotografien, die Angehörige der Hitler-Jugend mal im Gänsemarsch »mit einem Lied auf den Lippen« (ebd., S. 44), mal als Einzelpersonen mit Schaufel und Hacke bei Schanzarbeiten zeigen. Haslob setzt dabei auf die Suggestivkraft dieser äußerst knapp kommentierten Bilder. Dass die darauf zu sehenden Personen einen freiwilligen Beitrag dazu leisten möchten, ›ihre Heimat zu verteidigen‹, steht für ihn außer Frage.

Eine Seite weiter folgen vier Fotografien aus der Eifel. Die erste zeigt ein aus der Luft aufgenommenes Dorf, die zweite die Höhenburg Hengebach in Heimbach. Die Überschrift dazu lautet im Fettdruck »Ruhig und friedlich liegen die Dörfer in der Eifel« (ebd., S. 46). Das folgende Foto zeigt ein zerstörtes Eifeldorf und ist überschrieben »und dann Tod und Zerstörung«. Zum Schluss folgt unter der trotzig anmutenden Überschrift »und trotzdem« ein Bild, das vorwiegend junge Menschen beim Überqueren einer Brücke zeigt. Die dazugehörige Bildunterschrift lautet »›Auf dem Weg zum Schanzen‹ – Hitlerjungen bauen Stellung zur Verteidigung ihrer Heimat« (ebd., S. 46). Auch diese Abfolge ist bezeichnend: von der Idylle über die aus dem Nichts kommende Bedrohung hin zum hoffnungsvollen Aufbruch in Gestalt einer Jugendorganisation der NSDAP.

Ähnlich wie Haslob blendet auch Scherer wesentliche Dimensionen der Zivilbevölkerung im Kriegsgebiet weitestgehend aus. Neben den zwei bereits genannten Ausnahmen – einem verwundeten Mädchen und einem ›renitenten‹ Pfarrer (Scherer 2002, S. 89–91) –, deren Aufnahme in Scherers Geschichte einzig dem Zweck dient, die Humanität von Wehrmachtangehörigen in der Kriegssituation zu unterstreichen, findet sich in seinem Narrativ an keiner Stelle Interesse an der Thematisierung der Kriegsfolgen für die Zivilbevölkerung. Lediglich in einem von Karl J. Lüttgens verfassten Anhang ist noch einmal ganz kurz von einigen namentlich genannten Ziviltoten die Rede (ebd., S. 135).

Auffallend an der sehr unterschiedlich gewichteten Thematisierung der Zivilbevölkerung in den verschiedenen Publikationen ist die Tatsache, dass Zivilistinnen und Zivilisten nahezu ausschließlich in der Opferrolle dargestellt werden, sofern sie nicht Mitglieder in NS-Organisationen wie der Hitler-Jugend sind (vgl. Haupert und Schäfer 1991). Dass sie von der Ausbeutung der besetzten Länder, und der ›Arisierung‹ jüdischen Vermögens (vgl. Aly 2005) oder von Zwangsarbeitskräften (vgl. Herbert 1999) profitierten, bleibt in der Militaria-Literatur ein streng gehütetes Tabu. Und über den Anteil überzeugter Nationalsozialisten in den Eifel-Dörfern wurde ebenfalls geschwiegen. Deswegen ist der Rückgriff auf anderweitige Darstellungen sinnvoll, um einen realitätsnahen Einblick zu gewinnen. Hilfreich sind dabei zum Beispiel die Aufzeichnungen von Saul K. Padover, der im Herbst 1944 als Nachrichtenoffizier der Abteilung für psychologische Kriegsführung nach Deutschland kam und dabei auch verschiedene Ortschaften in der Eifel aufsuchte, um Gespräche mit den dort Wohnenden zu führen. Dabei gelangte er unter anderem auch nach Roetgen, das am 12. September 1944 als erste deutsche Ortschaft durch die amerikanischen Militärs befreit wurde. Padovers Überblick:

> »In dem kleinen, unzerstörten Roetgen bestand etwa ein Drittel der Bevölkerung aus überzeugten bis fanatischen Nationalsozialisten. Die übrigen waren Mitläufer. Dies ging aus einer Liste hervor, die wir im Rathaus fanden und auf der die Namen sämtlicher Angehörigen von NS-Organisationen nebst persönlichen Angaben standen.« (Padover 1999, S. 68)

In dem Buch *Lügendetektor* gibt Padover die Gespräche wieder, die er mit Angehörigen unterschiedlicher Bevölkerungsgruppen geführt hat. Sie sind als Kontrastprogramm zu den Publikationen der Militaria-Literatur überaus lesenswert, weil sie einen differenzierten Eindruck davon vermitteln, wie tief die nationalsozialistische Weltsicht in den Köpfen der Dorfbewohnerinnen und -bewohner verankert war. Ein Laufbursche, der das Dorf gut kannte und Padover bei der Auswahl seiner Gesprächspartner und -partnerinnen unterstützte, brachte das kollektive Bewusstsein sehr knapp und ironisch auf den Punkt:

> »Hier in Roetgen werden sie keine Nazis finden, nie und nimmer! Seit die Amerikaner da sind, wollen sie alle Mußnazis sein, alle mußten in die Partei eintreten. Muß – daß ich nicht lache! Sie hätten sie früher sehen sollen – wie sie auf den Führer geschworen haben.« (ebd., S. 71)

4.5 Die Macht von Politik und Verwaltung im Kontext des NS-Staates

Neben den Soldaten und der Zivilbevölkerung gibt es noch eine dritte Gruppe, deren Betrachtung anhand der exemplarisch vorgestellten Bücher angezeigt ist. Sie betrifft diejenige Organisation, welche die Inklusion der Bürgerinnen und Bürger des ›Reiches‹ zu einer ›Volksgemeinschaft‹ maßgeblich gesteuert und vorangetrieben hat. Gemeint ist die *Nationalsozialistische Deutsche Arbeiterpartei* (NSDAP). Im Februar 1920 in München gegründet, stand ihr seit dem Folgejahr Adolf Hitler vor. Mit der Machtübertragung an die Nationalsozialisten avancierte die NSDAP 1933 von einer rassistisch-nationalistischen Bewegungsgruppierung zu einer ebensolchen populistischen Volkspartei (vgl. Benz 2009; Falter 2016; Kellerhoff 2017). Im Mai 1943 wurde sie von 7,7 Millionen Deutschen als Mitgliedern getragen; das waren elf Prozent der Bevölkerung. Die NSDAP verfügte über zahlreiche Unterorganisationen. Dazu zählten die *Hitler-Jugend* (HJ), der *Bund Deutscher Mädel* (BDM), die *NS-Frauenschaft* (NSF), der *Nationalsozialistische Deutsche Studentenbund* (NSDStB), die *Schutzstaffel* (SS) und einige mehr. Mit der Partei verbunden waren darüber hinaus zahlreiche Organisationen mit einer eigenen Rechtspersönlichkeit wie die *Deutsche Arbeitsfront* (DAF) mit rund 23 Millionen Mitgliedern im Jahr 1938 und ihrem Freizeitwerk *Kraft durch Freude* (KdF), der *Nationalsozialistische Lehrerbund* (NSLB), die *NS-Volkswohlfahrt* (NSV), der *Reichsarbeitsdienst* (RAD) mit der *Organisation Todt* (OT) als Untergliederung oder der *Reichsnährstand*, dem Bauern ebenso angehörten wie Betriebe und Personen, die mit der Verarbeitung und dem Handel landwirtschaftlicher Erzeugnisse befasst waren.

Über diese Vielzahl von Organisationen wurden Partei- und Staatsorganisationen in Stadt und Land miteinander verschmolzen und gelang die funktionale Einbindung Millionen Deutscher in das NS-System (vgl. Nolzen 2004, 2009; Kellerhoff 2017). Der Parteiapparat übte, auch wenn er durchaus nicht homogen war, gesellschaftliche Kontrolle aus und indoktrinierte die Bevölkerung erfolgreich (vgl. Aly 2005; Bajohr und Wildt 2009; Thamer 2020). Zu Beginn des Krieges umfasste dieser Gesamtapparat rund zwei Drittel der deutschen Bevölkerung.[209] Und während des Krieges entschied die NSDAP auch darüber, wer vom Kriegsdienst befreit wurde, um Aufgaben an der ›Heimatfront‹ wahrzunehmen. »Wer von der eigentümlichen Stabilität des NS-Regimes sowie vom Durchhalten der deutschen Bevölkerung bis zum Untergang spricht«, so Armin Nolzen, »darf insofern von den Aktivitäten der NSDAP nicht schweigen.« (Nolzen 2009, S. 61).

Wie wird nun vor diesem Hintergrund in der besprochenen Militaria-Literatur mit dem Thema ›NSDAP‹ umgegangen, die auch in den Dörfern des Kampfgebietes auf verschiedenen Ebenen präsent war?

Baptist Palm spricht im Vorspann seines *Verdun des Zweiten Weltkrieges* die *Organisation Todt* (OT) und die damit verbundenen *Reichsarbeitsdienstlager* (RAD-Lager) in der Nordeifel an (Palm 1953, S. 9), also jene paramilitärische Organisation, die für den Bau des ›Westwalls‹ maßgebliche Verantwortung trug und mit Beginn des Krieges zu einer militärisch gegliederten Bauorganisation entwickelt worden war (vgl. Singer 1998). Er geht dabei aber nicht näher auf die Organisation selbst ein. Darüber hinaus ist hin und wieder undifferenziert vom ›Naziregime‹, von den ›Nazis‹ oder den ›Herrschern des Nationalsozialismus‹ die Rede, denen die Eifelbevölkerung »immer fern gestanden« (Palm 1953, S. 17) habe. Zweimal ist von »nazistischer Schulung« (Palm 1953, S. 54, 68) junger Soldaten die Rede, die sie zu unreflektierter Begeisterung für die Kriegsziele erzogen habe. In allen Fällen bleiben die Ausführungen jedoch im Allgemeinen stecken, werden nur kurz angetippt und erscheinen meist in Form einer Anklage, die immer bipolar formuliert wird: hier die malträtierte Eifel-Bevölkerung, dort an unbestimmten Orten die Nazis. Dies ließe sich als Reflex auf das noch frische, unverarbeitete Erleben des Kriegsendes einstufen; andererseits lag 1946 aber auch schon ein Buch wie Eugen Kogons *SS-Staat* vor,[210] verfasst ebenfalls von einem ›Betroffenen‹, der sechs Jahre als Häftling im Konzentrationslager *Buchenwald* überlebt hatte. Analytische Betrachtungen und differenzierte Bewertungen des NS-Regimes und seiner Institutionen waren also unmittelbar nach Kriegsende durchaus möglich.

Immerhin liegt Palms Buch aber noch ein anti-nationalsozialistischer Affekt zugrunde. Bei Hohenstein und Trees sowie bei Haslob, Scherer und Fischer ist davon kaum etwas zu spüren. Verbindungen zwischen der kämpfenden Truppe und ihren Befehlshabern zum NS-Regime scheinen nicht zu existieren. Das Kürzel ›NSDAP‹ sucht man in ihren Büchern vergeblich, selbst in den Abkür-

209 Vgl. Nolzen, Armin. 2009. Inklusion und Exklusion im »Dritten Reich«. Das Beispiel der NSDAP. In *Volksgemeinschaft. Neue Forschungen zur Gesellschaft des Nationalsozialismus*, Hrsg. Frank Bajohr, und Michael Wildt, S. 60–77, hier S. 63. Frankfurt a. M.: Fischer Taschenbuch Verlag.

210 Kogon, Eugen. 1946. *Der SS-Staat. Das System der deutschen Konzentrationslager*. München: Verlag Karl Alber.

zungsverzeichnissen fehlt es. Bei Scherer ist lediglich an einer Stelle von einer sich auftuenden »Kluft zwischen Wehrmacht und Partei« (Scherer 2002, S. 115) die Rede, und im Anhang finden sich vier Bilder, auf denen Parteivertreter zu sehen sind, die sich bei der Beerdigung der ersten toten Zivilisten der *Gemeinde Schleiden* in Uniform und mit Hakenkreuzfahnen in Szene setzen (ebd., S. 135–136). Und bei Fischer ist in einem Bericht Rudi Mayers zusammenhanglos und sprachlich verstockt von einer Versetzung zu seiner Einheit »[n]ach dem Putsch auf Adolf Hitler« die Rede (Fischer 2006, S. 35). Lediglich in Werner Haupts *Rückzug im Westen 1944* wird die NSDAP in einzelnen Fällen genannt; mal im Zusammenhang mit dem ›Westwall‹-Ausbau (Haupt 1978, S. 207), und mal werden Parteidienststellen exemplarisch für eine überstürzte Flucht vor den heranrückenden Truppen der Westalliierten sehr kurz ins Spiel gebracht (ebd., S. 209, 212, 247). Doch diese Konstruktionsweise dient bei Haupt primär dem Zweck, die Wehrmacht selbst als ›Opfer‹ zu inszenieren.

Sieht man von diesen raren Ausnahmen einer reinen Nennung der NSDAP ab, bleibt das Handeln der Militärs von den eigentlichen politischen Handlungszielen getrennt. Die Wehrmachtsoldaten erscheinen als Kämpfer ohne weltanschauliche Grundlagen und keinesfalls als Gefolgsleute ihres Obersten Befehlshabers Hitler.[211] Tatsächlich war auch nur ein geringer einstelliger Prozentsatz der Soldaten altersbedingt bereits vor seiner Dienstverpflichtung Mitglied der NSDAP gewesen.[212] Aber Mitgliedschaften allein lassen keinesfalls auf weltanschauliche Auffassungen schließen. Tatsache ist, dass gerade die jüngeren Soldaten, wenn sie zur Wehrmacht eingezogen wurden, bereits verschiedene Sozialisationsinstanzen des NS-Staats durchlaufen hatten. Dafür sorgten die Einführung der allgemeinen Wehrpflicht vom 16. März 1935, die Arbeitsdienstpflicht vom 26. Juni 1935 sowie das Gesetz über die *Hitler-Jugend* vom 1. Dezember 1936. Damit wurden »Jahrgang um Jahrgang [...] von der HJ zum RAD und von dort zur Wehrmacht weitergereicht. [...] Für die männliche Jugend bedeutete dies, drei aufeinander aufbauende Erziehungsinstanzen zu durchlaufen, deren (para-)militärischer Charakter dem Erziehungsziel entsprach: am Ende [...] sollte der soldatische Mann stehen« (Latzel 1998, S. 86), der in Übereinstimmung mit den nationalistischen und rassistischen Zielen des NS-Staats handelte.

211 Edward A. Shils und Morris Janowitz hatten bereits vor Kriegsende durch Befragungen gezeigt, dass die deutschen Soldaten im Westen wesentlich ›für Hitler‹ kämpften. Vgl. Shils, Edward A., und Morris Janowitz. 1948. Cohesion and Disintegration in the Wehrmacht in World War II. In *The Public Opinion Quarterly* 12 (1948), 280–315. Princeton, N.J.

212 Details über das Sozialprofil von Wehrmachtsoldaten und deren Zugehörigkeit zu nationalsozialistischen Organisationen hat Christoph Rass am Beispiel der 253. rheinisch-westfälischen Infanteriedivision herausgearbeitet, vgl. Rass, Christoph 2003, S. 88–134.

Christoph Rass hat in einer exemplarischen Studie über die 253. Infanteriedivision, deren wesentliches Rekrutierungsgebiet im Rheinland um Aachen lag und die während des Ostfeldzugs an der Ostfront eingesetzt wurde, anhand einer Stichprobe herausgearbeitet, dass »785 von 2291 Soldaten Mitglieder in einer oder mehreren nationalsozialistischen Organisationen [waren]. Das entspricht einem Anteil von 34,26 %. Die Verteilung der Mitgliedschaften auf die verschiedenen nationalsozialistischen Organisationen ergibt mit einem Anteil von 85,6 % ein deutliches Übergewicht von SA und HJ vor allen anderen Organisationen.« (Rass 2003, S. 122–123). Jörg Echternkamp hat aus der Untersuchung den Schluss gezogen, »dass die 18- bis 28-jährigen Männer, die 1939 einberufen wurden, ein nationalsozialistisches Bild des Krieges im Kopf hatten, als sie ihren Marschbefehl erhielten. Rassistische Feindbilder und völkische Vorstellungen von Lebensraumeroberung wirkten zumindest im Hintergrund, auch wenn in der besonderen Situation andere Faktoren das konkrete Handeln und Deuten motiviert haben. Wie sehr sich manche Soldaten mit dem NS-Regime identifizierten, zeigte sich nicht zuletzt in den Kriegsgefangenenlagern im Ausland, wo zweifelnde Kameraden von Überzeugungstätern unter Druck gesetzt wurden.« (Echternkamp 2015).

Hinzu kommt, dass die Wehrmacht ein streng hierarchisch gegliedertes Instrument der Nationalsozialisten war. Ihre Spitze, also die hohen Offiziere der Oberkommandos und die Befehlshaber der Truppen, waren Hitler – spätestens seit dem Sieg im ›Blitzkrieg‹ gegen Frankreich – treu ergeben. Nach der Phase der Weimarer Republik verbanden sie mit Hitler den eigenen Traum von einer Restauration des nationalen Machtstaates. Die nach dem Krieg von Offiziersseite immer wieder hervorgehobenen Differenzen mit ihrem ›Führer‹ waren weit überzogene Strategien der Selbstrechtfertigung. Die vorherrschende Übereinstimmung der Wehrmacht-Führung mit der nationalsozialistischen Ideologie und politischen Praxis sorgte, wie die Indoktrination der einfachen Soldaten dafür, dass die nationalsozialistische gegen das Völkerrecht verstoßende Kriegspolitik bruchlos umgesetzt wurde. Das Verhältnis zwischen Hitler als Parteivorsitzender der NSDAP sowie als Oberbefehlshaber der Wehrmacht in einer Person und den Wehrmachtgenerälen, schreibt Wolfram Wette, »war, in der Summe betrachtet, von gläubiger Zustimmung und Unterordnung [der Generalität] geprägt, nicht von Konflikten, schon gar nicht von grundlegenden, den Charakter der Kriegführung tangierenden Meinungsverschiedenheiten.« (Wette 2013, S. 154). Und das gilt nicht nur für den rassenideologischen Vernichtungskrieg im Osten mit seinen zahlreichen Mordaktionen gegen die damalige sowjetische Zivilbevölkerung,[213] sondern auch für die unsinnige Verlän-

213 Dieter Pohl hat das Verhältnis von deutscher Militärbesatzung und sowjetischer Bevölkerung in den Jahren 1941 bis 1944 genauer untersucht und ist dabei den Fragen nach poli-

gerung des Krieges im Westen in Form eines fanatisch geführten Endkampfes bis zum Untergang von ›Reich‹ und Wehrmacht. Durch die weitestgehende Ausblendung dieses Aspekts in ihren Kriegsdarstellungen, durch die Entkoppelung von Kriegsführung und Nationalsozialismus, verkörpert durch die NSDAP und die mit ihr verwandten Organisationen, tragen die Autoren der exemplarisch besprochenen Publikationen und ihre Verleger – mit gewissen Abstrichen im Fall Baptist Palms – maßgeblich dazu bei, den Entschuldungsmythos der Wehrmacht und ihrer Angehörigen über den Krieg hinaus weiter fortzuschreiben.

4.6 Die weitgehende Ausblendung von Zwangsarbeiterinnen und Zwangsarbeitern

Die Versorgung mit Lebensmitteln und Gütern des täglichen Bedarfs im ›Dritten Reich‹ zu sichern und die Produktion kriegswirtschaftlich wichtiger Güter aufrechtzuerhalten, wäre dem NS-Regime ohne die Ausbeutung vorwiegend ausländischer Arbeitskräfte nicht möglich gewesen. Das NS-System wäre viel eher zusammengebrochen, hätte es nicht rücksichtslos davon Gebrauch machen können, Menschen aus den eroberten Gebieten ins ›Reich‹ zu schaffen und sie dort zur Arbeit in Rüstungsbetrieben, im Bergbau, im Handwerk, in der Forstwirtschaft, auf Bauernhöfen und in Privathaushalten zu nötigen. Verliefen die Übergänge von freiwillig gefolgten Anwerbemaßnahmen unter dem Schlagwort der ›Fremdarbeit‹ hin zu rigorosen Zwangsmaßnahmen zunächst noch fließend, so setzten sich mit der kriegsbedingt erhöhten Nachfrage nach ausländischen Arbeitskräften zunehmend Strukturen einer modernen Sklavenhaltergesellschaft im ›Reich‹ durch.

Insgesamt wurden rund 13,5 Millionen Menschen zur Zwangsarbeit für den NS-Staat herangezogen (vgl. Spoerer 2001, S. 253), darunter ausländische Zivilarbeitskräfte, Kriegsgefangene und KZ-Häftlinge. Zwangsarbeiterinnen und Zwangsarbeiter waren ein fester Bestandteil des ›Dritten Reiches‹ in der Kriegsphase. Ihre Existenz war unter der deutschen Bevölkerung allgemein bekannt. Die meisten Zwangsarbeiterinnen und Zwangsarbeiter wurden aus Polen, der damaligen Sowjetunion und aus Frankreich ins ›Reich‹ geschafft. Aus der Sowjetunion allerdings erst seit Ende 1941, weil Sowjetbürgerinnen und -bürger neben Jüdinnen und Juden ganz unten auf der rassistischen Bewertungsskala Nazideutschlands standen und ihre Deportation ins ›Reich‹ eigentlich der na-

tische Gewalt, Ernährungspolitik, Behandlung sowjetischer Kriegsgefangener und dem Einsatz von Zwangsarbeiterinnen und Zwangsarbeitern nachgegangen, vgl. Pohl, Dieter. 2008. *Die Herrschaft der Wehrmacht. Deutsche Militärbesatzung und einheimische Bevölkerung in der Sowjetunion 1941–1944.* München: R. Oldenbourg Verlag.

tionalsozialistischen Ausgrenzungs- und Vernichtungspolitik gegen slawische Völker widersprach (vgl. Streit 1978, 1995; Müller 1995). Erst als im Herbst 1941 mit dem Vormarsch auf Moskau deutlich wurde, dass der Krieg gegen die Sowjetunion keinesfalls mit einem raschen Sieg enden, sondern in einen längeren Abnutzungskrieg übergehen würde, änderte die NS-Führung ihre Haltung. Kriegswirtschaftliche Interessen überlagerten jetzt ideologische Vorbehalte. Kriegsgefangene Soldaten der Roten Armee wurden somit ab 1942 ins Reich deportiert.

Ihre Anzahl reichte aber nicht, um den Arbeitskräftebedarf zu decken. Denn von den rund vier Millionen Kriegsgefangenen waren bis zum Februar 1942 bereits fast drei Millionen unter deutscher Aufsicht in der Sowjetunion verhungert, erfroren oder erschossen worden.[214] Sowjetische Kriegsgefangene stellten nach den Juden die größte Opfergruppe der nationalsozialistischen Herrschaft in Europa dar. Aufgrund des Mangels an arbeitsfähigen Kriegsgefangenen wurden weitere sowjetische Zivilistinnen und Zivilisten ins Deutsche Reich gebracht oder mit Gewalt verschleppt. Von Ende 1941 bis zum Sommer 1944 waren es fast drei Millionen. Sie mussten als »Ostarbeiter« – ähnlich wie Juden und polnische Zwangsarbeitskräfte – einen stigmatisierenden Aufnäher auf ihrer Kleidung tragen, der sie sichtbar von anderen Bevölkerungsgruppen abgrenzte.

Rund zweieinhalb Millionen Zwangsarbeitskräfte wurden zwischen 1939 und 1945 im ›Reich‹ ums Leben gebracht – vorwiegend durch brutale Behandlung, mangelnde Ernährung und verweigerte medizinische Versorgung (vgl. Herbert 1991; Spoerer 2001).

Auch in der Eifel zählten Zwangsarbeiterinnen und Zwangsarbeiter zum alltäglichen Bild für die Bevölkerung. Die Erinnerung an die ausgemergelten Gestalten, die aus ihren Lagerbaracken in Kolonnen zum Arbeitseinsatz getrieben wurden, dürften nicht in Vergessenheit geraten sein, auch wenn nach 1945 alles dafür getan wurde, die Spuren ihrer Unterbringung so rasch wie möglich zu beseitigen und die Erinnerung an sie zu tilgen. Seit 2018 liegen zwei ausführliche Studien vor, die das Thema ›Zwangsarbeit in der Nordeifel‹ behandeln. Die Arbeit von Franz Albert Heinen (vgl. Heinen 2018) widmet sich dem *Altkreis Schleiden*, also jenem Gebiet, das auch im Rahmen der *Ardennenoffensive* in den Mittelpunkt des Kriegsgeschehens rückte; die Arbeit von Dieter Lenzen (vgl. Lenzen 2018) beleuchtet die Zwangsarbeit im *Altkreis Monschau*, dem mit

214 Details zu den Dimensionen der sowjetischen Kriegsgefangenen finden sich bei Otto, Reinhard, Rolf Keller, und Jens Nagel. 2008. Sowjetische Kriegsgefangene in deutschem Gewahrsam 1941–1945. Zahlen und Dimensionen. In *Vierteljahreshefte für Zeitgeschichte* 4/2008, S. 557–602. München: Oldenbourg Wissenschaftsverlag. Angaben zum Massensterben bei Streit, Christian. 1978. *Keine Kameraden. Die Wehrmacht und die sowjetischen Kriegsgefangenen 1941–1945*, S. 128–190. Stuttgart: Deutsche Verlags-Anstalt.

Lammersdorf, Roetgen, Simmerath oder Kesternich zahlreiche Ortschaften zuzuordnen sind, die auch im Buch von H. Jürgen Siebertz den geografischen Kern seiner Darstellung bilden.

Nach Heinens Forschungsergebnissen hatte sich die Nordeifel im Laufe des Krieges zu einem regelrechten »Lagerland« (Heinen 2018, S. 165–190) für Kriegsgefangene und zivile Zwangsarbeitskräfte entwickelt.[215] Lenzen kommt zu einem ähnlichen Ergebnis.[216] Für die Gesamtdauer des Krieges seien im *Altkreis Monschau* 1.155 Zwangsarbeiterinnen und Zwangsarbeiter namentlich erfasst worden, eine Zahl von 2.000 bis 2.200 sei jedoch wahrscheinlicher (vgl. Lenzen 2018, S. 320). Vor allem die Lager mit sowjetischen Kriegsgefangenen wurden rund um die Uhr von Soldaten der Wehrmacht bewacht, meistens von solchen, die nicht mehr fronteinsatzfähig waren. Heinen stuft den Umgang mit den Zwangsarbeitskräften im *Altkreis Schleiden* angesichts der hohen Totenzahlen als »den größten Verbrechenskomplex des 20. Jahrhunderts in der Region« (Heinen 2018, S. 1) ein. Lenzen unterstreicht, dass Gewalt in den Lagern an der Tagesordnung war und berichtet von Zwangsarbeitskräften, denen die Schädel, vermutlich von den Wachhabenden, eingeschlagen worden waren. Polizeiliche Ermittlungen dazu verliefen nach dem Krieg im Sande (vgl. Lenzen 2018, S. 242).

Heinen und Lenzen bemängeln insbesondere auch den Umgang mit den zu Tode geschundenen sowjetischen Zwangsarbeitskräften nach 1945. In der Nordeifel bestand in den Nachkriegsjahren seitens der Gemeinden nur geringes Interesse, deren Grabstätten angemessen zu pflegen, obwohl zunächst die Alliierten und anschließend vorgesetzte deutsche Dienststellen wiederholt darauf drängten. Während 1953 in Vossenack und Hürtgen noch zwei sogenannte ›Ehrenfriedhöfe‹ für tote Wehrmachtsoldaten, Mitglieder der Waffen-SS und einige Zivilisten eingerichtet wurden, faulten die Holzkreuze auf den abseits gelegenen und von Unkraut überwucherten ›Russengräbern‹ vor sich hin. Eine nicht unproblematische Lösung wurde 1961 mit der Errichtung einer zentralen sowjetischen Gräberstätte bei Rurberg – abseits bewohnter Siedlungen – im *Kreis Monschau* geschaffen; nicht unproblematisch insofern, als deren Anlage eine Kapitulation vor dem unwürdigen Umgang zahlreicher Eifelgemeinden mit den zu Tode gebrachten Osteuropäern bedeutete. Nach Rurberg wurden jetzt tote ›Russen‹ auch aus den benachbarten Kreisen umgebettet. »Das öffentliche Gedenken wurde buchstäblich in den Nachbarkreis exportiert« (Heinen 2018,

215 Eine tabellarische Auflistung mit Kreiskarte findet sich bei Heinen, Franz Albert. 2018. *»Abgang durch Tod«. Zwangsarbeit im Kreis Schleiden 1939–1945*, S. 178–182. Schleiden: Geschichtsforum Schleiden e.V.

216 Eine Aufteilung auf die Orte des *Altkreises Monschau* sowie eine Übersichtskarte der Lager im Kreisgebiet mit den Schwerpunkten auf die Umfelder von Lammersdorf, Monschau und Roetgen finden sich bei Lenzen, Dieter. 2018. *Zwangsarbeit im Kreis Monschau 1939–1945*, S. 26, 144. Düren: Hahne & Schloemer Verlag.

S. 395), wie Heinen mit Blick auf den *Kreis Schleiden* vermerkt. Kritisch zu sehen ist die zentrale Gräberstätte aber auch insofern, als sich dort bis heute keine Information darüber findet, wie die dort Bestatteten zu Tode gekommen sind. Nach dem einzigen dort in Ruhrsandstein gemeißelten Text unterhalb eines russisch-orthodoxen Kreuzes heißt es lediglich: »Auf diesem Friedhof ruhen 2322 sowjetische Staatsbürger, die fern der Heimat gestorben sind. 1941–1945«. Kein Wort darüber, dass die meisten von ihnen im Zuge der Zwangsarbeit von Deutschen zu Tode gebracht wurden.

Die Deportation von Kriegsgefangenen und Zivilarbeitskräften zur Zwangsarbeit ins deutsche ›Kernland‹ war ein wesentlicher Bestandteil im Rahmen der Kriegsführung. Geschichtsdarstellungen, die sich mit dem Kriegsgeschehen befassen, können das eigentlich nicht übergehen, zumal Zwangsarbeitskräfte nicht nur zur Aufrechterhaltung der Kriegswirtschaft eingesetzt wurden. Polnische Kriegsgefangene wirkten 1940/41 beim Rückbau von Stacheldraht und Feldstellungen entlang der Westgrenze mit, und in der Endphase des Krieges wurden Zwangsarbeitskräfte ohne Schutz vor alliierten Luftangriffen beim Bau von Schützengräben eingesetzt, arbeiteten also unmittelbar der Wehrmacht zu (vgl. Kox 2007, S. 876; Heinen 2018, S. 153–164). Wie wird das Thema ›Zwangsarbeit‹ vor diesem Hintergrund in den exemplarisch besprochenen zehn Publikationen behandelt?

Bei Baptist Palm findet sich zwar der Hinweis, dass »die kilometerweiten Drahtverhaue« entlang des ›Westwalls‹ »wieder abgebaut« wurden (Palm 1953, S. 17). Wer sie jedoch abbaute, ist dem Text nicht zu entnehmen. Und auch ansonsten gibt es in seinem Buch keinen Hinweis auf Kriegsgefangene und Zivilarbeitskräfte. Auf den gut 320 Seiten von Adolf Hohensteins und Wolfgang Trees' Band *Hölle im Hürtgenwald* findet sich lediglich ein einziger Hinweis darauf, dass in der Nordeifel Zwangsarbeiterinnen und Zwangsarbeiter eingesetzt wurden, allerdings in einer den wahren Sachverhalt eher verschleiernden Diktion, wenn es über die Sicherungs- und Evakuierungsmaßnahmen frontnaher Gebiete heißt:

> »Inzwischen werden auch die fremden Zivilarbeiter gesammelt und die russischen und ukrainischen Mädchen weggeführt, die in der Landwirtschaft und in den Haushalten gearbeitet haben.« (Hohenstein und Trees 2008, S. 31)

Erläuterungen zu den Hintergründen der Zwangsarbeit fehlen. In Gevert Haslobs Darstellung tauchen zwar auch die Schanzarbeiten als bebildertes Thema auf, als Akteure werden dabei aber keine Zwangsarbeiterinnen und Zwangsarbeiter gezeigt, sondern lediglich – wie bereits beschrieben – Jungen der *Hitler-Jugend*. Ein einziger peripherer Vermerk findet sich in dem gesamten Buch darauf, dass es Zwangsarbeitskräfte im Kampfgebiet überhaupt gab. In Richtung Strauch, so heißt es, habe sich ein ehemaliges Lager des *Reichsarbeitsdienstes* befunden: »Es wurde vorübergehend zur Unterbringung von ausländischen Fremdarbeitern benutzt.« (Haslob 2000, S. 116). Von Kurt Kaeres, Wingolf Scherer, Dieter Heckmann, Max von Falkenberg und Ludwig Fischer werden Zwangsarbeiterinnen und Zwangsarbeiter mit keinem Wort erwähnt. Lediglich in H. Jürgen Siebertz' Band wird deren Vorhandensein nicht komplett übergangen (vgl. Siebertz 2010, S. 52, 79, 86); gleichwohl erscheint die Zwangsarbeit dort als ein aus dem Kontext des Nationalsozialismus und der Wehrmacht herausgelöstes Element und wird auf fragwürdige Weise instrumentalisiert, was in Kapitel 2.9 bereits aufgezeigt wurde.

Noch intensiver als das Thema Zwangsarbeit wird in den genannten zehn Büchern der Umgang mit der jüdischen Bevölkerung beschwiegen. Die Vertreibung jüdischer Nachbarinnen und Nachbarn, ihre Deportation in Vernichtungslager, ihre Ermordung, der Raub ihres Eigentums und die Arisierung ihres Besitzes kommt an keiner Stelle vor.[217] Das Ignorieren dieses Themenspektrums in der analysierten Literatur ist ebenfalls ein verstörender Befund, zumal ein Großteil der Bücher nicht aus den unmittelbaren Nachkriegsjahrzehnten stammt, in denen das Beschweigen des Holocaust und der damit verbundenen lokalen Ereignisse üblich war, sondern aus den 2000er-Jahren.

4.7 Die Visualisierung von Krieg und Gewalt

Statt der Thematisierung tatsächlicher Opfer des Nationalsozialismus und der Wehrmacht dominiert die Trias von Krieg, Tod und Zerstörung in allen genannten Publikationen. Sieht man von den Bänden von Baptist Palm und Werner Haupt sowie dem Druck von Ludwig Fischer ab, der zur Auflockerung vorwiegend Kriegsfotografien aus dem Band von Gevert Haslob eingestreut hat, dann gilt für die übrigen Publikationen, dass es sich dabei um Bild-Text-Bände handelt. Fotografien, Lageskizzen, Bauzeichnungen von Bunkern, Auszüge aus Kriegstagebüchern, Abschriften von Befehlen, Flugblätter sowie eingestreute Schulter- oder Ärmelabzeichen verschiedener Einheiten sorgen für ein Konglomerat optischer Reize, das auf Käufer und Käuferinnen solcher Kriegsdarstellungen offensichtlich eine gewisse Anziehungskraft ausübt. Derlei Publikationen eignen sich zum Durchblättern, zum ›Hängenbleiben‹ an einzelnen optischen Elementen und zur Lektüre einzelner Passagen. Den roten Faden liefert die

217 Siehe dazu vor allem Hilberg, Raul. 1990. *Die Vernichtung der europäischen Juden*, 3 Bde. Frankfurt a. M.: Fischer Verlag; Snyder, Timothy. 2015. *Black Earth. Der Holocaust und warum er sich wiederholen kann.* München: C. H. Beck Verlag;. außerdem das Kapitel über »Antisemitismus und Volksgemeinschaft in der deutschen Provinz« in Wildt, Michael. 2019. *Die Ambivalenz des Volkes. Der Nationalsozialismus als Gesellschaftsgeschichte*, S. 117–134. Berlin: Suhrkamp Verlag.

chronologische Abfolge von Gefechten – meist beginnend mit der Landung der Alliierten in der Normandie und meist endend mit deren Durchbruch Richtung Rhein. Die Bebilderung sorgt für eine problematische Faszination angesichts der Ausnahmesituation Krieg und für emotionale Effekte. Letztere können sich darüber einstellen, dass Leserinnen und Leser Bekanntes aus der selbst erlebten oder tradierten Geschichte wiedererkennen; sie können sich auch aus der ›Faszination‹ an Kriegstechnik speisen oder am Bild, das in den Bänden vom Soldatentum gezeichnet und illustriert wird.

Woher stammen die Aufnahmen, und wie ist ihre Auswahl zu bewerten? Die Quellenlage wird in den behandelten Publikationen meist nicht offengelegt. Offensichtlich ist aber, dass das verwendete Bildmaterial vorwiegend aus US-amerikanischen Archiven, aus deutschen und amerikanischen Privatbeständen und aus lokalen Archiven stammt, sofern es nicht aus vorhandenen Publikationen oder aus dem Internet kopiert und dann irgendeinem Privat- oder Verlagsarchiv zugeordnet wurde. Inwiefern es sich bei den ›offiziellen‹ Aufnahmen um Propagandaaufnahmen, um nachgestellte Szenen oder Ausschnitte aus Filmen handelt, bleibt ebenfalls in den allermeisten Fällen unbenannt. Die Autoren haben der Frage nach der Herkunft der Bilder offensichtlich keine wesentliche Bedeutung beigemessen. Das erklärt sich leicht daraus, dass es ihnen nicht darum ging, Fotografien primär als vermeintliche Belege oder vage visuelle Erläuterungen für eigene Thesen zum Kriegsgeschehen zu nutzen oder sich mit deren Bildsprache auseinanderzusetzen, sondern darum, eine Art Bildteppich zu erzeugen, der das eigene unwissenschaftliche Narrativ maßgeblich mitgestaltet.

Welche Themen überwiegen bei der Bildauswahl? Dazu werden im Folgenden zwei der Bände beispielhaft ausgewertet. Zum einen die *Hölle im Hürtgenwald* von Adolf Hohenstein und Wolfgang Trees, weil dort auch heimatgeschichtliche Aspekte eine Rolle spielen; zum anderen der Band des Wehrmacht-Veteranen Gevert Haslob *Ein Blick zurück in die Eifel*, der stärker auf das reine Militärgeschehen fokussiert ist. Bei der Durchsicht der übrigen Bände stellte sich heraus, dass es zahlreiche Fotografien gibt, die immer wieder verwandt worden sind. Deshalb würde sich bei der folgenden Analyse auch kein grundsätzlich anderes Ergebnis ergeben, wenn alle Bände in die Untersuchung einbezogen würden. Die Unterschiede in der Zusammensetzung der Bildthemen in den beiden exemplarisch ausgewählten Büchern sind marginal. Ganz überwiegend dominieren Fotografien von Soldaten der Wehrmacht und der U.S. Army, die sich entweder im Einsatz oder auf dem Weg zum Einsatz befinden. Unter den 424 Fotografien im Buch von Hohenstein und Trees finden sie sich 177-mal; unter den 252 Fotografien im Buch von Haslob 92-mal. Ihr Zweck dürfte darin bestehen, der Erzählung des Kriegsgeschehens Authentizität verleihen zu wollen und die These vom ›ehrlichen soldatischen Handwerk‹, vom ›heldenhaften‹ Kampfeinsatz und von der ›ehrenhaften‹ Institution Wehrmacht zu unterstreichen. Bei Hohenstein und Trees sind darüber hinaus einige Bilder eingestreut, die amerikanische Soldaten außerhalb des Kampfeinsatzes zeigen, beispielsweise beim Öffnen von Päckchen (Hohenstein und Trees 2008, S. 212), bei der Kartoffelernte (ebd.), beim Posieren mit zwei Wildschweintrophäen (ebd., S. 213), beim Transport von Brennholz auf einem Schlitten (ebd., S. 258), bei einer Mahlzeit (ebd., S. 260) oder beim Nähen von weißer Tarnkleidung für den Einsatz im Schnee (ebd., S. 261). Doch das sind nur wenige Ausnahmen, die bei Haslob in ähnlicher Weise noch seltener zu finden sind. Ein Bild zeigt deutsche Soldaten bei der Essenaufnahme (Haslob 2000, S. 137). Das Einstreuen solcher Bilder diente bereits in Kriegszeiten dem Zweck, »eine Brücke zwischen Front und der Heimat [zu] schlagen«, wie Kay Hoffmann am Beispiel der Bildsprache der *Deutschen Wochenschau* verdeutlicht hat.[218] Sie hatten damit eine psychologische Funktion, die nicht nur für die Wehrmacht, sondern sicher auch für die U.S. Army galt. Bei der Abfassung und Bebilderung von Publikationen der Gattung Militaria-Literatur wurde dieses psychologische Prinzip übernommen – sei es reflektiert oder unreflektiert.

Verwundete oder tote Soldaten wurden selten abgebildet. Bei Hohenstein und Trees sind es drei Fotografien, auf denen gezeigt wird, wie Soldaten auf Bahren weggetragen (Hohenstein und Trees 1981, S. 206, 239) oder von einem Feldarzt versorgt werden (ebd., S. 238). Darüber hinaus wurde ein Foto gleich zweimal (!) abgedruckt (ebd., S. 170, 182), das nach Angaben der Autoren die Behandlung eines verwundeten GI auf der östlichen Seite des Wehebachtals zeigt. Es fand später weitere Verwendung, unter anderem auf einer Informationstafel an der Brücke über die Kall nahe der *Mestrenger Mühle*, auf der am 7. November 2004 die Skulptur *A Time for Healing* des Bildhauers Michael Pohlmann eingeweiht wurde, und ebenso auf dem Cover der DVD-Hülle von Achim Konejungs 2007 veröffentlichtem Dokumentarfilm *You enter Germany.*

---

218 Hoffmann, Kay. 2009. Die Deutsche Wochenschau. Die Bildersprache des Krieges im Film. In *Das Jahrhundert der Bilder. Band 1: 1900 bis 1949*, Hrsg. Gerhard Paul, S. 574–581. Göttingen: Vandenhoeck & Ruprecht. Auch in Bildbänden, die noch vor dem Zweiten Weltkrieg vom *Cigaretten-Bilderdienst Dresden* herausgegeben wurden und mit Sammelbildern versehen werden konnten, ist dieses Prinzip nachzuvollziehen. In dem Band *Die Deutsche Wehrmacht* aus dem Jahr 1936 finden sich zahlreiche kleinformatige Fotos von Heer, Kriegsmarine und Luftwaffen bei Manövern, die durchaus den Ernst der Einsätze visualisieren. Einzelne Bilder finden sich aber auch dort bereits eingestreut, die Spaß und Alltag des Soldatenlebens sowie die Verbindung zur zivilen Gesellschaft zeigen. Eines der Bilder zeigt ungeordnet laufende, lachende Soldaten mit der Unterzeile: »Biwakscherz: Im Manöver gibt es gelegentlich auch ein ›Friedensbiwak‹. Rücksichten auf den Feind fallen dann weg, und allerhand Scherze erfreuen Soldat und Manöverbummler.« (Cigaretten-Bilderdienst Dresden 1936, Bild 155). Und ein weiteres Foto zeigt einen Klarinette spielenden und dabei entspannt sitzenden Soldaten, der von jungen Mädchen umringt ist. Die Unterzeile lautet: »Klarinettensolo. Auch im Manöver ist die Militärmusik die besondere Freude von jung und alt. Unser Künstler wird selten dankbarere Zuhörer gehabt haben als auf unserem Bilde« (ebd., Bild 156).

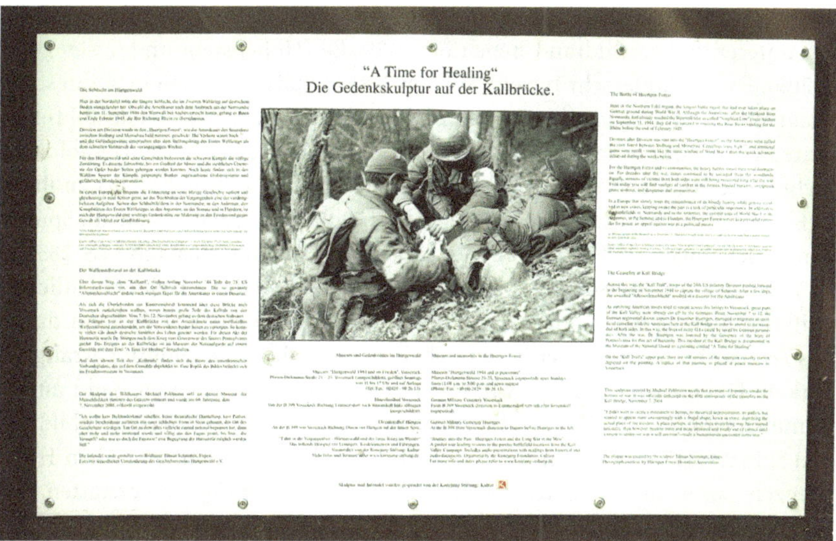

Abb. 17: Die ikonografische Fotografie von der Versorgung eines verwundeten GI, die in zahlreiche regionalgeschichtliche Bücher der Militaria-Literatur Aufnahme gefunden hat. Hier als Bestandteil einer Informationstafel an der Brücke über die Kall (Foto: Frank Möller).

Haslob hat drei solcher Bilder in seinen Band aufgenommen (Haslob 2000, S. 121, 151), darunter auch die angesprochene, bei Hohenstein und Trees zweimal abgedruckte Aufnahme (ebd., S. 168). Auf den Fotografien, die Verwundete zeigen, sind immer nur Einzelpersonen zu sehen, keine Lazarette, Kranken- oder Verwundetenstationen von innen. Interessant ist auch, dass schwere Verletzungen oder verstümmelte Leichen, die die Realität des Krieges spiegeln könnten, nicht gezeigt werden; ganz anders als es beispielsweise der Pazifist Ernst Friedrich zehn Jahre nach Beginn des Ersten Weltkriegs gemacht hat, als er 25 Porträts der »zerhauenen Visagen« in seinem Buch *Krieg dem Kriege* veröffentlichte.[219] Solche abschreckenden Fotografien sind in der Militaria-Literatur über den Zweiten Weltkrieg tabu, wie die Analyse gezeigt hat. Vorhanden wären sie durchaus gewesen.[220] Auch der Prozess des Sterbens von Soldaten wie von Zivilisten wird nicht visualisiert. Was der Betrachtende findet, sind lediglich sehr wenige Aufnahmen von toten Soldaten. Bei Haslob fehlen sie ganz und bei Hohenstein und

219 Vgl. Friedrich, Ernst. 2015. *Krieg dem Kriege*, neu hrsg. vom Anti-Kriegs-Museum Berlin mit einer Einführung von Gerd Krumeich und einem Lebensbild Ernst Friedrichs von Tommy Spree und Patrick Oelze. Berlin: Links Verlag.

220 Die Fotografin Sabine Würich hat beispielsweise den Zyklus *Kriegslandschaften* entwickelt, für den sie Aufnahmen von Gesichtsverletzten aus dem Zweiten Weltkrieg mit eigenen Fotografien des ›Hürtgenwaldes‹ kombiniert hat. Die historischen Fotos stammen aus dem Nachlass einer Kölner Ordensschwester. http://www.sabine-wuerich.de/amnesia/amnesia_beschreibung.html. Zugriff: 10.2.2022.

Trees sind es genau zwei. Auf einem der Fotos liegt ein toter Wehrmachtsoldat am unteren linken Bildrand neben einer Straße (Hohenstein und Trees 2008, S. 209). Die Bildunterschrift weist auf den Toten explizit hin, weil man ihn sonst leicht übersehen könnte, denn das Bild wird von einem durch die Bildmitte fahrenden Panzer dominiert. Im zweiten Fall unterhalten sich drei US-Soldaten recht locker während einer Kampfpause miteinander, während rechts zu ihren Füßen ein toter Wehrmachtsoldat liegt, der friedlich zu schlafen scheint. Spuren von Verletzungen sind an ihm auf dem Foto nicht auszumachen (ebd., S. 283).[221]

Wenn der Tod von Soldaten visualisiert wird, dann ist das mit einer deutlichen Zeitverschiebung hinsichtlich des Todesmoments verbunden. Das kann durch das Zeigen von sauber skelettierten Gebeinen geschehen, die mitunter arrangiert wirken; Hohenstein und Trees haben vier solcher Fotos in ihren Band aufgenommen (ebd., S. 83, 249, 299), Haslob keines. Oder es kann durch die Abbildung von Soldatengräbern geschehen, sei es in der frühen Form mit einfachen Holzkreuzen, sei es in der später organisierten Form auf Kriegsgräberstätten. Bei Hohenstein und Trees finden sich sechs solcher Aufnahmen (ebd., S. 86, 199, 296, 302, 304), bei Haslob ebenfalls sechs (Haslob 2000, S. 166, 233, 239, 240). Visuell dargestellt wird also nicht der Akt des Sterbens, sondern dessen Würdigung als ›Heldentod‹ hinter einer »Architektur der Erinnerung« (Thiemeyer 2010, S. 149).

Neben den Aufnahmen, die Soldaten im Einsatz zeigen, liegt ein weiterer Schwerpunkt der fotografischen Ausgestaltung auf der Abbildung von Kriegsgerät. Dabei dominieren eindeutig die Panzer beider Seiten – mal auf dem Weg zum Einsatz, mal während des Einsatzes und mal – allerdings eher selten – als zerschossene Schrotthaufen. Panzer dienten lange Zeit als »Refugium für Heroismus« (Raths 2019, S. 188). Aus apologetischer Perspektive waren die Panzerdivisionen nach dem Krieg von ehemaligen Wehrmachtgeneralen wie Franz Halder, Heinz Guderian und Erich von Manstein zu ›Eliteformationen‹ hochgeschrieben worden, die nie an Kriegsverbrechen beteiligt gewesen seien und deren Durchschlagskraft wesentlich höher gewesen wäre, hätten die Generäle größere Freiheiten für ihre Operationen besessen (vgl. Raths 2019, S. 171–177). Derlei unkritische Auffassungen haben bis heute in Nischen überlebt (vgl. Wilke 2019). Hinzu kommt die Technikfaszination, die untrennbar mit dem Großgerät Panzer verbunden ist. In dem Band von Hohenstein und Trees tauchen Panzer 17-mal auf Fotografien auf, bei Haslob elfmal. Weitere Aufnahmen, allerdings längst nicht in diesem Umfang, zeigen Militärflugzeuge, Sturmgeschütze, die

221 Zur Emotionalisierung und Ikonisierung von Bildern des Todes siehe auch Schneider, Thomas F. 2012. Reduktion, Emotionalisierung, Ikonisierung. Bilder des Todes in der Kriegsberichterstattung (Fotografie, Fernsehen, Internet). In *Repräsentationen des Krieges. Emotionalisierungsstrategien in der Literatur und in den audiovisuellen Medien vom 18. bis zum 21. Jahrhundert*, Hrsg. Søren R. Fauth, Kasper Green Krejberg, und Jan Süselbeck, S. 135–148. Göttingen: Wallstein Verlag.

Heeresflak, Granatwerfer, Maschinengewehre, Feldhaubitzen, verschiedene Ketten- oder Halbkettenfahrzeuge sowie schwere Räumfahrzeuge, Militär-LKW und schweres Minenräumgerät im Einsatz – eben den gesamten Maschinenpark der ›Kriegshandwerker‹ beider Seiten.

Aufnahmen, die am dritthäufigsten auftauchen, zeigen die Folgen des Einsatzes der genannten Kriegsmaschinerie – zerstörte Ortschaften, die oft bis auf die Grundmauern zerbombt und zerschossen wurden. Bei Hohenstein und Trees tauchen dazu 22 Fotografien auf, Haslob hat acht platziert. In beiden Büchern dienen sie unterschiedlichen Zwecken. Hohenstein und Trees haben sie in den meisten Fällen mit primär ortsbezogenen Bildtexten versehen, die eine Verbindung zwischen der dargestellten Zerstörung und dem späteren Wiederaufbau schaffen. Ein Beispiel für eine solche Bildunterschrift:

> »Kesternich nach schweren Kämpfen: Blick über die Hauptstraße (heute B 266) in Richtung Simmerath. Links im Bild ein Jagdpanzer 38 der Panzerjägerabteilung 272, dahinter das Gasthaus ›Zur Post‹ (Hotel Rosarius). Rechts das Schuhgeschäft Krings, heute VW-Reparaturwerkstatt (Bundesstraße 95). In dem dahinter liegenden abgebrannten Teil ist heute die Quelle-Filiale.« (Hohenstein und Trees 2008, S. 220)

Hohenstein und Trees bedienten mit ihrem Bestseller vor allem den konservativ orientierten heimatgeschichtlichen Markt und den der Militaria-Liebhaber. Anders Haslob, dessen Publikation in einem engeren Sinn auf ein militariafixiertes Publikum ausgerichtet ist. Bei Haslob dienen die Aufnahmen zerstörter Dörfer daher eher als Kulisse für die Aktivitäten der sich bekämpfenden Einsatzkräfte. Entsprechend fallen auch die Bildunterzeilen aus. Zum einen sind sie deutlich kürzer gehalten, zum anderen stellen sie auch sehr viel seltener einen Bezug zu dem Zeitraum her, in dem er sein Buch verfasst hat. Auch hierzu ein Beispiel:

> »An zwei zerstörten deutschen Jagdpanzern rücken die Amerikaner in Kesternich ein. Der Ort ist durch dauernden Beschuß fast völlig zerstört« (Haslob 2000, S. 71)

Zwischen diesen beiden Polen bewegen sich auch die übrigen Bild-Text-Bände. Dass die Autoren sich hin und wieder offensichtlich im Unklaren darüber sind, wo die von ihnen benutzten Fotos tatsächlich aufgenommen wurden, zeigt ein anderes Beispiel. In beiden Büchern findet sich ein Foto, das eine Kolonne von Fahrzeugen zeigt, die sich in zwei aufeinander zulaufenden Richtungen und in dichter Folge über einen engen Weg in einem verschneiten Nadelwald bewegt. Hohenstein und Trees ordnen die Aufnahme den Ardennen zu:

> »Nachschub und immer wieder Nachschub! Der amerikanische Zustrom fließt unaufhörlich. Diese Straße auf belgischem Gebiet wird zur kleinen Autobahn... Das Material dient zur Vorbereitung des Angriffs auf die Talsperren am 30. Januar.« (Hohenstein und Trees 2008, S. 258)

Haslob dagegen verlegt das Foto auf deutsches Territorium in die Eifel:

> »In den tiefverschneiten Wäldern der Eifel rollt der amerikanische Nachschub in eindrucksvoller Dichte. Sanitätskraftwagen zurück – Jeeps mit Soldaten, Waffen, Munition und Verpflegung nach vorne« (Haslob 2000, S. 222)

Interessant zu wissen wäre, woher Hohenstein und Trees ihre Kenntnis haben, dass das transportierte Material dem Angriff auf die Talsperren von Rur und Urft dienen sollte. Dem Bild ist das nicht zu entnehmen. Und auch Haslobs allgemeine Angaben klingen eher nach Vermutungen als nach verbürgtem Wissen. Deutlich wird daran aber noch einmal vor allem, wie unwesentlich das einzelne Bild für den Gesamtkontext beider Bände ist. Die Hauptsache scheint zu sein, dass es sich irgendwie in die Bildstrecke einfügt, die Aufmerksamkeit des Betrachtenden bindet und damit das eigene Narrativ stützt.

Die drei genannten Schwerpunkte – Soldaten im Kampfgeschehen, Panzer im Einsatz und Zerstörung der heimatlichen Ortschaften – sind visuell stilbildend für die Bild-Text-Bände der vorgestellten Militaria-Literatur. Aber natürlich lassen sich diesen drei Gruppen nicht alle Fotografien zuordnen. Deshalb zumindest noch ein abschließender Hinweis auf weitere Motive, die regelmäßig, wenn auch nicht in so großer Stückzahl auftauchen: Ein beliebtes Fotomotiv, das auch seinen Niederschlag in den Büchern findet, sind Kirchen. Dabei wechseln Abbildungen der Gotteshäuser die vor dem Krieg entstanden sind, mit Bildern der Zerstörung und des Wiederaufbaus. Sie stehen sinnbildlich für die Gläubigkeit der vom Krieg betroffenen Bevölkerung in der Region, wie sie insbesondere in Baptist Palms und H. Jürgen Siebertz' angeführten Publikationen hervorgehoben wird. Und sie stehen ebenso für strategische Ziele während der Kämpfe.

Darüber hinaus sind Anlagen des ›Westwalls‹ Teil des Bilderteppichs. Es überwiegen meist Abbildungen von genutzten oder zerstörten Bunkern gegenüber den die Landschaft durchziehenden Panzersperren. Da der ›Hürtgenwald‹ den Schwerpunkt der meisten Bände bildet, taucht auch der zerschossene oder abgebrannte Wald häufig auf. Die kahlen Baumstämme stehen symbolisch für die Kriegslandschaft. Hohenstein und Trees nutzten sie sogar als Vorlage für das Titelbild ihres Buches. Und was in allen Publikationen nicht fehlen darf – Palms Dokufiktion ausgenommen – sind die zahlreich eingestreuten Porträtfotos von Generälen und Offizieren verschiedener Rangstufen. Auf diesen Aufnahmen sind sie meist mit ihren entsprechenden Auszeichnungen versehen, die oft noch in den Bildunterschriften und mitunter auch im laufenden Text Erwähnung finden.

Nach der Betrachtung der visuellen Darstellung des Kriegsgeschehens mit all seinen Nebenthemen soll im folgenden Kapitel analysiert werden, wie die zehn beispielhaft genannten Werke mit den zentralen Themen Krieg und Töten umgehen. Dabei werden wieder die dazu verfassten Texte im Vordergrund stehen.

4.8 Krieg und Tod zwischen Faszination und Beschweigen

In Kapitel 2 wurden die Abläufe der Kämpfe in der Struktur nachgezeichnet, in der sie Eingang in das jeweilige Narrativ der zehn beispielhaften Militaria-Bände gefunden hatten. Der jetzige Blickwinkel richtet sich darauf, in welcher Form der Zweite Weltkrieg generell als historisches Ereignis thematisiert und bewertet wird. Außerdem soll verdeutlicht werden, in welcher Weise die Form des Tötens auf den Kriegsschauplätzen in den Narrativen verarbeitet wird.

In Baptist Palms Buch vermischen sich im dokufiktionalen Bereich Hoffnungen auf ein baldiges Ende des Krieges (Palm 1953, S. 48) mit zahlreichen Passagen, aus denen eine völlige Kritiklosigkeit gegenüber dem Pflichtideal der Soldaten und dem heldenhaften Kampf spricht, den sie vorgeblich führen. Zu Beginn versetzt sich der Autor in die Rolle als Vierzehnjähriger zurück, der den Geschichten seines Vaters vom Ersten Weltkrieg zuhört und naiv die Frage in den Raum stellt:

> »Warum zerfleischten und verbluteten sich [sic] die Menschen in diesen unsinnigen Kriegen? Was war ein Krieg, warum führte man ihn?« (Palm 1953, S. 10)

Eine überzeugende Antwort findet auch der erwachsene Autor auf diese frühe Frage in seinem Buch nicht. Äußerungen, die sich gegen den Krieg richten, kommen meist in knappen Sätzen aus den Mündern seiner fiktiven Personen. Dafür verantwortlich gemacht werden dann diejenigen, die ihn »aus Habsucht und Rachgier heraufbeschworen haben« (ebd., S. 29), die zu den »Anstiftern« (ebd., S. 65) zählen. Konkreter wird es nicht. Mitunter kommt es sogar vor, dass sich die Ablehnung des Krieges und die Verehrung derer, die ihn geführt haben, im Abstand weniger Zeilen konzentrieren. So schildert Palm beispielsweise die Ankunft einer verzweifelten Frau bei einer Sanitätsstelle, die ihr totes Kind in den Armen trägt; dann heißt es:

> »Gleich diesem Schicksalsschlag gab es deren viele Tausende und über all diesem Leid, all dieser Not und all diesen Tränen steht der Schwur und die Hoffnung der leidenden Menschheit: ›NIE WIEDER KRIEG!‹« (ebd., S. 92, versal und erweiterte Laufweite im Original)

Und lediglich vier Zeilen weiter schreibt er über das Kampfgeschehen:

> »Unersättlich trank der Boden das Blut der vielen Helden.« (ebd.)

Im Gegensatz zu einigen der übrigen Autoren spricht Palm mitunter etwas konkreter von der Art des Todes beziehungsweise der im Laufe des Krieges Getöteten. Sie sind nicht immer bloß ›gefallen‹, sondern ihr Tod kann auch elende Züge aufweisen. »Verkrampft, verblutet und verstümmelt« (ebd., S. 68) erscheinen die Getöteten dann, es gibt »[v]erzweifelte Schreie von Verwundeten und Sterbenden« und während der Flucht der deutschen Soldaten »brach einer während des Laufes getroffen zusammen, dort wälzte sich einer in seinem Blut.« (ebd., S. 82). Das sind immer noch recht schablonenartige Begriffe, mit denen versucht wird, sich an die Kriegswirklichkeit heranzutasten, dennoch – andere Autoren verzichten bei der Darstellung des Kriegsgeschehens selbst darauf und bedienen sich lediglich des Vokabulars antiquierter Operationsgeschichten. Das Töten selbst wird von Palm gleichwohl nicht beschrieben.

Adolf Hohenstein und Wolfgang Trees haben sich des Problems einer Stellungnahme zum Thema ›Zweiter Weltkrieg‹ auf eine besonders einfache Art entzogen. Das Vorwort ihres Buches beginnt mit einem Zitat des preußischen Generalfeldmarschalls Graf von Moltke, das bereits in Kapitel 2.3 ebenso erwähnt wurde wie das verkürzte Zitat General William T. Shermans aus dem Jahr 1879. Die Auswahl beider Zitate ist problematisch. In dem isoliert dastehenden Moltke-Zitat wird unterstellt, bei jeder Kriegsführung gehe es um Landeroberung und Gelderwerb. Für die Kriegsgegner des ›Dritten Reiches‹ ging es aber eher darum, ein rassistisches Regime mit Weltmachtambitionen, das zahlreiche Nationen bedroht und unterjocht hatte, militärisch in die Knie zu zwingen. Das Zitat ist an dieser Stelle als generelle Aussagen über den Zweiten Weltkrieg also alles andere als angemessen.

Ebenso problematisch ist auch das zweite Zitat. General Sherman kämpfte im Sezessionskrieg auf Seiten der Nordstaaten. Bei seinem Marsch auf Savannah (Georgia) ließ er die Infrastruktur des Staates vollständig zerstören und seine Truppen mit Lebensmitteln versorgen, die der zivilen Bevölkerung geraubt wurden. Diese ›Politik der verbrannten Erde‹ erinnert in manchen Zügen an das Verhalten von Wehrmacht und SS an der Ostfront. Den Spruch ›Der Krieg ist die Hölle‹ erhob Shermann in seinen Vorträgen zum geflügelten Wort, um seine Erfolge als umstrittener ›Kriegsheld‹ zu feiern.

Es bleibt das Geheimnis des Wehrmachtveteranen Adolf Hohenstein und des Journalisten Wolfgang Trees, was sie mit diesem Zitat als Motto ihrer Publikation tatsächlich bezweckt haben. Auffallend ist die Parallelität zum Titel des Buches – *Hölle im Hürtgenwald.* Aber pazifizierend dürfte es von ihrer Seite aus kaum gedacht gewesen sein. Dazu gibt es zu viele Textstellen und Bildunterzeilen, in denen die Begeisterung beider Autoren für das Kriegsgeschehen und die beteiligten Wehrmachtsoldaten Ausdruck findet. Eines der Fotos, das als Brustbild zwei Landser von der Seite mit ihren Waffen zeigt und das sich auch in vielen anderen Militaria-Bänden findet, ist beispielsweise untertitelt:

»Das sind sie – die letzten Männer der allerletzten deutschen Sturmtrupps aus den zusammengeschmolzenen deutschen Stammeinheiten von der Inde bis zur oberen Rur… Ihre Waffen: der gefürchtete Karabiner und das MG 42, die auch in Schlamm und Regen nicht versagen.« (Hohenstein und Trees 2008, S. 177)

Affirmativer lässt sich kaum über den Krieg schreiben, und Bild plus Unterzeile machen auch deutlich, dass die Wehrmachtsoldaten zu Helden und Opfern stilisiert werden und damit der Mythos von der ›sauberen Wehrmacht‹ weiter fortgeschrieben wird.

Einen anderen, noch sehr viel drastischeren Weg der Kriegsverherrlichung praktiziert Kurt Kaeres. Als Intention seines vom *Helios-Verlag* bebilderten Romans gibt er im Vorspann – wie bereits in Kapitel 2.4 gezeigt – an, »die Verherrlichung des Krieges ad absurdum« (Kaeres 2002, S. 5) führen zu wollen. Ganz der Diktion von ›Landser-Heften‹ folgend, malt Kaeres dann aber die spektakulären Momente des Krieges genussvoll aus, ohne politische Vorbehalte gegen den Krieg zum Tragen kommen zu lassen. Und wo Baptist Palm das Thema des Sterbens im Krieg zumindest anspricht, während es bei Hohenstein und Trees in operationsgeschichtlichem Vokabular verpackt bleibt, nützt Kaeres es sensationsheischend als dramaturgisches Mittel. Beispiel eins – ein mit seinem Flugzeug abgestürzter amerikanischer Pilot:

»Ein formloses Bündel angesengtes Fleisch, Knochen, Pelz, Leder und Tuch. Ein Arm abgerissen, der andere verdreht, die Beine seltsam angewinkelt, wohl mehrmals gebrochen. Der Kopf zerschmettert, das Gesicht unkenntlich. […] Und dieser Gestank! Eine Mischung aus verkohltem Fleisch, Pelz, Leder, aus verbranntem Gummi, Benzin und Öl. In den Augen und in der Nase beißender Qualm. Unerträgliche Hitze rund um die Aufschlagstelle. Schmolke muß sich übergeben. Morras hält das Taschentuch vor Mund und Nase.« (ebd., S. 28)

Beispiel zwei – ein amerikanischer Spähtrupp erkundet, was aus der eigenen Granatwerferstellung und ihrer Besatzung nach einem deutschen Angriff geworden ist:

»Etwa zwanzig Meter vor der Lichtung stoßen sie auf die Leichen zweier GI's [sic]. – Einer von ihnen liegt auf dem Bauch, lang hingestreckt, so als suchte er gerade Deckung. Emerson dreht ihn auf den Rücken und schreckt zurück. Leblose Augen starren aus einem blutüberströmten Gesicht. An einigen Stellen ist das Blut bereits verkrustet. Genau zwischen den Augen liegt der Einschuß. Scharfschützen also. Emerson drückt dem Toten die Augen zu, legt ihm den Helm übers Gesicht. Der andere GI hockt zusammengekrümmt an einen Baum gelehnt. Da, wo einmal sein Gesicht war, ist jetzt eine quabblige, bläulichweiße von hellrotem Blut durchsetzte Masse. – Teile des Hirns quellen aus dem geborstenen Schädel.« (ebd., S. 45)

In diesem Stakkato-Stil werden auch die Tode weiterer Soldaten inszenatorisch aufbereitet. Und ähnlich geht der Autor vor, wenn es um den Vorgang des Tötens selbst geht. In seinen Roman hat er die Geschichte eines den Ureinwohnern Amerikas zuzurechnenden US-Soldaten namens William K. Warren eingebaut. Kaeres bezeichnet ihn als »Schwarzfußindianer mit Rangerausbildung« (ebd., S. 41). Warren tötet seine Gegner – wie könnte es anders sein – mit dem Messer:

> »Warrens rechte Hand gleitet am Körper entlang nach unten, bis zur Innenseite der linken Segeltuchgamasche. Seine Hand umfaßt den Griff des Bowiemessers, das schon seinem Großvater gehörte, zieht es aus der Scheide. Von hinten schleicht er sich wie eine Wildkatze an sein Opfer heran. Ein Sprung, den Hals des Deutschen zwischen linkem Ober- und Unterarm, ein trockenes Knacken, ein Stich von oben in die Herzgegend. Scheidmer bricht lautlos zusammen, ein Schwall Blut aus seiner Brust, dann nur noch ein Strahl, dann nichts mehr.« (ebd., S. 41)

Zur Dramaturgie der Geschichte passt es offensichtlich nicht, dass schlussendlich ausgerechnet ein Vertreter der amerikanischen Urbevölkerung über die Wehrmacht triumphiert. So kommt es, wie es kommen muss, William K. Warren wird in einem schaurigen Kampf während eines eigenen Angriffs vom Grenadier Doders getötet:

> »Im Moment des Warnschreis von Peschke ergreift er [Doders] blitzschnell das Seitengewehr, springt herum, rammt es dem Angreifer in den Bauch, reißt es mit beiden Händen kräftig nach oben. Der Angreifer brüllt wie ein Stier, ein Blutschwall dringt aus seiner Brust, dann sackt er mit weit aufgerissenen Augen zur Seite« (ebd., S. 157).[222]

Auf der gegenüberliegenden Seite, auf der die erste Tötungsszene abgedruckt ist, hat der Verlag das Bild eines offensichtlich noch sehr jungen, bedrückt wirkenden deutschen Soldaten platziert. Die Bildunterschrift weist ihn als »Melder des Kommandeurs des Heerespionierbataillons 253 im Hürtgenwald« (ebd., S. 40) aus.[223] Die Aufnahme hat nichts mit dem Text zu tun, in den sie eingebettet ist. Das unterstreicht noch einmal, dass es sich bei Illustrationen des Buches häufig um einen für den Lesenden ausgerollten ›Bildteppich‹ handelt, der oft keinerlei Bezug zu den erzählten Inhalten hat.

Beim Blick in die Bücher von Werner Haupt, Gevert Haslob, Wingolf Scherer sowie den von Dieter Heckmann bearbeiteten Band und die Textsammlung von Ludwig Fischer, wird rasch deutlich, dass die direkte Nennung von Toten oder eine Beschreibung des Tötungsvorgangs – anders als bei Kaeres – kaum eine Rolle spielt. Bei Haslob heißt es bloß an einer Stelle sehr kurz:

---

222 Die Integration solcher gleichermaßen trivialer wie abgedroschener ›Indianergeschichten‹ in Kriegsromane, die den Zweiten Weltkrieg zum Thema haben, erfreut sich auch heute noch einer gewissen Beliebtheit. Zuletzt in einem mit zahlreichen Mythen überfrachteten Roman Steffen Kopetzkys, in dem der ebenfalls skalpierende ›Indianer‹ am Ende in der Kirche *St. Josef* in Vossenack von seinen deutschen Gegnern »zerhackt« wird. Kopetzky, Steffen. 2019. *Propaganda*, S. 485. Berlin: Rowohlt Verlag.

223 Jenes Pionierbataillon zählte als mobilisierte Ersatzeinheit zur 253. rheinisch-westfälischen Infanteriedivision, vgl. Rass, Christoph 2003.

> »Ob mit Motor oder Turbine, die deutschen Piloten kämpften gegen eine vielfache Übermacht, erzielten Erfolge oder starben.« (Haslob 2000, S. 190)

Bei Scherer wird das Thema ›Krieg‹ lediglich im Anhang in den Texten von Karl J. Lüttgens äußerst knapp gestreift. Dort ist von dem »furchtbare[n] Krieg« (Scherer 2002, S. 119) die Rede, ohne dass diese Floskel weiter gefüllt worden wäre. Der Tod im Krieg wird nur in wenigen Fällen konkret benannt. In einem Fall bemüht Scherer dazu die im ›Landser-Stil‹ verfassten Aufzeichnungen eines Wehrmachtveteranen,[224] der den Tod seines militärischen Vorgesetzten beschreibt:

> »Ich sehe ihn gerade Befehle schreien und mit den Armen winken, als er auch schon getroffen zusammensinkt. ›SANNIIIEE!‹ Der SANI huscht herbei, hebt den Kopf des ›Alten‹. – Tot!« (ebd., S. 26)

An anderer Stelle heißt es mit buchhalterischem Gestus:

> »Die am 8.1. bei Huppenbroich Getöteten waren Pioniere der 2. Kompanie der Pionierabteilung 272. Von Mitte des Monats bis zum 29.1. stehen 21 Gefallene zu Buche.« (ebd., S. 104)

Dieter Heckmann wählt in dem von ihm bearbeiteten Band einen ähnlichen Weg wie Wingolf Scherer, wenn es darum geht, den Krieg zu charakterisieren; auch er lässt einen Veteranen zu Wort kommen – ausgerechnet den Obersturmführer der 1. SS-Panzer-Division ›Leibstandarte Adolf Hitler‹, Herbert Rink. Der SS-Mann erzählt darin die rührende Geschichte einer 74-jährigen Deutschen, die ihn und seine Soldaten mit Suppe versorgt haben soll:

> »Da konnten wir doch nicht zweifeln, nicht an uns und schon gar nicht an ihr. Sie war wie ein Licht, das Mut machte, weil da noch menschliche Wärme zu spüren war in der kalten glanzlosen Welt des Krieges.« (Heckmann 2003, S. 117)

Passagen, die Tote oder den Vorgang des Tötens betreffen würden, findet man in Heckmanns Konvolut nicht. Und in Ludwig Fischers Textsammlung hat deren Kompositeur ihr den programmatischen Satz vorangestellt:

> »Wenn es nur eine kleine Episode des 2. Weltkrieges ist, so zeigt sie doch in aller Deutlichkeit die Schrecken des Krieges und die Leiden der Menschen, die diesen Krieg erdulden mußten. Ich denke, der Schrecken des Krieges und Not und Tod sind überall gleich auf der Welt.« (Fischer 2006, S. 3)

Mit dieser ubiquitären Ausweitung wird alle Ursachenforschung von Beginn an blockiert. In den versammelten Texten ist anschließend noch einmal in einem

224 Scherer bezieht sich nach eigenen Angaben auf: Franke, K. H. 1993. *Meine Fronterlebnisse als Soldat der Volksgrenadierdivision 277 im Kampf gegen Soldaten der 99th Infantry Division.* O. O.

Beitrag des Veteranen Fritz Tillmanns vom »Mistkrieg« (ebd., S. 20) die Rede. Und Fred Meinicke, nach eigenen Angaben Angehöriger des Fallschirmpanzerkorps Hermann Göring, beendet seine Aufzeichnungen mit einem Schluss, dessen Ideologie derjenigen aus der Einleitung Fischers entspricht:

> »Ich hoffe, dass jeder, der das liest, zu der Ansicht gelangt, dass jeder Krieg eine verbrecherische, des Menschen unwürdige Sache ist.« (ebd., S. 58)

Auch der fiktive Autor Max von Falkenberg lässt andere sprechen, wenn es um die Themen ›Krieg‹ und ›Tod‹ geht. Ausgerechnet dieses Buch, das sich durch seine Tendenz zur Romantisierung der Wehrmacht und zur Verehrung der mit Auszeichnungen versehenen ›Kriegshelden‹ besonders hervorhebt, möchte der Vorwortschreiber des *Geschichtsvereins Hürtgenwald*, Leo Messenig, als Beitrag verstanden wissen, »immer wieder auf die Schrecknisse eines Krieges hinzuweisen.« (von Falkenberg 2004, S. 5). Konkrete Tote werden wiederum nur in den Berichten von Veteranen angeführt. In einem Bericht August Göverts heißt es sehr abgeklärt:

> »Da ich Fahrer war, habe ich das Sturmgeschütz mit den Verwundeten in den Wald Richtung Nideggen gefahren. Ein schwerverwundeter Kamerad ist leider verstorben (verblutet) es war kein Sanitäter weit und breit zu sehen, (leider) das war's bis dahin.« (ebd., S. 109)

In dem in das Buch aufgenommenen Textauszug Baptist Palms formieren sich die Toten am Ende des Krieges zu einer geradezu idyllisch wirkenden Friedenslandschaft in der Eifel:

> »Viele, ja tausende Tote bedeckten die Erde. Nirgendwo noch ein Lebewesen, sei es Mensch oder Tier. Wie große Schutthaufen lagen die ehemals schönen Bauernhäuser verbrannt und zusammengeschossen in den Ortschaften. Dazwischen, in den Gärten und Wiesen, in den Feldern und Wäldern ungezählte Tote. Sie hatten ausgelitten, ausgekämpft. Ob Deutscher oder Amerikaner, ha[r]t war ihr Schicksal gewesen. Und doch lag tiefer Friede über den meisten unbeerdigten verstümmelten Leichen.« (ebd., S. 203)

An einer Stelle in dem von Falkenberg zugeschriebenen Buch klingt tatsächlich auch an, wie Einzelne zu Tode gebracht wurden, »zum Teil wurden die gegnerischen Soldaten mit dem Feldspaten erschlagen« (ebd., S. 255), heißt es da, um die Grausamkeit des Häuserkampfes in den Ortschaften des ›Hürtgenwaldes‹ zu verdeutlichen.

Von den bisherigen Darstellungen hebt sich auch der Band von H. Jürgen Siebertz mit Blick auf die politische Bewertung des Zweiten Weltkriegs nicht weiter ab. Zu Beginn schreibt Siebertz lediglich sehr allgemein:

> »Angesichts der expandierenden Internet-Angebote von Kriegsspielen und dem Verkauf von Kriegsspielzeugen sowie der wachsenden Zahl von ›Pseudo-Soldaten‹, die in

nachgeschneiderten Uniformen bzw. in kompletter Kampfausrüstung durch die Eifel- und Ardennenwälder robben, möchte ich besonders den jungen Menschen sagen: ›***Krieg ist weder cool noch unterhaltsam. Krieg bedeutet immer Sterben, Leiden, Schmerzen, Trauer, Elend, Trennung, Not, Verzweiflung und Existenzverlust.***‹ Auf eine gemeinsame friedliche Zukunft«. (Siebertz 2010, S. 12, Kursiv- und Fettdruck im Original)

Siebertz möchte sich also vorwiegend an die nachfolgenden Generationen wenden, ohne Ursachenforschung betreiben zu müssen. Und weil er – darin Baptist Palm nicht ganz unähnlich – häufig einen vordergründig emotionalen Sprachduktus verwendet, bringt er später noch eine Szene, in der Bewohnerinnen und Bewohner in Brand geschossener Häuser die Flammen zu löschen versuchen und dabei von amerikanischen Infanteristen unterstützt werden. Die Szene schließt mit der scheinbar arglosen Frage ab: »Hat dieser Krieg etwa auch humane Seiten?« (ebd., S. 73). Vermutlich handelt es sich dabei um eine rhetorische Scheinfrage, denn Siebertz konterkariert diese Überlegung gleich mit einem weiteren vorgegebenen Erlebnis, bei dem ein Deutscher von Amerikanern aufgrund eines Verdachts als Spion verhaftet wird und dessen Frau – so die Erzählung – von einem Wehrmachtsoldaten, der sich vor den Amerikanern versteckt hatte, einen Gewehrlauf in den Nacken gedrückt bekommt.

Im sprachlichen Umgang mit dem Tod unterscheidet sich Siebertz' Buch allerdings von den übrigen Militaria-Bänden. Wird er in diesen nur selten direkt und außerhalb der operationsgeschichtlichen Formelsprache thematisiert, so kommt Siebertz recht häufig auf die Toten des Krieges zu sprechen. Auffallend ist, dass der Tod von Soldaten dabei eher seltener Erwähnung findet. Das geschieht mal sehr knapp bei dem Versuch der Amerikaner, die *Paustenbacher Höhe* einzunehmen, »wobei wieder viele von ihnen verletzt oder getötet werden« (ebd., 2010, S. 91); mal beim Fehlabwurf einer amerikanischen Bombe: »Das Resultat sind zahlreiche Tote und Schwerverletzte in den eigenen Reihen« (ebd., S. 101); mal anlässlich eines Ausbruchversuchs deutscher Soldaten aus ihrem Bunker: »Fast alle Deutschen werden bei diesem Ausbruchversuch von amerikanischen Scharfschützen getötet.« (ebd., S. 103) Meistens spricht Siebertz jedoch die Toten aus der Zivilbevölkerung an oder erwähnt umgekommene Soldaten, die aus den eigenen Dörfern stammen. Oft geschieht das in knappen Sätzen. Dann heißt es beispielsweise:

»Die 20jährige Gertrud Hilgers, die in ihrem Elternhaus neben der Schule und ca. 60 Meter von der Kirche entfernt wohnt, wird durch eine Splittergranate getötet.« (ebd., S. 110)

»**Am 6. Dezember 1944** wird der sechsjährige Rudolf Braun durch Granatsplitter getötet. Seine Mutter Franziska wohnt mit ihren beiden Kindern und ihrem Bruder Robert in der Talsohle vor dem Paustenbacher Berg.« (ebd., S. 128, Hervorhebung im Original)

Die genauen Ortsbeschreibungen und die weitgehende Erfassung der zivilen Kriegstoten in und um Lammersdorf verdeutlichen, dass sich Autor Siebertz nicht nur als Nacherzähler des Kriegsgeschehens versteht, sondern als Heimatchronist in einem umfassenderen Sinn, dem es um weitgehende Vollständigkeit in seinen Aufzählungen geht. Aber noch ein weiteres Motiv spielt eine Rolle: das der Emotionalisierung der Leserschaft. Das wird vor allen Dingen dann deutlich, wenn Siebertz Beschreibungen des Todes einzelner Dorfbewohner mit Hilfe paraphrasierter Zeitzeugenaussagen in seinen Text einbettet, die ein größeres Maß an Authentizität und Emphase vermitteln sollen als es die rein chronistischen Aufzählungen vermögen. Auch dafür ein Beispiel:

> »Als von deutscher Seite wieder einmal Granaten im Dorf einschlagen, wird [sic] Elfriede, die 15jährige Tochter des Bäckermeisters Johann Prümmer und Martha, geb. Wilden, tödlich getroffen. Ihr Bruder Ottmar erinnert sich: Es war gegen 10.30 Uhr, als meine Schwester Elfriede auf tragische Weise ums Leben kam. Ich befand mich zu diesem Zeitpunkt auf der ersten Etage im Badezimmer; meine Eltern waren unten im Haus. Plötzlich hörte ich einen ungeheuren, dumpfen Schlag. Eine Granate war in die Fensterlaibung des hofseitigen Fensters eingeschlagen. Ein großer Splitter drang durch das Fenster in die Backstube. Noch vom Explosionsknall der Granate benommen, riefen wir unsere Namen und suchten uns gegenseitig. Im Hof fanden wir meine Schwester Elfriede, die von den Granatsplittern tödlich getroffen war. Sie hatte das Haus verlassen, um draußen einen Teppich zu säubern. Sofort eilten die in unserem Haus wohnenden amerikanischen Soldaten herbei und trugen meine Schwester zur Gastwirtschaft Josef Genter, wo sich ein Sanitätsraum befand. Leider konnte dort nur noch ihr Tod festgestellt werden. Ich lief zum Pfarrhaus, um den Pastor zu holen.« (ebd., S. 103–104, die zitierte Erinnerung erscheint im Original kursiv)

Was in diesem Textauszug auch deutlich wird, ist das Bestreben des Autors, das Leben im Dorf als harmonisches Miteinander um jeden Preis darzustellen. Hier sind es die Amerikaner, also die eigentlichen Kriegsgegner, die sich sofort hilfsbereit zeigen; in einem anderen Fall – vgl. Kapitel 2.9 – rettet ein polnischer Zwangsarbeiter einem als Nazi verdächtigten Deutschen das Leben. Natürlich kann es solche Szenen gegeben haben. Aber wenn sie in einer Weise verdichtet werden, wie das in Siebertz' Kriegsdarstellung der Fall ist, deutet das darauf hin, dass damit eine bestimmte Absicht verbunden ist. Eine dörfliche Harmonie zu beschwören, soll die Darstellung dienen und der gesamte Text bleibt dieser Intention untergeordnet. Der Krieg selbst fungiert als äußerer Eindringling, als eigener Akteur und liefert dem Autor den Anlass, diese vorgebliche Harmonie in seinem Text wiederholt zu inszenieren. Dazu passt, dass der Vorgang des individuellen Tötens in der Darstellung, wie in den meisten anderen Texten auch, komplett ausgespart bleibt.

Ein weiterer Aspekt soll in diesem Kapitel zumindest noch gestreift werden. In allen vorliegenden Texten ist immer wieder vom ›Fallen‹ der Soldaten die Rede.

Ein Kombatant, der im Kampf stirbt, ›fällt‹. Entsprechend wird auch später ›der Gefallenen‹ gedacht. Der Begriff war bereits im Dreißigjährigen Krieg präsent, fand seinen Niederschlag im Schelmenroman *Simplicius Simplicissimus* und wurde auch während des Ersten Weltkriegs und in der Weimarer Republik bevorzugt verwendet, wenn es darum ging, das soldatische Sterben zu verklären und den Akt des Tötens in der Metapher vom ›Fallen‹ quasi auszublenden. Die Sprachregelung um das ›Fallen‹ hat sich bis heute in der Militaria-Literatur gehalten, in Wingolf Scherers Buch ist sie sogar im Titel präsent. 2008 wurde sie auch vom Bundesverteidigungsministerium im Kontext des Afghanistan-Einsatzes der Bundeswehr wieder aufgegriffen, nachdem sie dort lange Zeit zu Recht verpönt war.[225] Der Begrifflichkeit haftet zum einen ein Moment der Verharmlosung an, denn wer fällt – zumindest gilt das für den zivilen Sprachgebrauch –, kann eigentlich auch wieder aufstehen. Im militärischen Sprachgebrauch aber »transportierte der Begriff immer schon ein Sinnversprechen, das auszusprechen nicht mehr erforderlich war« (Latzel 1998, S. 277), wie Klaus Latzel anmerkt und am Beispiel des Ersten Weltkriegs erläutert:

> »Die unabweisbare Forderung nach Sinn verlieh der Verklärung des Soldatentodes ihrerseits eine neue Dimension, hatte doch fast jede Familie einen Angehörigen verloren und war daher um so empfänglicher für den Gefallenenkult, der in einer Vielfalt von Medien, von der Kitschpostkarte bis zum Kriegerdenkmal, seinen Ausdruck fand.« (Latzel 1998, S. 237)

Im und nach dem Zweiten Weltkrieg wurde dieser Begründungszusammenhang weiter aufrechterhalten, wie Gerhard Schneider anmerkt:

> »Daß Kriegergedächtnisfeiern am Denkmal gelegentlich auch noch nach dem Zweiten Weltkrieg so überaus große Resonanz erfuhren, lag auch daran, daß es die Behauptung, der ›Gefallene‹ habe sein Leben ›auf dem Altar des Vaterlandes‹ geopfert, den Hinterbliebenen leichter machte, den Schmerz über den Verlust des Angehörigen zu ertragen. Für's Vaterland gefallen zu sein, bedeutete immer auch, ›nicht umsonst‹ gefallen zu sein.« (Schneider 1991, S. 8)

Und es bedeutete, von der Gewalt, die mit dem ›Fallen‹ verbunden war, nicht sprechen oder schreiben zu müssen und die nachfolgenden Generationen zum ›ehrenden Gedenken‹ statt zum Hinterfragen anzuhalten.

Bleibt abschließend noch die Frage, welche Schlussfolgerungen die Autoren der Militaria-Publikationen aus einem Krieg ziehen, dessen Ursachen und Verursacher von ihnen weitgehend ausgeblendet wurden. Politisch reflektierte und anwendbare Konsequenzen daraus zu ziehen, ist kaum möglich. Deswegen fin-

225 Agentur Reuters. 24. 10. 2008. Jung spricht erstmals von gefallenen Soldaten. https://de.reuters.com/article/deutschland-bundeswehr-trauerfeier-zf-20-idDEBEE49N0A620081024. Zugriff: 20. 4. 2020.

den sich auch in keiner der besprochenen Publikationen Forderungen nach einer weiteren Aufarbeitung der Vergangenheit, nach Verteidigung der Demokratie und nach Stärkung der Bestrebungen gegen rechtsextremistische Tendenzen. Natürlich war das bei diesen Büchern auch nicht anders zu erwarten, unabhängig davon, ob sie in der Art eines Romans gehalten, in Form heimatkundlicher Literatur gekleidet oder streng operationsgeschichtlich verklausuliert sind. Dennoch verzichten die meisten Autoren nicht darauf, in unterschiedlicher Intensität zumindest anzudeuten, welche Lektionen der Krieg sie gelehrt hat und welche Schlussfolgerungen ihnen daraus – ohne Ursachenforschung – naheliegend erscheinen.

Einzeln verstreut finden sich in einigen der Bücher allgemeine ›Friedensappelle‹. Baptist Palm lässt, wie im zweiten Kapitel bereits ausgeführt, »die Toten mit gewaltiger Stimme [rufen] ›FRIEDE AUF ERDEN‹!« (Palm 1953, S. 111). Weniger theatralisch äußert H.-Jürgen Siebertz die Hoffnung, sein Buch möge als »ein kleiner persönlicher Beitrag zur Friedenserhaltung« (Siebertz 2010, S. 12) verstanden werden. Unklar bleibt dabei, wie die Mischung aus operativer Kriegsdarstellung, Idealisierung soldatischer Tugenden und Ausblendung von Kriegsursachen friedensfördernd sein kann. Siebertz scheint zumindest geahnt zu haben, dass sein Buch auch ganz anders denn als Ausdruck eines ›Friedensappells‹ aufgenommen werden könnte, wenn er einleitend zur eigenen Absicherung anmerkt, das Buch solle »keinesfalls der Verherrlichung von Gewalt oder der Glorifizierung kriegerischer Heldentaten Vorschub leisten.« (ebd., S. 12). In dem Max von Falkenberg zugeschriebenen Buch geben die oder der Verfasser am Ende noch einen Rat, wie sich eine Wiederholung des Kriegsgeschehens für die Zukunft vermeiden ließe:

> »Wir können das mit Sicherheit beeinflussen, wenn wir den Frieden zunächst in uns, in unserer Familie, in unserer Nachbarschaft verwirklichen.« (von Falkenberg 2004, S. 259)

Die Lösung soll demnach im Rückzug ins Private statt in der zeithistorischen und politischen Auseinandersetzung gesucht und gefunden werden. Gevert Haslob schließlich lässt in seinem Buch den Vorsitzenden des *Heimatbundes Schmidt*, Ludwig Fischer, dem eigenen Text vorausschicken: »Unsere Pflicht aber soll es sein, uns stets für Frieden und Freiheit einzusetzen.« (Haslob 2000, S. 5). Diese Formel war in Kreisen der CDU – und Ludwig Fischer stand dieser Partei jahrelang in Schmidt vor – spätestens seit dem Bundestagswahlkampf 1980 geläufig.[226]

Erheblich breiteren Raum als die allgemeinen Friedensappelle nimmt in der genannten Literatur die ›Beschwörung der Erinnerung‹ ein. Die Erinnerung an

226 Der Wahlkampfslogan der CDU/CSU aus dem Jahr 1980, in dem Franz Josef Strauß vergeblich für das Kanzleramt kandidierte, lautete »Für Frieden und Freiheit«.

den Krieg soll festgehalten und weitergereicht werden, damit sich Geschichte nicht wiederholt. Zwei Fragenkomplexe sind damit verbunden: Woran soll sich die Erinnerung festmachen und um welche und um wessen Interessen geht es dabei?

4.9 Die Instrumentalisierung von Kriegsrelikten und die militariaaffine Inszenierung von Kriegsgeschichte

Festmachen soll sich die künftige Erinnerung an baulichen Fragmenten des Krieges und an Einrichtungen, die nach dem Krieg entstanden sind, konkret: an den Resten des ›Westwalls‹, an den Kriegsgräberstätten der Region und an einem touristischen Angebot in Gestalt eines Militaria-Museums.

Zahlreiche Bunker des ›Westwalls‹, sofern sie nicht bereits im Verlauf des Krieges zerstört worden waren, wurden nach dem Krieg von den Alliierten gesprengt. Anlass war die Sorge, dass sich bewaffnete Gruppen dort wieder einnisten könnten. Nach Gründung der Bundesrepublik ging die Verantwortung für das bauliche Erbe 1957 an den Bund über. Um der damit verbundenen Verkehrssicherungspflicht nachzukommen, ließ die Bundesanstalt für Immobilienaufgaben einige Bunkerreste umzäunen, andere übererden, wiederum andere zermeißeln. Erst um die Jahrtausendwende wurde die Zerstörung auf Druck der Öffentlichkeit, der Denkmalpflege und des Naturschutzes staatlicherseits überdacht und schließlich eingestellt.[227] Der ›Westwall‹ wurde nun stärker als zeithistorisches Denkmal sowie als Rückzugsgebiet für einige Pflanzen- und Tierarten akzeptiert. Die Reste der Anlagen üben mit ihren Bunkerrelikten und den Panzerhindernissen heute noch eine starke Faszination auf militariaaffine Gruppen und Einzelpersonen aus. Festmachen lässt sich das an zahlreichen Militaria-Museen entlang der 630 Kilometer langen Linie, die meist ein distanzloser, weil affirmativer Blick auf die Anlagen und ihre Militärtechnik auszeichnet, sowie an Versuchen der Konservierung der Panzerhindernisse aus Faszination an Kriegsüberresten oder aus touristischen Überlegungen.[228]

227 Zur Problematik des Erhalts von Westwall-Anlagen siehe Fings, Karola, und Frank Möller, Hrsg. 2008. *Zukunftsprojekt Westwall. Wege zu einem verantwortungsbewussten Umgang mit den Überresten der NS-Anlage.* Weilerswist: Verlag Landpresse.

228 Siehe dazu Elfert, Eberhard. 1992. »Ewig währt am längsten«. Über den Umgang mit einer Befestigungsanlage des »Tausendjährigen Reiches« nach 1945. In *Wir bauen des Reiches Sicherheit. Mythos und Realität des Westwalls 1938–1945*, Hrsg. Neue Gesellschaft für Bildende Kunst e.V., S. 153–167. Berlin: Argon Verlag.; Möller, Frank. 2008. Die Enthistorisierung des Westwalls. Vom mythisch überhöhten Schutzwall zum bewunderten Zeugnis deutscher Ingenieurskunst. In *Zukunftsprojekt Westwall. Wege zu einem verantwortungsbewussten Umgang mit den Überresten der NS-Anlage*, Hrsg. Karola Fings, und Frank Möller, S. 23–36. Weilerswist: Verlag Landpresse.; Rass, Christoph. 2012. Der »Westwall« im

Die größte Aufmerksamkeit widmet H. Jürgen Siebertz den Anlagen des ›Westwalls‹ im Bereich Roetgen, Lammersdorf und Paustenbach. Er möchte die Überbleibsel als »ein riesiges Mahnmal« (Siebertz 2010, S. 171) verstanden wissen, füllt 24 Seiten seines Buches mit zeitgenössischen Fotografien von ›Westwall‹-Teilen und fügt diesen acht weitere Seiten mit Planzeichnungen zum ›Westwall‹ bei (ebd., S. 171–203). Doch nationalsozialistische Kriegsrelikte werden nicht automatisch dadurch zum Mahnmal, dass man sie positiv umdeutet, abbildet und ihre Baustruktur zur Bewunderung freigibt. Ohne konkrete Erläuterungen zu den politischen Gründen für ihre Errichtung und des verbrecherischen Gesamtkontextes, dem sie ihre Entstehung verdanken, bleiben sie, was sie heute meistens sind: stumme Relikte aus Eisen und Beton mit einer morbiden Aura. Deren Schauer wiederum lässt sich ohne kritische Distanz zum Nationalsozialismus naiv ›genießen‹, und rechtsextremen Akteuren dient er als Inspirationsquelle und zur Identitätsstiftung.[229]

Nicht anders als Siebertz verfahren Hohenstein und Trees in ihrem Band. Bei ihnen findet sich zwar kein gesonderter ›Westwall‹-Anhang, aber Bilder der Anlage sind über das ganze Buch verstreut.[230] In ihrem Vorwort schreiben sie, die in der Landschaft »eingebetteten Westwallbunker« seien »Zeugen unserer jüngsten Geschichte« und dürften »nicht dem Vergessen anheimfallen«. Das betrachten beide als »Auftrag dieses Buches« (Hohenstein und Trees 2008, S. 11). Offen bleibt auch hier, was die Bunker bezeugen sollen. Im Buch selbst werden lediglich ›heldenhafte Kämpfe‹ und ein ›heroisches Soldatentum‹ mit der Militäranlage in Verbindung gebracht.

Neben den ›Westwall‹-Resten gilt ein hohes Maß an erinnerungspolitischer Aufmerksamkeit den Begräbnisstätten der deutschen Soldaten und dem damit verbundenen Gedenken an die ›Gefallenen‹. Hier stehen insbesondere die großen

---

Rheinland. Geschichte und Erinnerung. In *Burgen, Befestigungen, Bunker*, Hrsg. Winfried Heinemann, Martin Hofbauer, und Christoph Rass, S. 63–82. Potsdam: Militärgeschichtliches Forschungsamt; ders. 2013. Grenzen, Erinnerung, Musealisierung. Die Gegenwart der Vergangenheit am Westwall. In *Geschichte, um zu verstehen. Traditionen, Wahrnehmungsmuster, Gestaltungsperspektiven*, Hrsg. Christiane Schröder et al., S. 397–410. Bielefeld: Verlag für Regionalgeschichte; außerdem Stollenwerk, Peter. 2018. Roetgen. Höckerlinie des Westwalls soll Attraktion für Wanderer werden. *Aachener Zeitung*, 16.1.2018. https://www.aachener-zeitung.de/nrw-region/hoeckerlinie-des-westwalls-soll-attraktion-fuer-wanderer-werden_aid-24392363. Zugriff: 10.5.2020.

229 Siehe dazu: Lauter, Rita. 2016. Westwall. Da gehen auch Nazis gerne hin. *Die Zeit*, 27.08.2016. https://www.zeit.de/gesellschaft/zeitgeschehen/2016-08/westwall-rheinland-pfalz-ns-museum-bunker-nazis/komplettansicht. Zugriff: 22.4.2020; Petermann, Anke. 2016. Der Nazi-Westwall. Wildkatzen und Militärmuseen. *Deutschlandfunk Kultur*, 29.09.2016. https://www.deutschlandfunkkultur.de/der-nazi-westwall-wildkatzen-und-militaermuseen.1001.de.html?dram:article_id=367115. Zugriff: 22.4.2020.

230 Vgl. Hohenstein und Trees 2008, S. 41–44, 46, 50, 53, 58, 66, 79, 93, 116, 118, 146, 169, 203, 225, 252, 254, 298, 303, 305.

Kriegsgräberstätten im Mittelpunkt, die in der behandelten Literatur meist als ›Ehrenfriedhöfe‹, ›Heldenfriedhöfe‹ oder ›Soldatenfriedhöfe‹ benannt werden. Ihre tatsächliche Entstehungsgeschichte mit stark voneinander abweichenden landschaftsarchitektonischen und auch politischen Konzepten wird nicht erläutert (vgl. Möller 2021b). Gevert Haslob verbindet ein doppelseitiges Foto vom ›Soldatenfriedhof‹ Hürtgen mit der Erinnerung an ein Veteranentreffen des Jahres 1994 (Haslob 2000, S. 232–233), ein weiteres des ›Soldatenfriedhofs‹ Vossenack mit einem besonderen Hinweis auf das Grab Walter Models (ebd., S. 239) und ein drittes, des ›Ehrenfriedhofs‹ Maria-Wald, mit dem Hinweis, dass dort zahlreiche ›gefallene‹ Soldaten der 89. Infanteriedivision der Wehrmacht bestattet sind (ebd., S. 240). Das Buch klingt aus mit einer Aufnahme eines Veteranen der Wehrmacht, der »in Gedanken versunken auf ›seinem‹ ehemaligen Bunker im Westwall« sitzt. Die Überschrift der Seite lautet »Nachdenklich« (ebd., S. 248). Unklar bleibt bei dieser Botschaft, die sich wohl auch an den Leser richten soll, worüber nachgedacht werden müsste. Interessant ist in dem Zusammenhang, dass sowohl gegenüber der Bildseite vom ›Soldatenfriedhof‹ Hürtgen wie auch gegenüber dem abschließenden Foto des Veteranen auf der Bunkerruine jeweils ein Gedicht platziert wurde. Im einen Fall handelt es sich um die bereits angesprochene Lyrik von Oswald Jansen, in dem Soldaten unterschiedslos zu Opfern nivelliert werden (ebd., S. 237). Im anderen Fall handelt es sich um ein *Eifellied* eines unbekannten Autors, überschrieben mit »Ein Gruß an die Heimat«, in dem die Eifel idealisiert und romantisiert wird. Ein Auszug:

> »Wo die Lerche hoch in blauen Lüften singt, / wo durch Tann und Busch das munt're Rehlein springt, / wo die Schönheit der Natur das Auge bannt / da ist meine Heimat, liegt mein Eifelland.« (ebd., S. 249)

Haslobs Buch über die 89. Infanteriedivision der Wehrmacht endet folglich mit einer Verklärung eben jener Landschaft zu einer Idylle, die ihm zuvor als Folie gedient hatte, Faszination für das Kriegsgeschehen und für vermeintliche soldatische Tugenden in Wort und Bild zu entfalten.

In Wingolf Scherers Buch sind zahlreiche Bilder von Grabkreuzen eingestreut. Sie dienen der Erinnerung an Wehrmachtangehörige, die im Kontext der Publikation eine Rolle gespielt haben.[231] Darüber hinaus hat Scherer die Gräberlisten der Kriegsgräberstätten des Bereiches Schleiden in der Hoffnung ausgewertet, »[d]ie Grabplatten der Gefallenen würden dann Aufschluß geben können über die Abfolge, die Dauer und Härte der Kämpfe wie den Umfang der Verluste« (Scherer 2002, S. 91). In seinem Buch sind zahlreiche historische Aufnahmen,

231 Scherer, Wingolf 2002, S. 63, 81: ›Soldatenfriedhof‹ Lommel, S. 70, 76: Grabanlage in Gemünd, S. 84: ›Soldatenfriedhof‹ Schleiden-Kammerwald, S. 85: Friedhof Rinnen, S. 95: ›Soldatenfriedhof‹ Harperscheid u. a. m.

zum Teil aus den unmittelbaren Nachkriegsjahren, abgedruckt, die einen recht guten visuellen Eindruck von den verschiedenen Etappen der Bestattungsgeschichte in der Region geben. Die Darstellung der Kriegsgräberstätten wird hin und wieder auch mit Aufnahmen von Veteranentreffen verbunden. Im Anhang des Scherer-Buches geht Karl J. Lüttgens Hinweisen auf tote US-Soldaten nach, schildert das Auffinden ihrer sterblichen Überreste und unternimmt einen Exkurs zum Thema »Souvenirjäger und andere ›Sammler‹« (ebd., S. 121–122).

Abb. 18: Kriegstote waren auch ein Wirtschaftsfaktor für die strukturschwache Nordeifel. Ansichtskarte mit Eindrücken von der Kriegsgräberstätte Vossenack, aufgenommen vermutlich in den 1950er-Jahren (Quelle: Volksbund Deutsche Kriegsgräberfürsorge, Bildarchiv).

Was ausgeblendet bleibt, ist die Tatsache, dass mit den Kriegsgräberstätten zum Zeitpunkt ihrer Errichtung nicht nur Aspekte der Erinnerung und des Gedenkens verbunden waren, sondern auch handfeste wirtschaftliche Interessen einhergehen konnten. Als Beispiel dafür stehen die Kriegsgräberstätten Hürtgen und Vossenack. Jens Lohmeier hat deren Entstehungsgeschichte nachgezeichnet (vgl. Lohmeier 2016). Danach gab es bereits kurz nach Kriegsende Überlegungen, eine zentrale Ruhestätte für Kriegstote in der Region zu errichten. Die Pläne mussten aber modifiziert werden, weil die damaligen Kreise Monschau und Düren sich nicht auf einen Standort einigen konnten. Der Hintergrund: Beide Kreise versprachen sich durch die Schaffung einer zentralen Anlage wachsende Besucherströme von Angehörigen und Freunden der Getöteten in die strukturschwache Region. So entstanden im Abstand von nur vier Kilometern die Kriegsgräberstätten Vossenack (*Kreis Monschau*) und Hürtgen (*Kreis Düren*) und die Leichen wurden damit »zu Objekten einer möglichen touristischen Vermarktung, um die sich zwei Landkreise stritten« (ebd., S. 69), so Lohmeier. Nach einer Kreisreform in den 1970er-Jahren endete die Konkurrenzsituation; beide Anlagen, auf denen jeweils über 2.000 Tote bestattet sind, gehören seitdem zum *Kreis Düren*. Die Unterlagen, auf denen Lohmeiers Untersuchungen basieren, waren zum Zeitpunkt der Veröffentlichung Wingolf Scherers bereits bekannt. Sie passten aber offensichtlich nicht in ein Konzept, das in den Kriegsgräberstätten lediglich ›Gedenkorte‹ sehen mochte.

Doch das sind nicht die einzigen Auffälligkeiten bei der Behandlung der Kriegsgräberstätten in der Nordeifel. Eine merkwürdige Volte schlägt auch Kurt Kaeres am Ende seines Buches; er hat es mit ›Epilog – 1984‹ überschrieben und leitet den Abschnitt mit dem Spruch ein:

> »Tote Soldaten sind niemals allein, denn immer werden treue Kameraden bei ihnen sein.« (Kaeres 2002, S. 179)

Auch Kaeres geht es also um die Erinnerung an tote Wehrmachtsoldaten. Gleichzeitig mokiert sich der Romanautor über ein offizielles Schild, das er in Zusammenhang mit der Treueformel bringt:

> »Welche Kluft zwischen diesem Spruch und dem nüchternen grünen Hinweisschild mit dem gelben Aufdruck Kriegsgräberstätte? Stätte, das klingt wie Richtstätte, erinnert an Schädelstätte, an Golgatha.« (ebd., S. 179)

Offensichtlich stört sich Kaeres an der neutralen Begrifflichkeit bei der Benennung des Friedhofs, die keine Wortverbindung mit ›Ehre‹ oder ›Helden‹ eingegangen ist. Aber das ist nicht alles. Kaeres ordnet diesen Spruch der Kriegsgräberstätte Vossenack zu:

> »Worte am Ehrenmal der 116. Panzerdivision, den ›Windhunden‹, auf dem deutschen Soldatenfriedhof ›Vossenack‹.« (ebd., S. 179)

Dort sind sie aber nie zu finden gewesen. Denn tatsächlich liegt die 1966 vom *Familienverband ehemaliger Angehöriger der Windhund-Division* errichtete Erinnerungsanlage der 116. Panzerdivision der Wehrmacht, durch einen kleinen Waldbestand getrennt, *neben* der Kriegsgräberstätte und nicht etwa *auf* ihr. Soldaten wurden auf dieser Anlage auch nie bestattet, dafür aber einige Tafeln angebracht, und auf einer dieser Tafeln befand sich der von Kaeres zitierte Spruch. Ein Irrtum in der Zuordnung, wie er beim Schreiben passieren kann? Denkbar wäre das, aber wahrscheinlich ist es nicht, denn die Kriegsgräberstätte mit dem vermeintlichen Grab des in rechtsextremen Kreisen als ›Held‹ verehrten Generalfeldmarschalls Walter Model und die ›Windhund‹-Anlage wurden von deren Betreibern immer als Einheit begriffen; eine Sichtweise, gegen die der *Volksbund Deutsche Kriegsgräberfürsorge*, der die Kriegsgräberstätte in den

Abb. 19 und 20: Die Anlage der 1966 eingeweihten 116. Panzerdivision der Wehrmacht bei Vossenack. Links hinter dem kleinen Waldstück liegt die Kriegsgräberstätte. Die Tafel mit dem Spruch über die treuen Kameraden befand sich unterhalb der Skulptur am Kopf der Anlage. 2017 wurden die Skulptur, die darunter befestigte Tafel sowie die beiden Tafeln rechts und links der Eingangspforte entwendet (Fotos: Frank Möller, 2015).

Jahren 1949 bis 1952 hatte errichten lassen, mehrfach beim *Kreis Düren* interveniert hatte, in dessen Zuständigkeitsbereich der Unterhalt der Kriegsgräberstätte fällt.[232]

Abb. 21: Das vom Förderverein der 116. Panzerdivision auf der *Kriegsgräberstätte Vossenack* errichtete Doppelkreuz. Die linke Tafel weist eine Textpassage Papst Benedikt XVI. vom Januar 2006 auf, in der es heißt: »Wer als Soldat im Dienst des Vaterlandes steht, betrachte sich als Diener der Sicherheit und Freiheit der Völker. Indem er diese Aufgabe recht erfüllt, trägt er wahrhaft zur Festigung des Friedens bei.« Der Text auf der rechten Tafel lautet: »Gedenke mit uns der Soldaten der Bundeswehr, die im Dienst für Frieden und Freiheit ihr Leben ließen.« (Foto: Frank Möller).

Der Nachfolger des *Familienverbands der Windhunde*, ein im Jahr 2000 gegründeter Förderverein, hat im Jahr 2006 die Verbindung zwischen ›Windhund‹-Anlage und Kriegsgräberstätte sogar noch weiter zu befestigen versucht, indem er auf der Kriegsgräberstätte ein Doppelkreuz aufstellen ließ, dessen Text dem Gedenken an getötete Bundeswehrsoldaten gilt – ein eindeutiger Versuch, einen Schulterschluss zwischen Wehrmacht und Bundeswehr zu vollziehen und die Dominanz der Veteranenorganisation der ›Windhunde‹ und deren Nachfolger fest ins erinnerungspolitische Bewusstsein der Region einzuschreiben (vgl. Weiner 2016, S. 53–54). Eine Linie, der sich offensichtlich auch Kurt Kaeres verschrieben hatte.

232 Zur Geschichte des Volksbundes, der die Kriegsgräberstätten in Hürtgen und Vossenack errichten ließ siehe Ulrich, Bernd, Christian Fuhrmeister, Manfred Hettling, und Wolfgang Kruse. 2019. *Volksbund Deutsche Kriegsgräberfürsorge. Entwicklungslinien und Probleme.* Berlin: be.bra wissenschaft verlag.

In seinem Text schlägt Kaeres außerdem eine Verbindung von den Kriegsgräberstätten zu einer touristischen Einrichtung der Region: dem von seinen Betreibern so genannten *Museum Hürtgenwald 1944 und im Frieden.* Das in Vossenack gelegene Militaria-Museum »erinnert an die Kämpfe von damals, mahnt zusammen mit den Soldatenfriedhöfen«, heißt es dort (Kaeres 2002, S. 180). Auch hier wird wiederum versucht, eine Verbindung zu stiften, die es faktisch nicht gibt. Das Militaria-Museum und die Kriegsgräberstätten mahnen nicht gemeinsam, sie haben weder hinsichtlich ihrer Urheberschaft noch ihrer Organisation überhaupt etwas miteinander zu tun.

Zu einem besonders umfangreichen Komplex wird das Militaria-Museum in dem Max von Falkenberg zugeschriebenen Band aufgewertet. Vier Text- und drei Bildseiten werden der Einrichtung darin gewidmet. Und da in dem Text von »unsere[r] Dokumentation« (von Falkenberg 2004, S. 260) die Rede ist – gemeint ist damit das Militaria-Museum –, muss man wohl davon ausgehen, dass das Max von Falkenberg zugeschriebene Buch aus Reihen des *Geschichtsvereins Hürtgenwald* verfasst wurde, dem Trägerverein des Militaria-Museums, oder dass dieser zumindest maßgeblich an dessen Erstellung beteiligt war.

In dem Text, der unter anderem akribisch einzelne Ausstellungsgegenstände auflistet, paart sich der Erinnerungsbegriff mit dem Begriffspaar ›Gedenken‹ und ›Mahnen‹. »Die Mahnung zum Frieden«, stellen die Autoren fest, bedürfe »unbedingt der Erinnerung an den letzten Weltkrieg mit seinen verheerenden Folgen« (ebd., S. 257). Daher solle die Ausstellung »gedenken an jene Allerseelenschlacht von 1944, die unendlich viel Tod, Leid und Schäden gebracht hat, und die den Hürtgenwald vernichtete«, und sie solle »erinnern daran, daß es eine schreckliche Phase in der Heimatgeschichte gegeben hat, die seinerzeit zwar Hürtgenwald in das Licht der Weltöffentlichkeit brachte, die aber immer mehr in die Vergessenheit gedrängt wird.« (ebd., S. 258).

Offensichtlich sind sich die Autoren der Begrifflichkeiten, derer sie sich hier bedienen, nicht allzu sicher; zum einen wirken Termini wie ›Gedenken‹, ›Mahnen‹ und ›Erinnerung‹ in dem Abschnitt austauschbar, zum anderen kann eine Ausstellung selbst wohl kaum »gedenken«, wie es der Text behauptet. Irritieren muss auch die Feststellung, dass eine »schreckliche Phase der Heimatgeschichte« immer mehr in Vergessenheit gedrängt werde, denn damit wird eine Art von Geschichtspolitik insinuiert, für die sich keinerlei Belege finden lassen.

Die Autoren fügen auch noch an, ihre Ausstellung berichte über die Kämpfe im ›Hürtgenwald‹ »anschaulich, sachlich, unpolitisch und ohne ›moralischem [sic] Zeigefinger‹, wobei militärische Exponate nur als materielle Zeitzeugen, nicht aber als Schwerpunkt einer Präsentation zu dienen haben. Sie will letzthin durch mahnende Erinnerung auf die Bedeutung des Friedens hinweisen.« (ebd., S. 257). Dass die »materiellen Zeitzeugen« – gemeint sind damit wohl die gesammelten Relikte des Krieges – nicht den Schwerpunkt der Ausstellung bilden sollen, widerlegen die Autoren selbst mit ihrer Bildauswahl, die deutlich macht, wie stark Waffen, Munition und Kriegsgerät isolierte Teile der Präsentation sind.[233] Auch die Begriffskette »anschaulich, sachlich, unpolitisch« wirft Fragen auf. Was genau soll veranschaulicht werden? Für welche Aussagen jenseits der wohlfeilen Friedensappelle möchte die Einrichtung stehen? Welcher Sache möchte sie dienen? Hans-Ulrich Thamer hat in einem Essay zu der 2010 im *Deutschen Historischen Museum* eröffneten Ausstellung »Hitler und die Deutschen« zu dieser Problematik festgehalten, dass Bilder von Diktaturen

> »niemals Abbild einer Realität [sein können], sie illustrieren nicht, sondern sie repräsentieren das, was sie darstellen sollen. [...] Eine reflektierte Bild-Geschichte von Hitler und dem Nationalsozialismus darf darum nicht die Legenden der NS-Propaganda zum zweiten Male erzählen; sie darf Relikte aus dem Herrschaftsalltag des ›Dritten Reiches‹ [...] nicht als Devotionalien behandeln oder dazu machen, sondern sie wird diese Zeugnisse wie die anderen Bildzeugnisse auch durch eine Kontextualisierung und kritische Inszenierung in ihrer manipulativen Funktion und Produktion deutlich machen und dadurch die Macht der Bilder relativieren oder brechen.« (Thamer 2010, S. 17–22).

Daran gemessen erweist sich die Aussage in von Falkenbergs Buch, nach der die Ausstellung im Museum in Vossenack unpolitisch sei, als reine Schutzbehauptung. Die Stellungnahme erfüllt die Funktion, ein Unbedenklichkeitstestat zu erstellen. Wie diese Ausstellung von unabhängiger Seite tatsächlich bewertet wird, lässt sich einem Gutachten entnehmen, das 2010 von Studierenden der Universitäten Köln und Aachen unter der Leitung von Karola Fings und Peter M. Quadflieg angefertigt wurde (vgl. Fings und Quadflieg 2010). Darin heißt es:

> »Obwohl das Museum sich selbst pazifistisch positioniert (›Sinnlosigkeit eines Krieges‹), nimmt es in der Ausstellung keine kritische Position im Erinnerungsdiskurs ein, weder gegenüber der Wehrmacht noch gegenüber der spezifischen Kriegsführung in dem als ›Rassenkrieg‹ geführten Angriffskrieg des Deutschen Reiches.« (ebd., S. 9)

Und weiter:

> »Gewehre ohne Beschriftung, Panzermodelle und Blaupausen von Kampfwagentypen, die im Hürtgenwald nie eingesetzt wurden, und symmetrisch aneinander gereihte Granaten vermitteln weder ein Bild der Kämpfe, des Sterbens und des Überlebens im Hürtgenwald, noch helfen sie einem Besucher, jenseits möglicher technischer Zusammenhänge zu begreifen, wie Krieg und Kriegserfahrung auf die Region um Hürtgenwald gewirkt haben.« (ebd. 2010, S. 35)

233 Statt weiter auf das Moment der Faszination durch Waffen und Kriegsgeräte zu setzen, wäre es viel sinnvoller der Frage nachzugehen, welche Erlebnisangebote der Gesellschaft während des Nationalsozialismus gemacht wurden, um sie für die politischen Interessen des Regimes zu mobilisieren. Vgl. Brockhaus, Gudrun. 1997. *Schauder und Idylle. Faschismus als Erlebnisangebot.* München: Verlag Antje Kunstmann.

Daran hat sich im Wesentlichen auch zehn Jahre später nichts geändert. Die Frage, wie eine solche Einrichtung, die den Krieg romantisiert, statt ihn angemessen in den Gesamtkontext der Geschichte einzubetten und den ›soldatischen Tugendkatalog‹ zu hinterfragen, dem Zweck dienen kann, Erinnerung zu bewahren, um so zur Wahrung des Friedens beizutragen, bleibt somit unbeantwortet.[234]

Bleibt noch der Frage nachzugehen, wessen Erinnerung in der Militaria-Literatur gemeint ist und was genau erinnert werden soll. Feststellbar sind zwei Varianten. Einerseits richtet sich die Aufforderung, die Erinnerung zu bewahren in allgemeiner Form an *alle* und wird pauschal auf die Erfahrungen des Krieges bezogen. Sie bleibt damit vollkommen unverbindlich. Andererseits – und diese Thematisierung nimmt erheblich breiteren Raum ein – geht es darum, die Erinnerung »an die deutschen und amerikanischen Soldaten, die dort kämpften« (Kaeres 2002, S. 5) wachzuhalten, wie beispielsweise Kurt Kaeres in der Vorbemerkung zur Neuauflage seines illustrierten Romans aus dem Jahr 2002 schreibt. Unter diese Bekundung des eigenen Interesses hat der Verlag ein Foto montiert, das eine Gruppe älterer Männer zeigt. Der Bildtext dazu lautet:

> »Im Frieden vereint: amerikanische und deutsche Veteranen der Hürtgenwald-Kämpfe beim Veteranentreffen 1994 an der Mestringer [sic] Mühle« (ebd., S. 5)

Wenn es um konkrete Erinnerungsgemeinschaften geht, fokussiert sich das Interesse also primär auf die Gruppe derer, die als Soldaten Teilnehmer des Krieges waren, und zwar auf die Veteranen beider Seiten der damaligen Front. Schwerpunkte dazu finden sich in den Publikationen von Gevert Haslob, der dem Aspekt der ›Versöhnung über den Gräbern‹ elf mit zahlreichen Fotografien versehene Seiten widmet (Haslob 2000, S. 232–242), außerdem in dem Buch Wingolf Scherers, der dem Aspekt des ›Gefallenengedenkens‹ insgesamt breiten Raum einräumt, und in dem Konvolut Ludwig Fischers, das nahezu ausschließlich auf einem Mix von Aussagen deutscher und amerikanischer Veteranen fußt.

234 In unmittelbarer Nachbarschaft zu der Vossenacker Militaria-Einrichtung befindet sich die NS-Ordensburg Vogelsang. Die dortige Ausstellung – »Bestimmung: Herrenmensch« – liefert ebenfalls ein Beispiel dafür, wie in Ausstellungen, die Teilbereiche der NS-Geschichte behandeln, quellenkritisch und kontextbezogen mit Objekten umzugehen ist. Siehe dazu die Beiträge Arendes, Cord. 2016. Burgansichten für alle? – Inszenierungen der Ordensburgen in Fotografien. In *Bestimmung: Herrenmensch. NS-Ordensburgen zwischen Faszination und Verbrechen*, Begleitband. Hrsg. Klaus Ring, und Stefan Wunsch für Vogelsang IP gem. GmbH, S. 84–91. Dresden: Sandstein Verlag; Thiemeyer, Thomas. 2010. *Fortsetzung des Krieges mit anderen Mitteln. Die beiden Weltkriege im Museum*. Paderborn: Ferdinand Schöningh Verlag; Beier-de Haan, Rosmarie. 2005. *Erinnerte Geschichte – Inszenierte Geschichte. Ausstellungen und Museen in der Zweiten Moderne*. Frankfurt a. M.: Suhrkamp Verlag.

Die davon ausgehende Botschaft besagt, dass die ehemaligen Kriegsgegner durch gemeinsames Erinnern einen eigenen Beitrag zur ›Versöhnung‹ leisten. Haslob drückt es in einer Bildunterzeile so aus:

»Veteranen der 28. U.S. Inf. Division ›Keystone‹ und der 89. Infanteriedivision trafen sich am 08. September 1994 nach 50 Jahren im alten Kampfgebiet Hürtgenwald-Schmidt und versöhnten sich über den Gräbern ihrer gefallenen Kameraden.« (ebd., S. 234)

Wingolf Scherer hat in sein Buch eine Urkunde zur Erinnerung an die Einrichtung eines Areals im Waldabschnitt *Hasselpath*, an der deutsch-belgischen Grenze bei Rocherath, aufgenommen, wo man auf einem Rundgang kommentierte Schützengräben, Reste von Erdbunkern und Gefechtsstätten besichtigen kann. Im Dezember 1944 hatten hier Kämpfe im Rahmen der *Ardennenoffensive* stattgefunden. Der Urkunde sind außerdem zwei Fotos von der Einweihung des Areals beigegeben, an der Scherer selbst im Jahr 2000 beteiligt gewesen war. Im Text der Urkunde heißt es:

»Stätte der Erinnerung und der Mahnung, Symbol des Friedens und der Versöhnung – über alle Grenzen, Gräben und Gräber hinweg.« (Scherer 2002, S. 113)

Versehen wurde die Urkunde mit der deutschen, der amerikanischen und der belgischen Nationalflagge. Wenn in diesen Kontexten immer wieder von ›Versöhnung‹ die Rede ist, dann bedeutet das keineswegs, dass die Zusammenkünfte ehemaliger Kriegsgegner der Aufarbeitung von politischen Hintergründen des Kriegsgeschehens dienen. »Was auf solchen Treffen am sorgfältigsten vermieden wurde«, bemerkt Thomas Kühne dazu, »war die Erinnerung oder gar Aufarbeitung der Kriegs- und Menschheitsverbrechen. Im Gegenteil: Der Sinn dieser Aussöhnungen läßt sich aus der – und sei es impliziten – gegenseitigen Versicherung ablesen, ritterlich gekämpft zu haben; er bestand im Vergessen der verbrecherischen Seiten des Krieges.« (Kühne 2001, S. 106).

Solche selektive Erinnerung mag als legitim angesehen werden, sofern damit lediglich dem Bedürfnis nach privatem Austausch gefolgt wird. Doch dabei bleibt es oft nicht. Von deutscher Seite aus dienen die Treffen häufig dem Zweck, eine eigene Geschichtspolitik zu betreiben. In der Militaria-Literatur geht der Darstellung dieser ›Versöhnungstreffen‹ die meist reich bebilderte Teilgeschichte des Kriegsgeschehens voraus. Bei diesem Aufbau der Publikationen schwingt als Fazit ein ›Ende gut, alles gut‹ stets unterschwellig mit.

Am signifikantesten wird das in Ludwig Fischers Publikation visualisiert, deren Titelbild die beiden Aspekte ›Krieg‹ und ›Zerstörung‹ sowie deutsch-amerikanische ›Versöhnung‹ durch zwei untereinander montierte Bilder zusammenbringt. Das obere Bild zeigt die kriegszerstörte Kirche von Schmidt, die untere Aufnahme eine Gruppe von Veteranen hinter einem Gedenkstein. Dass Fischer sämtliche Kriegstoten, ganz gleich ob Wehrmachtsoldaten, SS-Männer,

Denunzianten und Mitläufer auf deutscher Seite oder Angehörige der Streitkräfte, die gegen NS-Deutschland gekämpft hatten, gemeinsam als ›Friedensbringer‹ vereint, wurde bereits in Kapitel 2.10 behandelt. Den entsprechenden Niederschlag hat diese Geschichtsklitterung in Fischers eigener Publikation *Erinnerungen*, in seinem Vorwort zu Gevert Haslobs Buch und auf dem Gedenkstein in Nideggen-Schmidt gefunden. Am Beispiel der Setzung des Steins im Jahr 1999 wird deutlich, dass die Pflege geschichtsrevisionistischer Auffassungen durchaus nicht auf den Austausch in privaten Zirkeln beschränkt bleibt. Ihre Träger drängen vielmehr danach, sie zur dominanten Geschichtsauffassung in ihrem lokalen Umfeld zu machen und damit ›Marken‹ in den Gemeinden des ›Hürtgenwaldes‹ zu setzen. Dafür stehen nicht allein Ludwig Fischers vergangene Aktivitäten. Auch diejenigen Baptist Palms sind in dem Zusammenhang zu nennen. War er es doch, der maßgeblich dazu beigetragen hat, dem Geschichts- und Selbstbild der 116. Panzerdivision der Wehrmacht zur Dominanz bei der Pflege ihres verqueren Geschichtsbildes im Bereich der *Gemeinde Hürtgenwald* zu verhelfen (vgl. Quadflieg 2016b).

Beide Beispiele zeigen aber auch, dass diese über viele Jahre wirksame Dominanz schwindet, wenn eine öffentliche Thematisierung dafür sorgt, bis dahin unhinterfragte Positionen auf den Prüfstand zu stellen. So sorgte öffentlicher Druck dafür, dass fünf Tafeln, auf dem ›Windhund‹-Areal in Vossenack, die dort 2009 im Zuge einer Neugestaltung der Anlage errichtet worden waren, wieder entfernt werden mussten, weil auf ihnen eine inakzeptable Opfer- und Heldenerzählung der Division verbreitet wurde (vgl. Fings und Möller 2016b). Und 2017 wurde im Rat der *Stadt Nideggen* ein Bürgerantrag verabschiedet, den Gedenkstein mit der geschichtsrevisionistischen Botschaft in Nideggen-Schmidt nach wissenschaftlichen Kriterien einordnen und vor Ort kommentieren zu lassen.[235] Details zu dem inzwischen entfernten Stein finden sich in Kapitel 2.10.[236]

---

235 Vgl. zur Debatte mit Wiedergabe des Bürgerantrags Möller, Frank. 2019. Stein des Anstoßes – ein Schauspiel in fünf Akten. Die Wehrmacht als Friedensbringer in Schmidt. *Hürtgenwald Newsletter*, 6/2019: http://frank-moeller.eu/wp-content/uploads/2019/04/6.2-Stein-des-Ansto%C3%9Fes.pdf. Zugriff: 10. 2. 2022.

236 Vgl. zur Fortsetzung der Debatte Möller, Frank. 2020. Gedenkstein in Schmidt. Über den Kern des Problems und seinen Ursprung. *Hürtgenwald Newsletter*, 10/2020. http://frank-moeller.eu/wp-content/uploads/2020/01/Denkansto%C3%9F-zum-Stein-in-Schmidt.pdf. Zugriff: 10. 2. 2022; ders. 2020. Ausschuss für Stadtentwicklung und Tourismus. Wissenschaftsfreie Zone Nideggen ausgerufen. *Hürtgenwald Newsletter*, 11/2020. http://frank-moeller.eu/wp-content/uploads/2020/03/Kommentar-Wissenschaftsfreies-Nideggen.pdf. Zugriff: 10. 2. 2022. Die Initiatoren des Bürgerantrags haben zudem einen gemeinsamen Beitrag zum Problem des Steins verfasst. Schöller, Benedikt und Konrad. 2020. Gedenkorte des Zweiten Weltkriegs. Eine pädagogische Herausforderung. *Pädagogik*, Nr. 4 / 2020, S. 26–29. Außerdem haben sie sich kritisch mit der in den zurückliegenden Jahren mangelnden Thematisierung von sowjetischen Zwangsarbeiterinnen und Zwangsarbeitern auf der Gräberstätte Simmerath-Rurberg auseinandergesetzt, vgl. Schöller, Benedikt, und Konrad

Die Vorgänge in Vossenack und Schmidt haben bislang deutlich gemacht, dass jene Akteure, die über Jahre die eigene unkritische Lesart von Militärgeschichte unter weitgehender Ausblendung des Nationalsozialismus und unkritischer Wiedergabe von Zeitzeugenaussagen zum allein gültigen Geschichtsverständnis erhoben haben, an Dominanz verlieren, sobald sie durch öffentlichen Druck gezwungen werden, ihre Positionen *inhaltlich* zu begründen und zu verteidigen. Und das gilt nicht allein für diese beiden ehemaligen Brennpunkte der Kämpfe in der Nordeifel, sondern auch für andere Teile der Republik (vgl. Gutte 2016). Hinzu kommt, dass erinnerungspolitische Inszenierungen und Rituale mit den Jahren zunehmend an Bedeutung verloren haben. Es sei »kaum von der Hand zu weisen«, vermerken Ulrike Jureit und Christian Schneider dazu, »dass seit den 1980er Jahren in Deutschland bei jeder passenden und unpassenden Gelegenheit gemahnt und erinnert wird. Kaum jemandem blieb die Erfahrung erspart, wie peinlich Gedenkveranstaltungen und Mahnmalseinweihungen sein können. Die bei solchen Anlässen zur Schau gestellte Moral, das inszenierte Übermaß an Sentimentalität und Pathos lösen zunehmend Erschöpfung, Langeweile und ein deutliches Unbehagen aus« (Jureit und Schneider 2010, S. 22).

Um von vornherein Kritik an ihren geschichtsrevisionistischen Positionen, ihren Darstellungsweisen und ihren vagen Friedensbekundungen abzuwehren, haben einige Autoren der Militaria-Literatur eine Art ›Haftungsausschluss‹ in ihre Publikationen mit aufgenommen. Darum wird es im abschließenden Unterkapitel gehen.

4.10 Scheindistanzierungen und Scheinpazifismus zur Vorbeugung von Kritik

Dieser ›Haftungsausschluss‹, auch als ›Disclaimer‹ bezeichnet,[237] meint nichts anderes, als dass sich ein Autor gegen Kritik von außen von vornherein ›immunisiert‹, also auch nicht am Standard historisch-kritischer Methodenanwendung gemessen werden möchte. Das kann in sehr unterschiedlichen Formen und Intensitäten geschehen. Werner Haupt beispielsweise, der als Vielschreiber zum Krieg im Westen Quartettwissen abspult, genügt es, zu Beginn in einem kurzen

Schöller. 2016. Verschleppt, verhungert, verscharrt – vergessen? Die sowjetische Kriegsgräberstätte Simmerath-Rurberg im regionalgeschichtlichen Kontext. In *Hürtgenwald – Perspektiven der Erinnerung*, Hrsg. Karola Fings, und Frank Möller, S. 81–100. Berlin: Metropol Verlag.

237 Vgl. Pieper, Henning. 2019. »Aber vor der Geschichte muß die Wahrheit siegen.« Die Legende der Waffen-SS am Beispiel der SS-Kavallerie. In *»So war der deutsche Landser…« Das populäre Bild der Wehrmacht*, Hrsg. Jens Westemeier, S. 287–307. Paderborn: Ferdinand Schöningh Verlag.

Einschub darauf hinzuweisen, dass sein Bemühen um eine umfassende Übersicht »trotz fehlender amtlicher Unterlagen« (Haupt 1978, S. 7) zustande gekommen sei. Ein konkreter Hinweis darauf, welche Lücken dadurch bedingt sein könnten, fehlt allerdings. Außerdem übergeht Haupt die Tatsache, dass in der *National Archives and Records Administration* (NARA) US-amerikanische Operationsakten nahezu lückenlos vorliegen.

Hohenstein und Trees wählen einen anderen Weg, sich unangreifbar zu machen. Sie gehen in die Offensive. Ihrer *Hölle im Hürtgenwald* haben sie ein Vorwort des bekannten US-amerikanischen Autors Charles B. MacDonald vorangestellt, in dem er das Autorenduo als zwei deutsche ›Zeithistoriker‹ vorstellt, die sie zwar beide nicht waren, die er aber noch dadurch aufwertet, dass er ihnen zugesteht, ihr Buch »aus völlig objektiver Sicht« (Hohenstein und Trees 2008, S. 5) verfasst zu haben, was nichts anderes als eine Höflichkeitsfloskel gewesen sein dürfte. Hohenstein und Trees selbst unterstellen selbstbewusst, dass ihre Arbeit »geschichtlich gesichert« sei und einen »noch fehlende[n] Teil der Kriegsgeschichte« liefern würde (ebd., S. 10), räumen wenig später aber dann doch noch ein, »daß Irrtümer und Fehler« in ihrer Arbeit »nicht immer vermeidbar gewesen sind« (ebd., S. 11). Sofern sie den Autoren aufgefallen sind, haben sie in den 15 Auflagen, die das Buch von 1981 bis 2008 durchlaufen hat, allerdings keine Überarbeitungen nach sich gezogen. Es gibt auch noch zwei Passagen, an denen deutlich wird, wie es um das Verhältnis von Hohenstein und Trees zur zeithistorischen Forschung wohl tatsächlich bestellt gewesen ist. Am Ende ihres Buches stellen sie die Frage, warum die deutschen Truppen, den längst verlorenen Krieg so lange weitergeführt haben. Ihre Antwort:

> »Letztlich gibt es keine sachlich schlüssige Erklärung, die zu dieser Haltung geführt hat und die, vor allem heute, einsehbar und verständlich wäre – wir haben uns damit abzufinden.« (ebd., S. 293)

Eine solche Aussage kommt der Errichtung einer Denkbarriere gleich. In einer zweiten Passage, nur eine Seite weiter, zitieren beide den Obergefreiten Heinrich Stockhoff, der auf einigen Seiten ihres Buches zuvor bereits genannt wurde. Stockhoff bekennt, er sei »ein einfacher Mann des Volkes, kein Gelehrter«, aber er wolle »mit allem, was ich erlebt habe in dieser Zeit, unserer geliebten Eifel und ihren Bewohnern ein kleines Denkmal der Liebe setzen.« (ebd., S. 294). Erstaunlicherweise bleibt völlig offen, was der ehemalige Obergefreite nach dem Krieg mit diesem zusammenhanglos abgedruckten Satz gemeint hat. Interessant ist aber, mit welcher Aussage Hohenstein und Trees ihn verknüpfen:

> »Dies einfache Wort ist mehr wert und beständiger, als alle Wissenschaft und Verhaltensforschung – es ist die einfache Herzlichkeit, die jedem guten Europäer auch heute noch inne wohnt.« (ebd., S. 294)

Dieses Schlusswort des Schreiberduos ist nicht nur recht wirr. Es macht auch noch einmal den Reflex deutlich, den beide gegenüber ernsthaft betriebener Wissenschaft offensichtlich hegten, mit deren Ansprüchen sie sich einerseits selbst schmückten beziehungsweise schmücken ließen, und die sie andererseits gegen die vermeintlich authentische Aussage eines ehemaligen einfachen Wehrmachtangehörigen am Ende ihres Buches ausspielten.

Etwas weniger komplex als Hohenstein und Trees inszenieren andere Autoren ihren ›Haftungsausschluss‹. Gevert Haslob schreibt in der Einleitung seines Buches *Blick zurück in die Eifel*, dass seine Darstellung »keinerlei Anspruch auf Vollständigkeit« (Haslob 2000, S. 7) erhebe. Ähnlich klingt es in dem Max von Falkenberg zugeschriebenen Band, wenn es heißt, dass es »nach Abschluß der Arbeiten an einem solchen Buch [...] noch offene Fragen geben« (von Falkenberg 2004, S. 272) werde. Der Folgesatz macht aber auch deutlich, auf wen man sich ausschließlich bei der Beantwortung dieser Fragen zu stützen gedenke, handele es sich doch um »Fragen [sic] die nur die sicherlich beantworten können, die dabei waren.« (ebd.). Ludwig Fischer schränkt im Vorwort der von ihm zusammengestellten *Erinnerungen* den anvisierten Leserkreis bereits ein, wenn er schreibt, dass seine Publikation »eigentlich nur für die Schmidter Bevölkerung gedacht« (Fischer 2006, S. 3) sei. Außerdem räumt er ein, »nicht dafür garantieren [zu können], ob sich alles in Wirklichkeit so ereignet« (ebd.) habe, wie es in seiner Publikation geschrieben stehe. Und H. Jürgen Siebertz erklärt einleitend zwar, auf wen er sich bei der Abfassung seiner *Höhe 554* quellenmäßig stützt, und fügt dann ausdrücklich als »persönliche Anmerkungen« noch an, dass sein Buch »keinen Anspruch auf eine militärhistorische oder wissenschaftliche Arbeit« (Siebertz 2010, S. 12) erhebe. Vielmehr liege seine Intention »neben der Dokumentation historischer Ereignisse im Aufzeigen der inhumanen und grausamen Auswirkung von Gewaltherrschaften« (ebd.). Nimmt man diese Passage ernst, wird das Buch diesem Anspruch allerdings in keiner Weise gerecht, denn behandelt wird darin allenfalls ein geografisch wie zeitlich äußerst eng gefasster Ausschnitt der Gewaltherrschaft des Nationalsozialismus; und um weitere Gewaltherrschaften geht es in dem Band nicht.

5. »Einer gewaltigen Übermacht ehrenvoll unterlegen...«? Zehn abschließende Thesen

Zum Abschluss werden die signifikanten Ergebnisse sowie die Schlussfolgerungen, die aus der Analyse der zehn Publikationen der Gattung Militaria-Literatur zu ziehen sind, in konzentrierter Form zusammengefasst. Dies geschieht in zehn Thesen, um damit auch zur weiteren Diskussion anzuregen.

Akteure: Beim Abfassen, Verlegen, Vermarkten und Rezipieren von Militaria-Literatur vermischen sich verschiedene Milieus. Darunter fallen konservative Heimatkundler, Kriegsveteranen, Bundeswehrangehörige, lokale Vertreter der Politik sowie Angehörige rechtsextremistischer Parteien und Gruppierungen. Das gemeinsame Interesse und laienhafte Verständnis von Militärgeschichte sowie die meist unreflektierte Faszination für militärische Waffen, Fahrzeuge und Ausrüstungsgegenstände schaffen die Voraussetzung dafür, dass politische Grenzen unter diesen Interessengruppen *nicht* gezogen werden. Trotz gegenteiliger Versicherungen tragen sie gemeinsam zur Romantisierung des Zweiten Weltkriegs und zur Idealisierung der Wehrmacht bei.

Revisionismus: Militaria-Literatur bildet einen Baustein im Bestreben rechtsorientierter und rechtsextremer Kreise, eine revisionistische Geschichtsauffassung durchzusetzen und damit die lokale wie regionale Geschichtspolitik zu bestimmen. Lokale und regionale Vertreter der Politik, die mit dieser Haltung sympathisieren, sie aus opportunistischen Erwägungen tolerieren oder sogar unterstützen, machen sich mitschuldig an der Erosion der politischen Kultur und tragen dazu bei, ihre Region für rechtsextreme Kreise attraktiv zu machen.

Abgrenzung: Die Beispiele des *Geschichtsvereins Hürtgenwald*, des *Heimatbunds Schmidt* und des *Fördervereins der 116. Panzerdivision der Wehrmacht* haben deutlich gemacht, dass auch gemeinnützige Organisationen eine äußerst negative Rolle bei der Prägung regionaler Erinnerungskulturen spielen können, sofern sich ihre Arbeit auch auf zeitgeschichtliche Themen wie den Nationalsozialismus erstreckt. Heimat- und Geschichtsvereine mit einer wehrmachtunkritischen und militariaverherrlichenden Ausrichtung haben über viele Jahre das Geschichtsverständnis in einzelnen Regionen prägen können. Die Kritik daran ist im Laufe der Jahre jedoch gewachsen. Heute verdienen sie weder weitere politische Unterstützung noch die Aufnahme in die touristische Angebotspalette einer Region. Denn damit schaden sich Politik und Tourismuswirtschaft nur selbst, weil ein solches Verhalten inzwischen nur noch von Minderheiten akzeptiert wird. Im Umgang mit solchen Vereinen ist vielmehr eine klare Abgrenzung durch die Politik, durch Tourismusorganisationen sowie durch eine demokratisch gesinnte Zivilgesellschaft geboten.

Geschichtspolitik: Autoren der Militaria-Literatur betonen gerne, ihre Darstellungen seien unpolitisch und sie wollten nicht zur Verherrlichung des Kriegsgeschehens oder des Nationalsozialismus beitragen. Solche Redewendungen sind Schutzbehauptungen, welche die eigenen Absichten und die eigene Unfähigkeit zu Quellenkritik und Kontextualisierung des behandelten Geschehens lediglich kaschieren. Militaria-Literatur verzerrt historische Ereignisse und hat eine Tendenz zur Enthistorisierung. Damit aber handelt sie explizit politisch.

Militarismus: Teile der Militaria-Literatur treten mit dem moralischen Gestus auf, gegen das Vergessen anzuarbeiten, um so den Frieden zu bewahren und die nachfolgenden Generationen vor weiteren Kriegen zu schützen. Im Widerspruch dazu steht der völlige Verzicht auf eine Analyse von Kriegsursachen. Durch die vorsätzliche Entpolitisierung des Kriegsgeschehens in ihren Darstellungen bleiben die ausgesandten Friedensappelle rhetorische Floskeln. Sie dienen dem Zweck, die eigene wehrmacht- und militariaaffine Haltung zu kaschieren und zu legitimieren.

Sinnfrage: Anhängerinnen und Anhänger der Militaria-Szene und der Militaria-Literatur versuchen die Kämpfe von Soldaten der Wehrmacht und der Waffen-SS nachträglich mit Sinn aufzuladen. Ihre ›Argumente‹ zielen darauf, dass am Ende der Kämpfe der Frieden erreicht worden sei und dass sich verschiedene deutsche Soldaten während des Krieges oder auch danach ›menschlich‹ verhalten hätten. Auch erzkonservative Kreise der katholischen Kirche – wie die Abfolge der Pfarrer, die für die Kirche *St. Josef* in Vossenack verantwortlich waren oder noch sind – waren stets darum bemüht, dem Tod deutscher Soldaten nachträglich einen Sinn einzuschreiben, indem sie deren Tod gemeinsam mit Veteranenverbänden als »Pforte zum Leben« umdeuteten. Es ist aber nicht möglich, den Kampf deutscher Militärs von Wehrmacht und Waffen-SS nachträglich mit Sinn aufzuladen oder als Schicksal darzustellen. Das Sterben deutscher Soldaten im Dienst des NS-Regimes und damit als Akteure eines rassistischen Vernichtungskrieges war sinnlos. Das der Alliierten, die sich dagegen stemmten, nicht. Und damit gilt es sich abzufinden.

Täter-Opfer-Umkehr: Die Zivilbevölkerung wird von den Autoren der Militaria-Literatur nahezu ausschließlich als Opfergemeinschaft dargestellt. Durch diese Viktimisierung wird eine kritische Hinterfragung der ›Volksgemeinschaft‹ des Nationalsozialismus unterbunden. Nationalsozialistische Täter sowie Profiteure des Regimes bleiben damit im Dunkeln. Dem entspricht die Ausblendung der tatsächlichen Opfer des NS-Regimes und der deutschen ›Volksgemeinschaft‹: Juden und Jüdinnen, politisch Andersdenkende, Zwangsarbeiter und Zwangsarbeiterinnen und viele mehr. Die Autoren der Militaria-Literatur, ihr Umfeld und ihre Verlage üben damit eine anti-aufklärerische Wirkung aus.

Identifikationsangebote: In zahlreichen Militaria-Büchern über den Zweiten Weltkrieg wimmelt es nur so von Eisernen Kreuzen, Ritterkreuzen und anderen militärischen Auszeichnungen. Die nach Kriegsende erfolgten Be- und Verurteilungen der mit solchen Auszeichnungen versehenen Protagonisten der Wehrmacht und der Waffen-SS werden in der Militaria-Literatur ausgeblendet. Damit schreibt diese Gattung den von Wehrmacht- und NS-Führung gesetzten Bewertungsmaßstab bis heute fort. Auf diese Weise werden auch Kriegsverbrecher aus den Reihen der Wehrmacht und der Waffen-SS weiterhin zu ›Helden‹ stilisiert und der Leserschaft als Identifikationsfiguren angeboten.

Pseudopazifismus: Die Netzwerke von Wehrmacht- und SS-Veteranen waren in den Nachkriegsjahren politisch überaus wirkmächtig. Davon zeugt nicht zuletzt die von Konrad Adenauer am 3. Dezember 1952 abgegebene Ehrenerklärung für die Soldaten der Wehrmacht vor dem *Deutschen Bundestag* und die zwei Wochen später erfolgte Erweiterung auf die Angehörigen der Waffen-SS. Veteranentreffen in den ersten Nachkriegsjahrzehnten waren außerdem stets gut besucht. Gleichwohl repräsentierten die dort Versammelten lediglich eine Minderheit der am Krieg Beteiligten. Die weitaus überwiegende Zahl von Ex-Soldaten der Wehrmacht hatte nach dem Krieg anderes im Sinn als sich in Veteranenzirkeln zu organisieren. Die Militaria-Szene überhöhte später die Zusammenkünfte zwischen den ehemaligen Kriegsgegnern gerne zu transnationalen Versöhnungsfeiern mit angeblichen Friedensbotschaften. Sie lädt auch heute noch solche Treffen mit einer Bedeutung auf, die sie nie hatten. Veteranentreffen zwischen Angehörigen verschiedener Nationen waren in erster Linie Zusammenkünfte von ›Kriegshandwerkern‹, denen es um den legitimen Austausch gemeinsamer Kriegserfahrungen aus unterschiedlicher Erlebnisperspektive ging. Treffen, die heute noch stattfinden, setzen sich aus Vertreterinnen und Vertretern jüngerer Generationen zusammen, die ein unkritisches Verhältnis zur Kriegsgeschichte haben, mitunter rechtsextremen Kreisen nahestehen und ihre Treffen mit ›Friedensbotschaften‹ verbinden, die lediglich der rückwirkenden Erhöhung der inzwischen verstorbenen Wehrmacht-Angehörigen dienen.

Traditionspflege: Für die Bundeswehr hat die Beschäftigung mit der Wehrmacht eine besondere Bedeutung. Im aktuellen, am 28. März 2018 unterzeichneten Traditionserlass wird die Wehrmacht als ein »Instrument der rassenideologischen Kriegsführung« eingeordnet, das in die Verbrechen des NS-Regimes »schuldhaft verstrickt« war (Tradition der Bundeswehr, Absatz 2.3). Für die eigene Traditionsbildung wird daraus der Schluss gezogen, dass die Wehrmacht »[f]ür die Streitkräfte eines demokratischen Rechtsstaates […] als Institution nicht traditionswürdig [ist]. Gleiches gilt für ihre Truppenverbände sowie Organisationen, die Militärverwaltung und den Rüstungsbereich.« (ebd., Absatz 3.4.1). Gleichwohl nehmen ehemalige und aktuelle Bundeswehrangehörige – mitunter in Uniform – in der Nordeifel an Veranstaltungen teil, die unkritisch mit der Geschichte des Nationalsozialismus, der Wehrmacht und der Waffen-SS umgehen. Solche Auftritte untergraben das Leitbild vom Staatsbürger in Uniform und verstoßen gegen die aktuellen Richtlinien zur Traditionspflege. Bundeswehrangehörige, die in Verbindung mit Nationalsozialismus und Wehrmacht revisionistische Positionen vertreten und einem zeitlosen Kriegerideal huldigen, dürfen keinesfalls mit Führungsaufgaben versehen werden. Revisionistische und extremistische Tendenzen in einem der bewaffneten Organe des Staatswesens stellen eine erhebliche Gefahr für dessen Bürgerinnen und Bürger dar. Sie müssen entschieden bekämpft werden.

Bibliografie

Fachliteratur

Ächtler, Norman. 2013. *Generation in Kesseln. Das Soldatische Opfernarrativ im westdeutschen Kriegsroman 1945–1960.* Göttingen: Wallstein Verlag.

Allbritton, William T., und Samuel W. Mitcham. 2011. SS-Oberstgruppenführer und Generaloberst der Waffen-SS Joseph (Sepp) Dietrich. In *Hitlers militärische Elite. 68 Lebensläufe*, Hrsg. Gerd R. Ueberschär, 2. durchges. u. aktualis. Auflage, 308–315. Darmstadt: Wissenschaftliche Buchgesellschaft.

Aly, Götz. 2005. *Hitlers Volksstaat. Raub, Rassenkrieg und nationaler Sozialismus.* Frankfurt a. M.: S. Fischer Verlag.

Antoni, Ernst. 1979. *»Landser«-Hefte. Wegbereiter für den Rechtsradikalismus. Eine Dokumentation.* München: Pressedienst Demokratische Initiative.

Anz, Thomas. 2012. Freunde und Feinde. Kulturtechniken der Sympathielenkung und ihre emotionalen Effekte in literarischen Kriegsdarstellungen. In *Repräsentationen des Krieges. Emotionalisierungsstrategien in der Literatur und in den audiovisuellen Medien vom 18. bis zum 21. Jahrhundert*, Hrsg. Søren R. Fauth, Kasper Green Krejberg, und Jan Süselbeck, 335–354. Göttingen: Wallstein Verlag.

App, Rainer, und Bernd Lemke. 2005. Der Weltkrieg im Groschenheft-Format. Über den Lektüre-Reiz der »Landser«-Romane und ihre Verherrlichung des Zweiten Weltkriegs. In *Geschichte in Wissenschaft und Unterricht* 56 (2005), H. 11, 636–641.

Arendes, Cord. 2016. Burgansichten für alle? – Inszenierungen der Ordensburgen in Fotografien. In *Bestimmung: Herrenmensch. NS-Ordensburgen zwischen Faszination und Verbrechen*, Begleitband. Hrsg. Klaus Ring, und Stefan Wunsch für Vogelsang IP gem. GmbH, 84–91. Dresden: Sandstein Verlag.

Assheuer, Thomas, und Hans Sarkowicz. 1990. *Rechtsradikale in Deutschland. Die alte und die neue Rechte.* München: C. H. Beck Verlag.

Backes, Uwe. 1989. *Politischer Extremismus in demokratischen Verfassungsstaaten. Elemente einer normativen Rahmentheorie.* Opladen: Westdeutscher Verlag.

Beier-de Haan, Rosmarie. 2005. *Erinnerte Geschichte – Inszenierte Geschichte. Ausstellungen und Museen in der Zweiten Moderne.* Frankfurt a. M.: Suhrkamp Verlag.

Bajohr Frank, und Michael Wildt, Hrsg. 2009. *Volksgemeinschaft. Neue Forschungen zur Gesellschaft des Nationalsozialismus.* Frankfurt a. M.: Fischer Taschenbuch Verlag.

Benz, Wolfgang, Hrsg. 2009. *Wie wurde man Parteigenosse? Die NSDAP und ihre Mitglieder.* Frankfurt a. M.: Fischer Verlag.

Bieroth, Ella. 1968. Der Zweite Weltkrieg – Die Schlacht im Hürtgenwald. In *Zweifall. Wald- und Grenzdorf im Vichttal*, 2. erw. Auflage des Zweifaller Heimatbuches v. Johann Bendel, i. A. d. Gemeinde Zweifall, Hrsg. u. neu bearb. als Zweifaller Heimatbuch v. Heinrich Koch unter Mitarb. v. Ella Bieroth, Günther Hörnig, Werner Kleingarn, Werner Nerlich, und Max Premper, 111–192. Monschau.

Bischoff, Sebastian. 2018. *Kriegsziel Belgien. Annexionsdebatten und nationale Feindbilder in der deutschen Öffentlichkeit 1914–1918.* Münster: Waxmann Verlag.

Blaschke, Anette. 2018. *Zwischen »Dorfgemeinschaft« und »Volksgemeinschaft«. Landbevölkerung und ländliche Lebenswelten im Nationalsozialismus.* Paderborn: Ferdinand Schöningh Verlag.

Böhler, Jochen. 2009. *Der Überfall. Deutschlands Krieg gegen Polen.* Frankfurt a. M.: Eichborn Verlag.

Bosch, Michael, Hrsg. 1979. *Antisemitismus, Nationalsozialismus und Neonazismus.* Düsseldorf: Schwann Verlag.

Brochhagen, Ulrich. 1994. *Nach Nürnberg. Vergangenheitsbewältigung und Westintegration in der Ära Adenauer.* Hamburg: Junius Verlag.

Brockhaus, Gudrun. 1997. *Schauder und Idylle. Faschismus als Erlebnisangebot.* München: Verlag Antje Kunstmann.

Brüdigam, Heinz. 1965. *Der Schoß ist fruchtbar noch… Neonazistische, militaristische, nationalistische Literatur und Publizistik in der Bundesrepublik*, 2. neubearb. Auflage. Frankfurt a. M.: Röderberg Verlag.

Christoffel, Edgar. 1989. *Krieg am Westwall 1944/45. Das Grenzland im Westen zwischen Aachen und Saarbrücken in den letzten Kriegsmonaten.* Trier: Verlag der Akademischen Buchhandlung Interbook.

Deutscher Bundestag. 1999. *Drucksache* 14/1480, 11.8.1999. http://dip21.bundestag.de/dip21/btd/14/014/1401480.pdf. Zugriff: 11.3.2022.

Deutscher Bundestag, 2006. *Drucksache* 16/1282, 25.4.2006. Antwort auf Frage 12f. https://dserver.bundestag.de/btd/16/012/1601282.pdf. Zugriff: 11.3.2022.

Dudek, Peter, und Hans-Gerd Jaschke. 1984. *Entstehung und Entwicklung des Rechtsextremismus in der Bundesrepublik. Zur Tradition einer besonderen politischen Kultur*, Bd. 1. Opladen: Westdeutscher Verlag.

Düsterberg, Rolf. 1992. Deutsche militärische Kriegserinnerungsliteratur zum Zweiten Weltkrieg. Vorwortanalyse und Hypothesenbildung. In *SPIEL. Siegener Periodikum zur Internationalen Empirischen Literaturwissenschaft* 11 (1992): 119–147.

Düsterberg, Rolf. 2000. *Soldat und Kriegserlebnis. Deutsche militärische Erinnerungsliteratur (1945–1961) zum Zweiten Weltkrieg. Motive, Begriffe, Wertungen.* Tübingen: Max Niemeyer Verlag.

Echternkamp, Jörg. 1999. Wut auf die Wehrmacht? Vom Bild der deutschen Soldaten in der unmittelbaren Nachkriegszeit. In *Die Wehrmacht. Mythos und Realität*, Hrsg. Rolf-Dieter Müller, und Hans-Erich Volkmann, 1058–1080. München: Oldenbourg Verlag.

Echternkamp, Jörg. 2014. *Soldaten im Nachkrieg. Historische Deutungskonflikte und westdeutsche Demokratisierung 1945–1955.* München: De Gruyter Oldenbourg.

Ehlert, Hans. 2009. Vorwort zu Zimmermann, John. *Pflicht zum Untergang. Die deutsche Kriegsführung im Westen des Reiches 1944/45*, VII. Paderborn: Ferdinand Schöningh Verlag.

Elfert, Eberhard. 1992. »Ewig währt am längsten«. Über den Umgang mit einer Befestigungsanlage des »Tausendjährigen Reiches« nach 1945. In *Wir bauen des Reiches Sicherheit. Mythos und Realität des Westwalls 1938–1945*, Hrsg. Neue Gesellschaft für Bildende Kunst e.V., 153–167. Berlin: Argon Verlag.

Falter, Jürgen W., Hrsg. 2016. *Junge Kämpfer, alte Opportunisten. Die Mitglieder der NSDAP 1919–1945.* Frankfurt a. M.: Campus Verlag.

Fauth, Søren R., Kasper Green Krejberg, und Jan Süselbeck, Hrsg. 2012. *Repräsentationen des Krieges. Emotionalisierungsstrategien in der Literatur und in den audiovisuellen Medien vom 18. bis zum 21. Jahrhundert.* Göttingen: Wallstein Verlag.

Fings, Karola, und Frank Möller, Hrsg. 2008. *Zukunftsprojekt Westwall. Wege zu einem verantwortungsbewussten Umgang mit den Überresten der NS-Anlage.* Weilerswist: Verlag Landpresse.

Fings, Karola, und Frank Möller, Hrsg. 2016a. *Hürtgenwald – Perspektiven der Erinnerung.* Berlin: Metropol Verlag.

Fings, Karola, und Frank Möller. 2016b. Der Tafelstreit im Hürtgenwald. Hintergrund, Lösungsvorschläge, Ergebnis. In *Hürtgenwald – Perspektiven der Erinnerung*, Hrsg. Karola Fings, Frank Möller, 203–225. Berlin: Metropol Verlag.

Fischer, Torben, und Matthias N. Lorenz, Hrsg. 2007. *Lexikon der »Vergangenheitsbewältigung« in Deutschland. Debatten- und Diskursgeschichte des Nationalsozialismus nach 1945.* Bielefeld: Transcript Verlag.

Frei, Norbert. 1997. *Vergangenheitspolitik. Die Anfänge der Bundesrepublik und die NS-Vergangenheit*, 2. durchges. Auflage. München: C. H. Beck Verlag.

Friedrich, Ernst. 2015. *Krieg dem Kriege*, neu hrsg. vom Anti-Kriegs-Museum Berlin mit einer Einführung von Gerd Krumeich und einem Lebensbild Ernst Friedrichs von Tommy Spree und Patrick Oelze. Berlin: Links Verlag.

Frieser, Karl-Heinz. 2012. *Blitzkrieg-Legende. Der Westfeldzug 1940*, 4. Auflage. München: Oldenbourg Verlag.

Ganzenmüller, Jörg. 2005. *Das belagerte Leningrad 1941–1944. Die Stadt in den Strategien von Angreifern und Verteidigern.* Paderborn: Ferdinand Schöningh Verlag.

Geiger, Klaus F. 1974. *Kriegsromanhefte in der BRD. Inhalte und Funktionen.* Tübingen: Tübinger Vereinigung für Volkskunde e.V. Schloss.

Geiger, Klaus F. 1975. Jugendliche lesen »Landser«-Hefte. Hinweise auf Lektürefunktionen und -wirkungen. In *Literatur und Leser*, Hrsg. Gunter Grimm, 324–341. Stuttgart.

Gerstenberger, Friedrich. 1995. Strategische Erinnerungen. Die Memoiren deutscher Offiziere. In *Vernichtungskrieg. Verbrechen der Wehrmacht 1941–1944*, Hrsg. Hannes Heer, und Klaus Naumann, 620–629. Hamburg: Hamburger Edition.

Greß, Franz, Hans-Gerd Jaschke, und Klaus Schönekäs. 1990. *Neue Rechte und Rechtsextremismus in Europa. Bundesrepublik, Frankreich, Großbritannien.* Opladen: Westdeutscher Verlag.

Greven, Michael Th., und Oliver von Wrochem, Hrsg. 2000. *Der Krieg in der Nachkriegszeit. Der Zweite Weltkrieg in Politik und Gesellschaft der Bundesrepublik.* Opladen: Leske + Budrich.

Gutjahr, Wolf-Dietrich. 2012. *Revolution muss sein. Karl Radek – Die Biographie.* Köln, Weimar, Wien: Böhlau Verlag.

Gutte, Rudolf. 2016. *Vom Soldatenehrenmal zum Denkmal für alle Opfer des Nationalsozialismus. Ein Lehrstück deutscher Erinnerungskultur.* Berlin: Hentrich & Hentrich Verlag.

Hachel, Heinz. 1994. Poor Impact. Werbeträger Junge Freiheit. In *Das Plagiat. Der völkische Nationalismus der Jungen Freiheit*, Hrsg. Helmut Kellershohn, 143–152, Duisburg: DISS.

Hammel, Klaus. 1984–85. Vor 40 Jahren: Die Schlacht im Hürtgenwald. *Truppenpraxis* 10/84, 745–757, 11/84, 823–835, 1/85, 85–98.

Hanf, Walter. 2007. Westwallbau und Dorfalltag. In *Geschichte im Kreis Euskirchen. Nationalsozialismus im Kreis Euskirchen*, Bd. 2, Hrsg. Geschichtsverein des Kreises Euskirchen e.V., 801–843. Euskirchen.

Hansen, Ernst Willi, Gerhard Schreiber, und Bernd Wegner, Hrsg. 1995. *Politischer Wandel, organisierte Gewalt und nationale Sicherheit. Beiträge zur neueren Geschichte Deutschlands und Frankreichs – Festschrift für Klaus-Jürgen Müller.* München: Oldenbourg Verlag.

Hartmann, Christian. 2011. *Unternehmen Barbarossa. Der deutsche Krieg im Osten 1941–1945.* München: C. H. Beck Verlag.

Haupert, Bernhard, und Josef Schäfer. 1991. *Jugend zwischen Kreuz und Hakenkreuz. Biographische Rekonstruktion als Alltagsgeschichte des Faschismus.* Frankfurt a. M.: Suhrkamp Verlag.

Heer, Hannes, und Klaus Naumann, Hrsg. 1995. *Vernichtungskrieg. Verbrechen der Wehrmacht 1941–1944.* Hamburg: Hamburger Edition.

Heer, Hannes. 2004. *Vom Verschwinden der Täter. Der Vernichtungskrieg fand statt aber keiner war dabei.* Berlin: Aufbau-Verlag.

Heinen, Franz Albert. 2018. *»Abgang durch Tod«. Zwangsarbeit im Kreis Schleiden 1939–1945.* Schleiden: Geschichtsforum Schleiden e.V.

Henke, Klaus-Dietmar. 1995. *Die amerikanische Besetzung Deutschlands.* München: Oldenbourg Verlag.

Herbert, Ulrich, Hrsg. 1991: *Europa und der »Reichseinsatz«. Ausländische Zivilarbeiter, Kriegsgefangene und KZ-Häftlinge in Deutschland 1938–1945.* Essen: Klartext-Verlag.

Herbert, Ulrich. 1999. *Fremdarbeiter. Politik und Praxis des »Ausländer-Einsatzes« in der Kriegswirtschaft des Dritten Reiches.* Neuauflage. Bonn: Verlag J.H.W. Dietz Nachf.

Herbert, Ulrich. 2013. Zwangsarbeit im 20. Jahrhundert. Begriffe, Entwicklung, Definitionen. In *Zwangsarbeit in Hitlers Europa. Besatzung – Arbeit – Folgen*, Hrsg. Dieter Pohl, und Tanja Sebta, 23–36. Berlin: Metropol Verlag.

Hilberg, Raul. 1990. *Die Vernichtung der europäischen Juden*, 3 Bde. Frankfurt a. M.: Fischer Verlag.

Hermand, Jost. 1979. Darstellungen des Zweiten Weltkrieges. In *Neues Handbuch der Literaturwissenschaft, Bd. 21: Literatur nach 1945 (I). Politische und regionale Aspekte*, Hrsg. Klaus von See, 11–60. Wiesbaden: Akademische Verlagsgesellschaft Athenaion.

Hoffmann, Kay. 2009. Die Deutsche Wochenschau. Die Bildersprache des Krieges im Film. In *Das Jahrhundert der Bilder. Band 1: 1900 bis 1949*, Hrsg. Gerhard Paul, 574–581. Göttingen: Vandenhoeck & Ruprecht.

Hoffmann, Peter. 1992. *Claus Schenk Graf von Stauffenberg. Die Biographie*, 3. erw. Auflage. München: Pantheon Verlag.

Hürter, Johannes. 2007. *Hitlers Heerführer. Die deutschen Oberbefehlshaber im Krieg gegen die Sowjetunion 1941/42*, 2. Auflage. München: Oldenbourg Verlag.

Jureit, Ulrike, und Christian Schneider. 2010. *Gefühlte Opfer. Illusionen der Vergangenheitsbewältigung*. Stuttgart: Klett-Cotta.

Karlauf, Thomas. 2019. *Stauffenberg. Porträt eines Attentäters*. München: Blessing Verlag.

Kellerhoff, Sven Felix. 2017. *Die NSDAP. Eine Partei und ihre Mitglieder*. Stuttgart: Klett-Cotta.

Kellershohn, Helmut, Hrsg. 1994. *Das Plagiat. Der Völkische Nationalismus der Jungen Freiheit*. Duisburg: DISS.

Knoch, Habbo. 2001. *Die Tat als Bild. Fotografien des Holocaust in der deutschen Erinnerungskultur*. Hamburg: Hamburger Edition.

Knoch, Habbo. 2003. Der späte Sieg des Landsers. Populäre Kriegserinnerungen der fünfziger Jahre als visuelle Geschichtspolitik. In *Der Krieg im Bild – Bilder vom Krieg*, Hrsg. Arbeitskreis Historische Bildforschung, 163–186. Frankfurt a. M.: Peter Lang Verlag.

Koch, Jörg. 2013. *Von Helden und Opfern. Kulturgeschichte des deutschen Kriegsgedenkens*. Darmstadt: Wissenschaftliche Buchgesellschaft.

Kogon, Eugen. 1946. *Der SS-Staat. Das System der deutschen Konzentrationslager*. München: Verlag Karl Alber.

Kox, Peter. 2007. Kriegsgefangene und »Fremdarbeiter«. In *Geschichte im Kreis Euskirchen. Nationalsozialismus im Kreis Euskirchen*, Bd. 2, Hrsg. Geschichtsverein des Kreises Euskirchen e.V., 845–900. Euskirchen.

Kühne, Thomas. 2000. Die Viktimisierungsfalle. Wehrmachtsverbrechen, Geschichtswissenschaft und symbolische Ordnung des Militärs. In *Der Krieg in der Nachkriegszeit. Der Zweite Weltkrieg in Politik und Gesellschaft der Bundesrepublik*, Hrsg. Michael Th. Greven, und Oliver von Wrochem, 183–196. Opladen: Leske + Budrich.

Kühne, Thomas. 2001. Zwischen Vernichtungskrieg und Freizeitgesellschaft. Die Veteranenkultur der Bundesrepublik (1945–1995). In *Nachkrieg in Deutschland*, Hrsg. Klaus Naumann, 90–113. Hamburg: Hamburger Edition.

Kühne, Thomas, und Benjamin Ziemann, Hrsg. 2000. *Was ist Militärgeschichte?* Paderborn: Ferdinand Schöningh Verlag.

Landeskommando Nordrhein-Westfalen der Bundeswehr. 2021. *Neue Wege der Erinnerung*, 24–31. https://frank-moeller.eu/wp-content/uploads/2021/10/Broschuere-H%c3%bcrtgenwaldmarsch.pdf. Zugriff: 7.2.2022.

Landtag Rheinland-Pfalz. 2009. *Drucksache* 15/3842, 1.10.2009. Antwort der Landesregierung Rheinland-Pfalz auf eine Anfrage der SPD zu Rechtsextremismus als Gefahr für Demokratie und Gesellschaft. https://www.landtag.rlp.de/landtag/drucksachen/3842-15.pdf#page=17. Zugriff 8.2.2022.

Lasky, Melvin J. 2014. *Und alles war still. Deutsches Tagebuch 1945*. Aus d. Engl. v. Christa Krüger u. Henning Thies. Berlin: Rowohlt Verlag.

Latzel, Klaus. 1998. *Deutsche Soldaten – nationalsozialistischer Krieg? Kriegserlebnis – Kriegserfahrung 1939–1945*. Paderborn: Ferdinand Schöningh Verlag.

Lauscher, Anneliese. 2000. Amerikaner erhielt nach 54 Jahren den Ring seines bei Schmidt gefallenen Bruders. Ein Stück Völkerverständigung. *Aachener Zeitung*, 29.11.2000.

Lenzen, Dieter. 2018. *Zwangsarbeit im Kreis Monschau 1939–1945.* Düren: Hahne & Schloemer Verlag.

Lewalter, Hannes. 2010. *»Der Kampf ist hart. Wir sind härter!«. Die Darstellung deutscher Soldaten im Spiegel der Bildpropaganda beider Weltkriege und die Konstruktion des »Neuen Helden«.* Diss. Tübingen. https://publikationen.uni-tuebingen.de/xmlui/handle/10900/46765. Zugriff: 25.5.2020.

Lieb, Peter. 2007. *Konventioneller Krieg oder NS-Weltanschauungskrieg? Kriegführung und Partisanenbekämpfung in Frankreich 1943/44.* München: De Gruyter Verlag.

Lieb, Peter. 2017. Rezension zu Stefan Scheil: 707. Infanteriedivision. *Sehepunkte. Rezensionsjournal für die Geschichtswissenschaften*, Ausgabe 17, Nr. 4. http://www.sehepunkte.de/2017/04/29806.html. Zugriff: 7.2.2022.

Lockenour, Jay. 2001. *Soldiers as Citizens. Former Wehrmacht Officers in the Federal Republic of Germany, 1945–1955.* Lincoln and London: University of Nebraska Press.

Lohmeier, Jens. 2008. *Totenruhe. Die Toten der Schlacht im Hürtgenwald.* Magisterarbeit an der RWTH, Lehrstuhl für Neuere Geschichte. Aachen.

Lohmeier, Jens. 2009. Buchbesprechung zu Rainer Monnartz: Hürtgenwald 1944/45 – Militärgeschichtlicher Tourenplaner. In *Geschichte in Köln* 56 (2009), 397–398.

Lohmeier, Jens. 2014. »Ruhe in Frieden«. Erinnerungskultur an die Schlacht im Hürtgenwald und ihre Toten seit 1945. In *Kriegserfahrung im Grenzland. Perspektiven auf das 20. Jahrhundert zwischen Maas und Rhein*, Hrsg. Christoph Rass, und Peter M. Quadflieg, 249–274. Aachen: Shaker Verlag.

Lohmeier, Jens. 2016. »Ruhet in Frieden«. Die Toten der Schlacht im Hürtgenwald auf den Kriegsgräberstätten Hürtgen und Vossenack seit 1945. In *Hürtgenwald – Perspektiven der Erinnerung*, Hrsg. Karola Fings, und Frank Möller, 58–78. Berlin: Metropol Verlag.

MacDonald, Charles B. 1963a. *The Battle of the Huertgen Forest.* Philadelphia: Lippincott-Raven.

MacDonald, Charles B. 1963b. *The Siegfried Line Campaign.* Office of the Chief of Military History, Department of the Army: Washington D.C.

MacDonald, Charles B., und Sidney T. Mathews. 1952. *Three Battles: Arnaville, Altuzzo and Schmidt.* Neuauflage 1993. Washington, D. C.: Office of the Chief of Military History Department of the Army.

Manig, Bert-Oliver. 2004. *Die Politik der Ehre. Die Rehabilitierung der Berufssoldaten in der frühen Bundesrepublik.* Göttingen: Wallstein Verlag.

Manke, Matthias. 2007. Vom Hofhistoriker des Gauleiters zum Militärarchivar des Bundes – Der Archivar Georg Tessin im Staatsarchiv Schwerin und im Bundesarchiv Koblenz. In *Das deutsche Archivwesen und der Nationalsozialismus. 75. Deutscher Archivtag 2005 in Stuttgart*, Hrsg. Verband deutscher Archivarinnen und Archivare, 281–312. Essen.

Martínez, Matías. 2019. Der trivialisierte Krieg. Die »Landser«-Hefte zwischen Erlebnisbericht und Schemaliteratur. In *»So war der deutsche Landser …«. Das populäre Bild der Wehrmacht*, Hrsg. Jens Westemeier, 101–122. Paderborn: Ferdinand Schöningh Verlag.

Messerschmidt, Manfred. 1995. Vorwärtsverteidigung. Die »Denkschrift der Generäle« für den Nürnberger Gerichtshof. In *Vernichtungskrieg. Verbrechen der Wehrmacht 1941–1944*, Hrsg. Hannes Heer, und Klaus Naumann, 531–550. Hamburg: Hamburger Edition.

Michael Hamacher im Gespräch mit Wingolf Scherer. *Kölnische Rundschau*, 15.12.2004, S. 36.

Militärgeschichtliches Forschungsamt, Hrsg. 1979–2008. *Das Deutsche Reich und der Zweite Weltkrieg*, 10 Bde., versch. Verlagsorte und Verlage.

Miller, Edward G. 1995. *A Dark and Bloody Ground. The Hürtgen Forest and the Roer River Dams. 1944–1945.* Texas: College Station.

Möller, Frank. 2008. Die Enthistorisierung des Westwalls. Vom mythisch überhöhten Schutzwall zum bewunderten Zeugnis deutscher Ingenieurskunst. In *Zukunftsprojekt Westwall. Wege zu einem verantwortungsbewussten Umgang mit den Überresten der NS-Anlage*, Hrsg. Karola Fings, und Frank Möller, 23–36. Weilerswist: Verlag Landpresse.

Möller, Frank. 2016. Schlachtfeld zwischen Bäumen. In *Naturschutz am ehemaligen Westwall. NS-Großanlagen im Diskurs*, Hrsg. Gesellschaft zur Förderung der Hochschule Geisenheim. Geisenheim.

Möller, Frank. 2021a. Models Knochen – Models Grab? Eine Recherche, die vermeintliche Gewissheiten in Frage stellt. In *Jahrbuch des Kreises Düren 2021*, 171–189. Düren: Hahne & Schloemer Verlag.

Möller, Frank. 2021b. *Die Kriegsgräberstätten Hürtgen und Vossenack in der Nordeifel.* Rheinische Kunststätten, Heft 578. Köln: Rheinischer Verein für Denkmalpflege und Landschaftsschutz.

Moeller, Robert G. 2001. Deutsche Opfer, Opfer der Deutschen. Kriegsgefangene, Vertriebene, NS-Verfolgte: Opferausgleich als Identitätspolitik. In *Nachkrieg in Deutschland*, Hrsg. Klaus Naumann, 29–58. Hamburg: Hamburger Edition.

Müller, Rolf-Dieter. 1995. Menschenjagd. Die Rekrutierung von Zwangsarbeitern in der besetzten Sowjetunion. In *Vernichtungskrieg. Verbrechen der Wehrmacht 1941–1944*, Hrsg. Hannes Heer, und Klaus Naumann, 92–103. Hamburg: Hamburger Edition.

Müller, Rolf-Dieter. 1999. Die Wehrmacht – Historische Last und Verantwortung. Die Historiographie im Spannungsfeld von Wissenschaft und Vergangenheitsbewältigung. In *Die Wehrmacht. Mythos und Realität*, Hrsg. Rolf-Dieter Müller, und Hans-Erich Volkmann, 3–35. München: Oldenbourg Verlag.

Müller, Rolf-Dieter, und Hans-Erich Volkmann, Hrsg. 1999. *Die Wehrmacht. Mythos und Realität.* München: Oldenbourg Verlag.

Müller, Thomas. 2003. *Zwangsarbeit in der Grenzzone. Der Kreis Aachen im Zweiten Weltkrieg.* Aachen: Shaker Verlag.

Murawski, Erich. 1962. *Der deutsche Wehrmachtbericht 1939–1945. Ein Beitrag zur Untersuchung der geistigen Kriegführung. Mit einer Dokumentation der Wehrmachtberichte vom 1. 7. 1944 bis zum 9. 5. 1945.* Schriften des Bundesarchivs, Bd. 9. Boppard.

Naumann, Klaus, Hrsg. 2001. *Nachkrieg in Deutschland.* Hamburg: Hamburger Edition.

Naumann, Klaus. 2020. Nicht ganz dicht am rechten Rand? Rechtsextremismus und Rechtspopulismus als Probleme der Bundeswehr. In *Aus Politik und Zeitgeschichte:* Militär, 70. Jg., 16–17/2020, 25–30.

Neitzel, Sönke. 2002. Des Forschens noch wert? Anmerkungen zur Operationsgeschichte der Waffen-SS. *Militärgeschichtliche Zeitschrift*, 61, Heft 1, 403–429.

Neitzel, Sönke, und Harald Welzer. 2011. *Soldaten. Protokolle vom Kämpfen, Töten und Sterben.* Frankfurt a. M.: Fischer Taschenbuch Verlag.

N. N. 1965. Scars of Battle Fade at Hurtgen. Germans made Major Stand in Forest 20 Years Ago. 1965. *New York Times*, 7. 2. 1965, P. 17.

N. N. 1994. »Baumeister des Kreises Düren« – Zuvor Politiker in Monschau. *Dürener Nachrichten*, 18. 8. 1994.

Nolzen, Armin. 2004. Die NSDAP, der Krieg und die deutsche Gesellschaft. In *Das Deutsche Reich und der Zweite Weltkrieg*, Hrsg. Militärgeschichtliches Forschungsamt, Band 9: *Die deutsche Kriegsgesellschaft. 1939 bis 1945. Halbband 1: Politisierung, Vernichtung, Überleben*, Hrsg. Jörg Echternkamp, 99–193. Stuttgart u. a.: Deutsche Verlags-Anstalt.

Nolzen, Armin. 2009. Inklusion und Exklusion im »Dritten Reich«. Das Beispiel der NSDAP. In *Volksgemeinschaft. Neue Forschungen zur Gesellschaft des Nationalsozialismus*, Hrsg. Frank Bajohr, und Michael Wildt, 60–77. Frankfurt a. M.: Fischer Taschenbuch Verlag.

Nutz, Walter. 1977. Der Krieg als Abenteuer und Idylle. Landser-Hefte und triviale Kriegsromane. In *Gegenwartsliteratur und Drittes Reich. Deutsche Autoren in der Auseinandersetzung mit der Vergangenheit*, Hrsg. Hans Wagener, 265–283. Stuttgart: Reclam Verlag.

Otto, Reinhard, Rolf Keller, und Jens Nagel. 2008. Sowjetische Kriegsgefangene in deutschem Gewahrsam 1941–1945. Zahlen und Dimensionen. In *Vierteljahreshefte für Zeitgeschichte* 4/2008, 557–602. München: Oldenbourg Wissenschaftsverlag.

Padover, Saul K. 1999. *Lügendetektor. Vernehmungen im besiegten Deutschland 1944/45.* 2. Auflage. Originalausgabe 1946. Frankfurt a. M.: Eichborn Verlag.

Paul, Gerhard. 2016. *Das visuelle Zeitalter. Punkt und Pixel.* Göttingen: Wallstein Verlag.

Pieper, Henning. 2019. »Aber vor der Geschichte muß die Wahrheit siegen.« Die Legende der Waffen-SS am Beispiel der SS-Kavallerie. In *»So war der deutsche Landser…« Das populäre Bild der Wehrmacht*, Hrsg. Jens Westemeier, 287–307. Paderborn: Ferdinand Schöningh Verlag.

Pohl, Dieter. 2008. *Die Herrschaft der Wehrmacht. Deutsche Militärbesatzung und einheimische Bevölkerung in der Sowjetunion 1941–1944.* München: R. Oldenbourg Verlag.

Quadflieg, Peter M. 2010. »Es muß unser absolutes Ziel sein, hier im Westen die Sache offensiv zu bereinigen«: die Ardennenoffensive 1944. In *Das »Massaker von Malmedy«: Täter, Opfer, Forschungsperspektiven*, Hrsg. Peter M. Quadflieg, und René Rohrkamp, 13–32. Aachen: Shaker Verlag.

Quadflieg, Peter M. 2016a. *Gerhard Graf von Schwerin. Wehrmachtgeneral, Kanzlerberater, Lobbyist.* Paderborn: Ferdinand Schöningh Verlag.

Quadflieg, Peter M. 2016b. »Windhunde« im Hürtgenwald. Vossenack als *Lieu de Mémoire* für einen Veteranenverband der Wehrmacht. In *Hürtgenwald – Perspektiven der Erinnerung*, Hrsg. Karola Fings, und Frank Möller, 17–39. Berlin: Metropol Verlag.

Quadflieg, Peter M., und Katharina Hoppe. 2010. Die militärhistorische Biographie: Vom »Bastard der Geschichtswissenschaften« zur methodischen Chance? Arbeitskreis Militärgeschichte e.V., Hrsg., *Newsletter* Nr. 1, 15. Jg., 2010, 5–10. http://portal-militaergeschichte.de/sites/akm/nlarchiv/NL_34.pdf. Zugriff: 12.2.2022.

Rass, Christoph. 2003. *»Menschenmaterial«. Deutsche Soldaten an der Ostfront. Innenansichten einer Infanteriedivision 1939–1945.* Paderborn: Ferdinand Schöningh Verlag.

Rass, Christoph. 2005–06. Kriegsbeginn im Grenzland. Die Region zwischen Aachen und Lüttich 1914 und 1940. In *Zeitschrift des Aachener Geschichtsvereins* 107–108/2005–2006, 399–435. Aachen: Verlag des Aachener Geschichtsvereins.

Rass, Christoph, René Rohrkamp, und Peter M. Quadflieg. 2007. *Gerhard Graf von Schwerin und das Kriegsende in Aachen. Ereignis, Mythos, Analyse.* Aachen: Shaker Media.

Rass Christoph, Jens Lohmeier, und René Rohrkamp. 2009. Wenn ein Ort zum Schlachtfeld wird – Zur Geschichte des Hürtgenwaldes als Schauplatz massenhaften Tötens und Sterbens seit 1944. In *Geschichte in Köln* 56/2009, 299–332. Köln: SH-Verlag.

Rass, Christoph. 2012. Der »Westwall« im Rheinland. Geschichte und Erinnerung. In *Burgen, Befestigungen, Bunker*, Hrsg. Winfried Heinemann, Martin Hofbauer, und Christoph Rass, 63–82. Potsdam: Militärgeschichtliches Forschungsamt.

Rass, Christoph. 2013. Grenzen, Erinnerung, Musealisierung. Die Gegenwart der Vergangenheit am Westwall. In *Geschichte, um zu verstehen. Traditionen, Wahrnehmungsmuster, Gestaltungsperspektiven*, Hrsg. Christiane Schröder et al., 397–410. Bielefeld: Verlag für Regionalgeschichte.

Rass, Christoph, und Peter M. Quadflieg, Hrsg. 2014. *Kriegserfahrung im Grenzland. Perspektiven auf das 20. Jahrhundert zwischen Maas und Rhein.* Aachen: Shaker Verlag.

Raths, Ralf. 2019. Vom »Typenkompass« zu »World of Tanks«: Das populäre Bild der Panzerei der Wehrmacht. In *»So war der deutsche Landser…« Das populäre Bild der Wehrmacht*, Hrsg. Jens Westemeier, 169–189. Paderborn: Ferdinand Schöningh Verlag.

Reichel, Peter. 1995. *Politik mit der Erinnerung. Gedächtnisorte im Streit um die nationalsozialistische Vergangenheit.* München, Wien: Carl Hanser Verlag.

Ritsert, Jürgen. 1962. *Zur Soziologie der Popularliteratur über den Zweiten Weltkrieg.* Diplomarbeit Johann Wolfgang Goethe-Universität. Frankfurt a. M.

Römer, Felix. 2012. *Kameraden. Die Wehrmacht von innen.* München: Piper Verlag.

Rohrkamp, René, Peter M. Quadflieg, und Christoph Rass. 2009. Ein »Kampfkommandant der Menschlichkeit«? Gerhard Graf von Schwerin im kommunikativen Gedächtnis Aachens. In *Geschichte im Westen*, 24/2009, 99–134. Essen: Klartext Verlag.

Rush, Robert Sterling. 2001. *Hell in Hürtgen Forest. The Ordeal and Triumph of an American Infantry Regiment.* Lawrence: University Press of Kansas.

Schneider, Gerhard. 1979. Geschichte durch die Hintertür. Triviale und populärwissenschaftliche Literatur über den Nationalsozialismus und den Zweiten Weltkrieg. In *Antisemitismus, Nationalsozialismus und Neonazismus*, Hrsg. Michael Bosch, 55–96. Düsseldorf: Schwann Verlag. Textidentisch mit *Aus Politik und Zeitgeschichte*, Bd. 6, 1979, 3–25.

Schneider, Gerhard. 1991. *»…nicht umsonst gefallen«? Kriegerdenkmäler und Kriegstotenkult in Hannover* (= Hannoversche Geschichtsblätter, Sonderband). Hannover: Hahn.

Schneider, Thomas F. 2012. Reduktion, Emotionalisierung, Ikonisierung. Bilder des Todes in der Kriegsberichterstattung (Fotografie, Fernsehen, Internet). In *Repräsentationen des Krieges. Emotionalisierungsstrategien in der Literatur und in den audiovisuellen Medien vom 18. bis zum 21. Jahrhundert*, Hrsg. Søren R. Fauth, Kasper Green Krejberg, und Jan Süselbeck, 135–148. Göttingen: Wallstein Verlag.

Schobert, Alfred. 1996. Ostbelgien im Visier des deutschen Rechtsextremismus (Fortsetzung). In *Krautgarten. Forum für junge Literatur*, H. 29, November 1996: 74–76, St. Vith / Belgien. http://www.diss-duisburg.de/Internetbibliothek/Artikel/Ostbelgien_2.htm. Zugriff: 7.2.2022.

Schöller, Benedikt, und Konrad Schöller. 2016. Verschleppt, verhungert, verscharrt – vergessen? Die sowjetische Kriegsgräberstätte Simmerath-Rurberg im regionalgeschichtlichen Kontext. In *Hürtgenwald – Perspektiven der Erinnerung*, Hrsg. Karola Fings, und Frank Möller, 81–100. Berlin: Metropol Verlag.

Schöller, Benedikt, und Konrad Schöller. 2020. Gedenkorte des Zweiten Weltkriegs. Eine pädagogische Herausforderung. *Pädagogik*, Nr. 4 / 2020, 26–29. Weinheim: Beltz Verlag.

Schönekäs, Klaus. 1990. Bundesrepublik Deutschland. In *Neue Rechte und Rechtsextremismus in Europa. Bundesrepublik, Frankreich, Großbritannien*, Hrsg. Franz Greß, Hans-Gerd Jaschke, und Klaus Schönekäs, 218–335. Opladen: Westdeutscher Verlag.

Schornstheimer, Michael. 1995. *Die leuchtenden Augen der Frontsoldaten. Nationalsozialismus und Krieg in den Illustriertenromanen der fünfziger Jahre*, Berlin: Metropol Verlag.

Schornstheimer, Michael. 1995 »Harmlose Idealisten und draufgängerische Soldaten«. Militär und Krieg in den Illustriertenromanen der fünfziger Jahre. In *Vernichtungskrieg. Verbrechen der Wehrmacht 1941–1944*, Hrsg. Hannes Heer, und Klaus Naumann, 634–650, Hamburg: Hamburger Edition.

Schreiner, Florian J. 2019. »Die besten Soldaten der Welt!« Die Idealisierung der Wehrmacht aus der Sicht der historischen Mythosforschung. In *»So war der deutsche Landser …«. Das populäre Bild der Wehrmacht*, Hrsg. Jens Westemeier, 27–39. Paderborn: Ferdinand Schöningh Verlag.

Schwendemann, Heinrich. 1999. Strategie der Selbstvernichtung: Die Wehrmachtführung im »Endkampf« um das »Dritte Reich«. In *Die Wehrmacht. Mythos und Realität*, Hrsg. Rolf-Dieter Müller, und Hans-Erich Volkmann, 224–244. München: Oldenbourg Verlag.

Sepp, Benedikt. 2013. *Linke Leute von rechts? Die nationalrevolutionäre Bewegung in der Bundesrepublik*. Marburg: Tectum Verlag.

Shils, Edward A., und Morris Janowitz. 1948. Cohesion and Disintegration in the Wehrmacht in World War II. In *The Public Opinion Quarterly* 12 (1948), 280–315. Princeton, N.J.

Singer, Hedwig. 1998. *Entwicklung und Einsatz der Organisation Todt (OT)*. Osnabrück: Biblio-Verlag.

Snyder, Timothy. 2015. *Black Earth. Der Holocaust und warum er sich wiederholen kann*. München: C. H. Beck Verlag.

Spoerer, Mark. 2001. *Zwangsarbeit unter dem Hakenkreuz. Ausländische Zivilarbeiter, Kriegsgefangene und Häftlinge im Deutschen Reich und im besetzten Europa 1939–1945*. Stuttgart: Deutsche Verlags-Anstalt.

Staufer Kurier. Amtsblatt der Stadt Waiblingen, 13. 10. 2005, 4.

Stein, Marcel. 2008. *Generalfeldmarschall Walter Model. Eine Neubewertung*. 2. wesentlich geänderte Auflage von Generalfeldmarschall Walter Model – Legende und Wirklichkeit. Bissendorf: Biblio-Verlag.

Steinbach, Peter. 1999. Widerstand und Wehrmacht. In *Die Wehrmacht. Mythos und Realität*, Hrsg. Rolf-Dieter Müller, und Hans-Erich Volkmann, 1150–1170. München: R. Oldenbourg Verlag.

Streit, Christian. 1978. *Keine Kameraden. Die Wehrmacht und die sowjetischen Kriegsgefangenen 1941–1945*. Stuttgart: Deutsche Verlags-Anstalt.

Streit, Christian. 1995. Die Behandlung der verwundeten sowjetischen Kriegsgefangenen. In *Vernichtungskrieg. Verbrechen der Wehrmacht 1941–1944*, Hrsg. Hannes Heer, und Klaus Naumann, 78–91. Hamburg: Hamburger Edition.

Thamer, Hans-Ulrich. 2010. Die Inszenierung von Macht. Hitlers Herrschaft und ihre Präsentation im Museum. In *Hitler und die Deutschen. Volksgemeinschaft und Ver-*

brechen, Ausstellungskatalog, Hrsg. Hans-Ulrich Thamer, und Simone Erpel für die Stiftung Deutsches Historisches Museum, 17–22. Dresden: Sandstein Verlag.

Thamer, Hans-Ulrich. 2020. *Die NSDAP. Von der Gründung bis zum Ende des Dritten Reiches.* München: C. H. Beck Verlag.

The Medal of Honor of the United States Army. 1948. Washington: United States Government Printing Office. https://babel.hathitrust.org/cgi/pt?id=umn.319510015715936&view=1up&seq=6. Zugriff: 8.2.2022.

Thiemeyer, Thomas. 2010. *Fortsetzung des Krieges mit anderen Mitteln. Die beiden Weltkriege im Museum.* Paderborn: Ferdinand Schöningh Verlag.

Ueberschär, Gerd R., Hrsg. 2011. *Hitlers militärische Elite. 68 Lebensläufe*, 2. durchges. u. aktualis. Auflage. Darmstadt: Wissenschaftliche Buchgesellschaft.

Ulrich, Bernd, Christian Fuhrmeister, Manfred Hettling, und Wolfgang Kruse. 2019. *Volksbund Deutsche Kriegsgräberfürsorge. Entwicklungslinien und Probleme.* Berlin: be.bra wissenschaft verlag.

United States Army. 1946. *Blue Infantrymen. The Combat History of the Third Battalion, 310th Infantry Regiment, Seventy-eighth »Lightning« Division.*

Vieregge, Elmar. 2010. »Deutsche Militärzeitschrift« (DMZ). Eine Analyse zur Rolle eines militärorientierten Magazins in der rechtsextremistischen Publizistik. In *Jahrbuch für Extremismus- und Terrorismusforschung 2009/2010*, Hrsg. Armin Pfahl-Traughber, 151–180. Brühl: Fachhochschule des Bundes für öffentliche Verwaltung.

Wagner, Caroline. 1998. *Die NSDAP auf dem Dorf. Eine Sozialgeschichte der NS-Machtergreifung in Lippe.* Münster: Aschendorff Verlag.

Wallraff, Horst. 2000. *Nationalsozialismus in den Kreisen Düren und Jülich. Tradition und »Tausendjähriges Reich« in einer rheinländischen Region 1933 bis 1945*, 2. verbesserte Auflage. Düren: Hahne & Schloemer Verlag.

Wegner, Bernd. 1995. Erschriebene Siege. Franz Halder, die »Historical Division« und die Rekonstruktion des Zweiten Weltkrieges im Geiste des deutschen Generalstabes. In *Politischer Wandel, organisierte Gewalt und nationale Sicherheit. Beiträge zur neueren Geschichte Deutschlands und Frankreichs – Festschrift für Klaus-Jürgen Müller*, Hrsg. Ernst Willi Hansen, Gerhard Schreiber, und Bernd Wegner, 287–302. München: Oldenbourg Verlag.

Wegner, Bernd. 2000. Wozu Operationsgeschichte? In *Was ist Militärgeschichte?*, Hrsg. Thomas Kühne, und Benjamin Ziemann, 105–113. Paderborn: Ferdinand Schöningh Verlag.

Weiner, Joachim. 2016. Krieg und Erinnerung. Strategien, Motive und Praxis apologetischer Erinnerungskulturen. In *Hürtgenwald – Perspektiven der Erinnerung*, Hrsg. Karola Fings, und Frank Möller, 43–55. Berlin: Metropol Verlag.

Weiß, Volker. 2017. *Die autoritäre Revolte. Die Neue Rechte und der Untergang des Abendlandes.* Bonn: Lizenzausgabe für die Bundeszentrale für politische Bildung.

Westemeier, Jens. 2019a. *Himmlers Krieger. Joachim Peiper und die Waffen-SS in Krieg und Nachkriegszeit*, 2. unveränderte Auflage. Paderborn: Ferdinand Schöningh Verlag.

Westemeier, Jens, Hrsg. 2019b. *»So war der deutsche Landser…«. Das populäre Bild der Wehrmacht.* Paderborn: Ferdinand Schöningh Verlag.

Westphal, Siegfried. 1978. *Der deutsche Generalstab auf der Anklagebank. Nürnberg 1945–1946. Mit einer Denkschrift von Walther von Brauchitsch, Erich von Manstein, Franz Halder, Walter Warlimont, Siegfried Westphal.* Mainz: v. Hase & Koehler.

Wette, Wolfram. 2013. *Die Wehrmacht. Feindbilder, Vernichtungskrieg, Legenden*. 2. überarbeitete Auflage. Frankfurt a. M.: Fischer Taschenbuch Verlag.

Wildt, Michael. 2019. *Die Ambivalenz des Volkes. Der Nationalsozialismus als Gesellschaftsgeschichte*. Berlin: Suhrkamp Verlag.

Wilke, Karsten. 2019. Die Apologie der Deutschen Wehrmacht im Internet. Die digitale Repräsentation von »Gegenerzählungen« und rechtsextremer Propaganda. In *»So war der deutsche Landser…«. Das populäre Bild der Wehrmacht*, Hrsg. Jens Westemeier, 309–330. Paderborn: Ferdinand Schöningh Verlag.

Zimmerli, Jonathan. 2016. *Offizier oder Manager? Amerikanische Kommandeure im Zweiten Weltkrieg*. Paderborn: Ferdinand Schöningh Verlag.

Zimmermann, John. 2008. Die deutsche militärische Kriegführung im Westen 1944/45. In *Das Deutsche Reich und der Zweite Weltkrieg*, Hrsg. Militärgeschichtliches Forschungsamt. Bd. 10, 1. Halbbd. *Der Zusammenbruch des Deutschen Reiches 1945*, Hrsg. Rolf-Dieter Müller 277–489. München: Deutsche Verlagsanstalt.

Zimmermann, John. 2009. *Pflicht zum Untergang. Die deutsche Kriegsführung im Westen des Reiches 1944/45*. Paderborn: Ferdinand Schöningh Verlag.

Primärtexte

Alte Kameraden. Zeitschrift der Kameradenwerke und Traditionsverbände, Heft 5/1962.

Arbeitskreis der Kampftruppen, Kampfunterstützungstruppen, Hrsg. Die Dritte. Kampftruppen, Kampfunterstützungstruppen. *Mitteilungsblatt für die Angehörigen der ehemaligen 3. Panzer-Division Berlin-Brandenburg*.

Bahn, Peter. 1986. *Regionalismus und nationale Befreiungsbewegungen in Europa*. Hamburg: Verlag Deutsch-Europäischer Studien.

Cartier, Raymond. O.J. [1967]. *Der Zweite Weltkrieg, Bd. II*. München: Piper Verlag.

Cigaretten-Bilderdienst Dresden, Hrsg. 1936. Die Deutsche Wehrmacht.

Der Freiwillige. 1971. 17. Jg., Heft 6.

Der Windhund 1966, Heft 4; 1994, Heft 3; 1996, Heft 4; 2003, Heft 4.

Esteban-Infantes, Emilio. 1958. *»Blaue Division«. Spaniens Freiwillige an der Ostfront*, Übers. a.d. Spanischen v. Werner Haupt. Leoni am Starnberger See: Druffel-Verlag.

Falkenberg, Max von. 2004. *Hürtgenwald '44/45. Die Schlacht im Hürtgenwald*, Hrsg. Förderkreis für Deutsche Geschichte e.V. Emmelshausen.

Fischer, Ludwig. 2006. *Erinnerungen*, Hrsg. Heimatbund 500 Jahre Schmidt e.V. Schmidt: Selbstverlag.

Fischer-Borken, Konrad. 1981. *Todesacker Hürtgenwald*. Der Landser, Heft 1228. Rastatt: Verlagsunion Pabel Moewig.

Fischer-Borken, Konrad. 2005. *Vernichtungsschlacht im Hürtgenwald*. Der Landser, Heft 2493. Rastatt: Verlagsunion Pabel Moewig.

Förderkreis für deutsche Geschichte e.V., Hrsg. 2005. *Ruhm und Fall der Maginot-Linie*. Emmelshausen: Förderkreis für deutsche Geschichte e.V.

Franke, K. H. 1993. *Meine Fronterlebnisse als Soldat der Volksgrenadierdivision 277 im Kampf gegen Soldaten der 99th Infantry Division*. O. O.

Goedecke, Heinz, und Wilhelm Krug. 2002. *Wunschkonzert für die Wehrmacht.* Reprint der Ausgabe von 1941. Emmelshausen: Condo-Verlag.

Guderian, Heinz Günther. 1997. *Das letzte Kriegsjahr im Westen. Die Geschichte der 116. Panzer-Division. Windhunddivision. 1944–1945.* 2. überarb. Auflage. Sankt Augustin: SZ Offsetdruck-Verlag.

Hagena, Hermann. 2018. *Jagdflieder Werner Mölders. Rote Linie zwischen Wehrmacht und Bundeswehr?* Aachen: Helios Verlags- und Buchvertriebsgesellschaft.

Haslob, Gevert. 2000. *Ein Blick zurück in die Eifel. Schicksalsweg der 89. Infanteriedivision,* Hrsg. Geschichtsverein Hürtgenwald e.V., Vorwort: Heimatbund 500 Jahre Schmidt e.V. Emmelshausen: Condo-Verlag.

Haupt, Werner. 1959. *Kurland. Die letzte Front. Schicksal für zwei Armeen.* Bad Nauheim: Podzun Verlag.

Haupt, Werner. 1963. *Baltikum 1941. Die Geschichte eines ungelösten Problems* (= Die Wehrmacht im Kampf, Bd. 37), Scharnhorst Buchkameradschaft, Hrsg. Neckargemünd: Kurt Vowinckel Verlag.

Haupt, Werner. 1968. *Heeresgruppe Mitte. 1941–1945.* Friedberg: Podzun Verlag.

Haupt, Werner. 1970. *Als die Rote Armee nach Deutschland kam. Der Untergang der Divisionen in Ostpreußen, Danzig, Westpreußen, Mecklenburg, Pommern, Schlesien, Sachsen, Berlin und Brandenburg.* Friedberg: Podzun-Pallas Verlag.

Haupt, Werner. 1977. Kriegstage 1914 in Deutsch-Neuguinea. 1. Teil. In *Deutsches Soldatenjahrbuch / Deutscher Soldatenkalender,* 359–366.

Haupt, Werner. 1978. *Rückzug im Westen 1944. Von der Invasion zur Ardennen-Offensive.* Stuttgart: Motorbuch Verlag.

Haupt, Werner. 1989. *Die deutsche Schutztruppe 1889–1918. Auftrag und Geschichte.* Berg am See: Türmer Verlag.

Haupt, Werner. 1998a. Hans Schlemmer. General der Gebirgstruppe. In *Deutsches Soldatenjahrbuch / Deutscher Soldatenkalender,* 1998, Bd. 46, S. 17.

Haupt, Werner. 1998b. Als der russische Winter kam… der Todesmarsch des Infanterie-Regiments 189. In *Deutsches Soldatenjahrbuch / Deutscher Soldatenkalender,* 1998, Bd. 46, S. 65–71.

Haupt, Werner. 2002. *Deutsche Spezialdivisionen. 1935–1945. Gebirgsjäger, Fallschirmjäger und andere.* Utting: Edition Dörfler im Nebel-Verlag.

Heckmann, Dieter. 2003. *»Halten bis zum letzten Mann…«. Der Kampf um Aachen im Herbst 1944.* Aachen: Helios Verlags- und Buchvertriebsgesellschaft.

Hochmuth, Karl. 1997. Ich denke an dich. In *Deutsches Soldatenjahrbuch 1997.* Fünfundvierzigster deutscher Soldatenkalender, 4. München: Schild Verlag.

Hofmann, Josef. 1960. Die Allerseelenschlacht um Vossenack. In *Militärseelsorge. Zeitschrift des Katholischen Militärbischofsamtes Bonn,* Jg. 3, Nr. 2, 98–103.

Hofmann, Josef. 1965. *Heimat in Flammen.* Aachen: Verlag Aachener Volkszeitung.

Hohenstein, Adolf. 1982. *Schicksale zwischen den Fronten. Ein Kriegstagebuch vom 20. August 1944 bis 20. Mai 1945 für die Bevölkerung des alten Landkreises Monschau.* Monschau: Weiss-Druck + Verlag.

Hohenstein, Adolf. 1986. Monschau – unzerstört im Kriegsinferno. In *Das Monschauer Land. Jahrbuch 1986,* Hrsg. Geschichtsverein des Monschauer Landes, 115–118.

Hohenstein, Adolf. 1989. Vor 50 Jahren Ausbruch des Zweiten Weltkrieges. In *Das Monschauer Land. Jahrbuch 1989,* 56–62.

Hohenstein, Adolf. 1995. Westwall – eine Frage der Denkmalpflege. In *Das Monschauer Land. Jahrbuch 1995*, 123–126.

Hohenstein, Adolf, und Wolfgang Trees. 2008. *Hölle im Hürtgenwald. Die Kämpfe vom Hohen Venn bis zur Rur September 1944 bis Februar 1945*. 15. Auflage. Erstauflage 1981. Aachen: Shaker Media.

Kaeres, Kurt. 1985. *Das verstummte Hurra: Hürtgenwald 1944/45*. Bergisch Gladbach: Lübbe Verlag.

Kaeres, Kurt. 2002. *Das verstummte Hurra: Hürtgenwald 1944/45*. Aachen: Helios Verlags- und Buchvertriebsgesellschaft.

Kanis, Kurt u. Angehörige d. ehem. Waffen-SS. 1957. *Waffen-SS im Bild*. Göttingen: Plesse-Verlag K. W. Schütz. In einer Neuausgabe: *Waffen-SS im Bild*. 1998. Neuausgabe des erstmals 1957 im Plesse-Verlag erschienenen Bildbandes. Emmelshausen: Condo-Verlag. Und später: *Waffen-SS im Bild*. 2003. Emmelshausen: Förderkreis für Deutsche Geschichte.

Kelkel, Franz. 1993. *Als der Krieg im Lande war. Bewegte Jahrzehnte beiderseits der Our. Illusionen – Literatur – Wirklichkeit*. Winterspelt: Selbstverlag.

Kopetzky, Steffen. 2019. *Propaganda*. Berlin: Rowohlt Verlag.

Kurowski, Franz. 2005. *Armee Wenck. Die 12. Armee zwischen Elbe und Oder. Endkampf um Berlin 1945*. Emmelshausen: Förderkreis für deutsche Geschichte e.V.

Lehmann, Rudolf, und Ralf Tiemann. 1986. *Die Leibstandarte*, Bd. IV/I. Osnabrück: Munin Verlag.

Liska, Hans. 1942. *Kriegs-Skizzenbuch Luftwaffe*, Nachdruck der Ausgabe 1997. Emmelshausen: Condo-Verlag.

Lixfeld, Rudolf H. F. 2002. *Erlebtes und Erlittenes 1939–1947. Rückblicke eines Neunzigjährigen*. Emmelshausen: Condo-Verlag.

Lüttgens, Karl J. 1997. *Kriegsjahre, Kriegsende und erste Neuanfänge im Kreis Schleiden 1939–1946. Daten – Zeitzeugen – Dokumente – Hintergründe*, 2 Bde. Gemünd: Wallraf Druck + Design.

Luftwaffen-Kriegsberichter-Kompanie, Hrsg. 1943, *Balkenkreuz über Wüstensand. Farbbilderwerk vom Deutschen Afrikakorps mit einem Geleitwort von Generalfeldmarschall Rommel*. Oldenburg: Stalling Verlag. Nachdruck der Ausgabe 1997, Emmelshausen: Condo-Verlag.

Monnartz, Rainer. 2010. *Die Garnisons- und Militärgeschichte der Städte Aachen, Eschweiler und Stolberg 1814 bis 1960*. Aachen: Helios Verlags- und Buchvertriebsgesellschaft.

Monnartz, Rainer. 2015. *Hürtgenwald 1944/1945. Militärgeschichtlicher Tourenplaner*, Erstausgabe 2008. Aachen: Helios Verlags- und Buchvertriebsgesellschaft.

Neuß, Elmar. 1998. Dr. Adolf Friedrich Hohenstein †. In *Das Monschauer Land. Jahrbuch 1998*. Hrsg. Geschichtsverein des Monschauer Landes. Monschau, 185–186.

Paetel, Karl O. 1986. *Sozialrevolutionärer Nationalismus*. Aktuelles Nachwort Peter Bahn. Reprint der Ausgabe von 1930. Flarchheim/Thüringen: Verlag Die Kommenden. Mainz: Verlags- und Buchvertriebsgesellschaft Helios (= Helios' kleine Reprint-Reihe Nr. 5).

Palm, Baptist. 1953. *Hürtgenwald. Das Verdun des Zweiten Weltkrieges*. Oldenburg: Verlag Heinrich Seyler. Unveränderter Nachdruck mit Vorwort 1984.

Poll, Bernhard, Hrsg. 1955. Das Schicksal Aachens im Herbst 1944. Authentische Berichte. In *Zeitschrift des Aachener Geschichtsvereins*, Bd. 66/67, Jg. 1954/55, 193–268. Aachen: Verlag des Aachener Geschichtsvereins.

Poll, Bernhard, Hrsg. 1962. *Das Schicksal Aachens im Herbst 1944. Authentische Berichte (II).* Aachen: Verlag des Aachener Geschichtsvereins.

Pröhuber, Karl-Heinz. 1980. *Die nationalrevolutionäre Bewegung in Westdeutschland.* Hamburg: Verlag Deutsch-Europäischer Studien.

Pröhuber, Karl-Heinz. 2007. *Der Hürtgenwalder Geschichtsbote* 11/2007, S. 3, Hrsg. Geschichtsverein Hürtgenwald e.V.

Sajer, Guy. 1999. *The Forgotten Soldier. War on the Russian Front. A true Story.* London: Cassell & Co. Ltd.

Sajer, Guy. 2006. *El Soldado Olvidado.* Barcelona: Inédita Editores.

Scheele, Alexander. 1967. Hürtgenwald 1944–1945, mehrere Folgen. In *Raketenkurier. Die Donnerberger. Monatszeitschrift der Raketenschule des Heeres*, in überarb. Fassung neu aufgelegt.

Scheibler, Walter. O.J. [1959]. *Zwischen zwei Fronten. Kriegstagebuch des Landkreises Monschau.* Monschau: Buchdruckerei Jacob Weiß.

Scheil, Stefan. 2016. *707. Infanteriedivision. Strafverfolgung, Forschung und Polemik um einen Wehrmachtsverband in Weißrußland.* Aachen: Helios Verlags- und Buchvertriebsgesellschaft.

Scherer, Wingolf. 2002. *Gefallen und vergessen? Ardennenoffensive, Endkämpfe im Westen 1944/45 und Soldatenfriedhöfe im Altkreis Schleiden.* Aachen: Helios Verlags- und Buchvertriebsgesellschaft.

Siebertz, H. Jürgen, Hrsg. 2005. *Rette sich – wer kann! Der 2. Weltkrieg in Lammersdorf / Eifel. Eine Dokumentation.* Aachen: Helios Verlags- und Buchvertriebsgesellschaft.

Siebertz, H. Jürgen. 2010. *Höhe 554. Die Kämpfe an der ersten Westwall-Linie im Abschnitt Roetgen-Lammersdorf und um den Paustenbacher Berg.* Aachen: Helios Verlags- und Buchvertriebsgesellschaft.

Siegel, Horst. 2007. *»Vergebens war aller Mut«. 1944/45. Im Toben der Schlachten im Westen – Aachen, Stolberg, Hürtgenforst, Rurfront: Düren, Jülich, Linnich, Lindern.* Aachen: Helios Verlags- und Buchvertriebsgesellschaft.

Technische Schule Landsysteme und Fachschule des Heeres für Technik, Hrsg. 2008. *Hürtgenwald 1944–1945.* Ein militärhistorischer Streifzug durch die Euregio Maas-Rhein, Bd. X. Aachen.

Thompson, Reginald W. 1960. *Die Schlacht um das Rheinland.* Frauenfeld: Verlag Huber.

Toliver, Raymond F., und Trevor J. Constable. 1971. *Holt Hartmann vom Himmel! Die Geschichte des erfolgreichsten Jagdfliegers der Welt.* Stuttgart: Motorbuch-Verlag.

Vítěz, Libor. 1942. *Ruhm und Fall der Maginot-Linie.* Prag: Orbis Verlag.

Wallenda, W. 2009. *Knochenmühle Hürtgenwald.* Der Landser, Heft 2689. Rastatt: Pabel-Moewig Verlag.

Weiss, Karl, Hrsg. O.J. [1941]. *Das Gesicht des Krieges. Deutscher Kamera-Almanach,* 31. Ausgabe. Berlin: Union Deutsche Verlagsgesellschaft.

Westphal, Siegfried. 1950. *Heer in Fesseln. Aus den Papieren des Stabschefs von Rommel, Kesselring und Rundstedt.* Bonn: Athenäum-Verlag.

Ziak, Karl. 1977. *Ich war kein Held, aber ich hatte Glück. Vier ungewöhnliche Jahre eines Auch-Soldaten.* Wien: Österreichische Verlagsanstalt.

Netzressourcen und DVDs

Agentur Reuters. 24. 10. 2008. Jung spricht erstmals von gefallenen Soldaten. https://de.reuters.com/article/deutschland-bundeswehr-trauerfeier-zf-20-idDEBEE49N0A620081024. Zugriff: 20. 4. 2020.

Antifaschistisches Infoblatt. 1989. »Nationalrevolutionäre« an der Universität Oldenburg. Antifaschistisches Infoblatt (AIB), 6. 4. 1989. https://www.antifainfoblatt.de/artikel/nationalrevolution%C3%A4re-der-universit%C3%A4t-oldenburg. Zugriff: 2. 2. 2022.

Boschan, Ralph. 2004. Hürtgenwald: Bei den Granatsplittern langte einfach jeder zu. *Aachener Nachrichten*, 11. 6. 2004, https://www.aachener-nachrichten.de/lokales/dueren/bei-den-granatsplittern-langte-einfach-jeder-zu_aid-32010487. Zugriff: 27. 5. 2020.

Der Spiegel 3/1976, S. 106. https://www.spiegel.de/kultur/verlage-militaria-im-vormarsch-a-85f8d84f-0002-0001-0000-000041330688. Zugriff: 12. 3. 2022.

Der Spiegel 50/1967, S. 50–54, http://magazin.spiegel.de/EpubDelivery/spiegel/pdf/46164835. Zugriff: 7.2. 2022.

Echternkamp, Jörg. 2015. *Soldatische Kriegserfahrung. Zwischen Langeweile und Enthemmung.* Bundeszentrale für politische Bildung. https://www.bpb.de/geschichte/deutsche-geschichte/der-zweite-weltkrieg/199410/soldatische-kriegserfahrungen. Zugriff: 31. 1. 2022.

Fings Karola, und Peter M. Quadflieg u. a. 2010. *Das Museum »Hürtgenwald 1944 und im Frieden« in Hürtgenwald-Vossenack. Eine Bestandsaufnahme.* Köln, Aachen. http://epflicht.ulb.uni-bonn.de/urn/urn:nbn:de:hbz:5:2-14240. Zugriff: 12. 2. 2022.

Fündling, Jörg. 2019. Kriegsgedenken und die Pfarre St. Josef (Vossenack). *Hürtgenwald Newsletter 09.* https://frank-moeller.eu/wp-content/uploads/2019/11/Stellungnahme-F%c3%bcndling-Kirche-Vossenack.pdf. Zugriff: 2. 2. 2022.

Geschichtsverein des Monschauer Landes e.V., Hrsg. 1973–2019. *Das Monschauer Land.* Jahrbuch. Inhaltsverzeichnis der verschiedenen Jahrgänge sowie der Vorläufer des Jahrbuchs: http://www.gv-mon.de/wp-content/uploads/Inh.-verz.-Jahrb%C3%BCcher-2019.pdf. Zugriff: 12. 2. 2022.

Gier, Ernst-Hubert. 2014. Heimatforscher: Vortrag über Krieg in Würselen. *Aachener Nachrichten* (Lokales), 29. 10. 2014. https://www.aachener-zeitung.de/lokales/nordkreis/heimatforscher-vortrag-ueber-krieg-in-wuerselen_aid-26090405. Zugriff: 8. 3. 2020.

Hoffmann, Karl-Heinz. 2016. Mit alten Militärfahrzeugen dem Krieg auf der Spur. Nordeifel. *Aachener Nachrichten*, 31. 1. 2016. https://www.aachener-zeitung.de/lokales/eifel/mit-alten-militaerfahrzeugen-dem-krieg-auf-der-spur_aid-25011499. Zugriff: 17. 2. 2020.

Hopf, Simon. 2005. In Höhe der Erftmündung über den Rhein: Strickmütze statt Stahlhelm. *RP-Online*, 4. 3. 2005. https://rp-online.de/nrw/staedte/rhein-kreis/strickmuetze-statt-stahlhelm_aid-17185827. Zugriff: 7. 2. 2022.

Klinkhammer, Gudrun. 2017. Mario Cremer untersucht Schlacht um Hürtgenwald. *Aachener Zeitung*, 23. 4. 2017. https://www.aachener-zeitung.de/lokales/dueren/mario-cremer-untersucht-schlacht-um-huertgenwald_aid-24752267. Zugriff: 6. 5. 2020.

Konejung, Achim. 2007. *You enter Germany. Hürtgenwald – der lange Krieg am Westwall.* Dokumentarfilm, DVD.

Konejung, Achim. 2010. *You enter Germany 2 – Das Archivmaterial. inkl. Wanderführer »Historisch-literarischer Wanderweg Hürtgenwald 1938–1947«.* Dokumentarfilm, DVD und Booklet.

Lankheit, Klaus A. 2016. Holocaust und Wehrmacht. *Frankfurter Allgemeine Zeitung,* 19. 12. 2016. https://www.faz.net/aktuell/politik/politische-buecher/die-707-infanteriedivision-holocaust-und-wehrmacht-14571167.html. Zugriff: 5. 3. 2020.

Lauscher, Anneliese. 2015. Heimatbund: Vortrag über die Einnahme von Schmidt. *Aachener Zeitung,* 10. 4. 2015. https://www.aachener-zeitung.de/lokales/dueren/heimatbund-vortrag-ueber-die-einnahme-von-schmidt_aid-25469437. Zugriff: 6. 5. 2020.

Lauter, Rita. 2016. Westwall. Da gehen auch Nazis gerne hin. *Die Zeit,* 27. 08. 2016. https://www.zeit.de/gesellschaft/zeitgeschehen/2016-08/westwall-rheinland-pfalz-ns-museum-bunker-nazis/komplettansicht. Zugriff: 22. 4. 2020.

Lemke, Bernd. 1998. Die verkappte Verherrlichung. Der Zweite Weltkrieg in den »Landser«-Kriegsromanen. Arbeitskreis Militärgeschichte e.V., Hrsg., *Newsletter* Nr. 8/1998: 20–23. http://portal-militaergeschichte.de/sites/akm/nlarchiv/NL8.pdf. Zugriff: 12. 2. 2022.

Mathies, Nicolaus. Romanhefte: Der Landser. http://www.romanhefte-info.de/d_weitere_landser.htm. Zugriff 12. 2. 2022.

Möller, Frank. 2016. *Erinnerungslandschaft Hürtgenwald. Kontroverse Kriegs- und Nachkriegsdeutungen 70 Jahre nach Ende der Kriegshandlungen in der Eifel.* Bonn: ARKUM. http://frank-moeller.eu/wp-content/uploads/2017/11/H%C3%BCrtgen_08_Brosch%C3%BCre-M%C3%B6ller.pdf. Zugriff 11. 2. 2022.

Möller, Frank. 2019. Stein des Anstoßes – ein Schauspiel in fünf Akten. Die Wehrmacht als Friedensbringer in Schmidt. *Hürtgenwald Newsletter,* 6/2019: http://frank-moeller.eu/wp-content/uploads/2019/04/6.2-Stein-des-Ansto%C3%9Fes.pdf. Zugriff: 10. 2. 2022.

Möller, Frank. 2020. Gedenkstein in Schmidt. Über den Kern des Problems und seinen Ursprung. *Hürtgenwald Newsletter,* 10/2020. http://frank-moeller.eu/wp-content/uploads/2020/01/Denkansto%C3%9F-zum-Stein-in-Schmidt.pdf. Zugriff: 10. 2. 2022.

Möller, Frank. 2020. Ausschuss für Stadtentwicklung und Tourismus. Wissenschaftsfreie Zone Nideggen ausgerufen. *Hürtgenwald Newsletter,* 11/2020. http://frank-moeller.eu/wp-content/uploads/2020/03/Kommentar-Wissenschaftsfreies-Nideggen.pdf. Zugriff: 10. 2. 2022.

Möller, Frank. 2021. »›Touristik fatal‹– Zur Kontinuität des Versagens politischer und touristischer Akteure am Beispiel der Hörstellen in Vossenack und Schmidt«. *Hürtgenwald Newsletter,* 14/2021. https://frank-moeller.eu/wp-content/uploads/2021/02/1.1_Touristik-fatal.pdf. Zugriff: 2. 2. 2022.

Möller, Frank. 2022. Gedenkanlage von Angehörigen der 116. Panzerdivision der Wehrmacht. *Kultur.Landschaft.Digital.* (KuLaDig). https://www.kuladig.de/Objektansicht/KLD-327319. Zugriff: 7. 2. 2022.

N. N. 2008. Auf den Spuren der Schlacht im Hürtgenwald. *Aachener Nachrichten,* 27. 5. 2008. https://www.aachener-nachrichten.de/lokales/dueren/auf-den-spuren-der-schlacht-im-huertgenwald_aid-31792317. Zugriff: 27. 5. 2020.

N. N. 2008. Ein Buch »gegen das Vergessen«. *Aachener Nachrichten,* 23. 5. 2008. https://www.aachener-nachrichten.de/lokales/stolberg/ein-buch-gegen-das-vergessen_aid-27636007. Zugriff: 27. 5. 2020.

N. N. 2009. Trauer um den Aachener Journalisten Wolfgang Trees. *Aachener Zeitung*, 4.2. 2009. https://www.aachener-zeitung.de/nrw-region/trauer-um-den-aachener-journalisten-wolfgang-trees_aid-27272353. Zugriff: 27.5.2020.

N. N. 2016. Transatlantische Spurensuche – sieben Jahrzehnte nach Kriegsende. *Eifelon*, 23.9.2016. https://eifelon.de/heimbach/transatlantische-spurensuche-sieben-jahrzehnte-nach-kriegsende.html. Zugriff: 8.2.2022.

N. N. 2020. Hammelburg. Reformierte Offiziersausbildung und neues Führungsteam. Am Ausbildungszentrum Infanterie in Hammelburg steht ein neues Führungsteam in den Startlöchern. *Main Post*, 27.2.2020. https://www.mainpost.de/regional/bad-kissingen/reformierte-offiziersausbildung-und-neues-fuehrungsteam;art433648,10413749. Zugriff: 26.5.2020.

Petermann, Anke. 2016. Der Nazi-Westwall. Wildkatzen und Militärmuseen. *Deutschlandfunk Kultur*, 29.09.2016. https://www.deutschlandfunkkultur.de/der-nazi-westwall-wildkatzen-und-militaermuseen.1001.de.html?dram:article_id=367115. Zugriff: 22.4. 2020.

Pütz, Lisa. 2011. Nach 60 Jahren: Gedenkfeier für gefallenen GI. *Aachener Zeitung*, 15.6. 2011. http://www.aachener-zeitung.de/lokales/dueren/nach-60-jahren-gedenkfeier-fuer-gefallenen-gi-1.382397. Zugriff: 6.5.2020.

Röber, Tobias. 2011. Sechs Buchstaben und spannende Geschichten. *Aachener Zeitung* (Lokales), 27. Mai 2011. https://www.aachener-zeitung.de/lokales/dueren/sechs-buchstaben-und-spannende-geschichten_aid-32509397. Zugriff: 8.3.2020.

Rose, Marco. 2019. Wie »schön« ist ein Foto von Adolf Hitler? *Aachener Zeitung*, 16.7.2019. https://www.aachener-zeitung.de/lokales/eifel/roetgen-kritiker-monieren-fehlende-einordnung-des-hitler-fotos_aid-44106937. Zugriff: 15.2.2020.

Schepp, Heiner. 2017. Jürgen Siebertz »ist das Gedächtnis des Monschauer Landes«. Simmerath. *Aachener Nachrichten*, 23.6.2017. https://www.aachener-nachrichten.de/lokales/eifel/juergen-siebertz-ist-das-gedaechtnis-des-monschauer-landes_aid-24802649. Zugriff: 17.2.2020.

Schulz, Klaus R. 2005. Fehlendes Vertrauen. Leserbrief *Welt am Sonntag*, 6.3.2005. https://www.welt.de/print-wams/article124926/Fein-raus-sind-die-Schwaetzer.html. Zugriff: 7.2.2022.

Schulz, Klaus R. Charakter und Führungsfähigkeit. Die innere Bindung der Mitarbeiter durch Vorbilder. *FAZ*, 22.11.2004. http://www.karl-schlecht.de/fileadmin/daten/stiftungen/KSG/Stiftungsprojekte/SM/SM_140223_Charakter.pdf. Zugriff: 7.2.2022.

Siebertz, Jürgen. 2019. Leserbrief: »Die Alliierten wollten Deutschland nicht befreien«, *Aachener Nachrichten*, als Reaktion auf den Beitrag von Marco Rose »Wie ›schön‹ ist ein Foto von Adolf Hitler« vom 16.7.2019. http://frank-moeller.eu/wp-content/uploads/2019/08/Roetgen-2_-Artikel-und-Leserbriefe.pdf. Zugriff: 3.2.2022.

Stollenwerk, Peter. 2018. Roetgen. Höckerlinie des Westwalls soll Attraktion für Wanderer werden. *Aachener Zeitung*, 16.1.2018. https://www.aachener-zeitung.de/nrw-region/hoeckerlinie-des-westwalls-soll-attraktion-fuer-wanderer-werden_aid-24392363. Zugriff: 10.5.2020.

Töppel, Roman. 2018. Der ganze Krieg als Abenteuer. Der Schriftsteller und »Historiker« Franz Kurowski. Arbeitskreis Militärgeschichte e.V., *Portal Militärgeschichte*, 12.2. 2018. http://portal-militaergeschichte.de/toeppel_kurowski. Zugriff: 12.2.2022.

Tradition der Bundeswehr, Die. 2018. Richtlinien zum Traditionsverständnis und zur Traditionspflege. https://www.bmvg.de/resource/blob/23234/6a93123be919584d48e16c45a5d52c10/20180328-die-tradition-der-bundeswehr-data.pdf. Zugriff: 12. 2. 2022.

Uerlings, Volker. 2019. Ein »höchst problematisches« Ehrenmal in Schmidt. *Aachener Zeitung*, 3. 12. 2019. https://www.aachener-zeitung.de/lokales/dueren/ein-hoechst-problematisches-ehrenmal-in-schmidt_aid-47613215. Zugriff: 6. 5. 2020.

Wette, Wolfram. 2019. Biographie. Für Vaterland und Wehrmacht. In: *Frankfurter Rundschau*, 8. 3. 2019. https://www.fr.de/kultur/claus-schenk-graf-von-stauffenberg-vaterland-wehrmacht-11837468.html. Zugriff: 9. 2. 2022.

Wikipedia. Literaturliste zum Thema Zweiter Weltkrieg. https://de.wikipedia.org/wiki/Literaturliste_zum_Thema_Zweiter_Weltkrieg. Zugriff: 12. 2. 2022.

Wilking, Dirk. 2004. »Der Landser« – Wie ein Mann ein Mann wird. In *Mobiles Beratungsteam – Einblicke. Ein Werkstattbuch*, Hrsg. Wolfram Hülsemann, Michael Kohlstruck, 61–93, Potsdam: Brandenburgische Universitätsdruckerei und Verlagsgesellschaft. https://depositonce.tu-berlin.de/bitstream/11303/2102/1/Dokument_23.pdf. Zugriff: 12. 2. 2022.

Sonstige Netzressourcen

https://archiv.reservistenverband.de/custom/bilder/microsites/3032324100/Nachrichten/Heft%202-2008.pdf. Zugriff: 24. 4. 2019.

https://archiv.reservistenverband.de/Regional/4100000000/evewa2.php?d=1589882143&d=1265895653&menu=6002&newsid=29341&&gliederung=4100000000. Zugriff: 19. 5. 2020.

https://www.celle.de/Celle-entdecken/Sehensw%C3%BCrdigkeiten/Denkm%C3%A4ler/77er-Denkmal.php?object=tx,2727.5&ModID=7&FID=2092.27114.1&NavID=2727.43&La=1. Zugriff: 7. 2. 2022.

https://de.linkedin.com/in/klaus-r-schulz-59786229. Zugriff: 2. 5. 2020.

http://www.derbuhlert.com/Eifelyeti/freenet-homepage.de/johu3000/Eifelyeti/literaturtips.htm. Zugriff: 7. 2. 2022.

https://de.reuters.com/article/deutschland-bundeswehr-trauerfeier-zf-20-idDEBEE49N0A620081024. Zugriff: 20. 4. 2020.

https://www.earthstation1.com/Warposters/jingram/gwwii049.jpg. Zugriff: 25. 5. 2020.

https://www.eurobuch.com/buch/isbn/3928483544.html. Zugriff: 7. 2. 2022.

https://helios-verlag.com/militaerische-zeitgeschichte/1918-1945/?tx_cartbooks_books%5Bbook%5D=45&cHash=85588e68fb9802b83d24f31da9e0441c. Zugriff: 7. 2. 2022.

http://home.scarlet.be/~sh446368/zeitzeuge_erwin_kressmann.html. Zugriff: 7. 2. 2022.

https://www.facebook.com/photo.php?fbid=10152083450338622&set=pb.556738621.-2207520000.1554928534.&type=3&theater. Zugriff: 11. 3. 2022.

http://www.heimat.de/kulturfuehrer/data/data/adrres_print.php3?what=1&freetext=&desc=&s_schluessel=regio&art=28. Zugriff: 8. 2. 2022.

http://www.heimatbund-schmidt.de/assets/bericht-august-goevert.pdf. Zugriff: 12. 3. 2022.

https://www.inar.de/dr-k-h-proehuber-studie-volksgrenadier-divisionen/. Zugriff 7. 2. 2022.

https://www.lexikon-der-wehrmacht.de/Personenregister/M/ModelW.htm. Zugriff: 9. 3. 2022.

https://liberationroute.de/germany/pois/a/aggie-ring-comes-home-1258. Zugriff: 31. 1. 2022.

https://www.mainpost.de/regional/bad-kissingen/reformierte-offiziersausbildung-und-neues-fuehrungsteam;art433648,10413749. Zugriff: 26. 5. 2020.

https://www.nachrichten.net/details/144609/Milit%C3%A4rhistorische_Exkursionen_und_F%C3%BChrungen_durch_Z_I_F_.html. Zugriff: 8. 3. 2020.

https://www.ns-archiv.de/krieg/untermenschen/reichenau-befehl.php. Zugriff: 7. 2. 2022.

https://www.openpr.de/news/214983/Helios-Verlag-Karl-Heinz-Proehuber-Doku-Intervention-CSSR-68.html. Zugriff 7. 2. 2022.

https://portal.dnb.de/opac.htm?query=Halten+bis+zum+letzten+Mann&method=simpleSearch. Zugriff: 8. 2. 2022.

https://portal.dnb.de/opac/opacPresentation?cqlMode=true&reset=true&referrerPosition=0&referrerResultId=tit+all+%22R%C3%BCckzug+im+Westen%22+and+per%3D%22Werner+Haupt%22%26any%26books&query=idn%3D130074373. Zugriff: 9. 3. 2022.

http://www.sabine-wuerich.de/amnesia/amnesia_beschreibung.html. Zugriff: 10. 2. 2022.

http://www.team-bunkersachsen.de/pages/zeitzeugen-geschichte/windhund-division-teil-2.php. Zugriff: 8. 2. 2022.

https://verschwiegenegeschichtedrittesreich.wordpress.com/2017/01/20/deutschlands-ritter-die-deutsche-wehrmacht/. Zugriff: 8. 2. 2022.

https://verschwiegenegeschichtedrittesreich.wordpress.com/2017/09/03/die-deutsche-wehrmacht-im-urteil/. Zugriff: 8. 2. 2022.

http://ww2f.com/threads/heres-some-german-vets-orgs-addresses.7155/. Zugriff: 27. 5. 2020.

https://www.zeitzeugen-portal.de/personen/zeitzeuge/paul_br%C3%BCckner. Zugriff: 8. 2. 2022.

https://www.zvab.com/servlet/SearchResults?sts=t&kn=%20Heinrich%20Seyler&cm_sp=SearchF-_-NullResults-_-Results&tn=Harzreise&an=Heine. Zugriff: 8. 3. 2022.

https://www.zvab.com/servlet/SearchResults?sts=t&kn=%20Heinrich%20Seyler&cm_sp=SearchF-_-NullResults-_-Results&tn=Fl%FCstern%20der%20Seele&an=Tagore. Zugriff: 8. 3. 2022.